中国财经经典系列

西方税收思想

许建国　蒋晓蕙　蔡红英　著

中国财经出版传媒集团
中国财政经济出版社

图书在版编目（CIP）数据

西方税收思想／许建国，蒋晓蕙，蔡红英著．—北京：中国财政经济出版社，2016.7

ISBN 978-7-5095-6784-5

Ⅰ.①西…　Ⅱ.①许…②蒋…③蔡…　Ⅲ.①税收理论-思想史-西方国家　Ⅳ.①F810.42

中国版本图书馆CIP数据核字（2016）第129449号

责任编辑：杜　剑　　　　责任校对：李　丽

封面设计：思梵星尚　　　　版式设计：兰　波

中国财政经济出版社出版

URL：http：//www.cfeph.cn

E-mail：cfeph@cfeph.cn

社址：北京市海淀区阜成路甲28号　邮政编码：100142

营销中心电话：88190406　北京财经书店电话：010-64033436

北京富生印刷厂印刷　各地新华书店经销

787×1092毫米　16开　24.5印张　359 000字

2016年12月第1版　2018年3月北京第2次印刷

定价：68.00元

ISBN 978-7-5095-6784-5/F·5458

（图书出现印装问题，本社负责调换）

本社质量投诉电话：010-88190744

打击盗版举报热线：010-88190492、QQ：634579818

初版序言

税收学说的形成，如果从亚当·斯密的《国富论》所建立的税收理论体系算起，迄今不过200余年。然而，人类关于国家征税活动的思想却源远流长。可以这样说，一部税收发展史也就是一部税收思想史。

欧洲的税收思想起源于早期的奴隶制社会。那时，由于君权至上，公民观念极弱，工商各业不发达，人们对税收问题的思考不免带有肤浅性和零散性。古希腊的色诺芬著有《雅典收入论》，论及当时的财政、税收问题；古罗马的泰希图曾著书立说讨论罗马的税收；著名哲学家亚里士多德和柏拉图在其著作中也对税收问题有所涉猎，但大多基于神学式的泛泛空论。

自15世纪以后，欧洲的城市逐渐兴起，工商业初见繁荣，人民的经济活动范围日趋广阔，人们对国家财政、税收问题的思考，在广度上和深度上都有所突破，对税收理论的研究开始出现萌芽。当时的学者佛洛伦、巴美瑞和尤希民曾专门研讨过累进税制。16世纪的法国学者波丹著《共和国论》，不仅设专章论述了财政对于国家的意义，还具体探讨了财政收入的分类，以及税收的课征原则和方式问题。他们关于税收问题的论述，尽管远不能称之为系统的税收理论，但为近现代税收学说的建立奠定了基础。

重商主义是西欧封建社会末期代表商业资本利益的资产阶级最初经济学说。各国重商主义者在阐述各自的税收政策主张时，广泛探讨了税收本质、税收原则和征税方法等税收学的基本问题。霍布斯、洛克倡导的“税收利益说”，斯图亚特的税收分类法，尤斯蒂的税收原则论等，无一不闪烁着思想的火花。以亚当·斯密、李嘉图和萨伊为代表的古典经济学派，广泛吸取了前人的思想精华，提出了反映新兴产业资产阶级要求的税收本质观、税收原则观和税制体系设想，并分析了税收负担的转嫁归宿及其对社会各阶级利益的影响，从而建立起了古典学派的税收理论体系。在法国，古典经济学采取了重农主义的形式。魁奈的土地单一税设想虽然仅有理论的意义，但这一理论背后所隐藏的阶级目的，与英国古典学派是完全相同的。身为法官的布阿吉尔贝尔对农民重赋的同情，以及米拉波对封建包税制的控诉，更是令人起敬。近代德国的经济理论及税收学说要比英法两国晚了近百年，但它一经问世，便采取了极具德意志特色的历史主义形式。从李斯特的保护关税理论、施泰因的税收再生产学说到瓦格纳的税收原则论，无一不体现出德国资产阶级对追赶英法资本主义工业发展的渴求。

19世纪末至20世纪初，人类社会经历着巨变，经济学及税收学再现繁荣。西方经济学泰斗马歇尔对税收超额负担的分析、道尔顿教授对税收与经济关系的阐述，以及塞力格曼博士的税收转嫁与归宿理论，其突出特点是广泛采用现代经济学方法来研究税收问题，他们的大胆尝试无疑为税收学说的发展开辟了“柳暗花明”的境地。20世纪30年代爆发的凯恩斯革命，在改变整个西方世界经济生活的同时，也改造了传统的经济学和税收学体系。不论是汉森、萨缪尔逊的“补偿税收理论”和“自动稳定器理论”，还是卡尔多的支出税设想，均一反古典学派的税收中性观，推动了当代西方税收理论的发展。70年代，美国的供给学派高举“回到萨伊那里去”的旗帜，一反凯恩斯主义的税收理论，主张减税，刺激供给，整治“滞胀”，重振美国经济。这一理论后来成为“里根经济学”的重要组成部分。

从凯恩斯革命到供给学派的“反革命”，在此期间，出现了一个又一个的西方经济学流派。在他们的理论体系和政策措施中，或多或少地涉及了税收问题。货币学派的创始人弗里德曼不赞成过多地采用累进税制，提出了著名的负所得税设想；继弗里德曼之后的另一位诺贝尔经济学奖得主布坎南，提出了公共选择学派的税收理论。这种理论把市场决策方法引入分析属于非市场决策范畴的税收问题。此外，福利经济学的最优税制选择论、制度学派代表人物康芒斯的“课税警察权力论”和

"税收循环分析论"，以及加尔布雷斯"二元系统论"中的累进税制论，等等。所有这些税收思想观点，一方面促进了当代西方税收理论的繁荣，另一方面也为政府决策提供了丰富的备选方案。

值得一提的是，两位游离于各经济学流派之间并对当代西方税收理论发展做出杰出贡献的美国税收学者：一位是马斯格雷夫，他所著的《公共财政理论》和《财政理论与实践》，堪称现代西方税收理论的集大成，他提出的税收原则论、税制体系论及其货币收支循环课税原理，对世界各国的税制理论和实践都产生了重大影响；另一位是斯蒂格利茨，由他设计的"最佳税制模型"，为政府兼顾效率和公平的原则进行税制设计，提供了一种实用的分析方法。

纵观西方税收思想发展史，人们在感叹之余，不难从中获取有益的启迪。毋庸讳言，税收决策中的诸多因素属于政治范畴，要体现阶级和国家的意志。但也不可否认，在各国税制发展过程中，还存在着独立于政治之外，符合税制自身发展客观规律的制度性、技术性的因素。这些纯税制性的规律性因素，反映了现代市场经济对税收制度的必然要求，可以被任何市场经济国家所借鉴，中国也不例外。

多年来，我们一直有一个愿望，就是撰写一本系统介绍近现代西方税收理论的著作，这不仅是为了满足财税专业本科和研究生的教学需要，深层的动因在于，系统引进和借鉴西方税收理论中的合理"内核"，为建立中国社会主义市场经济体制，推进中国的税收制度创新，提供更为开放的选择思路。经过几年的不懈努力，《西方税收思想》终于奉献在读者面前。

在书稿的研究和写作过程中，我们得到了李九龙教授和夏兴园教授的悉心指导，在此致以衷心的感谢；我们还要感谢东北财经大学税务系主任马国强教授的无私帮助。由于学习、研究深度和资料来源所限，书中缺陷难免，遗憾不少，敬请读者批评、指正。

许建国　蒋晓蕙

1994 年仲夏于中南财经大学

目 录

第一章

重商主义税收思想

第一节
重商主义概述

一、重商主义的产生

重商主义（Mercantilism）是西欧封建社会进入瓦解时期，资产阶级古典经济理论产生之前的经济学说。

15 世纪初至 17 世纪，西欧封建自然经济日趋衰落，商品货币关系迅速发展，城市和农村出现了手工业者和农民的急剧分化。在这一时期，资本主义生产方式尚处于萌芽阶段，经济生活中居统治地位的还是处于流通过程的商业资本和高利贷资本，它们在促进自然经济解体，推动国内外贸易发展，实现资本原始积累和满足封建国家日益增加的货币需求方面，发挥着极其重要的作用。由于国王需要商业资本为之积累金银货币，缓解封建国家的财政困难；商业资本家也要求国家采取一系列重商主义的政策和措施，保证其在国内市场不受限制地进行商业活动和在国外贸易中有利经营。正是这种历史条件，促成了封建国家和商业资本的联盟关系，也产生了重商主义学说。所以，重商主义学说是在阐述国家保护商业资本的政策和措施的过程中，在封建社会内部逐步形成的一种资产阶级观点。正如马克思所说的，它是对资本主义生产方式最早的理论探讨。

二、重商主义的经济思想与政策主张

重商主义从商业资本的运动形态：货币—商品—货币（G—W—G′）出发，将货币看作财富的唯一形态。认为国家经济活动的目的，就是为了攫取金银，增加国家的货币积累。由于对采取何种方式来增加货币的政策主张不同，重商主义又分为早期重商主义和晚期重商主义。

早期重商主义者主张采取法律手段，严格禁止货币输出国外和私人积累货币，并且，在对外贸易上实行多卖少买或不买，以便将更多的货币留在国内。

晚期重商主义则认为，国家应当允许将货币输出国外，以便扩大对国外商品的购买。但是，购买国外商品的货币总额必须小于输出本国商品所取得的货币总额，以保证有更多的货币流回本国，即实现外贸出超。

重商主义在西欧各国盛行的时间较长，各国或不同时期的重商主义者虽然在具体政策和措施上不尽相同，但围绕着如何增加国家的货币财富这一共同目标，都主张积极运用税收手段，以保护本国对外贸易，促进国内商品生产和商品交换的发展。重商主义者在提出和阐述各自税收政策措施时，广泛涉及政府征税理论的许多基本问题和税收课征方法的诸多方面，尽管现在看来，这些理论、观点、方法显得较为零散，有的还比较肤浅，但其中不乏一些闪光的思想，有些还对近现代资本主义税收制度的建立与发展产生过重大影响。

第二节
英国重商主义税收思想

英国是重商主义的发源地。在英国重商主义者中，对资产阶级税收思想发展影响较大的主要代表人物有托马斯·孟、霍布斯、洛克和詹姆斯·斯图亚特。

一、托马斯·孟的税收思想

托马斯·孟（Thomas Mun，1571—1641 年）是英国重商主义的先驱者和集大成者，他的重商主义理论及其税收思想主要集中在《英国得自对外贸易的财富》一书中。这本书是在托马斯死后 23 年，即 1664 年由其子约翰·孟（John Mun）出版。它是阐述重商主义原则的一部重要著作，书中的许多观点不仅成为当时英国，而且成为当时其他实行重商主义政策的国家在政治、经济等方面的基本准则。

托马斯·孟关于重商主义理论的核心，是国际贸易差额论。他认为，对外贸易是增加财富和现金的通常手段。因此，必须遵守这样一条原则：在价值上，每年卖给外国人的货物，必须比我们消费他们的为多。为了实现国家外贸出超，增加本国货币积累的目的，他建议国家采取有效政策和措施，其中主要是实行保护关税政策，奖励输出，限制输入。托马斯·孟主张，当商品输出时，国家全部或部分地退还资本家原先已纳的税款；同时，对输入本国的外国商品课以高额关税或禁止性关税，保护本国工业发展；当进口商品经过加工重新输出时，国家还应退还这些商品在输入时所纳的关税。保护关税政策，在早期重商主义时期就已被重视，当重商主义处于鼎盛时期时，这一政策就成了重商主义的原则。

托马斯·孟在《英国得自对外贸易的财富》一书中，详尽阐述了重商主义保护关税政策的基本原则、主张和意义。他写道：“国家如果对于一切用外国原料制成的工业品……免去关税，乃是明智和有利的。那样，很多贫民便可以受雇就业，并且还可以大大增加我们每年输出到别的国家的货物价值。”“这样免得使外国人嫌这些商品价格昂贵而影响了销路。尤其是输入的外国货物，凡是又要再运出去的，就应当予以照顾……。但是这种外来货物，如果是要在本国消费的，那就可以征课得重一些，因为这在贸易差额上会使国王处于有利地位，并且由此也可使国王从他的每年入款里，积累更多的财富”。①

托马斯·孟将国外贸易差额看作一国财富的标准，就必然导致“财富是战争的命脉”的“国防财政论”和“重税无害论”。他认为，由于国土的大小、贫富的程度和贸易差额多寡等因素存在差异，政府获得收入的方法也随国家宪法、政府、法律和民俗的不同而大有差别，国王想要改变这些制度是非常困难和危险的，即使国王以重税发财致富，国民却会因此而贫乏。但是，由于各国情况特殊，征课重税不仅是不得已的、是正当的，还是有利于国家的。“因为幅员不大的国家，靠经常性收入是不足以蓄积抵御外国侵略所需的财富的。所以，这些国家不得不在平时课征重税，来积存现金和军火充当国防之用，而非像一般人所想象的那样，有害于人民的幸福。”②

托马斯·孟从国防费用的税收理论转而论述税收负担问题。他在谈及意大利、荷兰两国的赋税制度时，就涉及了消费税及其负担问题。他指出，消费税并不归贫苦消费者负担，那些声称所谓国内消费税、关税、人头税等由人民负担，“而使民陷于穷苦可怜之地者”，实为谬误见解。他认为，工资必须比例于生活品价格上涨而上涨，久而久之，课于贫民的租税必然先转嫁于雇主，而由雇主再转嫁于制造品的富裕消费者。托马斯·孟将这看作一种良好现象，因为富者从此将“不得不减少浪费及怠惰无所事事之仆役”。

---

① A. E. 门罗：《早期经济思想》，商务印书馆 1985 年版，第 152—153 页。

② 托马斯·孟：《英国得自对外贸易的财富》，商务印书馆 1978 年版，第 62—74 页。

二、托马斯·霍布斯的税收思想

重商主义作为资产阶级经济理论最初的表现形式，它所包含的税收思想不仅体现在通过施行保护关税政策，奖出限入，促进财富积累和资本主义生产方式发展方面，而且，为了增进国民财富和削弱封建贵族、僧侣阶层的不纳税特权，他们在讨论消费税和直接税的选择问题时，还从资产阶级的哲学价值观角度，探讨了国家税收的本质问题。

托马斯·霍布斯（Thomas Hobbes，1588—1679 年）是西欧近代著名的资产阶级思想家，著有《市民论》、《国家论》等，他积极倡导资产阶级人文主义意识形态，主张以人为中心，用人性来反对神性，用人权来反对神权，用个性自由来反对宗教道德约束。

霍布斯从资产阶级人文主义出发，率先探究了国家建立及其人民应当向政府交纳税收的原因。他吸收了古希腊先哲伊壁鸿鲁（Epicurus，公元前 341—前 270 年）关于社会契约论的思想，将政治契约行为与商品契约行为相对应，使政治契约成为一种法律事件，即人们转让自己的权利如同售出商品一样，应当获得相应的等价补偿——国家对人民生命、财产安全的保障。

霍布斯认为，国家是由人民创造的，在国家未成立前的自然状态下，“人和人的关系像狼一样”，人类进行着“一切人反对一切人的战争”，人民为了保卫自己，必须依靠自己的宝剑。人们为了自身安全和社会秩序，需要摆脱自然状态。国家诞生后，原来自由人民的自然权利让位给了主权者——国家，后者拥有绝对权威，但也同时承担起保卫人民生命、财产安全的责任。为了协调统治者拥有课税权的绝对性与人民自主纳税道德观之间的矛盾，霍布斯首次提出了赋税的“利益交换说”。

霍布斯认为，“人民为公共事业缴纳税款无非是为了换取和平而付出的代价。分享这一和平的福利部门，必须以货币或劳动之一的形式，为公共福利做出自己的贡献。"① 因为国家取代人民进行防卫，在一旦爆发战争时，人民仍可以正常地从事劳作和生活。国家行使这种人民保护者的主权，正是靠人民勤奋劳动所缴纳的赋税得以维持的。

从税收"利益交换说"出发，霍布斯对封建国家以直接税为主体的、不公正的税收制度极为反感，他倡导税收平等观，主张使各人承担的负担与其从国家享受的利益成比例。他认为，国家提供的利益并非平等地分配给每一个国民，而是有的受益多，有的受益少。由此，他提出衡量受益程度的两个标准：一是个人拥有的财产数额，二是个人消费的数额。在霍布斯看来，所谓税收平等，就是按照上述两个标准或其中之一，比例平等地向政府纳税。

霍布斯站在反封建立场，极力主张征收国内消费税。在他看来，封建国家以财产税等为主体的税收制度，赋予封建贵族、僧侣阶层以豁免税收的特权，助长了消费上的奢侈浪费，同时也难以满足国家日益增长的财政需要。霍布斯认为，征收国内消费税能够鼓励节俭和节制奢靡，"多劳动而能节约消费其劳动成果的，不应比一事不做而浪费无度的人的负担重"。国家征收消费税，是以一般人所消费的成果而课税，消费多少也负担多少税收，这样，即使有奢侈浪费的人，国家也不会因之受损害。他提出，"所谓课税公平，指的是公平地课征于消费品，而非公平地课于各个消费相同者的财产。如果那些能勤俭持用、消费少、储蓄多的人，其税收负担反而比那些懒惰、挥霍的人为重，那么，勤俭储蓄将因此而失望。他们的行为就不能受到国家的鼓励。"② 实行消费税后，人人要消费，人人要纳税，人民具有负担感，可以革除纳税方面的封建主特权等弊端。而且，由于国内消费税是附在商品价格上征收的，霍布斯认为，这种税可以保证税收收入。

---

① 霍布斯：《利维坦》，商务印书馆 1936 年版，第 22 页。

② 塞力格曼：《租税转嫁与归宿》，商务印书馆 1931 年版，第 22—23 页。

三、约翰·洛克的税收思想

约翰·洛克（John Locke，1632—1704 年）是英国“光荣革命”时期著名的资产阶级思想家和哲学家。1688 年，英国发生“光荣革命”，威廉三世引兵渡海讨伐国王詹姆斯，胜利后登位为新的英国国王，但实际权力已落入议会手中。在向近代立宪政治国家过渡中，议会颁布了一系列有利于土地、资本利益的税收政策，以实现农业、商业资本所要求的资本主义化。

1690 年，洛克发表了他的名著《政府论》。在这本书中，他阐述了资产阶级的国家观、政府职能观，以及他的资产阶级税收思想。

洛克发展了霍布斯的税收利益交换说，认为税收是人民从国家取得利益而交纳的报偿，或保护人民财产安全向政府交纳的代价。不过，他又指出，应当将全体人民享受国家利益与单个国民享受国家利益区别开来，认为税收利益原则应当建立在单个国民享受国家提供利益多寡的基础上。因此，他主张对个人拥有的财产征收财产税，以体现社会公平。

洛克对资产阶级税收理论的重要贡献之一，是根据资产阶级议会民主制度的要求，考察了国家课税权与国民财产权（即私有财产权）的关系。他分析这一问题的前提是：政府是由人民建立的，政府的主要职责就是保护人民的私有财产。因此，政府的征税权必须建立在尊重人民主权的基础上。他指出，“政府没有巨大的经费就不能维持，但是这仍须得到他自己的同意，即由他们自己或他们所选出的代表所表示的大多数的同意。因为如果任何人凭借自己的权势，主张有权向人民征课赋税而无须取得人民的同意，他就侵犯了有关财产权的基本规定，破坏了政府的目的。”① 他的结论是：政府只能站在议会赞助权的立场上，按照法律规定的赋税条例行使课税权。洛克的这一思想，无疑是对封建的君权神授观念的勇敢挑战，是对封建国家专制课税、横征暴敛的鞭笞。同

① 洛克：《政府论》下篇，商务印书馆 1983 年版，第 38 页。

时，它也为税收法定主义原则的确立，为近代西方国家立宪依法征税制度的建立，提供了理论依据。

在商品课税的负担问题上，洛克提出了商品税乃至一切税收最终由土地所有者负担的观点。“不论捐税是如何安排的，也不论它是直接从什么人手里拿出来的，在一个以土地为主要财产的国家内，它的大部分最终会落在土地上面。”① 因为商人和经纪人不会负担商品税，否则，商品的卖价也会相应增加；劳动者和手工业者也不会负担此税，否则就要求增加工资；而耕地农场主也不会负担税款，否则就将破产、欠租，降低土地的年价值。

洛克指出：“在一个以土地为大宗资财的国家内，希望把政府的费用放在其他事物上是徒劳无益的，费用最后总是要落在土地上面。无论怎么样，商人也不会承担这个负担，而劳动者不能承担这个负担，所以只好由土地所有者来承担。而对他说来，究竟是把这种负担直接加在它最后归宿的地方好，还是让它通过降低地租再落在他的头上好（人人都知道，地租一旦落下，就很难再涨起来），让他自己考虑吧！”②

应当指出的是，洛克在税收负担问题上的最终结论，与后来的法国重农学派并不相同。关于对土地直接课税和对商品间接课税的选择，他在政策上的现实思路是，并不主张实行土地单一税，他只是试图从理论上分析现实的税收转嫁与归宿问题；洛克的观点也不是站在地主阶级立场上，为其负担税款辩护。相反，从他批评国内消费税促使商品价格上涨，工人工资提高造成价格混乱等方面看，他的观点体现了当时新兴资产阶级的经济思想。至于土地所有者负担哪一种税的问题，洛克认为这是一个尚待研究的问题。

四、詹姆斯·斯图亚特的税收思想

詹姆斯·斯图亚特（James Denham Steuart，1712—1750 年）是英

① 约翰·洛克：《论降低利息和提高货币价值的后果》，商务印书馆 1982 年版，第 53 页。
② 同上，第 57—58 页。

国后期重商主义的集大成者，“担负重商主义退出战场时期断后部队任务”。他重视资本积累中货币的作用，推崇贸易差额学说。他在 1767 年所著的《政治经济学原理研究》一书的第五篇“赋税量与其适当运用”中，阐述了自己的税收思想。马克思称他的这本书是“货币主义重商主义之合理化的表现”。①

斯图亚特的税收思想，首先是从分析税收起源和本质开始的。他认为，“税收的根源在于古代社会富人的生活靠隶属的劳动与徭役维持，因为那时的经济社会是封闭的。以后，自由思想解放了隶属关系，这样导致了工商业新秩序的形成，并进而促成了社会经济繁荣。换言之，没有法律和纪律就不会有工商业的繁荣。因此，为了维持持久的法律与纪律，保障国家权力、安全和独立，势必需要充分的赋税和军备。”②

以税收起源观为基础，斯图亚特下的税收定义是：所谓赋税，就是用作政府经费支出的，通过立法机关法律程序或同意，对国民个人课征的以果实、劳动或货币为表现形式的一定的贡献。他从重商主义观点出发，认为税收的作用是以国家资金的形式，既为对国家有价值的人，也为穷人增加公共福利，为此要向富人征收赋税以充当国家资金和对外贸易的补助基金。他也指出了政府课税公平和负担程度及对于经济生活的作用，“赋税必须使人民的年收入公平分配，不妨碍产业的发展和能够抵御外敌的入侵，以便不妨碍纳税人的再生产”。总之“由于货币经济发达，财富得以转移，从平衡财富的原理出发，税收是必定产生的。”③

斯图亚特在《政治经济学原理研究》一书中，首先研究的是公债，随后才研究赋税问题，这在方法论上是同欧洲一些国家的财政发展史相吻合的。因为从这些国家的财政发展史看，赋税往往是充当君主借款的一种担保而产生的。他对于这个问题的贡献，是在阐述赋税和公债的关系时明确指出，公债通常要以现金缴纳的赋税来偿还，它不过具有类似特定赋税的预收费的意义。由此可以看出，斯图亚特已接近从税收方面得出对近代国家公债本质的认识，即公债不过是延期的赋税。

---

① 马克思：《剩余价值学说史》第 1 卷，三联书店 1957 年版，第 35 页。

② 斯图亚特：《政治经济学原理研究》1 卷，英文版，第 441—442 页。

③ 同上，第 444 页。

在斯图亚特的税收思想中，最具特色的是他的税收原则论和税收分类方法论。

斯图亚特是最早较为系统地提出税收原则的资产阶级学者之一。他所归纳的三项税收原则是：（1）法定原则。赋税课征的基本条件是须经立法机关的同意或法律程序认可。（2）最低限度原则。国家不得超过人民生活费无限制地课税，否则，就不仅破坏了税源，还必然损害国计民生和资本。（3）消费比例原则。主张按比例税率课征国内消费税，反对按累进税率对财产、利润征税。在斯图亚特看来，累进所得税"都会侵犯个人的财产、所得和利润，不管用什么方法都不能偿还给被侵犯的个人，因此这种赋税不具有提高商品价格的倾向"[①]，一般应予以否定。国内消费税虽然具有导致价格上涨、消费减退和产品成本上升等不利影响，但他认为这种税利大于弊，其主要积极因素是人人负担、公平合理，且不易为封建特权阶层所转嫁，因而能够从税收制度上否定封建的税收豁免特权。

斯图亚特也是最早研究税收分类的西方学者之一。他将税收主要划分为三类：比例税，即按同一比例缴付的税收；累进税或任意税，即按财产或收益数额的增加而递增课征的税收；对人税，即对个人劳动而课征的税。尽管他的这种税收分类方法在今天看来不够全面，也不尽科学，但由于他始创税收分类研究，对后世的税收学者无疑有着重要的启示作用。

第三节
法国重商主义税收思想

中世纪的法国是一个皇权专制的封建国家，到了路易十四（1643—1715 年在位）时代，专制统治达到极盛时期。路易十四自称

① 斯图亚特：《政治经济学原理研究》1 卷，英文版，第 496 页。

"朕即国家"，他个人的所作所为只对神负责。

奠定路易十四专制王国经济基础的，是当时的财政大臣，法国晚期重商主义的主要代表让·巴蒂斯特·柯尔培尔（Jean Baptiste Colbert，1619—1683 年），也是法国重商主义理论的实践者。在他当政期间，他将法国的财政经济大权集中到自己手中，坚决地采取和推行了一整套重商主义的经济政策，其中重要的是税收政策。

一、柯尔培尔的税收思想

柯尔培尔认为，国家拥有的货币是国家财富的标志，一个国家的财富及军事和政治实力，取决于国内拥有的货币数量。在西欧流通的货币总额为一定的情况下，法国若要致富，就必须从其他国家掠夺货币，只有发展对外贸易并力争出超才能使法国富裕。基于这一重商主义理论，柯尔培尔极力主张并实施保护关税、奖出限入的政策。在税收政策上鼓励工业制成品出口，鼓励国内必需的工业原料如羊毛、铁、锡、铅等的进口，同时，运用高关税政策限制外国制成品进口。如在 1667 年，他把英国和荷兰呢绒的进口税率提高了一倍，同时还将花边、饰带等装饰品的进口税率提高了一倍等。

为了促进法国国内工商业发展，充裕国库，以适应专制统治的需要，柯尔培尔在其当政期间，大刀阔斧地改革法国税制，减轻直接税，扩大间接税，废除了许多苛重扰民的税收，而把税收负担的重心移向封建贵族、僧侣阶层，以便将工商各业从重税束缚下解放出来。譬如，在调整税制结构方面，减轻了不动产税，加强了饮食品税、盐税及消费税，使税制重点由直接税大幅度转向间接税；又如，设立税务法庭，加强税收执行效力等。

历史地看，柯尔培尔实行的税收政策和其他财政政策，削弱了封建特权阶级和特权城市的权力，加强了资本积累，保持了强大的海军，使法国的工商业、海运业得以从海外获得必需的资源。但应当指出的是，柯尔培尔的这些政策，也在很大程度上伤害了法国的农业。在 17 世纪末至18世纪初，法国人以土地为主要资源，全国人口中有3/4是农民，不论是加强军备、进行战争，或奖励工商业、蓄积货币资本，还是豁免贵族、僧侣阶层的税收，最终必然导致国家的负担都落在农民身上，造成对农民的盘剥和农村经济衰退。

1683年，柯尔培尔离开人世。从柯尔培尔死后到法国大革命，其间约100年时间，法国经济和财政一直处于危机之中，社会经济发展也一蹶不振。路易十五（1715—1774年在位）亲政后继续挥霍，国家经济和财政状况并无转机。1917年，约翰·罗（John Law）实行通货膨胀财政政策失败，标志着法国重商主义的破产。

路易十六（1774—1793年在位）统治下的法国，社会经济危机进一步加剧。当时法国社会大致可划分为贵族、僧侣、平民三个阶级，前两者属于特权阶级，后者属于非特权阶级。1789年，全国总人口2 500万人，其中贵族约14万人，僧侣12万—13万人，其余2 473万人属于平民即第三阶级，其中农民约为2 000万人，剩余为473万市民、工匠和工人。当时，赋税的大部分由平民阶级负担，而且主要是由农民负担，他们的生活状况比其他平民阶层更加悲惨。农民阶层中更多的是佃农，他们除了将年收获的约一半交给地主外还不得不交纳繁多的贡赋。正是这样的历史背景和社会矛盾，为法国资产阶级大革命准备了条件，也为法国重农学派理论的产生奠定了基础。

二、路易时代的包税制

关于法国重商主义税收政策，值得一提的还有包税制。在西方国家治税史上，很长时间以来就存在着两种截然不同的治税方法。一种是以18世纪英国议会为代表的旨在寻求一种确定、有效、公平的税收机制的办法；另一种是以法国路易皇帝为代表的包税制办法。出于封建国家聚财的需要，路易王朝在敛财手段上，广泛采用包税制。包税制在欧洲古罗马时期即已盛行，其特点是政府将税收按固定额包给私人征收，通常做法是某些税收在由官府核定应征数额后，招商承包（或强制某人代征税收)，各包税商人可自行申报包税数额，以申报额最高者为包税人。这种税收课征方法到了路易十六时期发展到了登峰造极的地步。包税制这种治税方法在一定时期内可以暂时稳定税收收入，缓解财政困难，但它对商品经济发展和财源培植的危害却是巨大的。一是包税办法旨在敛钱，必然为包税商人任意加税、盘剥人民大开“绿灯”；二是包税势必导致国内税卡林立，甚至实行封锁，阻碍商品交换；三是包税制在税收负担的确定上，具有极大的任意性，极易造成纳税人之间的负担不等，并使得商品生产者在竞争中无确定的税收规则可循。由于包税制从根本上阻碍了商品经济的发展，加重了人民负担，因而最终结果只能是加重财政危机。

第四节
德国重商主义税收思想

一、官房学派及其产生的历史背景

重商主义在德国的发展称为官房学派。官房学派一词来源于中世纪国王使用的官房科学。它是关于政府记账、财政、国库的科学，有别于警察科学、政府行为科学等，官房学派盛行于16—17世纪。在这一时期，德国为数众多的邦国与自由城市各自为战，进行着土地兼并和争夺城市的战争。德皇徒有虚名，缺乏统一全国的实力，长期的战争造成土地荒芜，人民流离失所，使以农业为主体的德国经济更加穷困。因此，德国的邦国经济政策与英法等国不同，其重点在于保护和奖励工业、农业的发展，确定邦国自给自足的经济。在邦国的财政收入中，特权收入和官产收入占主导地位，并辅之以赋税和公债。赋税主要有国境关税、国内消费税，以及财产税、房屋税、人头税等直接税。不过，其中大部分税收带有临时性质，通常用于筹集临时经费或应付封建社会的三件大事，即国王被俘、王子成年和长女出嫁。

适应德国这一时期财政经济需要所产生的官房学派，就是关于谋求扩大邦国财政收入的财政管理和经营业务，以及与此有关的实践活动的系统知识，其目的在于开辟土地，充实府库，增加国家财富。官房学派分为新旧两派。旧官房学派的财政理论主要注重研究如何增加国库收入，主张国家收入应以官产收入为主，赋税为辅，主要代表人物有薛肯道夫（Veit Ludwing Von Seckendorff，1622—1692 年）和克劳克（1583—1655 年），后者在讨论赋税收入时，曾在税收性质、课税权理论等方面颇有建树。新官房学派虽然继承了旧官房学派重在充实国库的研究目的，但更加重视对增进国民经济和财富的研究，对税收理论的涉猎范围也更加广泛和深入。本章主要介绍新官房学派的主要代表尤斯蒂和宋能菲尔斯的税收思想。

二、尤斯蒂的税收思想

尤斯蒂（Johann Heinvich Von Justi，1705—1771 年）是德国著名的重商主义或官房学派经济学家之一。他出生于德国中部的图林根，曾在德国几所大学研读法理学，后担任过高等学院财政学教授、地方警察局局长、采矿局局长、玻璃和钢铁厂总监等职。他勤勉好学，著述繁多，主要代表作有《国家经济论》、《财政体系》、《支出与赋税》等。

尤斯蒂的税收思想建立在他的国家观基础上。他认为，国家是在最高权之下，以幸福为最终目的的多数人的结合。国王的目标在于增加财富和保障人民生命财产的安全，人民则应当服从国王，努力增加财富。为了正确使用国家财富，需要有最高权力，加强“国家的伟大管理”，“这种管理仅仅是私人管理的无可比拟的更大范围罢了”。因此，他认为，如何正确使用权力，加强国家管理，增进人民幸福，是官房学派研究的任务。

由德国当时财政经济状况所决定，在尤斯蒂的国家收入观中，赋税收入处于从属地位。他将满足国家支出需要的收入来源划分为两大类财产：一类是直接财产，即国家特有的财产，包括房地产以及它所拥有的某些特权；另一类为间接财产，即国民所有的私有财产，它也是国家的最终财源。国家为了应付其支出需要，在一般情况下合情合理的做法是，以自己的直接或特有的财产来满足经常性的财政开支需要。只有当国家不存在直接财产，或直接财产不足以支付需要时，才能决定征集人民私有财产的一部分。所以，尤斯蒂认为："所谓捐税，当王室的领地和特权项下的收入不足以应付国家的必要支出时，人民不得不就其私有财产和收益，按一定比率做出的支付"。

尤斯蒂一般不赞成政府向人民征收捐税。他说："如果统治者的收入能始终以两个来源——王室领地和一些特权的享有为限，而不开辟第三个来源——捐税，那就真是件大好事。"因为捐税最容易被滥用，使国家受损害。从人的本性来看，人们很少能够勤俭经营好自己的财产，如果管理国家的人一度乞助于捐税，当尝到这一生财之道——可以向别人索要而无须以自己所需之数为限，并一无所费的甜头之后，捐税就会被漫无节制地滥用。所以，捐税形式一经采用，征税数额必然会稳步增加，最后形成人民难以忍受的负担，造成人民和国家两败俱伤。

尤斯蒂基于这一价值判断，主张国家只能在不得已的情况下开征捐税。同时，为了有效地防止统治者滥用课税权，使人民负担最轻，他提出了税收课征应当遵循的六项原则，集中体现了尤斯蒂的税收思想。

第一项原则：税收负担必然以人民的负担能力为限，不能课及资本，危害人民生活。尤斯蒂认为，人民缴纳捐税，只有当他们的纳税不至于影响必需品享用和不危及他们所从事的产业时，才能说是有能力纳税的，超过这个限度的税收，无异于对人民财产的"残酷勒索和凶暴掠夺"，因为人民生活在国家这个文明社团中，是为了在最高领导的保护下得以享受生活必需品和舒适，并使他们的财产安全无损。因此，如果国家用征税手段剥夺人民的生活必需品，迫使他们削弱资本，其行为就直接从根本上否定了文明社团的作用，领导者因此也成为一个暴君。他指出，没有一个国家的支出会必要到足以证明实行横征暴敛是合理的地步，否则，在捐税还未提高到这样的高度之前，就应当彻底改革国家制度!

第二项原则：税收应当公平合理。尤斯蒂认为，由于全体人民对国家负有相等的义务，因此，每一个人在国家开支中的贡献理应彼此相等。但是，不同的人享有的财产数量不等，财产多的享受国家保护较多，财产少的享受国家保护较少。因此，赋税应根据每个人负担能力的大小，公平合理地分担。换言之，每个人应按其所拥有的财产的比例分担国家支出，财产愈多者，由之带来的收益也就愈大，捐税负担也就要重一些；反之，税收负担就要轻一些。他指出，有些国家在设计税收负担时，虽然也曾考虑到负担能力的因素，即当资产超过某一数额时将税率相应提高，但真正实行的比较少，结果是按照规定的税率征收，最富的人为国家支出的贡献却最少；而穷人则无可搜刮；于是一切负担都落在中产阶级身上。他认为这是极不公允的。

第三项原则：税收课征不得损及国家和人民的福利及公民自由。尤斯蒂认为，任何税收制度都必须以此作为出发点，否则，就要有害于国家和人民幸福，妨碍经济发展和人口增加。他指出，如果捐税损害了人民自由权、全体人民就很难获得发展机会。结果，不仅外国人不愿意在此地安家落户，即使本地人也会寻找机会离开他的祖国，去那些比较注重公民自由权的国度定居。所以，一个最为明智的税制，不但不会损及人民的自由权和福利，而且还会鼓励人民满怀热忱、心甘情愿地纳税，就好像纳税完全出于本人自愿一样。

第四项原则：按照国家性质和政府体制建立税收制度，应体现公正无私。尤斯蒂认为，一国采取何种税收制度，是与政府的性质和组成制度密不可分的，不同的政体（如君主专制、贵族政体、民主政体等）需要不同的税收制度。因此，税收对于国家性质、形势、生产力、生活水平及其他方面，如人民的才能、情操、爱好、精神面貌等都应予以适当关心，采取适当的征税方式，尽量使税收不引起民族的憎恶和人民的反感。

第五项原则：税收应当确实、公开。尤斯蒂主张一切捐税都必须建立在明确、光明正大的基础上，征税数额应当确切规定，使大家都有个清楚的了解。从国家方面看，通过这种方法征税会使国家所需要的税额流入国库；对那些收入数额不可靠、税务官员容易舞弊营私、对人民容易进行蒙骗的税种，都不宜开征。从人民方面来说，每个纳税人都必须知道征税的理由及其数额，这样，才不会受到税务官员的欺压。

第六项原则：征税方式必须简便，节时省费。尤斯蒂主张税收应当用最简便的方式进行征收，对国家和人民双方来说，所涉及的征税费用应减至最低限度。他说，收税时的费用愈大，国家所能享有的税收就愈少，人民在税款方面的不必要负担必然愈重。如果税款可以分期并在适当地点缴纳，以免纳税人为纳税而长途跋涉，耗费精力与时间，这样，国家在征税方法上就照顾了人民。

三、宋能菲尔斯的税收思想

宋能菲尔斯（1732—1817 年）是比尤斯蒂晚些时候的维也纳大学教授，他在一些方面继承了尤斯蒂的基本经济思想，并在理论上加以发展。两者的不同之处在于，宋能菲尔斯受法国重农学派的影响，接近经济上的自由主义。反映在财政税收方面，他提出必须特别注意公共收入在经济上的重要性，认为赋税对国民经济的重要性比国王地和特权收入更突出，并且反对封建的包税制。

宋能菲尔斯把增进一般福利看成是国家的目标和经济的永恒目的。在他看来，以本国经济福利为目的的政策成功与否，其判断的基本准则是促进人口增长，即人口增长多，相应的劳动生产农工业和贸易就愈发达。而且，人口愈多，相应的购买力就愈强，因而经济愈繁荣、公共收入也愈多。

在公共收入来源问题上，宋能菲尔斯把全国人口分为两大阶级，即持有货币者阶级和工人阶级。政府应只向前者征收公共收入，而后者仅承担公共服务。

作为德国后期重商主义的过渡性人物，宋能菲尔斯从国内收入的稳定性和永久性立场出发，主张在德国实行消费税，并在理论上对其利弊做了分析，这是他税收思想的特色。

宋能菲尔斯认为，实行消费税对国家和纳税人两个方面都有利。其优点主要是：（1）征税数额与纳税者收入所得相适应，即它符合这样的原则：工人不会为此支付更多的劳动所得，而货币持有者虽不劳动却要支付税金，从而使过去的免税阶级也要间接承担纳税义务，弥补赋税制度不公正的缺陷。（2）消费税征收普遍，纳税人在购买商品时几乎每天在无意识中就交付了税金，并且不感觉其负担。（3）商人虽可将消费税金转嫁于商品价格，导致商品价格上升，但幅度不会很大。

宋能菲尔斯根据当时各国实行消费税的实践，也指出消费税存在的某些缺点，如征收费用变高，纳税人或消费者的负担就会加大；消费税以销售的商品为对象，对富有阶级的所得就课征不到税金；如果征收消费税使生活必需品价格大幅度上涨，势必抑制就业和商业发展等。

此外，在课税对象的选择上，宋能菲尔斯特别主张对奢侈品征收消费税，而反对对资本直接课税。

第五节 重商主义税收思想评析

重商主义税收思想是资本主义生产方式形成初期的产物，也是现代西方税收思想的萌芽阶段。虽然就其理论体系看尚不完善，就其一些理论观点看也存在着缺陷，但重商主义税收思想的产生具有历史的必然性和客观性，它在促进资本主义生产关系和税收秩序的形成与发展方面，起到重要的积极作用，它构成了西方税收理论的基本框架，并对后来西方税收思想的发展产生重大影响。

一、立宪征税论

税收的历史十分悠久。欧洲在古希腊和古罗马时期，就出现了土地和奴隶的私有制，形成了城邦经济、奴隶主大庄园经济、寺院地产经济，以及家庭奴隶制等私有经济形式。与之相适应，国家对私有经济实行征税制度，其征税依据也经历了漫长的历史过程。在欧洲新兴资产阶级登上历史舞台之前，大体上可以分为三个阶段：（1）自由纳贡阶段。在奴隶制时期，国家的赋税主要来自诸侯、藩属自由贡献的物品和劳力。税收采取了一种没有统一标准的自愿捐赠形式，还不能称为严格意义上的税收。（2）承诺纳税阶段。随着国家的发展，君权的扩大，财政开支和王室费用都随之增加，单靠自由纳贡已难以维持，于是封建君主设法增加新税，但课征新税或开征临时税，需要得到由封建贵族、教士及上层市民组成的民会组织的承诺，税收初步摆脱了贡赋不分的状况，开始具有契约式的约束性和固定性。（3）专制课征阶段。随着社会经济的逐步发展，封建国家实行了中央集权制度和常备军制度，君权扩张和政费膨胀使得国君不得不实行专制课征。主要表现在：一方面笼络贵族和教士，尊重其免税特权，以减少统治阶级内部的阻力；另一方面则废除往日的民会承诺制度，不受约束地任意增加税收，税收的专制色彩日益增强，这时的税收已经具有政治权力和私有财产权力对抗的意义。

到了欧洲中世纪，商业经济日渐发达，市民阶层日趋壮大，新兴资产阶级开始萌芽。在这样的历史背景下，新兴阶级开始反抗封建国王的专制课税权力。1215 年英国《自由大宪章》规定国王课征超过惯例的赋税必须召集大议会，征求“全国公意”（第 12 条）；1295 年通过的宪法性文件《无承诺不课税法》规定，“非经纳税人之自愿承诺，则英国君主或其嗣王，均不得向彼等征课租税，或摊派捐款”；1628 年通过的《权利请愿书》更是进一步向国王提出四项要求，其中第一项就是“未经议会同意，不得强迫任何人承担或缴纳任何‘赠与’、强制性借款、租税或类似的费用。”

所以，当时的许多重商主义思想家，特别如霍布斯、洛克等人，从资产阶级人文主义出发，率先探究了国家建立及其政府向人民征税的终极依据问题。霍布斯将政府向人民征税（或人民向政府纳税）视为一种政治契约行为、一种法律事件，即人民同意转让自己的部分财产权利，通过纳税来获得国家对人民生命、财产安全的保障。1690 年，洛克发表了他的名著《政府论》。在这本书中，他全面阐述了资产阶级的国家观和资产阶级税收思想，表达新兴资产阶级的税收诉求，即：税收必须法定，政府的征税权必须建立在尊重人民主权的基础上，征税必须具有宪法或法律依据，不得超越宪法与法律实施课税。

霍布斯的“税收契约论”，以及洛克的《政府论》及其税收法定主义思想，对近现代国家确立立宪征税原则和税收法治建设产生了重大影响。在现代资本主义国家，不论是采取君主立宪制，还是采取议会共和制，一般都要制定宪法和法律，实行法治。国家征收任何税收，都必须经过立法程序，经过由选举产生的议会确定。例如，法国 1791 年宪法（法国最早颁布的成文法）第三章第二节第八条规定：“有关赋税的创设、延期和征收的立法议会的法令都叫作法律并加上法律的标题。”另一方面，西方国家宪法还对各级政府课税权的行使，制定了一些重要约束条款，规定君主、国家元首或行政首脑不得擅自决定征税。例如，美国宪法修正案第五条规定：“人民之生命、自由或财产，均不得未经适当法律程序而予以剥夺”。

正是从这个意义上说，以霍布斯、洛克等人为代表的重商主义，对于现代税收法治主义原则的确立与发展，做出了历史性的重大贡献。

二、保护关税论

重商主义的产生与发展，正值西欧没落的封建制度向资本主义生产方式的转折时期。在封建社会的母体内，资本主义经济只有经过资本原始积累才能迅速发展起来，对外贸易则是增加资本原始积累的重要手段之一。当时的许多重商主义者以商业资本家的眼光看到了这一点，他们提出了奖出限入的保护关税政策，实现对外贸易的出超，以便将更多的货币财富留在国内。从托马斯·孟完整而彻底的保护关税理论，到柯尔培尔一系列保护关税政策和实践，都是为了这一目的。显然，当时重商主义的保护关税理论和政策，有利于国家通过对外贸易实现和增加资本原始积累，保护和促进资本主义工商业的发展，从而为资本主义生产方式的确立和成长创造必要的前提。

从历史角度看，重商主义保护关税理论毕竟是服务于那一时期资本主义方式成长需要的历史产物，有着自身的局限性，这种局限性主要表现在其理论基础的缺陷。重商主义者认为货币是财富的唯一形态，把货币同财富混为一谈，因而，社会财富被认为是从流通中、从对外贸易中带来的。这样，他们就将本来只具有分配职能的税收，与创造和积累财富等同起来。而且，在重商主义理论和保护关税政策的背后，西欧国家所经历过的资本原始积累过程都充满了征服、压迫、劫掠等暴力剥夺，是以关税为手段所进行的国与国之间不等价交换的历史。当保护关税政策对他们有利时，他们会积极运用这一手段；当这些国家的资本主义大工业充分发展起来，他们的工业品能够毫无对手地打入世界每一个地区时，资产阶级则又以保护关税妨碍自由贸易为由，而暂时搁置这一手段。继英国重商主义而兴起的古典学派的经济理论和税收政策，就是最好的例证。

三、主体税制论

间接税与直接税的选择，是引起重商主义学者热烈争论的一个问题，也是当时急剧变革的社会经济、政治制度对税收提出的一个现实课题。在西欧封建社会里，国家课税实行以人头税、财产税、土地税为主体的直接税制，这种主体税制发展到了十六七世纪，已愈来愈不能在财政、经济和纳税公平等方面，适应资本主义商品经济关系发展的要求。正因为如此，以霍布斯为代表的一大批重商主义者，竭力主张以国内消费税取代直接税，成为国家的主体税制。他们的这一主张体现了当时新兴资产阶级的多重历史要求。首先，实行消费税可以剥夺贵族、僧侣阶层享有的税收豁免特权，削弱封建势力。正如马克思所指出的："消费税只是随着资产阶级统治的确立才得到了充分的发展。……消费税是对那些只知消费的封建贵族们的轻浮、逸乐和挥霍的财富进行剥削的一种手段。"[①] 其次，资本家生产销售工业消费品交纳的消费税，可以转嫁给消费者负担，自己通常不受损失。最后，实行消费税，大大扩展了税源，可以解决资产阶级政府的财政需要。

然而，以消费税为主体的间接税制度实行不久，就开始与资产阶级利益发生矛盾。因为消费税课征的对象通常是大宗工业品，很难课及自给生产品。随着消费税范围的扩大、纳税环节的增多和税率的提高，这种税制势必成为资本主义商品生产的桎梏和自给自足经济的保护制度；对生活必需品课征消费税，不可避免地要增加工人的名义工资，增大成本、提高价格，扰乱市场，引起社会多方面的矛盾；而且，以进口关税为主体的国境间接税制，对于本国工业已经发展壮大起来的资本主义国家来说，无疑要妨碍其工业品的输出和工业原料及农产品的输入，不利于资本主义的进一步发展。这种矛盾如同马克思所分析的："后来，城市实行了间接税制度；可是，久而久之，由于现代分工，由于大工业生产，由于国内贸易直接依赖于对外贸易和世界市场，间接税制度就同社会消费发生了双重的冲突。在国境上，这种制度体现为保护关税政策，它破坏或阻碍同其他国家进行自由交换。在国内，这种制度就像国库干涉生产一样，破坏各种商品价值的对比关系，损害自由竞争和交换。"[②] 正因为如此，以所得税为主体的"直接税制度应当恢复"。[③] 对于资产阶级来说，"直接课税是自由贸易在财政上的表现。如果说自由贸易还有一些意义，那末它就是意味着取消关税、消费税、以及直接妨碍生产和交换的一切捐税"。[④]

---

① 《马克思恩格斯全集》第4卷，人民出版社1958年版，第179页。
② 《马克思恩格斯全集》第8卷，人民出版社1961年版，第543页。
③ 同上。
④ 《马克思恩格斯全集》第12卷，人民出版社1962年版，第143页。

四、税收本质论

在欧洲的封建时代，君权神授的观念具有至高无上性，国王行使课税权被认为是体现神的意志。尽管那时或更早时期就有一些哲学家、伦理学家，乃至神学家曾经探讨过税收的本质问题，但结果或是神学意义上的徒托空言，或是经院式的泛泛思辨，不能为社会提供“政府为何向人民征税”的现实答案。

当资本主义生产方式即将冲破封建社会的躯壳时，一批不畏神权的资产阶级学者率先探究了国家税收的本质问题。特别是霍布斯、洛克等人提出的“税收利益说”，把税收本质看作是政府和人民之间的一种利益交换，从而将商品交换法则引入税收分配关系，这就奠定了近现代资产阶级税收理论的基础。即使是在今天的资本主义高度发展的社会中，“税收利益说”仍然有着重要影响。

重商主义税收理论还广泛涉及了资产阶级税收理论的许多领域、规范以及某些重大理论问题，如税收起源、课税权理论、税收原则、税收分类等。其中，德国重商主义者尤斯蒂的赋税六原则和英国学者斯图亚特的税收分类方法，对后世西方税收理论发展都产生过较大影响。

第二章

重农学派税收思想

第一节 重农学派产生的历史背景及经济理论

一、重农主义的产生

法国的资产阶级古典政治经济学是采取重农主义理论形式表现出来的。重农主义，或称重农学派（Physiocrats）活跃于法国资产阶级大革命准备时期的17世纪末至18世纪70年代。这一时期的法国，封建生产关系仍占统治地位，资本主义因素仅仅处在萌芽状态，在社会生产中占优势的是封建农业，但在封建君主制国家及其贵族对农民的残酷压迫剥削下，法国农业受到严重阻碍而得不到发展。路易十四的财政大臣柯尔培尔推行的重商主义政策又严重地损害了农民的利益，使农村经济更加凋敝，工业活动受到限制，整个国家的财政经济状况处于危机边缘。处在这种困境下的路易十五专制王朝，非但没有吸取路易十四时期实行重商主义政策的教训，反而想从重商主义措施中寻求摆脱困扰的出路，使法国的社会经济状况更加恶化。封建的苛捐杂税，领主对农民土地和公社土地的掠夺，以及靠牺牲农民利益而发展工商业的重商主义政策，等等，所有这一切使法国农民遭受严重损害，饥饿和贫困笼罩着整个法国农村。正是在这种历史条件下，法国出现了与重商主义完全对立的重农主义学说。

二、重农主义的“自然秩序”和“纯产品”理论

重农主义体系的精髓是“自然秩序”，它贯穿于学派的全部理论之中。所谓“自然秩序”，即合乎理性的秩序，既包括自然规律，也包括不以人的意志为转移的社会规律。在重农学派看来，“自然秩序”是上帝赋予的。他们在承认客观规律的同时，实际上把资本主义看作符合“自然秩序”的永恒的社会制度。他们认为政治经济学的任务在于阐明“自然规律”，使“人为秩序”符合“自然秩序”。当“人为秩序”同“自然秩序”一致时，就会使社会处于健康和正常的状态，反之，社会就处于病态的不正常情况。而实现“人为秩序”同“自然秩序”保持一致的唯一途径是自由放任，只有自由放任的条件下，“自然秩序”才能达到以最少支出获得最大满足的目的。因此，重农学派反对重商主义者奉行的国家干预经济的政策，认为政府的职责或行为应限于驱除一切妨碍私有财产权和个人自由的人为障碍，惩罚侵犯这些权利的人，并根据“自然秩序”指导整个社会。

重农学派理论体系的核心和基石是纯产品学说。以魁奈为代表的重农主义者根据自然秩序论，认为交换是等价的，总是一定量价值的一种财富和相同价值的另一种财富之间的交换。因此，流通领域和商业是“不生产的”，而并非像重商主义所说的那样是一国财富的源泉。同样，工业只是对农业所生产的原料进行加工，只能改变物质财富的形式，并不能使物质财富的数量增加。所以，他们把农业看作唯一创造财富的生

产部门，将农业劳动看作唯一的生产劳动，只有农业劳动才能使物质财富的数量增加，才能生产出“纯产品”，即农产品扣除生产费用后的余额。在重农学派那里，一方面认为纯产品是自然的恩赐，同时又认为只有使用雇佣劳动的大农场才生产纯产品。可见，纯产品实质上是雇佣劳动创造的剩余价值。他们对纯产品的研究，实际上是对剩余价值及其所体现的资本主义关系的研究。重农学派将其目标由重商主义所崇尚的流通领域转向生产领域，来研究“纯产品”即剩余价值的源泉问题，这是他们的历史功绩。

重农学派以“纯产品”理论为基础，最早对资本主义社会的阶级关系进行了经济分析。他们将当时的法国社会划分为三个阶级：一是生产阶级，即从事农业而生产“纯产品”的阶级，包括租地农场主和农业工人；二是土地所有者阶级，即以地租形式占有“纯产品”的阶级，包括地主及其仆役，还包括君主、官吏和教会等；三是不生产阶级，即不生产“纯产品”的阶级，包括从事工商业的资本家和工人等。重农学派根据这种阶级结构，第一次试图分析社会总资本的再生产过程，以便以农业作为基础，为改造当时的社会经济状况提供依据。魁奈在他的《经济表》中，分析了社会总产品的再生产及其在三个阶级之间的流通和分配，其中包括了各阶级收入的来源、资本和收入的交换，生产消费和个人消费，并把农业与工业两大部门间的流通看作再生产过程的要素。这无疑是对资本主义再生产过程第一次系统的分析。对此，马克思曾给予高度评价，认为它是资产阶级“政治经济学至今所提出的一切思想中最有天才的思想。”①

重农学派不仅在理论上，而且在政策实践方面，都十分重视农业的发展。他们提出，国家的任何政策和措施，包括税收政策，都应当以有利于农业发展为宗旨。在重农学派的经济理论中，包含了一整套重农主义的税收思想。其中影响较大的是布阿吉尔贝尔的税收思想和魁奈的土地单一税理论。

① 《马克思恩格斯全集》第26卷，人民出版社1972年版，第1册，第366页。

第二节
布阿吉尔贝尔的税收思想

一、布阿吉尔贝尔的经济思想

比埃尔·庇逊·布阿吉尔贝尔（Pierre le Pesant sieur de Boisguillebert，1646—1714 年）是法国资产阶级古典经济学的创始人，法国重农学派的先驱者之一。他生于法国卢昂，曾担任过卢昂地方法院的裁判长。他的主要著作有：《法国详情》、《法国的辩护书》、《谷物论》、《货币缺乏的原因》和《论财富、货币和赋税的性质》等。布阿吉尔贝尔生活于路易十四统治时代（1661—1715 年），曾目睹当时法国经济的混乱景象，深切同情劳动人民沉重的捐税负担和痛苦不堪的生活，对法国推行重商主义政策，带来的民穷财尽的困局，尤其是农业的衰落、农村的凋敝和农民的破产，强烈地反感。他对重商主义政策进行了猛烈抨击，揭露当时法国商业和工业靠牺牲农业而发展所带来的种种弊端。他从维护农业的立场出发，主张重视和发展农业，并提出了一系列改革经济和税收制度的理论和政策主张。

布阿吉尔贝尔在经济理论上的主要贡献是在法国最先提出了劳动价值的一些基本观点。他在分析农产品价格和生产费用时，把商品的交换价值归结为劳动时间。他力图探究市场价格背后的"真正价格"，认为在自由竞争条件下，一个产业部门如果投入的劳动过多，从而产品过多、价格下跌，就会有一部分劳动退出该部门，反之，就会有一部分劳动转入该部门。劳动就是这样按照正确的比例分配于各个产业部门，从而必然使"真正价值"（即交换价值）由劳动时间来决定。

布阿吉尔贝尔没有写过专门论述税收的著作，他的税收思想是在批判重商主义税收政策和揭露法国当时沉重、不合理的税制弊端中形成的，并散见于他的有关著作之中。

二、主张减轻农民税收负担

布阿吉尔贝尔不同意重商主义关于财富就是货币，财富来源于商业，特别是来源于对外贸易的观点，公开宣称农业中生产出的农产品是社会财富的源泉，农业的发展和耕种者的繁荣昌盛是一切其他等级财富的必要基础。他认为，当时法国经济凋敝、人民生活贫困的主要原因在于沉重的赋税破坏了发展农业的基本条件。他指出，“如果我们看到一块以前耕种得很好的土地，而现在却荒废了，这就是因为土地的产品不足以支付某些新的赋税，只得放弃耕种，于是就破坏了一切靠它为生的人们的生活。而在全国没有一个行业不是靠土地的产品来维持生存的”[①]。因此，他建议取消关税、取消出口税和渡口税等国内通行税，因为这些税收阻碍货物的运输，不仅使货物输出量大为减少，而且导致邻近地区的农产品价格特别昂贵，而产地的产品却大量腐烂，进而造成农业萎缩。他还建议降低税率，如将酒等货物的间接税由25%降至12.5%，以促进农业经济的恢复和发展。

三、呼吁改革法国税制

布阿吉尔贝尔在分析法国税制时指出，构成当时法国财政收入重要来源的人口税（亦称“达依税”）存在三个弊端：（1）不固定。人口税完全被任意规定，没有固定税则，且税率变化无常。（2）税负分配不均。人口税在确定税收负担时，不是根据纳税者的财产来规定税额数

① 布阿吉尔贝尔：《法国详情》，转引自：王亚南：《资产阶级古典政治经济学选辑》，商务印书馆1979年版，第136页。

量，而是按照身份和职务的原则来确定。这种对富有状况丝毫不加区别的纳税标准是极为荒谬的，它使收入越少、越穷的人，纳税越重；相反，收入越多、越富的人，纳税越轻。（3）征税方式不合理。人口税出于保证财政收入的目的，在征收方法上把过高的税率压在已经不堪重负的老百姓头上，这从某种意义上说，是要他们充当一部分从来不可能收齐的税款的纳税担保人。其结果，一方面导致老百姓彻底破产，另一方面造成无数人口税的收税者被长期关进监狱。

布阿吉尔贝尔主张依据固定、公平、合理的原则，按照配赋税方式改革上述弊制。即财政官员在对其整个稽征区的财产进行逐个调查和平衡的基础上，按拥有财产的比例，把每一个稽征区的人口税摊派给每一个人，以革除人口税不固定、税负分配不均的弊病。同时还建议，凡在人口税交税期限的头三个月交清全年税款者，可以免于充当收税员和该乡区征税的担保人，以废除这种奴役劳动人民的征收方式。

四、反对货币税，主张实物税

布阿吉尔贝尔在批判重商主义理论，反对将货币等同于财富的同时，也片面地否认货币本身也是财富，甚至主张退回到物物交换，废除货币。在他看来，金钱这个商品交换中的残酷的中介物，由于它的职能，糟蹋了大量的商品。如果各种商品价格符合于各部门分配的劳动，而且相当稳定或变动很少，并到处都可以按比例交换，那就可以不用贵金属作货币，代之以直接进行物物交换。就税收而论，在税收课征形式的选择上，与其课征货币不如直接征收实物，货币税形式对于税收分配的不公平、不合理具有掩盖作用。如对酒类征收的货币税，不考虑生产者能否收回成本，无中生有，强征那些不可能有的东西。所以，他最后愤慨地指出，实行货币税的恶果较之于强盗抢劫，有过之而无不及，“因为后者所抢劫的东西，仍然留在国内，他只是犯了法；而在前者的情况下，货物却化为乌有”[①]。

评价布阿吉尔贝尔的税收思想，首先应当肯定，他虽然身为路易十四的法官，但却热情而又勇敢地为被压迫阶级声辩，表现出了一个资产阶级进步思想家的可贵品质和胆量，他在自己的著作中，分析和揭露了当时法国赋税制度、政策和征税方法的残酷剥削性质，及其给广大农民和国家财政经济带来的灾难性后果。这些分析和揭露为我们提供了行将灭亡的法国封建专制末期的黑暗和腐败性情景，为将要代替旧制度而兴起的资本主义制度作了思想上和理论上的准备。同时，他提出的固定、公平、合理的税收原则，反映了新兴资产阶级要求平等纳税、铲除封建贵族享有的一切不纳税特权、尽快登上历史舞台的强烈愿望，具有历史的进步意义。

第三节 魁奈的税收思想

佛朗斯瓦·魁奈（Francois Quesnay，1694—1774 年）是法国重农学派的主要代表，出生于巴黎附近的一个地主家庭。他一生曾研究过多种学科，最擅长的是医学，他作为内、外科医生都很成功。1749 年被任命为路易十五的宫廷御医，随后（1752 年）被封为贵族，住进凡尔赛宫。当时适值重商主义政策失败后，法国经济陷入困境，年近 60 岁的魁奈开始研究经济问题，尤其关心当时促使农民破产的谷物价格和赋税问题。他的著述颇多，主要经济著作有：《租地农场主论》、《谷物论》、《人口论》、《赋税论》、《经济表》、《经济表的说明》、《经济表的分析》、《重要考察》、《农业国经济统治的一般准则》、《关于手工业劳动》、《关于工商业利益和所谓不生产阶级生产的记录》、《关于货币利

① 布阿吉尔贝尔：《法国详情》，转引自：王亚南：《资产阶级古典政治经济学选辑》，商务印书馆 1979 年版，第 189 页。

息的考察》，以及《中国的专制制度》等。

一、土地单一税理论

在魁奈的税收思想中，最具特色的是他关于土地单一税制的理论。

他根据自己的“纯产品”学说，只把花在土地上的劳动，即从事农业的劳动看作生产性的，只有农业部门才能生产出构成社会财富唯一源泉的“纯产品”，因而主张只对土地的收入征收单一税。他在《赋税论》中说：“关于赋税在哪些对象身上的问题，是没有意义的，它总是落在同一本源上，因为它总是靠土地的收入来支付的”①，并强调指出，“将赋税的分配重新调整，采取负担较小的征税形式，绝不向农业本身征税，而只是向农业提供的收入，以及靠农业收入维持的各种工作征税，这是非常重要的”②。

因为在魁奈看来，土地所有者从“纯产品”所分配的这一部分土地的收入，是由土地耕种者以地租或租借费形式付给土地所有者的，而这部分土地收入又是耕种者通过生产预付和劳动，并得到自然力的协助而生产出来的，它本来就不应当属于土地所有者。相反，土地所有者从自己土地上取得的盈利或收入，是国家、君主和国民的财富，是为国家需要服务的财富，国家的赋税只能出自这些财富。所以，魁奈认为，对土地的收入课税，是符合所谓“自然秩序”和“自然法则”的。

魁奈在进一步阐述土地单一税理由时指出，赋税不应当加在除土地所有者以外的其他阶级身上。首先，工商业阶级不应当负税，因为他们属于不生产阶级，工业和商业都不能创造出比投入资本更多的任何新财富。工业生产出来的产品价值与它的费用相等，商业活动只能转移产品的位置，更不能创造出任何新财富，商人和城市手工业者的开支，也是从土地所有者的收入中取得的款项来抵补的。同时，他们的商品或制造

① 魁奈：《魁奈论》，《魁奈经济著作选集》，商务印书馆 1981 年版，第 191—201 页。

② 同上。

品的价格，也会随着他们的开支和税款的增加而增加。结果，城市增加的税收，一部分转移到土地所有者身上，一部分转移到向城市购买必需品或制造品的农村居民身上，而后者的损失则转换成要求土地所有者降低租金和增加工资予以补偿。所以，对工业、商业、手工业者的商品或制造品课征的税款，最终来源于土地的收入，并由土地所有者负担。魁奈认为，赋税与其那样间接的由土地所有者负担，倒不如直接对土地所有者课征单一土地税。

魁奈指出，国家不仅不宜对工商业课税，也不应当对土地的经营者即农业资本家征税，而且对于耕种者用于再生产的财富或预付也不能课税。因为“补偿支出的再生产财富不应当是新财富，它只是抵补了为使土地生产满足人们经常需要的产品而预付的支出。为取得盈利而使用的财富，应当看作能带来收获的种子，它必须从收获物中分离出来，以便下一年再播种”①。魁奈把对农业预付的课税，看作对资本的破坏，因为耕种者的这一部分财富减少，土地的产量和所能带来的收入就会相应减少。此外，国家还不应该对耕种者的收入或盈利课税、因为这些盈利或收入是土地能够得到更好耕种的保证。他在《农业国经济统治的一般准则》中告诫法国当时的统治者，在任何情况下都不要忘记，赋税的课征的都只以收入，即土地每年的“纯产品”为对象，而不能以农业经营者的预付、劳动的工资，以及销售的商品为对象，否则那就不是赋税，而是强夺。它会断绝再生产，破坏土地，陷租地农场主、土地所有者和国家于毁灭的境地。所以，他主张必须尽快废止对租地农场主预付资本的课税，以便使国家的收入不致陷入完全枯竭。

魁奈主张不要对从事农产品贸易和把农产品运往国外按好价出售的商人征税，因为他们手中的财富是为发展农业生产，增加国民财富所必需的。他指出，我们应当取消危害本国对外贸易，不利于本国农产品倾销并使生产缩减的赋税。这种有害的赋税的数额妨碍了贸易和农业的恢复，取消这种赋税的损失，可以从贸易和农业丰收中得到百倍的补偿。魁奈反对重商主义关于在外贸中采取低税或免税奖励输出，高税限制输

① 魁奈：《魁奈论》，《魁奈经济著作选集》，商务印书馆 1981 年版，第 191—201 页。

人的保护关税政策，主张实行自由贸易。认为不论是进口产品，还是出口产品，都不应当课税，解除妨碍对外贸易和国内贸易的一切禁令和规定，这样才能有利于粮食的生产和贸易，增加国家的财富和收入。

魁奈还反对征收财产税和向个人课征人头税或劳动所得税。就前者而言，他认为对私有财产课税会减少个人的消费和支出，从而降低农产品的售价和产量。对后者征税，更有悖于“自然法则”，并且极不公平、极为有害。因为人头税有害于土地的耕种和农业生产，并且增加人民负担，加速他们的贫穷和破产。

以魁奈为代表的重农学派主张实行的土地单一税，是根据租地农场主支付给土地所有者的租金收入，按一定比例课征的。魁奈认为，实行这种土地单一税制的好处是：（1）由一土地所有者以租借费形式收取的收入足够缴纳土地税，并且这笔租借费在租约中业已规定，对其数额租地农场主一清二楚，即使今后土地所有者和租地农场主重新订立租约时，租地农场主的竞争也经常会使土地所有者处于弱者地位，并使后者的收入同土地的产量相适应。（2）由于土地单一税是比例于“纯产品”，对继续再生产的财富源泉的课税，因而它是最合理的税种。（3）因为全国实行只对土地收入征收单一税，因此就简化了税制和税务机构，节省了征税费用和人员，抑制了税务官员对人民的欺压。（4）对土地所有者来说，对土地收入课征单一税比以农产品和其他商品征税的负担要轻。因为在后一种情况下，土地所有者进行消费和花钱时，不仅负担了税款，而且还要支付农产品和商品征税的巨额费用。而在土地单一税情况下，则无须支付此项费用。

最后，魁奈在《中国的专制制度》中，对土地单一税理论作了总结性的概述：“事实上，满足国家需要所必需的赋税，在一个农业国家里，除了向能生产满足需要的财富的东西征收以外，不可能有另外的来源，这个来源毫无疑问就是依靠预付和人的劳动而耕种的土地。因此，国家所需赋税总额不可能是别的，只不过是土地所有者的土地的年产品中取得的一部分；赋税也不可能是别的，只不过是土地所有者的土地产品的一部分，扣除花在农作物上的劳动支出及其他支出所得到的剩余部分，就是纯产品，它构成国家的收入和土地所有者的收入”①。

二、倡导轻税政策

魁奈不仅是一位土地单一税论者，还是一位竭力主张实行轻税政策的资产阶级学者。他鉴于法国当时实行重税，导致城乡经济凋敝的教训，提出税收负担不应当过重到破坏的程度，而应当和国民收入的数额保持均衡，尽量随国民收入的增加而增加。他具体分析道：合理的租税，就是没有掠夺化的不良课税形式的租税，应当把这类租税看作由农业国家土地的纯产品所派生出的收入的一部分，只有这样，才会使租税建立在国民财富和收入的基础上，并且使税收对于负担纳税义务的国民生计具有相适应的比例关系。魁奈不仅不赞成对租地农场主的生产性财富征税，因为这意味着破坏国家每年再生产财富的源泉，而且，他还认为，对农民、雇农或短工的征税也要适度，不要过分，并使他们对租税的数额能够放心。如果任意征收不适度的税，他们就会对自己的工作不抱任何希望。同时，对商人和手工业者的征税也不能使他们感到负担过重。总之，在魁奈看来，要使国家富强，税收就不应当过重，对租地农场主即农业资本家应实行免税，对农业劳动者要征轻税，对商人的税负不宜过重，从而使税收的增长建立在国民收入增长的基础上。魁奈认为，同一切征税对象成比例，负担适度的税是对全体人民有利的。

魁奈一方面主张建立土地单一税、减轻人民税收负担；另一方面又极为重视税收征管方式在实现上述目标中的作用。魁奈在《赋税论》中指出，对国家造成巨大危害的不是征税本身，而是征税的方式。他认为最重要的是要找到对国家负担最轻的征税形式，即一是要实行土地单一税；二是要改革陈旧的税收征集方式，按比例课征，彻底废除当时盛行于法国的包征制（或包税制）。

法国当时实行包征制的基本做法是，国家成立税务管理局，设置租

① 魁奈：《魁奈经济著作选集》，商务印书馆1981年版，第411页。

税包征人，依靠这些包征人来代理征税业务帮助征收赋税。由于许多包征人在征税过程中，层层盘剥、敲诈勒索，从而使整个国家和全体人民负担了比税收本身还要多的负担。因此，魁奈主张废除包征制。他针对反对取消包征制的理由，即君主急需资金，而包征制可以提供资金的巨大来源，给予了有力的驳斥。他指出："在一个繁荣的国家里，是不会需要这种会促使国家破产的资金的。君主能够乞助于一个更加富裕得多的源泉，即自己国民的财富，向他们征收临时的非常税，这种税不会引起国债的增加。例如，十分之一税能使他的收入比现在增加两倍，而国民的负担要比现在在包征制的情况下减轻一半。"① "取消对国家负担很重的租税包征制，而简单地把税收包征制给予君主的收入直接付给君主，会促使赋税大大减轻。"② 他认为，取消包税制后，"如果有良好的行政，在很短的时间内，就可以使租税大大增加。此外，再把破坏性的课税也废除掉，并且促进谷物、葡萄酒、羊毛、亚麻布等的对外贸易，就能使国民富裕起来"。③

第四节
米拉波的税收思想

魁奈的《经济表》发表后，在他周围形成了一批追随者，对魁奈的思想加以宣传、研究和系统化。魁奈和他的追随者们定期集会讨论即将发表的论文和主张，形成了一个见解基本一致的学派，即后人称之为的重农学派。在魁奈的追随者中，维克多·米拉波（Victor de Riqueti, marquis de Mirabeau，1715—1789 年）是重农主义热心的组织者。著有《人群之友或人口论》、《赋税论》，他的《农业哲学》一书是四本重农主义教科书中的第一本，其中含有对《经济表》的解释部分。

① 魁奈：《魁奈经济著作选集》，商务印书馆 1979 年版，第 204 页。

② 同上，第 209 页。

③ 同上，第 366 页。

一、税收本质观

米拉波对资产阶级税收理论的突出贡献，是明确提出了“利益说”的税收本质观。他是从人口、农业与税收的关系的角度来阐述“税收利益说”的。在他的《人类之友》（或《人口论》）中指出，一国产业的兴衰取决于人口的多少，而人口的多寡又取决于维持人口的财富，尤其是粮食生产。他认为，当时法国人口减少的原因主要在于农村受到重税盘剥，农产品卖价自由受到不适当的限制。劳动力的不足，又必然导致农业经济的不振。他从振兴与保护农业这一立场出发，在《赋税论》有关税收的本质或税收依据的论述中指出：“每个人都需要保卫自身活动的权力……每个人都同意各自应对公共权力做出贡献。赋税是由事实上的同意而成立的。每个人在其贡献中考虑的是各自的切身利益。”另一方面，“君主自己也应当考虑，既然向臣民征收费用，因为我具有了臣民所期望的价值，我才成为人人都服从我的人民的首长”以上不难看出，米拉波是以自然法思想为理论前提的，认为赋税的依据在于国家给予个人以法律的保护，采取了赋税与人民受益之间具有内在联系的“利益说”的立场，从这一立场来提供公共资金，公共资金为各个臣民所消费，用于臣民的个人利益。通过评价各个人所获的利益，便可决定作为利益代价的赋税额。所以，米拉波得出结论：“每个人在纳税时考虑的是自己的利益。减少这种利益，市民的纳税就要少。完全取消这种利益，市民也就会不缴赋税。一言以蔽之，和所有货物同样是一种交易”。

二、反对包税制

米拉波同魁奈一样，也十分痛恨赋税包征人所经手的苛税活动。

他说：“他们使国家置于被猛禽吞噬的境地，他们肆无忌惮，无恶不作，使一切销声匿迹，逃之夭夭，甚至连僧人都说‘税吏不死、大难不止’”。

三、土地单一税

米拉波作为重农主义学者，虽然不反对土地单一税理论，但他又认为，土地单一税实际上无法加重到足以承担国家全部经费开支的地步。由于土地单一税无法满足国家的全部财政需要，因此，他主张通过其他税收来弥补，如征收盐税、烟草税，以及辅之以适当的直接税这样，米拉波实际主张的复税制体制就同单一税理论发生了矛盾，这种矛盾与其说是理论上的不同，倒不如说更体现了米拉波出于国库实际需要的考虑。

第五节
亨利·乔治的税收思想

亨利·乔治（Henry George，1839—1897 年），是 19 世纪后半叶美国经济学家。他生活的年代比魁奈晚了近 100 年，在理论体系上虽不属于法国重农学派，但他的税收思想与 17 世纪重农主义的税收思想接近，尤其是他关于土地单一税制理论继承和发展了法国重农学派的思想，所以，本章将其列入其中予以介绍。

乔治出生于美国宾夕法尼亚州一个中产阶级家庭，中学未毕业就开始为生活奔波，所以西方国家一些学院派经济学者们只把他看成是“业余经济学家”，或“自学的经济学家”，在欧美流行的许多经济思想史著作中，没有亨利·乔治的一席之位（如熊彼特的《经济思想分析史》）。但这并不能说明，乔治不是一位重要的经济学家，相反的是，乔治以土地单一税为基本纲领的经济思想，实际上得到很大范围的传播。他的代表作《进步与贫困》风靡一时，畅销全球，印数为200万册。他的书，文笔简练并富有感情，说理明快而浅显易懂，与一些传统经济著作的艰涩冗长相比，形成了鲜明的对照，所以也有人认为“就政治经济学在美国的普及工作来说，他比任何其他经济学家做得更多”。美国制度学派的早期代表人物康芒斯说：“在经济学方面，我所读的第一本书，就是亨利·乔治的那本带有个人主义和神学意味的《进步与贫困》。”其他如克拉克（John Bates Clark, 1847—1938年）、塞力格曼（Edwin Robert Anderson Seligman，1861—1939年）、卡弗（Tomas Nixon Carver，1865—1961年）等经济学家，都曾受到乔治经济思想的某些启示。

在思想传播影响方面，更令人注目的是，乔治的思想对俄国文豪列夫·托尔斯泰和中国“革命先行者”孙中山的影响。托尔斯泰说：“在现存的国家组织和强制性赋税制度下，亨利·乔治所精心构思的解决土地问题的方法已臻于如此完善的程度，以致不可能再设想任何其他更完美、更公平、更现实和更和平的解决办法了。”孙中山第一次广州起义失败后流亡海外，对乔治的《进步与贫困》一书也很有兴趣，尤其赞赏其所谓土地纲领，称“亨利之学说，深合于社会主义之主张，而欲求生产分配之平均，亦必先将土地收回公有，而后始可谋社会永远之幸福也。”① 由此可见，乔治的经济思想传播之广。

亨利·乔治思想传播较广，主要是由于他比较从实际出发，揭露出当时西方资本主义社会的弊端，再加上简练通俗的写作风格，较受一般人的欢迎。但他缺乏严谨的科学态度和系统的理论知识，以直觉代替严密的论证，并把某些直觉的概念神秘化，蒙上宗教的色彩，这是他的致命弱点，也是正宗学院派学者根本不承认他为经济学家的理由之一。亨利·乔治的著述较多，主要代表作是1879年完成的《进步与贫困》，另外有《我们的土地和土地政策》（1871年）、《土地问题》（1881年）、《社会问题》（1883年）、《保护贸易和自由贸易》（1886年）等。亨利·乔治的分配论，比起他的其他经济思想研究要严谨和充分，能够

① 《孙中山全集》第3集，中华书局2006年版，第13页。

自成一家之言，他的税收思想正是他在分配方面研究的重点。

一、地租论和土地纲领

乔治始终认为“贫困伴随着进步，是我们时代的一个很大的谜”，而“那些流行的学说都不能圆满地解释贫困同物质进步的关系”。他认为要解开这个迷，必须从财富分配的规律方面入手，提出了财富分配的三个规律：地租规律、利息规律、工资规律。同时，又把工资规律和利息规律看作地租规律的一个“推论”。所以地租论是他的分配理论的核心部分。

乔治坚持把土地看作生产三要素的先决条件，是人类的唯一手段。“在劳动能够被使用以前，必须要有土地；而在资本能够被生产出来以前，则必须使用劳动。……其自然秩序为：土地、劳动和资本。资本不是我们的出发点，我们应该以土地为出发点。”① 乔治接受了李嘉图地租学说的一些结论，但却抛弃了其中的一些科学成分。他认为地租“是一种以同样劳动和资本在报酬最少的产业上所得产品的余额”。他提出“地租是一种垄断的价格，它是由于……自然要素归于个人所有而产生的。”② 所以他认为地租不但对生产并无好处，反而从生产中汲取成果，“它绝不能表明给生产以任何帮助或利益而仅仅表示从生产成果中获取其一部分的权力”。

乔治的地租论，是基于他对土地问题的观点，他把一切问题都归结为一个土地问题、“土地问题是根本问题”。而贫困伴随着转引自《亨利·乔治的哲学》物质进步的根本原因，就是土地私有权的存在。“财富分配不均的最大原因，在于土地所有权的不平等土地所有权是件最基本的事实，它最后决定着一个国家的社会、政治以至知识和道德的状况。……无论何时何地，在一切国家中，土地的占有都是贵族政治的基

① 乔治：《进步与贫困》，商务印书馆 2010 年版，第 163 页。

② 同上，第 170 页。

础、飞黄腾达的支柱和权力的源泉。”[①] 他始终认为土地垄断是古往今来一切罪恶和灾祸的根源。

根据他的地租论和对土地问题的认识，他提出了土地纲领——消除土地垄断，以土地公有制代替私有制。“清除罪恶的方法，只有一个——这就是清除它的原因。……我们必须使土地成为公有财产。”[②]

二、土地单一税理论

乔治的土地分配理论，奠定了他研究经济问题的基础，尤其是他提出的土地单一税理论。如果说，正统的学院派经济学家不承认乔治的经济思想应占一席之地，但对他的单一税理论，却极少有人忽视，直到现在，“单一税”，这个名词常和乔治联系在一起，甚至有人称他为“单一税之父”。

乔治的单一税主张，在他的全部理论观点和实践活动中，都有特别重要的地位。他的单一税观点，是征收地价税，废除其他一切税收。这种单一税理论，实际上是他的土地纲领的具体化和修正，因为他承认没收或强制收购土地为公有“这种办法过激”，有必要去寻找其他的“救济办法”。于是他将开征地价税的主张多次反复宣传，认为“只采用这种废除一切租税，单独征收地价税的简单而易行的方法就可达到目的了。”[③] 这种办法可以做到“不是把地主买出去，也不是把他们踢出去，而是用租税把他们搞出去。”

乔治把这种单一税主张，看成是医治资本主义社会百病的良方，因为它可以消除土地私有这个根本弊端。“我所建议的这种简易而顶顶重要的救济办法，定能提高工资，增加资本收益，消除苦难，摆脱贫困，给愿意工作的人以报酬优厚的就业机会，使人们的力量得到自由的发挥，减少罪恶，提高道德、风尚和知识，澄清政治，并把文明提到一个

① 乔治：《进步与贫困》，商务印书馆 2010 年版，第 293—294 页。

② 同上，第 326 页。

③ 同上，第 4 版自序。

更壮丽的高度。——这就是通过赋税来征收地租。……这个建议的适用形式就是：废除一切租税，单独征收地价税。”①

乔治认为这种单一税是“最好的税”，他从斯密提出的四项税收原则角度，认为征收地价单一税符合税收原则：它使生产负担减轻；征收方便、征收费用最少；税收确定；税负公平。而且他认为这种单一税符合社会伦理道德观念，因为它把不应属于土地所有者所有的土地价值收入收归国家。

乔治的地价单一税主张，和以前其他学者们提出的单一税理论一样，只停留在设想上，没有付诸实施。实践说明，这种他称之为最好的“救济方法”是无法挽救资本主义社会衰落的命运的，因为资本主义社会的种种问题和弊端的原因，不在于他所说的“土地私有权”，而是社会的基本矛盾。

三、反对保护关税制度

乔治在《保护贸易或自由贸易》一书中，宣称自己是“真正的自由贸易者”，反对保护贸易和保护关税制度。他称“保护贸易原则的充分实现将使社会完全处于野蛮状态之中”，主张“自由贸易就是自然贸易一即在没有人为限制的情况下进行的贸易”他从不同角度，竭力论证保护主义的“无效和荒唐”，指出“保护关税制度的精神是民族仇恨与纷争”。乔治的自由贸易论比较肤浅，是用漂亮的字眼来说明肤浅的观点。他不从历史角度考虑，而只是用天真的愿望来代替对经济问题的分析，把保护关税政策与特定社会经济制度的联系完全抽象掉了。

乔治反对保护关税制度，是和他的单一税理论相配合的。他说：“自由贸易，从它的真正含义而论，不仅要取消保护政策，且要扫除一切关税。……实行真正的自由贸易包含着取消一切间接税。”“依照自由贸易原则，土地价值税（地价税）是能够征得巨额收入的唯一税

① 乔治：《进步与贫困》，商务印书馆 2010 年版，第 403—404 页。

收。”他把重农学派的观点也归入他的阵营，说重农学派是“真正的自由贸易者’他们不仅希望扫除保护关税，并且希望扫除所有的直接税和间接税，只留下单一的地价税。”

乔治反对保护关税是建立在他的较为肤浅的自由贸易论上，不仅没有从历史发展角度考察保护贸易和保护关税制度，而且还错误地把国际贸易和国内贸易等同对待，认为“如果在国与国之间需要保护政策，那么不仅在各个政治单位之间需要它，就是在家庭与家庭之间也需要它了”。显而易见，他主张限制和完全取消关税的想法，不可能会实现。

乔治在税收方面的研究，最主要的是提出了地价单一税，并反对征收关税，而这些思想是基于他反对土地私有和土地垄断的基本经济思想。应该说，作为一个比较激进的社会改良主义者，这些思想观点是有一定影响的。

第六节 重农学派税收思想评析

重农学派的出现，在经济学说史和资本主义发展史上有着重要意义。主要在于它是对资本主义生产方式的第一个系统的理解，它对亚当·斯密的经济理论体系的建立，产生了相当大的影响，其所倡导的经济自由思想，对法国资本主义的发展起了促进作用。需要指出的是，重农学派的代表人物及许多经济理论大都带有封建外衣，如他们大多拥有贵族身份，在政治上拥护君主制，又声称纯产品应全部作为地租归地主阶级占有。但是，所有这些封建的外观都不能掩盖重农主义学说维护农业资产阶级利益的本质，这一点在土地单一税理论及其政策主张方面体现得尤为明显。

一、重农学派税收思想的真实目的和进步意义

客观地说，魁奈提出的土地单一税，与其他资产阶级学者提出的诸如消费单一税、财产单一税、所得单一税等构想一样，都有着某种意义上的历史必然性。魁奈作为法国资产阶级古典政治经济学的杰出代表，他的经济理论，其中包括土地单一税理论，反映了那个时代新兴资产阶级的利益和愿望。实行土地单一税，“表面上看是有利于土地所有权，不是为了工业的利益，而是为了土地所有权的利益”，但是，土地单一税的实质仍是有利于工业和农业资本家的。重农学派试图通过土地单一税，把赋税全部加在土地所有者身上，降低工商企业的税收负担，保护和促进资本主义生产方式的萌芽和成长。马克思指出，在重农学派本身得出的结论中，对土地所有者表面上的推崇，也就变成了对土地所有权的经济上的否定和对资本主义生产的肯定。一方面，全部赋税都转到地租身上，换言之，土地所有权部分地被没收了——而这正是法国革命制定的法律打算实施的办法，也就是李嘉图学派的充分发展了的现代政治经济学的最终结论。这也正是隐藏在重农学派全部理论中的真实目的。

二、土地单一税制的缺陷

但是，魁奈的土地单一税制设想，在理论上的片面性或缺陷也是十分明显的。

缺陷之一：土地单一税设想的理论基础的错误。土地单一税设想是建立在农业部门作为唯一生产部门并创造“纯产品”的理论基础之上的。这一理论的错误在于，把农业“纯产品”这种剩余价值的一种形式当成了剩余价值的全部内容。其实，由雇佣劳动者的剩余劳动创造的剩余价值，经过初次分配要转化成工业和农业资本家的利润、借贷资本家的利息和土地所有者的地租。剩余价值作为国家税收的来源，它不仅

包括地租，也包括利润和利息，它们同工资等收入一样，都可以成为税收课征的对象。

缺陷之二：土地单一税的设想在实践上行不通。全社会当年新创造的国民收入在进入消费之前，要经过一系列的分配和再分配，最终形成社会各阶级、阶层、集团及个人的收入。在这个复杂的分配过程中，收入会分布在社会再生产过程的各个点上。近现代国家的税收制度都必须适应国民收入分配的这一特点，建立起由多种税、多环节、多层次课征的复税制体系，才能把分散于社会经济生活各个方面，且应归国家的收入及时集中起来，满足国家财政需要而土地单一税在国民收入分配的众多环节上，仅选择地租一项课税，这在实践中是行不通的。

缺陷之三：土地单一税的设想不符合平等纳税原则。资产阶级关于赋税原则的重要一条，就是纳税要公平，即凡享受国家提供利益、取得收入的纳税人都应依法纳税；凡收入相同的纳税人都应交纳相同的税款。然而，按照土地单一税理论，国家只对土地所有者的收入课税，工业、商业和借贷资本家虽也取得收入，却可以不纳税，这本身也就同资产阶级的税收平等观相背离的。

尽管魁奈的土地单一税设想在理论上存在着诸多缺陷。在实践中也难以推行，但是，这一主张仍对后来的少数统治集团和一些经济学家产生了较大影响。如德国的巴登侯爵卡尔·弗里德里西就曾根据土地单一税理论征收赋税，最后当然以失败告终。英国的经济学家詹姆士·穆勒由于接受了李嘉图的地租论，也赞成征收单一土地税。将单一土地税制理论发展到顶峰的，是前节所述的美国经济学家亨利·乔治，但与魁奈他们不同的是，乔治主张的土地单一税，是对土地价格征收的地价税。

重农学说是在同法国重商主义的斗争中产生的经济学流派，他们在反对将货币等同于财富的同时，又走向另一个极端，主张废除货币和货币税，退回到物物交换，实行实物税。这一点在布阿吉尔贝尔那里表现尤甚。布阿吉尔贝尔由于受历史和经济理论的局限，从否定货币是财富，提出否定货币税的观点。他不懂得货币本身也是具有价值的物质财富，否则，货币就不可能具有流通手段和支付手段职能。同样，他也不可能理解，就像货币本身是商品交换发展的产物一样，货币税也是在实物税的基础上，随着商品货币经济关系发展而必然出现的一种课税形式，并且，由货币税代替实物税也反映了税收发展的一大历史进步。由于他错误地将封建国家和赋税承包人利用货币税作为剥削广大农民的手段同货币职能相混淆，因而主张废除货币税，恢复实物税，这不仅在商品货币经济高度发达的近现代不可行，即使在西欧封建社会的后期，也是不完全现实的。

三、批判包税制，主张税收法定

在重农学派的税收思想中，尤为值得称道的是他们对赋税包征制度的批判。税收分配方式在本质要求实行依率征收，具有固定性或确定性，即政府应当将征税的对象、数量比例、完纳方法用法律形式预先公之于纳税人，实行依率计征，依法治税。但是当时的法国皇帝实行包税制，将政府的盐税、烟税等包给私人征收，造成税收极不确定，弊端丛生。主要表现在三个方面：一是包税制无法可言，旨在敛钱，必然为包税商人任意征税，盘剥人民大开绿灯；二是包税办法势必导致国内税卡林立，甚至实行地区封锁，阻碍商品流通；三是包税制在税收负担的确定上，具有极大随意性，极易造成纳税人之间的税负不均，最终加重人民负担。以魁奈和米拉波为代表的重农学派，痛斥封建的包税制，呼吁将法国工商业和广大农民从封建重赋、横征暴敛下解放出来，他们在批判封建包税制过程中所倡导的税收法治思想，也为后来资本主义立宪征税制度的创立提供了理论基础。

第三章

英国古典学派税收思想

第一节 英国古典学派税收思想的历史背景和理论基础

一、英国古典学派的产生

英国资产阶级古典政治经济学产生于17世纪中叶，完成于19世纪初。这一时期，资本主义经济制度还处在发生和成长阶段，无产阶级与资产阶级的阶级斗争尚处于潜伏状态。英国古典政治经济学反映了这个历史时期资产阶级的利益，并成为资产阶级同封建制度及其残余做斗争的理论武器，它在促进和巩固资本主义生产方式方面曾起过极其重要的作用。

英国古典学派是在反对封建专制主义和重商主义的过程中，逐步形成和发展起来的他们在批判封建制度时，宣称封建制度是违反理性原则和不自然的制度，因而成为社会发展的障碍。他们从个人主义、功利主义思想出发，认为资本主义制度才是符合“人的本性”的、自然的、合理的制度。与重商主义不同，古典学派对资本主义生产关系进行了初步分析，第二次把对经济现象的理论考察从流通领域转向生产领域，试图阐明经济现象的内在联系。他们在政治经济学上的主要功绩，在于奠定了劳动价值论的基础，在这个基础上，对剩余价值进行了研究，并对剩余价值的各种具体形态，加利润、利息和地租等进行了初步分析，这些分析在不同程度上反映了资本主义社会内部的一些关系。而且，他们对资本主义社会的其他各种重要经济范畴和经济过程，也做了一些具有一定科学价值的研究和分析。虽然他们的理论还不成熟，其中有不少错误，但这些理论中所包含的科学成分后来为马克思和恩格斯批判地继承下来，成为马克思主义的重要理论来源之一。

二、英国古典学派的主要经济理论

英国古典学派在西方经济学上的重要功绩，是奠定了劳动价值理论的基础。配第最早提出了商品价值，即“自然价格”的概念。自然价格由生产商品所耗费的劳动量决定。但是，在他的价值观中，价值和使用价值、价值和交换价值、价值和价格在理论上是混杂的，未能区分清楚。亚当·斯密发展了劳动价值论，明确提出，劳动是衡量一切商品交换价值的真实尺度，但他的这个结论未能在理论中贯穿如一，因为在他的理论中还包含有庸俗的成分，即认为商品价值是由这种商品在交换中所购买的或支配的劳动量决定的。这就使斯密走入歧途，由此又得出价值是由工资、利润和地租三种收入构成的错误结论。尽管斯密的价值论是二元的，不过劳动价值论在他的整个学说中还是处于主导地位。李嘉图纠正了斯密的错误。坚持了商品价值是由生产商品所耗费的必要劳动时间决定的正确观点。但是，他所注重的只是对价值量的分析，而对价值主体和价值形式缺乏了解，尤其是不能科学地解决资本与劳动相交换，以及同量资本得到同量利润如何与价值规律的吻合这一矛盾问题。

英国古典学派在西方经济学上的第二个贡献，是在一定程度上研究了剩余价值，尽管他们未能把剩余价值作为一个专门范畴同它的各种特殊形式区别开来。配第认为地租是超出生产费用的全部剩余，利息（他称为货币租金）则是货币出借者因有购买土地的能力而应像地主一样得到的租金。所以，在配第看来，地租是剩余价值的真正形式。斯密扩展了剩余价值的具体形式，认为创造价值的是一般社会劳动，不论劳动的具体形式如何，剩余价值表现为利润、地租、利息等不同形式，而非地租一种形式。他指出，利润、地租、利息都是劳动产品中的扣除部分，即资本家和地主对工人剩余劳动的无偿占有，看到了剩余价值与劳动之间的内在联系。李嘉图进一步研究了剩余价值，但他的研究同样未能离开剩余价值的具体形式，同时，他还未能分清剩余价值和利润的区别，尤其是没有考察剩余价值的起源，而只将自己的注意力局限于剩余价值量的大小方面。

英国古典学派还通过对资本主义生产关系的分析，初步揭示了当时的阶级构成和阶级对立的状况。斯密在分析地租、工资利润三部分收入分别被地主、工人、资本家获得时，指出这三大阶级构成了资本主义社会的三个主要的和基本的阶级。李嘉图对工资、利润和地租分配形式的分析中，进一步揭示了工人、资本家和地主三大阶级之间的利益矛盾。此外，古典学派的经济理论还广泛涉及了社会总资本的再生产、货币及对外贸易等领域。

英国古典经济理论的核心是经济自由主义。他们提出“自由放任”的口号，主张听任“看不见的手”自发调节经济运行，反对封建国家对私人经济活动的干预。为了这个目的，他们力图证明：在经济生活中占统治地位的是客观的、自然的和永恒的规律，而国家干预只会破坏这些规律的作用，并给整个社会带来不幸和灾难。英国古典学派的主要代表亚当·斯密认为，资本主义自由竞争赋予国家的使命，在于维持使个人资本的活力得以充分发挥作用的社会秩序，国家的各种活动应压缩到限于抵御外敌入侵、执行法律和正义，维持各种公共事业与设施等的最低限度。也就是说，必须压缩国家权力，使资产阶级国家职能仅限于这一范围，而不超出这个范围，使政府成为“夜警政府”。他指出，只有

“形骸化”了的国家才能使自然秩序或经济规律充分施展作用为此，需要将非生产性质的国家支出压缩至最低限度，提出“最廉价的政府才是最好的政府”的口号。

英国古典学派在这种自由主义经济理论和国家观的基础上，提出了一整套与之相适应的资产阶级税收理论，并将其作为反对封建赋税制度，促进资本主义生产方式成长的重要手段。英国古典学派的创始人是威廉·配第，他的税收思想奠定了古典学派税收理论的基本框架，虽然其中不乏重商主义的痕迹，但经亚当·斯密和大卫·李嘉图等人的修正、发展与完善，最终创立了近代资产阶级的税收理论体系。

第二节
威廉·配第的税收思想

威廉·配第（William Petty，1623—1687 年）是英国资产阶级古典经济学的创始人。他出生于羊毛纺织手工业者家庭，从 15 岁起，他开始从事商业活动，同时学习数学、医学、解剖学和其他自然科学。他于 1650 年到爱尔兰军队中当医生，随后又当上了爱尔兰总督亨利·克伦威尔的侍医。爱尔兰起义被镇压之后，配第成了拥有五万英亩土地的大地主。1660 年，查理二世复辟，共和政体垮台，他从此转入研究经济问题。主要经济著作有：《赋税论》、《献给英明人士》、《政治算术》、《爱尔兰的政治解剖》和《货币略论》等。

配第和他以前的多数经济学家一样，关于经济方面的问题，主要是研究有关国家和君主的财政政策，并以向君主献策的形式，论述如何增进国家的财富和赋税等问题。

配第所处的时代，西欧各国在政治上实行的是君主专制，经济上盛行重商主义，资本主义经济已开始在封建社会的母体中萌芽。新兴的工商市民阶层为了扩大商品生产和疏通，积累财富迫切要求废除封建割据、赋税勒索，建立起统一的国家和市场促进国内外贸易的发展。显然，适应这一要求，需要强有力的政府机构、国防力量和完善的社会基础设施。国家如何筹集巨额财政资金，满足上述需要，是按照老一套的财政税收体制，由国王任意设置税种、税目，规定征税数量乃至课征方法，还是这一切都得经过有纳税人、工商市民参加的议会审议通过后，才能实施的现代税制、税法呢？这在实质上涉及的是一个国王为了维持自己的统治，是否需要向市民阶层做出让步的权力问题。

围绕这一问题，以国王为代表的封建贵族同工商市民阶级之间展开了激烈的斗争。配第在《赋税论》中，不仅在理论上提出了劳动创造价值、商品价值由生产商品的劳动量来测定的正确观点，而且，他站在新兴资产阶级的立场上，对于国家财政税收制度的改革问题，一反过去封建社会的陈腐做法，不满意于近代初期那些属于表象的片面考察，他力图从税收和经济关系的本质上，总体揭示出税收的源泉、税收在各种收入中的分配与负担、人民不甘负税的原因，以及税制改革等问题。配第的税收思想对资产阶级财政学，尤其是亚当·斯密的税收理论发生了较大影响。

一、税收原则论

配第税收思想的重要贡献之一，是在资本主义税收发展史上第一次提出了“公平、确实、便利、节省”的资产阶级税收原则。

配第的税收原则是在批判封建国家税收制度的基础上形成起。他深刻地剖析了造成当时英国税制紊乱，导致民穷财匮，人民不甘心负税的原因，主要有：

（1）国家勒索过多，超出了人民的负担能力；

（2）租税课征不公，即国家对某一纳税人的课税要多于对其他人的课税；

（3）国家征收的税款大都被用于奢侈排场，浪费严重；

（4）由于对人口、财产及财富状况知之甚少，造成税种过多，增加了人民负担；

（5）征税权含混不清，模棱两可，使征纳双方均感不便；

（6）由于人口少，使得该国的纳税人要比人口多的国家的纳税人税负重一些；

（7）货币不足造成一些拥有大量财产的纳税人，一时难以筹集一大笔货币支付税款；

（8）由于强迫人民在一定时期必须用货币交纳，而不允许人民在适宜季节用实物交纳，就给农民带来极大不便和不必要的损失。

配第对当时英国税制存在弊端的分析，虽然采取的是向国王劝说献策，以改进税制的形式，但其中隐藏着他更为深刻的阶级目的，即他希望制定一种符合新兴资产阶级利益和要求的税收原则，来彻底改革封建国家的税收制度。

在配第指出的人民不甘心负税的八个原因中，第（1）、（2）条实质上提出了税收公平、合理的原则。他在批评英国赋税不是根据公平而无所偏袒的标准来课税的弊端后，指出，赋税在本质上是纳税人因从公共安宁中所分享的好处和利益而向国家缴纳的公共经费。因此，所谓赋税公平，就要求每个人都应按照他们实际享受利益的多少而纳税，享受公共好处和利益愈多，纳税愈多。所谓赋税合理，指对全体人民课征的赋税不应过高过重，否则，就会使货币量减少到不能应付推动国内商业的需要，因而会抑制国家的工商业经营，减少国民财富。同时，过重的赋税，造成人民痛苦，迫使纳税人用拖延和推诿的办法逃避负税。

在人民不甘心负税原因分析的第（4）、（5）条中，配第提出了税收确实的原则。他认为，国家在征税之前，首先应当对全国的人口数额、产业分布及财产状况有一个基本的了解，以便正确的设置税种、确定税率和规定征税办法。而且，征税权和各种规章必须确切，不可似是而非。国家征税的原则和制度一经确定下来，征纳双方不可凭情面和义气加以运用，更不得随意更改。突然的、额外的课税和征税权的模棱两可，不仅会给纳税人交税带来极大不便，同时也是税收负担沉重的重要原因。

配第在原因分析的第（7）、（8）条中，表明了税收便利的原则。他举例说，农民由于国王不肯接受肥牛和谷物这些实物，他就不得不事先把谷物运送到大约十英里远的地方去出售，将其换成货币。而这些货币交给国王之后，国王又要将其换成从几十英里远的地方运来的谷物。这个过程不仅是一种浪费，而且给纳税人带来很大不便。

在原因分析的第（3）、（6）条中，配第提出了税收节省的原则。他指出，英国的许多税收大都由包税人征收，而捐税承包人又将征税的权力和数额层层转包下去。这样到最后，贫民被课征的金额，竟达到国王实际拿到数额的两倍！其流失的差额税款大多被用于挥霍浪费和支付高昂的征税费用，加重了人民负担。

配第提出的上述税收公平、确定、便利、节省的税收四原则要早于德国重商主义者尤斯蒂的赋税六原则，它虽然不如斯密的赋税四原则明确、系统，但它对后世的各种资产阶级税收原则，特别是对斯密赋税四原则的启示意义却是明显的。

二、税收来源论

配第税收思想的第二个贡献是最早提出了税收的最终源泉是劳动的收入的观点。

重商主义者把货币看作唯一财富，把通过对外贸易增加黄金和白银看成是税收的重要来源；重农主义者则把农业看作社会财富的唯一源泉，税收只能来源于土地所有者的租金收入。与重商主义不同，配第不仅认识到了商品的价值取决于劳动，而且还意识到货币的价值量也是由劳动量决定的。因此，他认为社会财富来源于劳动，劳动创造的价值或收入构成赋税的最终源泉。他说，一国居民“应将他们一切土地和劳动所得收入的二十五分之一扣除下来缴纳赋税，充作公共用途。”① 当然由于配第不理解创造价值的劳动的性质，混淆了价值和使用价值，又认为赋税除了来源于劳动之外，还来源于土地的收入，这是配第劳动价

① 配第：《赋税论》，载《资产阶级古典政治经济学选辑》，商务印书馆 1979 年版，第 32 页。

值论不彻底的必然结果。

三、税收经济功能论

配第主张运用税收手段调节对外贸易。因为配第属于由重商主义向资产阶级古典经济学过渡时期的经济学家，他的经济理论和税收思想就难免打上这一过渡时期的印记。在他的著作中也时常流露出重商主义的见解。他说："一个国家生产金银、珠宝或经营会使本国积累金银、珠宝的产业、比经营任何别的产业都有利。但是，海员的劳动和船只的运费，通常却具有一种出口商品的性质，这类出口如多于进口商品，就会为本国带来货币之类的财物。"[①] 基于这种认识，配第同托马斯·孟一样，主张在对外贸易中遵循出超原则，因而国家应实行保护关税制度，对一些限制进出口的商品征收间接税，防止货币流出国外。为此，他提出了对进出口货物征收关税的原则或标准。

对出口货物征收关税的标准是：这种关税的征收应当使外国人所需要的本国商品的售价在计算出口商的合理利润之后，要比他们从别的地方购买同类商品更便宜一些。换言之，国家征收出口关税，应当以不影响本国出口商品在国外的价格竞争能力为原则。

对进口货物征收关税的标准分三种情况确定：一是对进口的最终消费品，税率应当高到征税以后，其售价稍高于国内同类商品售价的水平；二是对进口的国内工业所需原料，如生皮、羊毛、生丝、棉花，及其他原料、染料，课税应从轻；三是对进口的容易引起奢侈行为或犯罪行为的非生活必需品，应课以重税，限制人们使用这类进口商品。但是，税率也不能过高，否则，会迫使人们宁愿走私。

① 配第：《政治算术》，载《资产阶级古典政治经济学选辑》，商务印书馆 1979 年版，第 78 页。

四、税　制　论

配第在他的著作中，还以大量的篇幅分析了当时英国税制中各个主要税种，如什一税、人头税、国内消费税等的利弊，提出了若干改进意见，以便于国王改革税制。其中的许多论述体现出配第的资产阶级赋税思想。

（一）人头税

配第认为，人头税是一种对人身课征的税种，其征收方法有两种：一种是不加区别地对每一个人课征；另一种是按某些称号或功勋标志而课于每一个人。他指出，人头税第一种课征方法的缺点是极不公平，它不考虑每个人的财产和收入状况，能力不同都一样纳税，而负担子女费用最多的人，纳税最重要；负担子女费用最少的人，纳税最轻。换言之，人越穷税越重，人越富税越轻。不过，配第认为，这种征收方法的人头税也有优点，如征税迅速，花费较少，能够根据人口数额准确计算出所要征收的数额；还能够刺激所有的人，让其子女按照各自的特长从事某种有益的职业，以便让子女们能用自己的收入缴纳自己的人头税。

至于人头税的第二种课征方法，则要比第一种方法公平很多。因为在配第看来，有某些称号的人大都是相当富裕，即使他们中有的不很富裕，但像他们这种享有称号（如爵号）的人也会高人一等，并享有地位。因此，他们缴纳的人头税即使比一般贫民高，也是划算的。

（二）什一税

配第认为，什一税本身包含三个方面的含意：一是在意思上与十分之一相同，表明它是当作租税而被征收的一部分财富；二是指它的用途，即这部分税款主要作为牧师俸禄；三是指它的征收方法。什一税一般采取征收实物，如水陆两地的直接产物，当然也可以是人们花在水陆两地上面的劳动，技术及资本所产生的收入。因此，配第指出，什一税不论在何地区，采取何种征收形式，它都会随着劳动的增加而增加。同时，劳动则会随着人口的增加而增加。

配第对待什一税的态度是矛盾的。一方面，他尖锐地揭露和抨击了教会和牧师依靠什一税过着奢侈的生活，要求教会在培养牧师和增加收入等方面加以自我约束；另一方面，他又认为什一税几乎是可以支付全国公共经费和教会开支的最公平的税种，因为全国所有的土地、技术、劳动和资本的产品，都要以其一部分缴纳税款。而且，他阐明什一税性质的目的在于，试图说服人民规规矩矩的负担所必需缴纳的捐税、而不必“螳臂挡车”，以维护公共和圣地的安宁。

（三）国内消费税

配第认为，这种税是对人们的实际财富征收的一种税。他主张征收国内消费税，因为它是支付公共经费比较适当、比较好的，一种取得收入的办法在国内消费税的课征对象和征收方法的选择上，配第认为不应当课征于中间产品。例如，在谷物未制成面包之前、羊毛未制成毛织品或未制成衣服之前，不宜对谷物和羊毛征税。国内消费税的课征对象应只限于进入社会消费的最终产品，也就是说，只有当某一种消费品成熟到能够消费时才对它课征，把对许多商品所课征的国内消费税累积于一种商品加以课征。如对毛织品征税，则制造技术、工具和羊毛也就同时被课征了消费税。

在配第看来，将国内消费税的课征对象限于最终产品，有以下好处：（1）每个人可按其从社会所分享到的好处和利益缴纳税款，符合“自然的正义”和公平原则，它对任何人都不加强制，谁购买商品、消费商品，谁就应当负担税款。而且，它对满足于过最低生活的人说来，税负也是很轻的。然而，在当时的英国，税收主要不是对消费进行课征，而是对全部财产进行课征，显得不公平。（2）如果这种税不是包给别人征收，而是由国家直接征收且征之合理，就能促使人们勤俭，并增加国家的财富。（3）倘若实行国内消费税这种税制，由于不论何种物品，人们只能消费一次，任何人只需负担一种税，只需缴纳一次税款，这样，人们就不至于对同一种物品缴纳二倍或二次税，避免重复征税。(4) 实行这种税制，能够对国家的财富、产出、贸易及实物做出精确的计算、做到征收确实。

第三节 亚当·斯密的税收思想

一、亚当·斯密及其理论巨著《国富论》

亚当·斯密 (Adam Smith, 1723—1790 年) 是英国资产阶级古典经济学派的主要代表，也是现代资产阶级财政学的奠基人。他出身于英国英格兰的一个海关官吏家庭，曾先后在格拉斯哥大学和牛津大学学习，主要研究哲学。毕业后长期在大学任教，担任过许多课程。1751 年，格拉斯哥大学聘请他担任逻辑学讲座，翌年担任道德学讲座。他的道德哲学中的法学和政治经济学部分，后根据一个学生的听课笔记于 1896 年整理出版，书名为《关于法律、警察、岁入及军备的讲演》，其中包括贸易、价格、国家收入和税收等有关政治经济方面的理论和问题。斯密在格拉斯哥大学一直任教到 1764 年，这对他的经济学形成起了很重要的作用。由于格拉斯哥当时是苏格兰的工业中心，斯密在教学之余常常去实地观察工业的经济生活，并和万能蒸汽机的发明者瓦特结识，同时参加当地的社会活动。1764 年，斯密辞去格拉斯哥大学教授职务，改任布克里公爵的私人教师，并陪同他去欧洲大陆旅行，在巴黎，他结识了当时法国的许多知名人士，其中有法国启蒙学派的著名思想家伏尔泰，还有重农学派的主要代表魁奈和杜尔阁，在经济观点上深受他们的影响。1766 年，斯密从欧洲大陆回国后，便辞去了私人教师职务，重返故乡，专心从事他的代表著作《国民财富的性质和原因的研究》(简称《国富论》) 的撰述。经过多次修改，全书于 1776 年完成出版。由于斯密这本书正好适合当时英国资产阶级的需要，为实行自由放任的经济政策提供了理论基础，因而深受资产阶级的重视和赞扬，并对后来资产阶级政治经济学和财政学的发展，产生了极其重大的影响。

在《国富论》全书中，贯穿着斯密的一个中心思想，即以自然秩序论为基础的经济自由主义思想。他认为，人是利己主义者，每一个人都最关心他自己的利益，并尽力追求他自己的利益，通常并没有促进社会利益的动机。然而，在各种事物任其发展的社会里，这种追求个人利益的活动客观上会促进社会利益。因为人们的活动受一只“看不见的手”的指导，去尽力达到非他本意所要达到的目的。因而，个人愈是追求个人的利益，社会利益就愈大。斯密的结论是：应当让每个人都有充分的经济自由，即都能用其资本和劳动去自由经营、自由竞争，而不可加以限制和干涉。斯密的整个经济理论体系，包括税收理论都是建立在这种经济自由放任基础上的，并为之服务。

《国富论》全书共分五篇。第一篇是“论劳动生产力增进的原因并论劳动生产物自然而然地分配给各阶级人民的顺序”。他一开始分析了作为增进国民财富的决定性因素之一的分工，随后分析了交换、货币和交换价值，论述了产品的分配，即工资、利润和地租；第二篇是“论财富的性质及其蓄积和用途”。考察了促进国民财富增长的第二个积极因素资本；第三篇是“论不同国家中财富的不同发展”。研究了国民财富的决定因素，特别是分工在历史上的消长情况；第四篇是“论政治经济学体系”。探讨了不正确的政策和学说怎样妨碍国民财富的增长；第五篇是“论君主或国家的收入”。在这最后一篇里，斯密研究了国家财政和税收对国民财富发展的影响，论证了自然秩序下国家经济活动的范围和财政收支的规模认为，只有国家的收入超过国家的支出，才能促进资本积累，从而促进国民财富的增进。在税收理论方面，斯密最大的贡献在于，系统地提出和详尽论证了适合自由竞争资本主义发展的赋税原则，较为透彻地分析了资本主义各种税收的来源及其性质，演讲了税收的转嫁与归宿问题。可以说，《国民富》一书使国家税收由官房内研究的政策问题变成了一门科学。

二、赋税原则论

赋税原则，即指导税制建立和政策制定的基本准则和规范。在资本主义制度的萌芽和成长时期，根据什么样的准则建立起适合资本主义生产方式发展需要的税收制度和政策，这是斯密从他的经济自由主义思想和国家观出发，吸收了配第、尤斯蒂等的有益思想，明确、系统地提出了对资产阶级税收理论具有重大影响的赋税四原则，即税收的平等、确实、便利和经济的原则。

（一）平等的原则

平等原则是指一国公民都必须“按照各自能力的比例，即按照各自在国家保护下享得收入的比例，缴纳赋税，维持政府。”①

斯密看来，赋税的本质就是国家和纳税人之间的利益交换关系，纳税人享受国家提供的各种利益，如安全、教育、卫生、公共设施、道路、桥梁等，就应当通过纳税向国家支付报酬，提供补偿。衡量一种税是否公平的重要标志是，纳税人税负的轻重是否同其享受公共利益的数量相适应。如果相适应，受益多的多纳税，受益少的少纳税，那就是公平的，否则，就成为不公平。应当指出的是，斯密在这条原则中提出的税收平等，指的是税收“利益说”基础上的平等，而非税收“能力说基础上的公平”，这是同他的自由主义哲学思想和经济思想相吻合的。这种平等“正如一个大地产的公共租地者，必须按照各自在该地产上所享受利益的比例，提供它的管理费一样”②，他强调指出：“所谓税收的平等或不平等，就看对这种原则是尊重，还是忽视。”③

① 斯密：《国民财富的性质和原因的研究》（下卷），商务印书馆 1979 年版，第 384 页。
② 同上，第 384—385 页。
③ 同上。

（二）确定的原则

确定的原则是指每一个国民应当完纳的赋税必须是确定的，不得随意变更，政府应当将税收缴纳的日期、方法和纳税时间清楚明白地告诉一切纳税人和其他人。

斯密认为，确定人民应纳税额又是尤为重要的事情，因为“赋税虽再不平等，其害民尚小；但赋税稍不确定，其害民实大。”① 一个不确定的赋税对于国家的危害主要表现在：一是每个纳税人随时有可能为税吏的权力所左右，破坏经济自由发展的秩序；二是税吏会乘机加重赋税，或者利用加重赋税作为恐吓，勒索赠物或贿赂；三是腐蚀税吏使那些哪怕原来是不专横、不腐化的税吏，也会由此变得专横和腐化起来。

（三）便利的原则

便利的原则是指“各种赋税完纳的日期和完纳的方法，须给予纳税者最大的便利。”②

斯密认为，赋税的征收应当放在最适当的季节，在纳税最有钱或最有负担能力时进行就完纳的日期看，应当确定在纳税人取得产品的季节或取得收入的时候征收。因为只有在这时，纳税人才有现款缴付税款，因而对纳税人说来是便利的。又如对奢侈品一类的消费品的课税方法是便利的，因为他每次购买时，就会负担少许税款，并且每购一次，缴纳一次，消费者有着纳税与不纳税的自由。

（四）经济的原则

经济的原则是指一切赋税的征收活动，都必须以经济，节省为目标，应尽量使人民所付出的等于国家所收入的，两者之间的差额愈小，赋税就愈经济，因而也就愈好。如果人民所付出的多于国家所收入的，就是不经济的。

---

① 斯密：《国民财富的性质和原因的研究》（下卷），商务印书馆 1979 年版，第 384—385 页。

② 同上。

斯密之所以提出税收的经济原则或最少征收费用原则，是因为他看到当时赋税制度存在以下四个弊端：第一，税吏过多，耗去了大部分税收作为薪俸，而且税吏在税收之外苛索人民，增加了人民负担。第二，赋税可能妨碍了人民的勤劳和经营产业的进取心，使人民对那些有益的生计职业裹足不前，并因税负过重，减少并破坏了人民举办上述事业的基金。第三，重税足以诱发逃税，而严惩逃税，势必导致倾家荡产，使社会失去由使用这部分资本所能获得的利益。并且，这种因重税诱使逃税而遭致的严惩，设陷阱于民，完全违反了普遍正义的原则。第四，税吏频繁的“光顾”和可厌的稽查，最终就使人民所付出的远大于国库的收入，即税收徒困人民而无补于国家收入。所以，斯密提出，征收费用最省的税收即最好的税收。

三、赋税来源论

研究社会财富的来源，包括税收的来源问题，一直是早期资产阶级学者的主要任务之一。重商主义从商人的眼光出发，认为对外贸易是一国财富的来源，也是国家税收的重要源泉；重农学派则把农业看作是唯一的生产部门，提出农业部门创造的“纯产品”构成赋税的最终来源，英国古典经济学派的创始人威廉·配第虽然第一次提出赋税最终来源是劳动创造的收入，但这个观点仅是粗线条的，且不完备、不彻底。斯密在政治经济学说史和财政学上的重大贡献之一，就是第一次在较为正确地描述了资本主义社会阶级结构及其收入形式的基础上，较为科学地提出了一切赋税归根结底都出自社会三种基本收入的观点。

斯密根据资本主义社会生产资料或生产要素的占有状况和取得收入形式的不同，将社会的阶级状况划分为三大主要阶级，即工人阶级、资本家阶级和地主阶级。其中：（1）资本家阶级取得利润。利润是工人的劳动对原材料所增值的价值，在扣除工资以后的余额，亦即雇佣工人的无偿劳动创造的价值。与此同时，他又庸俗地把利润看作是资本家垫付原料和工资的全部资本的报酬。（2）工人阶级取得工资。斯密关于工资也有两种自相矛盾的观点，既说它是劳动的收入，又说它是劳动的价格。根据前一种说法，工人没有得到自己劳动的全部果实；根据后一种说法，工人则已得到了自己的全部劳动报酬，劳动和资本之间是等价交换关系。(3) 地主阶级取得地租收入。他认为地租是因使用土地而支付给地主阶级的代价，是劳动所创造的价值的一部分，但他同时又称地租是使用地主土地的自然报酬。

斯密在分析了资本主义社会的三大阶级及其三种收入之后，指出，“个人私收入，最终总是出于三个不同的源泉，即地租、利润和工资每种赋税，归根结底，必然是由这三种收入源泉的这一种或那一种或无区别地由这三种收入源泉共同支付的。”[①] 他也正是从这一理论出发，把资本主义社会的赋税设计为利润税工资税和地租税等三大税系。他在《国富论》第五篇中，对这三大税系和来自于三种收入的其他赋税，以及它们的负担与归宿问题，做了较为全面的考察。

四、税制体系与税收负担论

(一) 利润税及其负担

亚当·斯密将资本家垫付资本所带来的利润划分为两部分，即利息和支付利息后的剩余利润。他从维护资本家阶级的利益，促进产业资本发展的立场考虑，不造成对资本家的利润征税。

就剩余利润分析，斯密将这部分利润看作资本家承担投资风险及困难而获得的微薄报酬，如果向这部分扣除利息后的利润征税，就会减少资本家的利润，结果或是资本家无力负担，或是歇业不干，因而有害于社会生产和国民财富的增进。退一步说，即使是对利润征税，资本家为了保持其平均利润，可以采取各种方式转嫁税负。例如，如果应税的这部分资本用于农业生产，农业资本家为了维持必要的平均利润水平，就

① 斯密：《国民财富的性质和原因的研究》(下卷)，商务印书馆 1997 年版，第 384 页。

会相应扣减交付给所有者的地租。这样，对利润征税，最终由地主阶级负担。对投资于工业的资本家课税，他为了保持税前利润水平，就会通过提高产品售价形式，把税款转给消费者负担，或者是少借资本，通过减少对资本需求降低利息率，把税款转嫁给借贷资本家负担。

对资本家利润的另一种形式——利息，斯密认为，由于普通利润率受可供使用的资本量对必须使用的资本量的比例支配，因而利息被视为完全扣除投资风险与困难的报酬之后所剩余的纯收入。表面看起来，这一部分收入似乎与土地地租一样，是可以直接征税的，然而，斯密也不造成对资本利息课税。因为，利息同私人所有的土地数量与价值的公开性、确定性不一样，一个人所拥有的资本总额是个秘密，很难确定借贷资本的数额。而且，由于资本的流动性和变化性，就更增添了确定的难度，因而给课税带来技术上的困难。他还进一步认为，与土地的固定性不同，资本是可以自由流动的，资本所有者是一个世界公民，不一定要附着于哪一个国家。如果一个国家对资本课以重税，资本所有者就会将其资本转移到其他国家。资本的减少，必然导致部分产品的停产，土地荒废，劳动者失业，从而减少该国的生产量。所以，斯密得出结论："一国税收如有驱逐国内资本的倾向，那么，资本被驱逐出去多少，君主及社会两方面的收入源泉就会枯竭多少"①。同时，还会减少社会的利润、地租和工资收入总量，损害财富的增进和社会繁荣。

（二）地租税及其负担

斯密把地租看作土地的垄断价格，地租率的高低完全不与地主改良土地所支出的费用成比例，也不与地主收取的租金数额成比例，而是与租地人所能缴纳的成比例，即租地人按照土地实际情况所能缴纳的最高数额从这一点出发，他认为地租是最适宜的课税对象。

斯密论证道：地租税不能抬高地租，因为偿还农业资本家的合理利润之后，所剩下的税后纯收入绝不会大于完税前纯收入。而且，地租是地主阶级不用亲自劳神费力，便可享得的收入，他将这种收入的一部分

① 斯密：《国民财富的性质和原因的研究》（下卷），商务印书馆 1997 年版，第 408 页。

充裕国家费用，对任何产业都不会有妨碍，也不会影响财富的生产和多数人的收入。所以，斯密在这一点上赞成重农学派的观点，一切赋税应当尽可能地课于地租收入之上。可以看出，在税收负担问题上，斯密仍然受着重农学派理论的影响，同时他的地租税理论也反映出他作为新兴资产阶级代言人的真正目的。

斯密评价了当时欧洲各国实行的地租税的两种征收方法：

一种是定额地租税，即英国当时实行的、按照某种标准，对各地区评定一个定额地租，评定以后不再变更。斯密指出，这种地租税在评定之初还是平等的，但由于各个地方耕作上的勤惰不同，久而久之，必然会流于不平等。而且，由于自英国评定土地税以来，地租随着农业生产发展而增多但税额固定，这样，其中增加的地租就落入地主手中，国家则未从中得到多少好处。不过，斯密也认为，这种定额土地税虽不公平，但因为税制明确、纳税方便、征税费用节省，因而符合税收原则的后三条。

地租税的另一种征收方法为变动地租税，即税额随着土地的实际地租的变化而变化，随土地耕作情况的改善或恶化而增减。这种地租税被重农学派称之为最公平的税收，因为土地地租是最后支付一切赋税的源泉。但斯密认为，这种理论与各种赋税的实际归宿不相符合。而且，这种变动地租税亦是有利有弊：尽管它随地租变动而税有高低，确比英国定额地租税公平，但又认为税额的逐年变化而不确定，这不仅在征收上不便利，而且导致耗费更多的征税费用。为了防止这种征收方法的不确定性，并减少其费用，他要求在行政上设法补救，并保护地主进行土地改良的应得利益。

（三）劳动工资税及其负担

斯密从他自相矛盾的工资理论出发，认为劳动者工资收入的高低，要受劳动力需求和食物平均价格两个因素的支配。当劳动力需求和食物价格没有变化时，对劳动工资直接课税的结果，就是把工资总额提高到稍稍超过这个税额之上，换言之，不论工资税率如何变动，在一切情况下，工资不但会按照税率的比例增高，而且还会以稍高的比例增高。这样，斯密实际上就表明了这样的观点，工资税不可能由劳动者负担。在他看来，对劳动者工资直接课征的税，虽然可能由劳动者缴纳，但实际上由资本家垫付，至于最后的支付，则在各种不同的场合，其税收负担者又不尽相同：制造业劳动工资税因课税而提高的数额，雇主通过提高产品售价转嫁给消费者负担；乡村劳动者工资因课税而提高的数额，将由农业资本家通过少付地租而转嫁给土地所有者负担。总之，以劳动者工资直接课税的结果，或出自消费者，或出自土地而与劳动者无关。

（四）由三种收入共同支付的人头税和消费税及其负担

人头税是流行于封建社会的对人身征收的一种原始直接税。斯密站在新兴资产阶级立场上反对征收人头税，认为这种税要么极不公平，要么极不确定。征收人头税可以依据两种不同的标准：一种是按照纳税人的财富或收入；一种是根据纳税人的身份。在前一种方式下，即按照纳税人财富或收入的状态按比例征收，虽然较为公平，但具有很大的任意性。因为一个人财富的状况日有不同，税务机关很难准确掌握。因此，在大多数场合，人头税的评定要依估税员一时的好恶为转移，极不确定。如果根据后一种标准，即根据纳税人的身份来征收，力图使人头税具有确定性，人均负担相同，则又会导致赋税不公平。因为同一身份的纳税人，其财产和收入的状况是不一样的，其富裕程度亦差异很大。所以，斯密指出，诸如人头税这类税种，“如果企图使其公平，就要完全成为任意的，不确定的；若要企图使其确定而不流于任意，就要完全成为不公平的税种”①，而不论其税率是轻是重。在资本主义条件下，课加在劳动人民身上的这种人头税属于一种对劳动工资课征的直接税。征收这种虽然所费不多，较为经济，也能够为政府提供一项有保证的收入，但这种税在性质上同资本主义社会完全不相容。

由于人头税具有任意性、不公平等特点或弊端，因而不论它采取何种形式，都难以按照人民收入的比例征收。斯密认为，正是由于这种不可能，导致消费品税产生的必要性。

---

① 斯密：《国民财富的性质和原因的研究》（下卷），商务印书馆 1997 年版，第 428 页。

消费品税不同于人头税，它属于对消费者费用课征的一种间接税。人们消费一种商品的费用，一般同他们的收入水平保持一定的比例，所以，这种税也称为对人们的收入课征的间接税，即把税金加在由消费者费用所支付的消费品上。作为征税对象的消费品可以分为两类，即生活必需品和奢侈品。

生活必需品是维持劳动者生活必不可少的产品。按照斯密的观点，必需品的平均价格和对劳动的需求共同决定劳动工资水平，凡提高生活必需品价格的事物，都会提高工资。显然对必需品课征的税收，必然使其价格提高，并且要略高于税额（因为垫支此税的商人，一般要收回这部分垫支，外加由此应得的利润）。这样就会使劳动工资按照必需品价格上涨的比例而增加。因此，斯密认为，对生活必需品课征的间接税会产生同劳动工资税同样的结果。

不过，斯密认为，对奢侈品课税的结果不同于生活必需品。虽然对奢侈品课税也会引起价格升高，却并不一定会导致劳动工资的增加，因为这类商品价格的上涨，一般不会降低下层阶级人民的家庭消费能力。相反，对于朴实勤劳的家庭说来，对奢侈品课税会使他们俭用，或完全克制而不消费那些他们已不能轻易买得起的奢侈品。由于这种强制性节约，他们养家的能力，不但不会因此而削弱，而且往往会因此而增强。

此外，斯密对关税等税收也发表了一些有价值的论述，本章从略。

第四节
大卫·李嘉图的税收思想

一、大卫·李嘉图及其经济理论贡献

大卫·李嘉图（David Ricardo，1772—1823 年）是英国资产阶级古

典经济学的完成者，资产阶级财政学的主要代表人物之一。李嘉图出生于伦敦一个有钱的交易所经纪人的家庭，他早年所受的教育很不完备，从14岁起就跟随父亲从事交易所的投机活动，并进而致富，25岁左右成为拥有百万家财的大资产者。随后他才开始致力于学习和科学研究，他最热心于自然科学。1790年，他接触到了亚当·斯密的《国民财富的性质和原因的研究》，从此对政治经济学问题产生兴趣，但在10年后，即1809年，他才开始认真研究经济问题。

李嘉图从事经济论述的写作约比亚当·斯密晚40年，是资本主义发展从工场手工业向机器大工业过渡时期的经济学家。产业革命使英国工业生产获得空前的发展，大大增强了英国工业资产阶级的实力。然而，当时英国的政权实际上仍旧掌握在地主阶级手里，工业资产阶级和地主阶级之间，围绕着议会改革、谷物法和货币改革等问题展开了激烈斗争。李嘉图对以上所有问题的态度，都站在工业资产阶级的立场上，维护新兴资产阶级的利益。

李嘉图在经济理论上的最大功绩在于，相比以前的经济学家，他始终如一地坚持和发展了劳动时间决定价值量的理论，提出了在资产阶级眼界内所能达到的最彻底的劳动价值论。他以此为基础较为透彻地分析了资本主义社会的分配问题，分析了工人、资本家和土地所有者之间的经济对立，从而初步揭示了资本主义中阶级矛盾和阶级斗争的根源。

李嘉图发表过许多经济著作，其中最著名的是1817年出版的《政治经济学及赋税原理》。这部著作出版以后，给人们的印象之深不亚于当年斯密的《国富论》，他也因此获得了著名经济学家的声誉，并于1819年当选为议会的议员。李嘉图没有写过其他专门论述财政税收问题的著作，他关于税收方面的理论主要集中于《政治经济学及赋税原理》的第八章至第十五章中。在这本书中他继承了斯密的经济理论和税收理论，并发展了其中具有科学成分的一面。虽然由于他们所处的历史时代有所不同，税收理论观点在某些方面存在差异，但是，资产阶级税收理论经过从亚当·斯密到李嘉图这段时期的探索和发展，其理论体系的雏形已经奠定起来。

下面分别介绍李嘉图关于税收性质和来源，地租税、利润税、工资税的理论。

二、税收的性质和来源

李嘉图继承了斯密的经济自由主义思想和国家观，认为国家的行为是非生产性的，反对国家对经济的干预，主张自由放任。他要求尽量压缩政府职能和用于消费的政府经费，减轻税收负担，并将这些措施看作是资本主义经济自由发展的必要条件。

李嘉图在论述资本主义税收性质时指出，“赋税是一个国家的土地和劳动的产品中由政府支配的部分，它最后总是由该国的资本中或是由该国的收入中支付的”①。他同斯密一样，认为资本积累是使财富增值的根本原因，凡是妨碍资本积累的因素，都有害于财富增进。资本可能由于增加生产或减少非生产性消费而增加，当政府的消费因增课税收而增加时，如果这种消费是由于人民增加生产或减少消费支付的，这种赋税就会落在收入上面，国家的资本可以不受损害；但是，如果人民方面没有增加生产或减少非生产性消费，赋税就必然落在资本上面。倘若发生后一种情况，一个国家的生产量则必然会随着资本的减少而成比例的减少，其结果是，人民和国家的资源就会日益迅速地趋于枯竭，贫困和灾难就会随之而来。

基于这种认识，李嘉图反对一切形式的赋税。他说：“凡属赋税都有减少积累能力的趋势，”② 因为赋税的归宿不是落在资本上面就是落在收入上面。如果它侵占资本，就必然会相应减少国家用于发展生产的基金，阻碍和延缓生产扩大；如果赋税落在收入上面它就一定会减少积累，或迫使纳税人相应地减少以前的生活必需品或奢侈品的非生产性消费。总之，无论税收是课加在资本上还是课加在收入上，最终都要从收入中支付。李嘉图进一步指出，由于每个人都想保持自己的社会地位，

① 李嘉图：《政治经济学及赋税原理》，引自《资产阶级古典政治经济学选辑》，商务印书馆1979年版，第539页。

② 同上，第540页。

保持他曾经达到过的财富或资本水平的高度，国家课征在收入和资本上的税收，因而也是破坏人的“天性”的。所以，他呼吁，政府应当鼓励人民的上述“天性”的发展，不要征收那种必然落在资本上面的赋税，这些税收牺牲人民的资本来维护非生产性人员，因而也是不经济的。正是基于这种消极的赋税观，李嘉图的结论是：任何形式的赋税都只是流弊与流弊之间的选择问题，它要是不影响利润或其他收入来源就一定会影响支出。

三、论地租税

李嘉图的地租学说认为，“地租是为使用土地的原有和不可摧毁的生产力而付给地主的那一部分土地产品。……但在对经过改良的农场所支付的货币中，只有一部分是付给土地的原有和不可摧毁的生产力的，另一部分则是由于使用原先用于改良土壤以及修建为获取和存贮产品所必需的建筑物所支付的资本”①。在他看来，地租存在必须具备两个条件，即土地的有限性，以及土地在肥沃程度和位置上的差别性。由于土地有这些特性，因此，农产品的价值由劣等地上最大的劳动耗量决定。与劣等地比较，耕种优等和中等土地，因土地的劳动生产率高，可以获得更多的农产品，而产品的市场价格又统一地取决于耕种劣等地的劳动消耗，这样，在优等和中等土地与劣等土地之间就存在一个超额利润。这个超额利润必然转化为归地主占有的地租。

在关于土地级差收入形成的地租课税的负担归宿问题上，李嘉图的观点同斯密基本一致。认为对地租课征只会影响地租。负担落在地主身上，而不可能转嫁给消费者。因为地租税课征的对象是生产率最低的劣等地的产品与其他较高级土地产品之间的差额，即土地级差收入，地主不可能改变这个差额。而且，从耕种者方面看，由于他耕种劣等地既不

---

① 李嘉图：《政治经济学及赋税原理》，引自《资产阶级古典政治经济学选辑》，商务印书馆1979年版，第483—484页。

交租，也不纳税，因此，他也不可能提高农产品价格。因此地租说一般说来总是由地主阶级负担。

但是，与斯密的地租税理论不同，李嘉图认为在付地租的劣等土地上，如果租地人使用地主投下的资本，如建筑物等时，则要在地租名下给予地主一种报酬。如果地租税对这种报酬课税，其税收负担则要落在农产品的消费者身上，因为以建筑物等形式投下的这笔资本，同样要取得平均利润，如果建筑物费用的地租税不由租地人负担，而由地主负担，地主的这笔资本也就不会提供平均利润。显然，在这种情况下，地主是不会让渡他的经过投资改良后的土地给人使用的。如果这笔费用由租地人承担，那么租地人为了取得纳税后的平均利润，也要将这个负担转嫁给消费者。

与地租税相联系的，还有其他形式的租税。这些租税与地租税不同，它们不是课加在地主身上，而是对农业经营者课征。李嘉图认为，任何课加在农业经营者身上的赋税，无论采取土地税的形式、什一税的形式，还是农产品税的形式，都将增加生产成本，因而也就会提高农产品价格，因为谷物价格完全由不支付地租的资本所生产的谷物的生产成本决定，凡增加生产成本的东西都会提高价格。

（一）农产品税

李嘉图认为，对农产品课税会影响财富在各个阶级之间的分配。国家对土地经营者生产销售的农产品课税以后，提高产品价格是农业经营者能够支付税款，并继续从资本的这种用途中取得平均利润的一般方法。除此之外，别无选择，他既不能从地租中扣除这笔税款，迫使地主负担，因为他没有向地主支付地租。同样，他也不会从自己的利润中支付这项税款，因为他没有理由在其他行业都能取得较高利润的情况下，继续从事这种利润较低行业的经营。所以，农业经营者有权按税额提高农产品价格，并使两者数额大致相等。李嘉图由此得出结论：农产品税既不会由地主支付，也不会由农场主支付，而只能由消费者负担。

李嘉图进一步指出，加在农产品和劳动者生活必需品上的税收，不仅提高产品价格，由消费者负担，而且最终结果还是会提高工资。由于人口原理对人类繁殖所产生的影响，最低工资绝不会持续地超过劳动者生理上和习惯上所要求的最低生活费，这个阶级也无论如何不能负担高额赋税。因此，工资增加是必然的。然而，工资增加后，利润就会下降。如果政府对国内消费的一切谷物课税，其中一部分税款由谷物消费者负担，另一部分税款由企业负担，降低利润，从而妨碍资本积累。

（二）什一税

这种税是对土地的全部农产品收获量征收的。由于不论劣等地还是优等地的农产品，都要缴纳什一税，并且它能够影响地租影响不到的土地，从而会提高地租税所不能改变的农产品价格。所以农场经营者缴纳此税后，可以从农产品价格上涨中得到补偿，其税收负担落于消费者身上。地主和农业资本家只是和一般劳动者一样，作为农产品的一般消费者负担此税，其税负轻重相当于各自消费量的比例。至于落在工资收入者身上的那一部分税款，则要通过提高工资和降低利润得到补偿。

（三）土地税

李嘉图将土地税划分为两大类，一类是以地租为课税对象并随地租变化的土地税。由于这种税不对未提供地租的土地征收，也不会落在仅仅为了利润而投在土地上，且从来不付地租的资本产品上，因而它不会影响农产品体格，税款也由地主负担。这种土地税实际上就是一种地租税。第二类是对一切已耕土地（包括劣等土地）征收的土地税。由于劣等土地是最后投入耕种的，虽然它可以不支付地租，但因课税使土地耕种者得不到平均利润。除非产品价格提高，以补偿课税损失，否则，劣等土地就不会被投入耕种。所以，这后一类土地税不可能转嫁给地主，而只能通过提高价格，转给消费者负担。

第二类土地税可以有两种不同的征收方法。一种是按照土地的质量及产量多少征收，它的方法基本上与什一税相类似。第二种则是一种固定税，它不问土地好坏，对所有已耕种土地均按面积征收。李嘉图认为，这种固定土地税的征收方法是极不均等的，违反了斯密赋税四原则中的经济原则。因为它不考虑土地质量差别，对所有耕地一视同仁地征收均等的土地税，必然会按照最劣等土地耕种者所支付的税额提高农产品价格。由于质量不等的土地使用等量资本，所生产出的农产品数量极不相等，结果，转嫁给农产品消费者负担的税款，不仅要供应国家的需要，而且还要在土地租期内，每年以一定数额付给优等地的耕种者。同时，在新的租约期内，又会使地主增加一定数额的地租，所以，征收这种土地税，最后通过提价形式从人民身上取得的东西要多于国家收入。相反，前面所述的农产品税和什一税都没有这个缺点。虽然它们会提高农产品价格，但由于它们从各级土地上收取的数额与土地的实际产量成比例，而不是与生产效率最低的劣等土地的产品成比例，因此，国家之所得基本上等于产品提价后的消费者之所失。

四、论利润税

李嘉图坚持在劳动价值论的基础上分析利润，始终把利润看作是劳动生产品中扣除各种耗费后所剩余出来的东西。资本家从事生产经营活动要受平均利润率规律制约，因而他关于利润课税转嫁的理论也是以保持平均利润为前提的。他指出，“对利润课征不公平的税收将使承担这种税款的商品涨价。例如，对制帽业者利润课征的税，会使帽子涨价；……对租地农场主的利润课税，将使农产品价格上升；对毛织业者的利润课税，会使呢绒制品价格上涨。”① 因为如果只对一个行业的利润征税，而其他行业的利润不征税，若该行业不提价，就不可能保持社会平均的利润水平。结果，他必然就要从本行业抽出资本；转而经营其他行业。因此，对利润征税的必然结果就是商品价格上涨。当然，如果对各行业的利润都按一定比例征税，那就会使各自商品的价格都要提高。

但是，李嘉图指出有种情况例外，即如果对本国境内为货币提供本位金属的矿业土的利润，也课征同样的利润税，那么，任何商品的价格

① 李嘉图：《政治经济学及赋税原理》，引自《资产阶级古典政治经济学选辑》，商务印书馆 1979 年版，第 543 页。

都不会提高。因为每种商品都会按相同比例从其价值中抽出一部分交给国家，个人也会按照相同比例从收入中拿出一部分纳税，各种商品之间的相对价值就没有发生变化。不过，“如果货币价值保持不变，所得税将改变商品的相对价格和价值。税款即使不是课加在利润上，而是课加于商品本身，也会导致价格的变动。因为只要是按照生产所用资本的价值对商品课说，商品的价格就会有同一程度的上涨。”①

五、论工资税

李嘉图认为，对工资课税和对生活必需品课税一样，都会促使工资提高，造成资本利润率降低两者的区别在于：对于生活必需品课税会使价格提高，但税款通过价格上升会落于两个不同的阶级身上，即一部分由收入工资的劳动者负担，结果会反过来要求增加工资，减少资本的利润；另一部分则是对富有的消费者课征的，它不会导致工资增加和利润减少。所以，生活必需品税只是部分的带有利润税性质。工资税则不同，由于负担工资税的是劳动的雇主，其他阶级如股票持有人、地主等则不会负担，所以，国家对工资课税必须全部由利润损失来弥补，故工资税完全就等于利润税。

从以上李嘉图对工资税性质及其与价格的关系的分析中可以看出，他继承了斯密的观点，即对工资课税的结果，就是使得工资上涨。李嘉图论证说，工资是劳动的价格，即供养劳动者维持生活的基金。国家对工资课税就无法维持必要的人口，造成劳动供给不足，从而推动劳动价格的上涨，这如同国家对帽子或啤酒征税导致价格上涨一样。而且，他进一步分析说，国家对劳动者工资所征的税款，主要用于政府雇佣劳动者，而无须负担这一课税的资本所有者仍有原先那样多的雇佣劳动基金。这样，势必形成政府和资本所有者之间对劳动需求的竞争。在需求

① 李嘉图：《政治经济学及赋税原理》，引自《资产阶级古典政治经济学选辑》，商务印书馆 1979 年版，第 543 页。

增大，供给不变，甚至下降的情况下，劳动工资必然上涨，其结果就是资本所有者雇佣工人时的工资增加了。

然而，在工资税的最终归宿问题上，李嘉图和斯密的见解却截然不同。亚当·斯密断言，农场主所支付的增加的工资，最终要通过少付地租而转嫁给地主负担；制造业者所增付的工资将通过提高商品价格的办法，转嫁到消费者身上。李嘉图认为，一切可以提高工资的原因，都可降低利润率。因为投在不支付地租土地上的资本，其所得收获决定农产品价格。如果课征工资税，其负担或者是由农场主支付，减少利润；或者是通过农产品加价而得到补偿，地主是决不会负担工资税的。而且，工资税也绝对不会使制造业主有权把这笔税款连同一笔利润加到商品价格上，因为他不能提高商品价格。否则，如果大家都能提高商品价格，以便连本带利地补偿税款，而个人又将相互消费他人的商品，那么税款显然就永远没人支付了。所以，李嘉图的结论是：任何税如果有提高工资的效果，就要靠减少利润来支付，工资税事实上就是利润税。

第五节
英国古典学派税收思想评析

英国古典经济学派在资产阶级经济学发展史是居于重要地位。他们的理论不仅奠定了近现代经济学的基本体系，而且，现代财政学、税收学的理论体系也是由他们创建起来的。古典学派的税收理论以其鲜明的特点，即使是在今天仍然有着较强的影响力。

一、提出税收中性原则，反对税收干预经济

在英国古典学派尤其是斯密和李嘉图的税收理论中，始终贯穿的一条主线是经济自由主义思想，主张自由竞争、自由放任，让“看不见的

手”自发调节经济运行，不赞成乃至反对政府以任何借口、任何方式（包括税收方式）干预经济。斯密就认为，最好的政策还是听任事业自然发展，既不对货物征税，也不给予补贴。即征税不应改变私人经济的资源配置。因此，他提出的旨在约束政府征税行为的四项原则是“平等、确实、便利和征税费用最省”，使税收在满足政府最低限度财政需要的前提下，成为促进经济自由发展和企业公平竞争的条件。在税收中性问题上，李嘉图走得更远而认为任何赋税都会妨碍资本积累，他的税收原则可以概括为一句话，即最好的赋税就是最轻、最少的赋税。正因为如此，李嘉图反对一切形式的国家干预，包括政府以征税方式对经济的干预。

二、提出税收平等观，反对封建税收特权

英国古典学派所处的时代跨越产业革命的萌芽、发生和发展时期。在这一时期，封建国家的租税制度和重商主义的关税壁垒，因其严重的税负不公和政策歧视，阻碍着新的产业发展。配第鉴于当时英国赋税不是根据公平而无偏袒的标准来课税的弊端，提出的第一项税收原则就是公平原则；斯密“赋税四原则”的第一项也是税收公平。他们的税收公平观或平等观，包含两层含义：

一是强调以普遍纳税为前提。斯密根据资本主义社会财产占有状况和取得收入的形式不同，把社会成员划分为三大基本阶级，即工人、资本家和土地所有者，他们分别获得归自己占有的收入，即工资、利润和地租。他认为，一国的各种赋税最终是由这三种收入源泉共同支付的。凡取得上述任何一种收入的社会成员都应无一例外地、平等地向政府纳税，而不允许封建贵族和僧侣阶层享有豁免税收的特权，也不再允许继续出现把税收重负加在农民阶级和新兴资产阶级身上的不平等现象。所以他指出：“任何赋税，如果结果仅由地租、利润、工资三者之一负担，其他二者不受影响，那必然是不平等的”。

古典学派税收平等观的另一层含义是，把税收平等观念建立在国家和纳税人之间利益交换的平等上。配第就认为，赋税在本质上是纳税人

因从公共安宁中所分享的好处或利益，而向国家缴纳的公共经费。斯密进一步提出，赋税的本质就是国家和纳税人之间的一种利益交换关系。纳税人享受国家提供的各种利益，如安全、教育、卫生、公共道路、桥梁等，就应当通过纳税向国家支付报酬提供价值补偿。他认为，如果纳税人负担的轻重和享受同国家利益的数量相适应，受益多的多纳税，受益少的少纳税，就是平等的，否则就意味着不平等。所以，古典学派的税收平等观是以“利益说”为基础的，而非“能力说”意义上的平等。

三、税负转嫁理论

在西方税收理论中，关于税收转嫁的理论有许多学说，如魁奈的“重农学说”、史泰因等人的“平均分散说”、西斯蒙弟的“折中说”、拉萨尔的“社会主义说”，以及“还原说”、“不可知说”和“数量说”。古典的“绝对说”也是税收转嫁理论上颇具影响的学说之一。这种学说以自由竞争理论，以及简单经济原因的必然作用为基础，断定政府课税具有绝对的转嫁性。斯密认为，不论是对土地的课税，还是工资税、利润税的大部分，都要归于土地所有者负担。换言之，土地所有者最终几乎要负担一国全部的税收，余下的少部分税收归“富裕消费者”和资本的出贷者承担。在土地课税和利润税的负担问题上，李嘉图的观点同斯密的观点有所不同。在李嘉图看来，土地所有者均可转嫁给他人负担。不过，他们两人在工资税的转嫁属性上，观点基本一致，即都认为工资不会受工资的影响，工资都具有转嫁性，不由工人负担。斯密认为，由雇主垫付的工资税或者是由农业资本家通过降低地租转给土地所有者，或者是由工商业资本家通过提高价格转给消费者负担。李嘉图则认为，工资税是由雇主或资本家通过减少利润来负担的。从以上他们的转嫁论的比较中，不难看出，斯密的观点较多地受着重农学派的影响；而李嘉图的观点又强烈地体现出为工商资本家辩护的性质。他们都试图通过税收转嫁与归宿的分析来揭示资本主义下社会各阶级、阶层之间的关系，但又往往失之客观性，以工资税的归宿为例，不论是斯密还是李嘉图关于工资税的转嫁和归宿论，都具有片面性。因为当工人的工资低于劳动力价值时，就无所谓转嫁问题；即使是在工资水平较高的场合，工资税的负担大多要大于因课征工资税而增加的工资额。况且，对一部分因缴纳工资税而减少了利润的资本家说来，他还可以采取延长劳动时间，增加劳动强度，即采取“消转”的办法，以及通过提高商品价格，即“前转”的方法，将自己垫付的工资税款转嫁出去。因此，劳动者或其他消费者仍然是工资税的最终归宿。

四、倡导所得税为主体的税制体系

封建社会的主体税是古老的直接税，主要有土地税、房屋税、人头税等。这类税种的共同特点是，大多以课税对象的某些外部标志，如土地的田亩数、房屋的间数、面积或烟囱数，以及人数等作为计税标准。这种计税方法很容易导致纳税人的税收负担同纳税能力之间脱节，形成税负不公，而且还给一些大地主、贵族和合法僧侣阶层逃税，创造了可乘之机。斯密根据对资本主义生产方式和阶级关系的分析，将社会成员划分为工人、资本家和土地所有者三大阶级，并分别取得工资、利润和地租三大收入。然后，他依此为资本主义社会设计了三大税系，即工资税系、利润税系和地租税系。他把课征于工资以及与工资有关的各税归于工资税系；把课征于利润及与利润有关的各税归于利润税系；把课征于地租以及与地租有关的各税归于地租税系。李嘉图继承和发展了斯密的三大税系构想。这样，英国古典学派就提出了符合资本主义税收原则的新的税制体系构想。这一构想为现代直接税——所得税的发展，并为现代资本主义国家建立以所得税为主体的税制模式奠定了理论基础。

五、初步建立了近代税收理论架构

在古典学派以前，历代学者对税收的某些理论问题也进行过广泛研究，其中不乏闪光的观点，但总体看来显得零乱、分散，不成体系，同时也缺乏深度。古典学派对税收理论发展的重大贡献在于，首先他们第一次将税收问题的研究建立在较为科学、系统的经济理论基础上；其次，他们提出并初步研究了涉及资本主义税收的许多基本理论问题，如税收本质、税收来源、税收原则、税制职能、税制结构、税收负担及其转嫁与归宿等，从而初步建立起了资产阶级的税收理论体系。这一体系对后世资产阶级税收理论的发展产生了重大影响，其中的某些理论观点至今对许多发展中国家还有着借鉴意义。

第四章

庸俗经济学派税收思想

根据马克思的分析，在自由竞争资本主义阶段，资产阶级政治经济学的发展经历了古典经济学和庸俗经济学两个阶段。他指出，如果说以亚当·斯密和大卫·李嘉图为代表的古典学派，作为无产阶级与资产阶级之间的阶级斗争尚未发展的产物，尚能比较客观地研究资本主义经济现象的内在联系的话，那么，资产阶级庸俗学派则完全抛弃了科学的研究，只限于描述经济现象的外部联系，转而为资产阶级进行辩护。庸俗经济学派产生于18世纪末和19世纪初，它的最早代表是法国的萨伊、英国的马尔萨斯，以及后来的约翰·穆勒。1848—1849年的欧洲革命，加速了资产阶级政治经济学的庸俗化过程。在这一时期的德国，产生了以李斯特（Friderich List，1789—1846年）和瓦格纳（Addf Heinrich Gotthelf Wagner，1835—1917年）等为代表的所谓政治经济学的历史学派，他们用所谓的历史方法来为资本主义辩护，同时维护德国资本主义的发展。

与此同时，也应当看到，在这一时期，资产阶级税收理论虽然或多或少地打上庸俗成分的烙印，但是，由于税收理论在传统政治经济学中具有相对独立性，税收思想发展又具有历史的继承性，这就决定了在庸俗经济学派的经济理论体系中，也不乏一些有益的税收理论见解和闪光的税收思想，这些成果对于近现代西方财政税收理论的发展都产生过重大的影响。按照历史唯物主义观点，正确分析、批判、借鉴这一时期的资产阶级税收思想，取其精华，弃其糟粕，无论是对于历史还是对于现实，意义都将十分重大。

本章主要介绍萨伊、马尔萨斯和穆勒的税收思想。

第一节
萨伊的税收思想

一、基本经济理论

让·巴蒂斯特·萨伊（Jean Baptiste Say，1765—1832 年），法国资产阶级庸俗经济学派的创始人。他出生于里昂的一个大商人家庭，很早就从事商业活动，不久来到英国，并在英国期间完成了他的教育。在那里，他不仅看到了英国产业革命发展的情况，同时也接触到了亚当·斯密的学说。1789 年法国资产阶级革命爆发时，萨伊正担任一家保险公司的经理克拉维尔的秘书。在资产阶级执政期间，他兴高采烈并积极参与活动。但是，当雅各宾派上台后，他便离开了革命，而且成为它的反对者了。1803 年，萨伊的代表作《政治经济学概论》问世，资产阶级经济学家称萨伊为亚当·斯密学说在欧洲大陆的继承者和传播者，萨伊本人也以此自诩。实际上，他只是把斯密学说体系中的庸俗因素加以系统化和进一步庸俗化，而对其中的科学因素或弃而不谈，或加以反对。例如，他以效用价值论替代斯密的劳动价值论；在收入分配理论上，他发展了斯密理论中的庸俗成分，提出所谓“三位一体公式”，即土地—地租、资本—利息、劳动—工资；他提出供给会自动创造出自己的需求的“萨伊定律”，不认同出现普遍性过剩经济危机的可能性，等等。

萨伊的经济理论研究是从政治经济学的性质和研究对象开始的。长期以来，政治经济学与阐明政府与人民之间、国与国之间关系的政治学混在一起，与农业、商业等特殊部门的特殊技艺混在一起。亚当·斯密避免了这种混同，但未能提防另一种混同，即没有将政治经济学这门研究事实之间联系的科学，与阐明这些事实本身的科学（如统计学）区别开来。萨伊认为，政治经济学是研究有关财富如何生产、分配和消费的科学，它的任务在于阐明财富生产、分配、消费的一般原则，至于这些原则的实际运用，就不属于政治经济学范围了。这样，萨伊就把政治经济学体系划分为生产、分配、消费三个相对独立的部分，即所谓"三分法"，从而使他成为近代资产阶级政治经济学体系的首创者。当然，资本主义经济的基本矛盾，以及经济过程中的一些重要内在联系，也由主要地位退居次要位置。

萨伊从政治经济学"三分法"出发，在价值理论上，提出了"生产三要素论"和"生产费用论"。首先，他把资本主义生产归结为生产，把资本等同于生产工具，认为劳动、资本、土地是一切社会生产所不可缺少的三个要素。同时，在他看来，物质是既定的量，并非能够为人力所创造。因此，生产不是创造物质，而是创造效用（使用价值），商品价值的大小取决于它的效用。这样，他就把劳动、资本、土地三个生产要素，不仅看成是创造商品使用价值的要素，而且还看成是创造商品价值的要素。他认为，这三个要素在创造效用的过程中，各自提供了"生产性服务"，分别创造并获得了相应的收入，作为对自身耗费的补偿。工资、利息、地租就是分别为取得劳动、资本、土地的生产性服务所付的代价，这三项收入便构成创造效用的生产费用，确定商品的价值。这样，萨伊就从生产三要素创造效用，从而创造价值的庸俗"效用论"，转到了工资、利息、地租三种收入（或三种生产费用）决定价值的"生产费用论"。

萨伊将其"效用价值论"和"生产费用论"延伸到分配领域，必然得出"三位一体"的分配论。既然生产三要素都是创造价值的源泉，各个生产要素的所有者理所当然地可以依据各自提供的生产性服务，取得相应的收入，即劳动取得工资，资本得到利息，土地获得地租。马克思将萨伊的这种分配论称为"三位一体公式"（即"劳动—工资、资本

—利息、土地—地租”)，认为它掩盖了剩余价值的真正来源和资本主义的剥削关系。

萨伊的经济理论在当时的资产阶级学者中受到广泛推崇，还在于他关于市场问题的论述。他认为，人们常常抱怨产品找不到销路，缺乏需求，其实这是一种片面的看法。用来购买产品的手段，“由同样是劳动、资本和土地的果实的其他产品组成。这个事实使我们得到一个乍看起来似乎是很离奇的结论，即生产给产品创造需求。”[①] 这种“供给会自动创造出自己的需求”的观点，被后来的学者称之为“萨伊定律”。它主要基于以下事实：在商品交换过程中，货币只是一种交换媒介，人们需要的不是货币而是物品。获取货币是为了购买生活资料、购买原料或经营货物。如果货物滞销，决非因为缺少使其滞销的货币，而是缺少作为购买手段的其他货物。在萨伊看来，一种货物的出售就是对另一种货物的购买，一种产品的生产必然为其他产品开辟了销路。据此，他从根本上否认资本主义经济存在普遍过剩危机的可能性。萨伊对市场上时有发生货物充斥、无法脱售的现象，解释为由于某些货物生产过少，别的货物才形成过剩。“萨伊定律”后来受到马克思和凯恩斯的批判，但被美国供给学派所继承。

萨伊在这种庸俗经济理论基础上，提出的税收理论或思想，从总体上看包括有一些不科学、并为资本主义制度作辩护的成分。不过，萨伊的税收思想在许多方面也继承和发展了英国古典学派的合理内容，其中的一些理论成果即使是在当代，也仍然有着积极的启示意义，以至于成为供给学派税收政策的主要来源之一。

二、税收本质观

萨伊继承了亚当·斯密的自由放任思想。他从发展资本主义经济的立场出发，反对国家对资本主义生产和经营的任何干预，主张发展生产

① 萨伊：《政治经济学概论》，商务印书馆1963年版，第142页。

和鼓励生产性消费，限制政府的非生产性消费和赋税规模。

萨伊所持的这种“消极”的国家观和财政观，在他关于税收本质的论述中体现得较为充分。他是资产阶级税收原则中“牺牲说”的倡导人之一。他认为，“所谓赋税，是指一部分国民产品从个人之手转到政府之手，以支付公共费用和公共消费。”① 课税在本质上是国民所做的牺牲。这种牺牲的价值或来源于国民劳动、土地与资本的年产品；或来源于以前的储蓄和贮积的资本。从这一价值判断出发，他认为，“使非生产性消费不利于再生产的原因，也使课税不能促进再生产”②，甚至对再生产起破坏作用。

因为在萨伊看来，一个产品是生产另一个产品的手段，征税减少社会用于生产的产品，必然使生产力降低。而且，课税是把私人的一部分财产充作公用，其所课征的价值一旦从社会成员手中拿去，就不再返还给纳税人。萨伊不同意所谓租税负担能够促使各个生产阶级不得不加倍努力，因而有助于扩大社会生产的观点。因为在萨伊看来，任何发展生产的努力，都必须借助资本的帮助，租税则是从人民手中拿去的累积的资本产品；而且，由于专为纳税需要而创造出的价值都被赋税所吞并，它就不会增加任何社会财富。所以，他由此得出结论，赋税一般都有害于再生产。那种设法尽量减少课税对人民的损害，厉行节约、不搞竭泽而渔的做法，早已成为政府或国王“最不常有的美德”。③

三、税收原则论

为了将赋税对国民和社会生产所造成的牺牲降低到最低限度，建立起萨伊所希望的最好或危害最少的赋税，他提出了反映资产阶级要求的赋税原则。

① 萨伊：《政治经济学概论》，商务印书馆 1963 年版，第 501 页。
② 同上，第 502 页。
③ 同上，第 503 页。

（一）税收负担必须适度

萨伊认为，每一个纳税人的消费，不论是生产性消费，还是非生产性消费，总要受其收入总额的限制。政府征税拿去其收入的一部分，必然会按照同一比例减少他的消费规模，从而减少他对不再消费的那些物品的需求。产品需求量的减少，产品供给量必然随之下降。同时，纳税人收入的减少，也会减少他用于再生产的资本产品的数量。这样，不仅纳税人的享受和生产者的利润要下降，而且国王的收入同样也会减少。所以，他指出，高税率政策对统治者说来，无异于是一种自杀政策。他得出结论："最好的赋税是税负最轻的赋税"。[①]

（二）税收负担的分配必须公平

萨伊说："课税是个负担，当大家一样负担时，每一个人的负担必然最轻。当赋税不公平地归于一个人或一个产业负担时，它不但是直接负担，而且还是间接负担。"[②] 所谓直接负担，是指个人或部门因税负过重难以经营发展；所谓间接负担则是指，因为税负不公，就使税负较重的那个人或那个部门不能按照同等条件与其他人或其他部门竞争。他认为，"豁免一个制造业的税收，往往使其他几个制造业破产；在税收上对一个人徇私情，就是对所有其他人的不公正"。[③] 不公正的税收不但损及个人利益，而且损及国家的收入，因为那些税负过轻的人，不会要求增加税收；而那些税负过重的人，又很少能够按期足额纳税。这样，国家的收入就在这两方面遭受损失。

（三）课税必须最小限度的烦扰纳税人

在萨伊看来，政府以货币形式从纳税人那儿抽取的赋税，是纳税人交给政府的得不到补偿的价值。这个价值经过无代价的转移和随之而来的交换行为，最终要归于毁灭。赋税和征税费用一样，并未归还社会。

---

① 萨伊：《政治经济学概论》，商务印书馆 1963 年版，第 509 页。

② 同上。

③ 同上。

因此，政府应当尽量减少那些加重人民负担，烦扰纳税人，而对国库又毫无裨益的课税。

（四）课税对再生产的妨碍必须最小

按照萨伊的看法，几乎所有的赋税都是有害于再生产的。以财产税为例，对固定财产课税，使得纳税人必须把已经用于投资的资本抽出一部分用于缴税，这就妨碍了生产性资本的积累。同样，对财产转移课税增加了费用，使得财产所有者不愿意转移财产，结果就会使国民收入得不到它所可能有的增加。

不仅对资产课税有碍于再生产，而且课税还会对某些生产部门与社会消费起消极影响作用。具体表现在两方面：一是产业发展受到和它有关的租税的直接影响；二是产业发展还要受到和它所生产物品的消费有关的租税的间接影响。因为再生产所消费的产品，大都是原材料，对原材料课税，特别是对工业原材料课税，则会产生连锁反应，对再生产影响就更大。

（五）赋税应当有利于提高国民道德，即有利于普及社会有用或有益的习惯

萨伊认为，赋税不仅在财政收入方面有着积极作用，而且它还是政府掌握的有力工具。它既可以败坏国民道德，也可以改善人民道德；它可用以促进勤劳，也可以助长懒惰；它可以鼓励奢侈，也可用以鼓励节俭，一个公正且税负不过重的税收能够促进国民道德的提高；相反，过高或不公正的课税，则会助长欺诈、虚伪和伪证等一些不正当、不道德的行为。

四、税收转嫁与归宿理论

萨伊作为庸俗经济学派的集大成者，他对以斯密为代表的古典经济学的“庸俗化”，不仅表现在其价值理论方面，同时也反映在税收思想

方面。由于历史的局限性和理论体系的束缚，斯密和李嘉图虽然未能正确找到赋税的真正来源是工人阶级创造的剩余产品价值，但他们毕竟正确地指出了雇佣劳动者的工资收入构成政府赋税来源这一客观事实，因而在某种程度上具有合理性和科学性。然而，萨伊从其经济理论出发，断然否认斯密关于赋税归某一个或某几个阶级负担的观点及其方法论，而将供求理论引入分析资本主义税收的转嫁和归宿问题。这样，就把税收转嫁与归宿问题，仅仅归结成一种表面的经济现象。

萨伊认为，虽然每一种税最初都是由税法所指定的纳税人缴纳的，但如果认为税款最终都会落在最初的纳税人身上，那就错了。因为每个人总是力求摆脱税收负担，而税收负担又总是落在无法逃避纳税的负担者身上。由于课税方法不同，以及不同个人在市场竞争中的地位不同，各个纳税人逃避纳税的能力也就有大小之别。在对货物课税的情况下，当一种货物的需求较大时，货物的生产者或出售者处于强者地位，他必然以较高价格出售货物，以取得全部价值的补偿，其中包括他垫付的税款价值。如果他得不到足够的价值补偿，他就不会出售自己的货物，或者是在没有提高价格的情况下出售货物，但货物质量却降低了。那么，在以上这两种情形中，税款全部或大部分由消费者负担。相反，如果因预料不到的原因使产品需求减少，货物的生产者或销售者为了使货物迅速脱手，就不得不降价出售。这样，税款的全部或大部分就归生产者或经营者负担。当然，生产经营者也可以继续保持原有价格，甚至提高价格，但每次价格的增加，必然使有购买力的消费者的人数随之减少，或购买力降低。由于需求量和生产手段的效率不如以前高了，这个生产部门的生产手段所得到的报酬必然就会比过去低。

这样，萨伊就把商品供求状况和价格变动与税收转嫁及归宿联系起来。他具体分析了以下七种税负转嫁与归宿情形：

1. 当对某种货物的生产者课税并使货物随之涨价时，税款部分地归消费者负担。

2. 如果征税货物的价格没有提高，税款全部由生产者负担。

3. 如果货物价格不变但质量下降，消费者以同样的价格购买了次等物品，也意味着以较高的价格购买了同质物品，因此，消费者实际上负担了部分税款。

4. 如果课税商品是主要生活必需品，就会影响到几乎所有的其他物品价格，使一切其他消费者负担这种必需税的一部分。

5. 对非必需品征税，因不会影响其他商品价格，故税款由生产者和消费者分担。

6. 对奢侈品征税，其税收由生产或消费奢侈品的人负担。

7. 土地所有者缴纳的土地税不能转嫁给农产品的消费者负担，其最终归宿仍为土地所有者本身。

在分析了货物的供求状况和价格变动对税收转嫁与归宿影响的上述情形之后，萨伊得出结论："对一个物品所课的税，决不会使这个物品的价格按全部税额增高，因为要使它增高到这样的程度，就得使这个物品的需求保持原状，然而，这是无法做到的。在这种情况下，这个税收部分归这个物品虽已涨价但仍由继续使用它的消费者负担，部分归生产者负担。生产者所生产的产品比从前少，而他从销货所得的收入，由于需求减少，在扣除税款以后，实际上也减少。国家增加的收入，等于消费者支付的全部超额价格和生产者所被迫放弃的全部利润。"①

这就是萨伊始创的税收转嫁与归宿的"供求弹性说"。这一理论对后世的资产阶级财政学者，如道尔顿（Dalton，1887—1962 年）、塞力格曼等人研究税收转嫁和归宿问题，产生了较大影响。

第二节 约翰·穆勒的税收思想

约翰·斯图亚特·穆勒（John Stuart Mill，1806—1883 年）是19 世纪中叶著名的资产阶级折中主义经济学家和改良主义者。他在其父詹姆斯·穆勒的指导下，研究过李嘉图的经济学说和边沁（Jeremy Bentham，

① 萨伊：《政治经济学概论》，商务印书馆 1963 年版，第 523 页。

1748—1832 年）的功利主义，后来接受法国孔德（Auguste Comte，1798—1857 年）的实证主义。他在法国居住时，又与圣西门（Comte de Saint-Simon，1760—1825 年）结识，受到圣门主义的一些影响。从 1823 年至 1858 年，约翰·穆勒一直在东印度公司任职。在 1865—1868 年期间，被选为英国议会议员。他于 1848 年出版的《政治经济学原理》，在 19 世纪末边际效用学派兴起之前，一直被西方经济学界奉为经济理论的“圣经”和必读的政治经济学教科书。

一、经济思想

约翰·穆勒进行社会活动始于 19 世纪 40 年代。当时，他目睹了工人阶级在资本主义社会中的悲惨遭遇，看到了尖锐的阶级对立和阶级斗争。因此，他不能不承认资本主义社会存在矛盾，但是，他没有也不可能从中得出必须改造现存社会的结论，而是站在资产阶级的立场上，采取一些改良主义方法，调和日益尖锐的阶级矛盾，以维护资本主义制度的长治久安。所以，穆勒的经济理论作为这一时代的产物，用马克思的话来说，是一种“毫无生气的折中主义”。

穆勒把经济规律分为两种：一种是生产规律，它是永恒不变的、自然的规律；另一种是分配规律，它受人的意志支配，是可以改变的。他将李嘉图的经济规律论“一分为二”的目的，就是为他的改良主义思想提供理论依据，试图论证在不触动资本主义生产的基础上，来改善资本主义分配，缓和当时日益尖锐的劳资矛盾。

穆勒在经济理论上的折中主义，还体现在他对庸俗经济理论的综合方面。他不赞成李嘉图的劳动价值论，只是综合地重复了前人的“生产费用论”和“供求论”。在利润问题上，他接受了当时另一位庸俗经济学者西尼尔的观点，把利润视为资本家“节欲”的报酬。他在分析资本主义再生产问题时，采用了“萨伊定律”来说明生产过剩危机，等等。

二、政府职能论

穆勒的税收理论乃至整个财政理论，与他的政府职能理论有着内在关联。他在《政治经济学原理》第三篇“论政府一般的职能”中，将政府职能分为必要职能和选择职能两类。所谓必要职能，人们通常理解为与政府观念密不可分，并由政府行使的习惯性职能，其目标是保护人民，使之不受强者侵扰、诈者欺骗。不过，穆勒认为，这种理解过于狭义，政府的必要职能除了以上内容之外，还应包括：保证执行法律、履行契约、制定各类法律，以及制定衡量标准、铺设街道、安装路灯、建设港湾、绘制地图等。所谓政府的选择职能，穆勒指的是在政府可履行的各项职能中，那些确应由政府履行，但尚未确定或尚有疑问的职能。这类职能如保护本国产业、限制高利贷、实行商品价格统制和垄断，以及取缔工会等。穆勒认为，政府对经济活动采取上述干涉措施会导致许多弊病，因此，他对政府的选择职能持否定态度。

政府履行职能意味着对社会生活的干涉。穆勒将政府的干涉区分为权威性干涉和非权威性干涉。前者指的是由政府发布命令，强制执行；后者指采取劝告等方式予以实施。他认为，政府的权威性干涉弊害较多，应当尽可能限制在较小范围。对那些非干涉不可的社会事业，也应尽可能根据自由放任的要求，采取非权威性干涉的方式，这些领域如保护劳动者、教育事业、公共事业、救济事业和殖民地开发事业等。不过，从总体上看，穆勒还是继承了斯密的政府职能观，坚持自由放任主义，抨击政府的干涉政策。

三、税收原则论

在赋税原则问题上，穆勒基本同意亚当·斯密的赋税四原则，即平等原则、确实原则、便利原则和最少征税费用原则。但是，穆勒对于

“平等原则”的内容或本质的理解与斯密截然不同。斯密的税收平等观是以“利益说”为基础，认为国民纳税的多少应与各个国民享受政府利益的多少相适应。穆勒税收平等观的哲学基础则是边沁的功利主义，即绝大多数人的最大幸福应为个别单位的总和。从这种思想出发，穆勒反对税收“利益说”或“交换说”，主张按平等牺牲理论求得课税平等与最小牺牲。他进一步分析认为，税收平等或公平的原则，是政治上一般应有的方针，而不能仅仅用受益标准来衡量。他提出应当用“全体最少牺牲”的标准，来分配税收负担，以实现税收公平。

所谓“全体最少牺牲”，其基本原理是指在一定条件下，全体纳税人对于国家课税的负担总是一个定量，如果纳税人甲负担过轻，必然是纳税人乙负担过重的结果。倘若要在各个纳税人之间实现平等纳税，则应当使各个人的纳税牺牲均等，这样才能使社会全体的牺牲最少。所以，他指出，“课税的公平作为政治格言，意味着牺牲的公平。因而，各人对所支付的赋税感到痛苦，其他一切人对他那一分的体验，是不大也不小，意味着对政府的经费按各自名分的成数筹集”①。穆勒将这种在税收上要求一切人均等牺牲的原则，称为税收平等原则。

穆勒批判了税收利益说，指出“利益说”提出的保护人身和财产安全，不是政府的唯一目的。政府的目标要宽泛得多，政府的存在是直接或间接地为谋取一切福利，消除一切灾害而成立的，因此，利益说的保护概念显得过于狭窄。他认为，“利益说”的缺陷就在于，对本质上不确定的种种事物，如政府提供的种种利益给予确定的价值。这种把政府与纳税人的关系用价格关系表现出来的做法是不妥的。因为对于人民来说，政府提供的公共商品和劳务是均等的，它的很多部分是难以用价值的概念来评价的。

① 穆勒：《政治经济学原理》，转引自坂入长太郎：《欧美财政思想史》，中国财政经济出版社 1987 年版，第 223 页。

四、累进税和比例税的选择

穆勒根据“均等牺牲”的赋税原则，主张在制定税制时慎对累进税和比例税的选择。他对按照同一百分比纳税是否意味着各个人平等牺牲的问题，给予肯定的回答，主张采取比例税，而不赞成累进税。

在他看来，对较高的所得额比对较低的所得额，按较高的税率课税，是对勤勉和节约的课税。税收侵犯私有权虽是不得已而为之，但对某些人多征，对某些人少征，就不合理了。因此，穆勒反对累进税，在很大程度上是基于维护私有产权制度的考虑。

穆勒虽然倡导比例税，但对比例课税的运用同时附加有条件：一是对所得课征比例税，应扣除最低生活费用，使课税符合均等牺牲原则；二是对贫民消费的生活必需品，应课征最低限度的税收，以保证这个阶层支付生活必需品的能力；三是承认累进税对于限制财产过多的积蓄在不劳而获者手中，具有积极作用。

穆勒不赞成对资本家的利润征收累进税。一方面他把资本家的利润看成勤劳节俭的所得，认为对利润课征累进税，“无异于是课征勤劳节俭的赋税，无异于处罚较为勤劳节俭者”。为此，他要求国家给予资本家——“能够忍欲的富者”，给予减免税优惠。但在另一方面，他又主张对赠与财产、遗产和土地自然增值额予以课税。在他看来，这类财产或所得属于不劳而获的部分，赋税“应当限制的是不劳而获的财产，而非劳而后获的财产”。由此可见，穆勒一方面赞扬勤劳节俭，鼓励资本积累，要求对资本家免税；另一方面，他又主张对不劳而获的财产课以重税，表示出了对这部分不劳而获财产的痛恨和厌恶。这种看似自相矛盾的税收思想，反映了约翰穆勒“毫无生气的折中主义”经济理论的特征。

五、论直接税和间接税

穆勒是西方学者中将税收划分为直接税和间接税的第一人，其划分依据也是他提出的均等牺牲原则。所谓直接税，他指的是“要由谁支付即由谁负担的赋税”。这类税收可以分为两类：一类是以所得为对象，对地租、利润、工资和一般所得课征的税；另一类是以支出为对象，对房屋、乘马和马车课的税。穆勒所称的间接税，是指“课加在这个人身上但原意要使这个人牺牲别人来赔偿自己的赋税”。这类税收在当时的英国如国产（货物）税、关税等。穆勒进一步分析，就间接税的负担关系来看，又可以分为两类：一类是对少数种类商品的课税，另一类是对全部商品课征并且与商品价值严格成比例的赋税。他认为，在前一类间接税场合，征税后，会使商品的价值与价格提高，使税收转嫁给消费者负担；但在普遍征收间接税的情况下，不会提高商品的价值与价格，从而使税收无法转嫁，成为资本利润的负担。

关于直接税和间接税的优劣问题，1848 年前后在英国发生了一场争论。当时，许多英国人厌恶直接税。在穆勒看来，当时英国人非常清楚间接税的转嫁性质，但为何对直接税更为反感呢？他分析道，其中原因与其说是直接税本身，还不如说是这种课税行为。因为英国人不愿遇见税务人员，不愿忍受他们专断的要求。而且，直接税的征税结果也会增加公众对于课税的厌恶心，而那些从滥用公款获利的阶级，则会利用这些公款去干那些有利于自己的勾当。穆勒本人也不大赞同直接税，认为由直接税供给国家经费开支，就会使国民税负加重。但是，他并不主张废除直接税，而是希望通过提高财政支出的效率来减轻直接税的负担。

对于间接税，穆勒持赞成态度，认为这种税利大于弊。它的有利之处在于：间接税征收的时间和方法对纳税者最为便利，不存在额外负担。相比之下，直接税很难做到负担公平。所以，穆勒主张以间接税作为赋税的收入来源，若非国家紧急需要，就不宜课取直接税。但是，间接税并非完美无缺，不像某些人所说的较之其他税收不成其为负担。在穆勒看来，间接税不论采取什么方法，总归是个人利益的牺牲。而且，间接税的适用范围或对象也应有所选择，如它非常适合对奢侈品征税。但是，作为保护关税而征收的消费税和对必需品或生产这些必需品所用的原料或工具所征的消费税，因其有害于国民财富而不应课征。

在上述分析的基础上，穆勒提出了征收间接税应遵循六个原则：(1) 尽可能选择奢侈品课税；(2) 直接向消费者课税；(3) 应根据消费者从消费物品过程中所得的利益或快乐征税，如烟税、酒税、茶税等；(4) 对间接税的课征对象应集中于少数商品，以减少征收费用；(5) 从重征取酒税，以抑制饮酒的弊害；(6) 间接税的负担不宜过高，以免助长逃税等违法行为。

第三节 马尔萨斯的税收思想

一、历史背景

托马斯·罗伯特·马尔萨斯（Thomas Robert Malthus，1766—1834年）是英国庸俗政治经济学创始人，出生于英国萨立郡的一个牧师家庭，曾在剑桥大学学习哲学和神学。1798年，为了反对法国革命和葛德文学说（葛德文，William Grodwin，1756—1836年），对产业革命后出现的失业和贫困现象进行辩护，匿名发表了《人口原理》的小册子。此后，英国资产阶级和土地贵族之间发生了有关谷物法的斗争，引起了马尔萨斯对谷物关税、地租及其对谷物价格影响等问题的兴趣，先后出版了《论谷物法的影响》、《地租的性质及发展的研究》，以及《政治经济学原理》等著作。

二、基本经济理论

马尔萨斯在最初以他的《人口原理》而出名在这本书中，他从“食物为人类生存所必需”和“两性情欲属必然”这两个前提出发，认为人口按几何级数1、2、4、8、16、32……增长，而生活资料按算术级数1、2、3、4、5、6……增长，因而人口的增长必定快于生活资料的增长，出现人口过剩。马尔萨斯的人口理论要论证以下三个命题：一是人口必然地为生活资料所限制；二是只要生活资料增长，人口一定会坚定不移地增长，除非受到某种非常有力而又显著的抑制；三是这些措施可以归纳为道德的抑制、罪恶和贫困。

此外，马尔萨斯在社会再生产的均衡问题上，一反古典经济学派的传统理论。他不同意李嘉图、萨伊等人关于资本主义生产的扩大会为自身创造需求的说法。在他看来，资本主义生产要顺利进行，必须维持足够的“有效需求”，并购买生产出的全部商品。他引用西斯蒙第（Sismondi，1773—1842年）的消费不足论，断言过快的资本积累，势必会出现商品生产增长的速度超过购买它们所必需的购买力的增加，引起“有效需求”的相对缺乏，从而形成商品的“普遍过剩”。因此，马尔萨斯承认经济危机的可能性。但他并非有意要揭露资本主义生产方式的矛盾，相反，他不过是为了证明，在资本主义社会中，地主、牧师和官吏等“不生产的消费者”是必不可少的。根据他的意见，由于过快的资本积累会造成供求之间的不均衡，所以，为了维持供求之间的均衡和一定的利润水平，就必须扩大和刺激不生产阶级的消费。

三、税收思想

马尔萨斯在税收理论方面无甚大的建树，其某些观点主要基于对现存的国家税收制度进行辩护。他认为，在课税已经对私有财产造成祸害时，如果企图以暂时牺牲为代价，降低税率，恢复以前的分配秩序，而不考虑这个国家在现实情况下，由于缺乏有效需求而造成的损失是否会超过因减轻赋税而得到的好处，显然，这样的企图是不明智的。因为减轻税负，对于依靠固定收入生活的人们来说，是一件大好事；对商人阶级来说，则要根据不同的情况判定，有时是好事，有时是坏事。但是，对于劳动阶级来说，由于政府的税收降低，社会不生产阶级以税收为来源的各种消费支出就会削减，对劳动的需求也会降低。其结果，不论是取消赋税也好，或谷物价格十分低廉也好，都不能补偿对劳动需求缺乏的损失。假如对劳动的一般需求减少，特别是这种减少是突然的，劳动阶级就将在物价低廉声中过悲惨的生活；相反，如果对劳动的需求很大，他就会在物价昂贵声中过比较富裕的生活。

所以，马克思尖锐地指出，马尔萨斯“竭力为各种浪费、国家的无谓开支、教士的巨额俸禄、富人的极高挥霍辩护。……他要求实行重税，让那些‘高级的’非生产者、教士等等可以大吃大喝。”

第四节
庸俗经济学派税收思想评析

从经济学说史的角度看，庸俗经济学同古典经济学有着某种内在的联系和众多相通之处。例如，他们的经济理论代表的都是当时新兴资产阶级利益，都主张经济自由主义和放任政策，压缩国家职能，反对国家干预等。但是，由于庸俗经济学是在英法两国资本主义制度已经确立，无产阶级与资产阶级矛盾业已公开化、尖锐化的历史条件下形成的，决定了这个学派不可能像古典学派那样能够较为客观地描述资本主义经济现象，分析资本主义经济的本质，进而建立起自已较为科学的经济理论和财政、税收理论体系。相反，庸俗学派更多的是出于阶级利益的需要，逐步抛弃古典学派的科学研究方法，转向为资产阶级利益进行辩护，从而形成了一种专门注重经济现象的表面描述，淡化本质联系，并具有浓厚辩护色彩的经济理论体系。譬如，萨伊以“效用价值论”和“生产费用论”否认古典学派的劳动价值论，掩盖了剩余价值的真正来源；他提出的“萨伊定律”，否认资本主义经济危机的可能性。马尔萨斯虽然承认资本主义经济危机的可能性乃至必然性，但他把根本原因归咎于人口的增长。正因为如此，马克思主义经典作家才在他们的“经济学”前面冠以“庸俗”二字，以便将这类经济理论同古典学派的理论区别开来。

一般说来，庸俗学派的经济理论会在一定程度上体现在他们的财政、税收理论之中。穆勒就把资本家的利润看成是勤劳、节俭所得，因而反对对利润征收累进所得税。不仅如此，他还要求国家给予“忍欲的富者”——资本家以减免税特权；马尔萨斯借口维护足够的“有效需求”，主张要鼓励地主、牧师和官吏的非生产性消费，要求实行重税。尽管如此，财政理论毕竟不同于一般经济理论，而税收思想的历史继承性和技术性更为突出，这样，就不排除庸俗学派的学者在他们的经济理论框架内，对税收理论进行一些较为科学的探讨和研究。从萨伊和穆勒的税收思想中，人们不难看到这一点。其中，对税收理论发展影响较大的，是他们关于税收本质的“牺牲说”、税收转嫁理论和税收分类方法。

一、税收“牺牲说”

在庸俗经济学派之前，西方学者关于税收本质或征税依据的学说，通常是“利益说”或“交换说”，认为国家和人民之间的税收征纳关系在本质上属于一种利益交换关系，税收是国家保护私有财产和人身安全的代价。但是，到了18世纪末和19世纪初，庸俗学派不再满足上述理论对税收本质的解释，提出课税在本质上是国民所做的牺牲或对社会应尽的义务。

“牺牲说”的出现有着深刻的历史原因。18世纪后期至19世纪初期，英国完成产业革命，资本主义生产方式在创造出空前的社会生产力，且生产关系逐步走向成熟的同时，资本主义制度的内在缺陷也暴露无遗，如周期恐慌、工人失业、贫富悬殊，城乡对立。加之当时社会主义运动的广泛兴起，资本主义的“丧钟”似乎行将敲响。在这样的历史条件下，税收“利益说”无法解释人民纳税后，其生活或生存的基本权利难以得到保障的残酷现实。显然，“牺牲说”试图解释上述矛盾，因而适应了资产阶级的辩护需要。

萨伊和穆勒是税收“牺牲说”的倡导者，但具体认识又不尽相同。萨伊认为，人民因纳税而做出的牺牲应当基于能力原则，实现税收公平，并认为实现公平的最好方法是征收累进税、所得税。而穆勒的“牺牲说”则是基于平等原则，即所谓牺牲的公平，意味着各人对支付赋税所感到的痛苦，应当与其他人对他那部分税负的体验完全一样。但是，不论萨伊和穆勒的税收“牺牲说”的具体内容如何不同，其实质只有一个，就是要求一般民众和有产阶级实行合理负担。在此前提下，试图通过税收再分配，缓和日益尖锐的阶级矛盾。

二、税收转嫁论

税收转嫁一直是古典学派以来的西方学者所关注的重要税收理论问题，从亚当·斯密到魁奈均做过较为详细的研究。萨伊的税收转嫁论，其突出特点之一是在分析商品税转嫁问题时，引入了商品供求关系和价格变量，试图通过供需弹性的变化来说明税收转嫁的方向、数量和最终归宿，从而首次创立了税负转嫁的“供需弹性”理论。这一理论对后世的西方学者如塞力格曼等产生了重大影响。

首先，萨伊运用供需弹性原理研究税负转嫁与归宿问题，在方法论上较之过去的税负转嫁理论无疑前进了一步。因为税收转嫁是一个十分复杂的经济问题，税收转嫁与否、转嫁多少，以及转嫁给谁，要受诸多因素（尤其是价格、供需状况等）的制约。萨伊将影响转嫁的一些主要因素导入转嫁过程，就便于进行定量分析，并使得分析的结果具有一定的准确性，从而也为从经济学角度深入研究税负转嫁及其效应问题，开辟了广泛的领域。

另一方面，也应当看到，萨伊的整个经济理论，包括税收转嫁学说，具有某种程度的辩护特点。他的税收转嫁理论试图说明，资本主义国家的税收是由资产阶级、工人阶级、地主阶级和其他社会阶级共同分担的，而非最终归宿于劳动群众。至于税收负担如何转嫁，谁多负担谁少负担，最后要由市场供求和价格因素决定，而与制度无关。

三、税收分类方法

在庸俗学派所处的时代，欧洲各国实行的都是复税制，尤其是所得税产生后，税收制度就变得更为复杂。如何对税制进行科学分类，就成为关系税制研究的重要前提。过去的税收分类方法，大多采用课税对象标准，将税收分为如土地税、房屋税、消费税等。这种分类方法虽然具有一定的财政意义和税制实用性，但经济意义不甚明显。穆勒第一次根据税收的经济性质及其转嫁归宿状况，将税收划分为直接税和间接税，就为人们分析一种税收的经济属性、转嫁归宿情况及其对纳税人和整个社会经济的影响，提供了一种非常实用的分析方法。这种分类方法至今仍被世界大多数国家所采用。

第五章

德国历史学派税收思想

第一节 德国历史学派产生的时代背景及特点

一、历史学派的产生

德国是一个后起的资本主义国家，直到 19 世纪初期，德国的封建农奴制度仍占统治地位，政治上则四分五裂。1848 年革命以后，德国工业和资本主义生产方式迅速发展起来。但是，由于德国的资产阶级登上历史舞台为时过晚，当时在英国、法国和德国，已经出现了波澜壮阔的社会主义运动，工人阶级已成为一支强大的政治力量。这不仅威胁着行将没落的封建制度，而且也威胁着资本主义制度。在这种情况下，德国资产阶级与封建贵族相勾结，并把希望寄托在封建君主专制的国家身上，力图用它来同工人运动做斗争，加快资本主义的发展。正是在这样的历史环境中，德国资产阶级形成了自己的政治经济学——历史学派（Historical School）。

德国历史学派有新旧之分。旧历史学派的主要代表是缪勒、李斯特等；新历史学派也称社会政策学派，其主要成员有施穆勒、施泰因、谢夫勒、罗雪尔、希尔德布兰德、克里斯和瓦格纳。

二、历史学派的经济观

旧历史学派否认人类社会经济发展存在着普遍的客观规律，认为各个国家和各个民族应当努力寻找适合自己社会经济发展的新道路。根据这一认识，他们不赞成英国古典学派的那种过于理论化和抽象化的研究方法，反对用抽象演绎法对社会经济发展进行理论分析和概括。相反，他们十分重视收集各个国家和各个民族的历史和现状的资料，说明它们发展的特点，以建立具有民族和历史特点的国民经济学。新历史学派甚至主张采用“历史统计方法”，对个别行业或个别城市的历史统计资料进行搜集、整理和描述，以说明这些行业或城市的历史发展特点。

历史学派批评古典学派偏重于物质而忽视国家和精神的作用，他们把国家、法律、道德、宗教等精神因素看作社会发展的内在动力。新历史学派还将伦理道德和心理因素引入经济生活，把政治经济学看作一门伦理学或心理学。认为有必要从伦理道德和心理出发去整理历史资料，从而归纳出经济发展的历史过程和民族特点。

代表德国新兴资产阶级利益的历史学派，尤其是旧历史学派，面对当时德国特殊的政治经济形势时，一方面反对日益壮大的德国工人阶级运动，另一方面又力图在容克地主政权的支持下发展资本主义，这就决定他们不可能对资本主义经济做出科学的理论分析。相反，他们将自己的注意力大多集中在宣扬阶级调和与自上而下的社会改良方面。因此，他们特别重视国家对经济发展的特殊作用。旧历史学派的代表人物主张国家干预经济生活和实行贸易保护政策，用国家的力量来保护和促进德国资本主义经济的发展，进行对外经济扩张，争夺殖民地；新历史学派则进一步认为，只有由国家作为社会经济的中心而发挥作用，国民经济才能获得高度发展。为了强化国家的社会作用，他们倡导由国家通过法律实行自上而下的改良，并把这种改良称为“社会主义”，甚至把当时的普鲁士国家称为“人民国家”，试图找到一条普鲁士型的德国资本主义发展道路。由于宣传上述观点的人大多是当时德国一些大学的教授，因此，新历史学派也被称为“讲坛社会主义”。

总之，历史学派是资产阶级庸俗经济学在德国的表现形式。它不同于英法庸俗经济学的主要特点是：英、法庸俗学派对于国家的作用，基本上是站在自由放任的立场上持消极态度，主张由市场这支“看不见的手”来调节经济运行；德国历史学派的经济学家则竭力宣扬国家在经济生活中的重要作用，力图用国家的力量来保护和促进德国资本主义的发展，对付日益高涨的工人阶级斗争。正因为如此，德国历史学派也形成了一套完全不同于英、法古典学派的独特的税收思想和税收政策。

下面着重介绍历史学派的代表人物李斯特、施泰因、谢夫勒、瓦格纳的税收思想。

第二节
李斯特的税收思想

一、李斯特生活的时代背景

弗里德里希·李斯特（Friderich List，1789—1846 年），德国历史学派的先驱者。他不仅是一位资产阶级的经济学家，还是一名积极的社会活动家。1819 年，在他的倡导下成立了德国工商业协会，其目的是要在经济上将分散的德国各邦联合成一个统一的关税同盟。1820 年，他当选为符腾堡国民议会的议员。由于他尖锐地抨击了德国的专制制度，被判处监禁。不久，他迁居美国，后担任了宾夕法尼亚州一家报纸的编辑。1823 年，李斯特又以美国领事的身份回到德国，终因不堪反动政权的继续迫害，最后自杀身亡。李斯特的代表作是《政治经济学的国民体系》。在他的税收思想中，最具特色的是关于保护关税的理论。

李斯特生活在 19 世纪前半叶。当时，德国通过移植亚当·斯密的《国民财富的性质和原因的研究》和萨伊的《政治经济学概论》，使古典学派的自由主义学说不断渗透到德国经济中来，并逐渐成为德国的主要经济学说。但是，古典学派的自由主义学说，特别是自由贸易理论和德国现实的经济政策不能融合在一起。1841 年，李斯特出版了《政治经济学的国民体系》一书，主张经济发展阶段论，提出在贸易上使后进国家的现实政策与先进国家的理论相结合。

二、经济发展阶段论

李斯特关于经济发展阶段的理论，突出表现在他对法国科尔伯特主义的独特看法上。他认为，科尔伯特主义的唯一目标是建立工业国家，国家商业对于交换价值一时的得失并不重要。他主要倾向于工业主义，“法国工业的全盛时代是从科尔伯特开始的。”[①] 显然，李斯特赞许科尔伯特（R. Colbert，1619—1683 年）的经济政策，他要在科尔伯特政策体系中探索出自己的工业主义模式。在这方面，他与亚当·斯密明显不同。亚当·斯密将科尔伯特主义和英国重商主义同等看待，没有看到两者之间存在着制度上的、生产力发展阶段上的不同。相反，李斯特将科尔伯特主义与他所持的工业主义等同看待，忽视了科尔伯特主义具有的专制王权背景。

正因为如此，李斯特在《政治经济学的国民体系》中抨击了英国古典学派的自由放任和“世界主义”政策，认为它忽视了国家的作用

---

① 李斯特：《政治经济学的国民体系》，商务印书馆 1983 年版，第 66 页。

和不同国家经济发展的民族特点，因而竭力反对自由贸易政策，主张实行保护关税制度。为了论证德国实行保护关税的必要性，李斯特提出了生产力理论和经济发展阶段学说。

李斯特提出的经济发展阶段学说，将人类经历过的社会划分为五个阶段：（1）野蛮和狩猎阶段；（2）游牧文化阶段；（3）自给自足农业阶段；（4）农业加上供当地消费的制造业阶段；（5）农业加上为世界贸易的制造业阶段。他认为，英国古典学派所主张的自由贸易适用于社会发展的第五个阶段。这对于当时英国的情况是适合的，但不适合他自己时代的德国。德国在考虑自由贸易政策以前，需要进一步扩张它的制造业，以达到英国早已实现的经济发展阶段。

三、保护关税理论

在李斯特看来，财富的生产力要比财富本身重要得多。向国外购买廉价商品，似乎可以增加财富，比较划算。但从长远看，将会阻碍德国工业的发展，使德国长期处于从属国地位。为了培养德国的生产力，政府必须采用保护关税政策。他说："保护关税如果使价值有所牺牲的话，它却使生产力有了增长，足以抵偿损失而有余。由此使国家不但在物质财富的量上获得无限增进，而且一旦发生战事，可以保护工业的独立地位。工业独立以及由此而来的国内发展，使国家获得了力量，可以顺利经营国外贸易，可以扩张航运事业，由此，文化可以提高，国内制度可以改进，对外力量可以加强"。[①]

为了发展德国的制造业，李斯特建议通过征收进口关税来建立保护制度。不过，在采用这种制度时须逐渐进行，以免不正当地损失现有利益。而且，当受到保护的工业建立起来之后，应将进口税率降低。他提出，最初的保护税率可定为40%—60%；待新工业建立后，继续课征的保护税率为20%—30%；而当这种发展完成之日，应终止执行保护

① 李斯特：《政治经济学的国民体系》，商务印书馆1983年版，第128—129页。

关税政策。

应将进口税率降低。他提出，最初的保护税率可定为40%—60%；待新工业建立后，继续课征的保护税率为20%—30%；而当这种发展完成之日，应终止执行保护关税政策。

第三节
施泰因的税收思想

洛伦佐·冯·施泰因（Lorenz Von Stein，1815—1890）19世纪后半叶德国的著名财政学者。1840年毕业于德国基尔大学，获博士学位并留校任教。1855年被维也纳大学聘为政治经济学专业教授，直至退休。施泰因的主要研究领域是“国家学”，包括社会、经济、行政和财政等四大领域。他在财政研究方面的代表著作有《财政学》和《财政学序说》等。他在近代西方税收学说史上的突出建树，一是站在德国历史学派的立场上，提出了全新的“税收本质观”，指出“税收的历史，构成了国家理念与社会权利、社会利益之间冲突史的重要组成部分”[①]；二是提出了税收再生产理论。

一、税收的概念与本质

近现代财政理论通常都认为，政府征税与私有财产权、个人自由之间是存在矛盾和冲突的，但施泰因不这么认为。相反，他十分看重税收对于一个国家、一个民族、一个社会的重大作用，认为从经济层面看，

① 马斯格雷夫：《财政理论史上的经典文献》，刘守刚、王晓丹译，上海财经大学出版社2015年版，第61页。

"税收代表了一个民族全部的文明水平"，"税收具有崇高的意义和力量"①。之所以得出这样的结论，施泰因是从国家的本质来分析税收本质并定义税收概念的。

在施泰因看来，"人类获得进步主要有两个条件，一个条件是共同体中的人及其互动关系，另一个条件是人类潜能的展开。我是什么人，我有什么东西，我做什么事情，部分地取决于我已经从共同体中获得了什么。而共同体的力量，又取决于每个成员从个人生活中贡献出什么——物质的东西，精神的东西，以及社会的东西。除非个人把由于共同体的存在而获得的收入贡献一部分出来，否则，共同体不可能为每个人提供经济活动的条件……这就是人类社会的经济原则"。②

在社会进步的历史中，"国家是社会人格化代表，它赋予社会以意志力与行动能力。构成社会本质的那些东西，都是由国家添加的，借助国家的意志和行动、宪法与行政来进行。国家为所有的事物（包括个人与共同体之间的经济互动）带来标准与秩序，这种行为内在于共同体的本质。国家的相关意图表达在立法之中，并由公共行政过程作用于每一个人。税收就是从这里起源的。"③

所以，在施泰因看来，传统的法哲学和纯政治理论不能解决税收与个人自由之间的冲突问题；不能像富兰克林那样，仅仅用简单的一句"税收与死亡一样不可避免"的话，就让纳税人足以心安理得；也不能如孟德斯鸠那样，把税收作为一个不重要的利益问题而简单的"打发走"。

那么，税收的本质究竟是什么？施泰因认为，"税收代表的是民族经济生活的一个方面，它依据宪法与行政管理的权力，抽取个人一部分经济所得并使之成为共同体的经济收入。"税收的本质，如果用最一般的术语来说就是，"税收是个人结合国家的一种经济表达方式，是生命力在思想和行为方面的一种表现方式。个人经济生活的全过程都从属于

① 马斯格雷夫：《财政理论史上的经典文献》，刘守刚、王晓丹译，上海财经大学出版社2015年版，第51页。

② 同上，第52页。

③ 同上，第52页。

国家，但国家并不需要为每一笔具体的税收提供相应的等价物。”[①] 所以，施泰因指出，“税收具有崇高的意义和力量。在征税过程中，个人对共同体的从属关系被转化为不由自主的纳税义务，没有人可以质疑共同体征税行为的正当性。”这种纳税义务所发生的领域，涉及个人的经济活动和财产等最为独立的地方，包括“我所拥有和挣得的一切，都在征税范围以内；我对自己的责任，排在给外在权力缴税的责任之后；我保有自己东西的权利，也排在国家从我这里拿走它所需东西之后。”[②] 总之，国家可以不付出任何劳动，就可以通过征税行为来满足自己的需要。作为个人在缴税时，“不论内心有多么痛苦，我都知道，国家有权向我征税，……一个人只有在把征税目的看作为了创造最终和谐，才能化解税收与个人自由之间的冲突。”[③]

二、税收再生产理论

德国社会政策学派理论的一个重要特点，是根据德国的历史条件及经济发展状况，抛弃了英国古典学派的自由主义经济理论、消极的国家观及其财政观，广泛地扩展了国家职能及其财政税收作用的范围。作为社会政策学派的主要代表之一，施泰因把财政学理解为庞大的国家机体的一个组成部分，或者是国家学的基础。他的国家财政观念概括地说，就是在“国民生活与国民经济的所有领域国家正在扩大行政职能”。[④]

从这种所谓“积极”的国家财政观出发，施泰因认为国家财政在行政方面有三大职能：一是对国家生活予以节度；二是维持国家生活的秩序；三是由其本身“再生产”自行消费的经济力。在第三种职能中，他提出国家经费开支的生产性和税收再生产学说。

---

① 马斯格雷夫：《财政理论史上的经典文献》，刘守刚、王晓丹译，上海财经大学出版社2015年版，第51页。

② 同上，第51页。

③ 同上，第51—52页。

④ 坂入长太郎：《欧美财政思想史》，中国财政经济出版社1987年版，第291页。

施泰因提出的税收再生产理论是以财政再生产理论为基础的。财政再生产理论的基本思路是，世界上的任何生活、任何经济及国家经济，如果自身不能再生产出其存在的条件，它就不能存在下去。同理，国家的收入与支出若不建立在相互的再生产关系上，非生产的行政支出就要使收入减少，这样行政就变成了简单再生产，甚至缩小再生产。

由财政再生产理论决定的税收再生产学说的基本思想是，税收数额应当同国家职能的经济价值，即国家向人民提供的物质资料和服务相适应。如果国家从国民中课征税收的价值超过政府行政提供的物质资料或服务的价值，那么，国家这种非生产性的财政将引起作为国家收入源泉的个人生活水平的下降，其结果势必导致资本形成能力下降或衰退。

施泰因在阐述上述税收再生产理论时指出，赋税应当有助于所有个别经济的资本形成，由各个资本形成的负担赋税的经济实力，就是国家财富。如果国家课税能够加强个别经济的生产性的经济力量，不阻碍个别经济的资本形成，就会加强国民经济的基础，并再次形成国家收入的更多源泉。而且，税收的再生产性表明，一方面，国家所有的国民应向政府提供赋税，另一方面，政府则应对所有国民提供物质资料与服务。当这种投入与产出形成有机循环且健全有力时，国家经济实力就会增大。

三、税收原则论

在施泰因看来，税收是现代国家生存的首要条件。作为处理个体与整体关系的税收，不可能像君主制下的财政制度那样，仅仅是国家主观想法的表达。税收的概念、本质及其构成要素，是在经历多少个世纪的实践过程中才得以丰富发展起来的。这些独立的要素及其国家对它们的认识，构成了税收原则的基础。基于上述观点，他提出了税收的经济原则、财政原则和国家经济原则。

1. 经济原则，是指税收必须以资本产生的所得作为来源，不得课及资本自身，更不得课征重税，妨碍资本积累。

施泰因指出，虽然国家可以根据自己的需要决定征税，而不受物质条件在时间上和数量上的限制。但是，税收要受到私人经济两个要素的制约。其中，一个是有限的资本，另一个是由资本产生并可以再生出资本的收入所得。施泰因认为，资本和所得两个要素，一旦其中一个停止了，整个经济就会衰亡。由此，它提出了关于税收经济原则的三个命题。即（1）征税永远不要伤害资本；（2）每一种税收都只能课及所得，换言之，所有的税，都是所得税；（3）对所得税征税，决不能高到让所得丧失创造资本的能力。[①]

2. 财政原则，是指税收不得超过国家现实的总需求。即税务行政应尽量减少征税费用；国库收缴的税金在作为经费支出以前，应当有效地使用，以减少损失浪费。

施泰因指出，“当运用经济原则将收上来的税收总量来应对国家总需要时，即在试图平衡岁入与需要时，税收的财政原则就显得相当重要了。”[②] 税收的财政原则在内容上也包含三个命题。即（1）国家绝不要从形成资本的经济体中征收多于必需的税收；（2）个人向国家缴纳自己的部分所得时，缴税过程应该设计得经济上耗费最少的时间与精力；（3）在收税与用税的时间差内，国家应该尽可能尝试去运用税收而形成的货币资金。

3. 国家经济原则，是指“税收潜力创造税收、税收创造行政管理、行政管理又反过来再生产税收潜力”，亦即“经济—税收—经济—税收”的良性运行准则。施泰因亦将这项原则称之为前述的“税收的再生产原则”。

施泰因指出，“从一个更宽广的政治理论视野看，税收制度的价值不在于税收的数量与水平，而在于税收制度形成资本的能力，而这种能力来自于国家用税收促进公民税收潜力发展与国家经济力量增强的过程。”[③] 由此，施泰因认为，所谓国家经济原则，是指设计税收的终极

---

① 马斯格雷夫：《财政理论史上的经典文献》，刘守刚、王晓丹译，上海财经大学出版社 2015 年版，第 56—57 页。

② 同上，第 57 页。

③ 同上，第 59 页。

目的在于，“让公共管理把税收用到纳税人身上，增强纳税人创造资本的能力。能更好更快地实现这一点的税收，才是正确的和正当的税收”；相反，凡是违背国家经济原则的税收，就是错误的和不正当的税收。

最后，施泰因指出，以上关于税收本质的三大原则是十分重要的，贯彻这些原则，有利于对国家征税权的限制。

第四节 谢夫勒的税收思想

一、经济、国家、财政观

阿尔伯特·伊伯哈德·费里德里希·谢夫勒（Albert Eberhard Friedrich Schäffle，1831—1903 年）是新历史学派的一名重要代表人物，著有《赋税政策原理》和《赋税论》。

谢夫勒把经济社会看作是全部个别经济及无数部分经济有机结合而成的国民经济（包括私人经济和共同经济两部分），这是他全部经济理论和财政理论的出发点。在他看来，私人经济组织即市场经济，是基于自私自利思想，通过竞争谋取最大利润的经济组织；共同经济则不同，它是由自由的结合体和强制的结合体构成。其中，后者包括国家和地方公共团体。共同经济依赖以私有制为基础的市场经济作为补充，两者密切融合，形成完整的人类社会经济体系。

基于上述经济思想，谢夫勒认为，财政与国民经济之间的关系极为密切。在市场经济下，由于私人经济对许多劳动力和财产的消费很不经济，国家经济的诸多方面需要国家提供物质资料和公共服务，所以，他认为，国家经济在国民生活中有着促进节约费用和扩大利用资源等方面的积极作用，而财政分配和预算收支计划又是管好国家经济所不可缺少的基础。为了充分施展财政在国家经济中的作用，他提出，财政学的最高原则是在国家需要和非国家需要之间保持均衡和充足，并使其在国民经济上实现均衡与充足。换言之，财政分配的基本准则就是要实现资源优化配置，将一定量的社会生产物在国家需要与个人需要之间进行适当分配。

二、税 收 思 想

谢夫勒是较早系统研究纳税人的负担能力与累进负担制度之间关系的西方财政学者。他首先提出赋税力或纳税力的概念，即纳税人负担税收的经济能力。认为国家应基于现实的赋税力，向一切有纳税能力者课税，以实现国民所得在国家需要与私人需要之间的均衡分配。

赋税力的源泉一般为财产和所得。谢夫勒认为，对财产和所得课征直接税，虽然属于对纳税主体的平均赋税力的课征，但难以依据纳税主体现实的赋税力，实现公平负担。所以，依据赋税力征税，必须同时使用两种不同的征收方法：一种是直接税，它根据平均赋税力，以所得为基础课税；另一种是依据消费、储蓄等多种用途，以及这些用途所表现出的各种现实的赋税力予以征税。对高收入者征高税，实行累进负担；对低收入者征低税，还可实行税收减免措施。

谢夫勒主张通过累进税率，实现纳税能力与税收负担水平相适应。他指出，“赋税力在社会上因财产及所得的大小而有所不同。大财产、高额所得有经常性的、非常的需求；平均来看，他的纳税力已经和其他人不均衡。因此，对少数的高额所得及大额财产采取累进课税，而对低额所得采用递减课税的方式。这种方法不是不平等，相反，它体现了均衡性的要求。”①

谢夫勒推崇累进税制，实现资源在国家需要与私人需要之间合理配

① 坂入长太郎：《欧美财政思想史》，中国财政经济出版社 1987 年版，第 295—296 页。

置，其主要目的就是试图通过税收的再分配作用，调节财富的合理分配，以改良分配方式的办法，缓解当时德国日益尖锐的阶级矛盾。

第五节 瓦格纳的税收思想

一、瓦格纳税收思想产生的历史条件

瓦格纳（Adolf Heinrich Gotthelf Wagner，1835—1917 年）是一位世界著名的德国财政学家。他生活于 19 世纪下半叶，当时，德国资本主义正向垄断阶段过渡，社会的阶级矛盾十分复杂，基本形成了由资本家、工人阶级以及保守的容克地主阶级三足鼎立的社会结构。1872 年，德意志帝国的诞生，促进了垄断资本主义的发展，中小手工业体系开始瓦解，工人和资本家之间的对立日趋激化。与此同时，德国资产阶级正在致力于加强德国产业的国际竞争能力与开辟海外市场。因此，如何缓和国内的劳资矛盾，调整经济以利于对外扩张，成为当时德国资产阶级急需解决的首要问题。

正是在这样的社会政治、经济背景下，瓦格纳在李斯特旧历史学派理论的基础上，提出了国家实行社会政策的主张，打出了“讲坛社会主义”的旗帜，抛出了社会财政学及社会政策税收思想的观点。他所面临的理论任务主要有两个：一是反对自由主义经济政策，强调国家干预社会经济生活的积极作用；二是谋求解决当时分配不公带来的阶级矛盾，为德国资本主义发展创造条件。瓦格纳在试图解决上述两大理论课题的过程中，通过吸收、整理、总结他以前社会政策学派代表人物，如施泰因、谢夫勒等的思想及观点，逐步形成了自己的，以社会财政、税收思想为核心的理论体系。

二、国家观及其社会政策的税收思想

瓦格纳是历史学派税收思想的集大成者，他继承和发展了他以前的历史学派经济学者的理论，尤其是其中的国家观、财政观和税收观。在国家观问题上，他认为，国家不是由人类自由创造或废止的东西，而是历史的产物，是人类生活中的最高形式。他把国家当作处于一切个别经济之上而结合起来的强制共同体。以此为出发点，他强调国家的职能不应仅限于用法律保护人身、财产安全这一狭窄的范围内，还应增加发展教育、文化，以及依靠国家的力量促使下级人民向上的必要措施等，以完善它的社会职能。换言之，瓦格纳与古典学派的“自由国家”、“夜警政府”观相对立，提出了“社会国家”的理念。在他看来，从“夜警政府”向“社会国家”的转变，就是要使复杂的国家活动满足社会目的的需要。

瓦格纳在这种国家观的基础上，提出了他的社会政策税收思想，其主要观点是，要充分利用掌握在国家手中的税收分配工具，不仅要满足国家支出的需要，以实现其财政目的，而且还要矫正社会财富分配的不均等，以达到公正的社会政策目的。他在《财政学》一书中，就是从国家这两方面的性质和目的上给税收下定义的。指出，“所谓租税，从财政的意义上讲，就是公共团体为满足其财政上的需要，凭借其主权，作为对公共团体的事务性设施的一般报偿，依据一般原则和准则，以公共团体一方所决定的方法及数额，强制的征自个人的赋课物；再从社会政策的意义上说，所谓赋税，就是以满足财政上的必要的同时，或不问财政上有无必要，以规定国民收入的分配及国民财产的分配，借以矫正个人所得与个人财产分配的消费为目的所征收的赋课物。”①

① 瓦格纳：《财政学》，商务印书馆 1931 年版，第 24 页。

三、税收体系和税收政策

瓦格纳认为，税收一方面有获得财政收入的纯财政目的，即获得国库收入的目的；另一方面，它还有运用税权对所得和财产分配进行干预与调整社会政策的目的。瓦格纳从他关于税收可以矫正个人所得和财产分配的思想出发，按照课税客体的性质，将税收划分为收益税系、所得税系和消费税系，并提出了按照各个课税客体的负担能力不同，贯彻量能负担原则的观点。他认为，在个人利己主义社会秩序和自由竞争制度下，财产和所得的分配是不公正的，改变这种分配制度，除了要采取纯财政性的税收外，还需要所谓社会政策的税收，以便干预财富分配关系，使之趋于公正。

他进一步分析说，凡是由土地和资本这两个生产要素所带来的收入，因为它们具有持续和永久的性质，税收负担能力强，因此应当多课税，尤其是对"不劳而获的所得"或偶然所得，应课以比普通所得更重的税；凡是由劳动力这个生产要素所带来的收入，因为它时常受到疾病和失业的影响，具有不稳定性质，税收负担能力较弱，因此应当少课税；至于对只能取得维持基本生存需要的最低生活费用的人，由于缺乏税收负担能力，应当免税。为了有效地调节个人财富和财产的分配，瓦格纳主张征收累进税。他认为，赋税应当适应经济的支付能力进行平等的课征，其标准应当因时因地而有所不同。所得越大，税率应当越高；所得越小，税率应当越低。

除了上述以收入所得作为课税客体的税系以外，瓦格纳还列有一个消费税系，它按支付能力原则课征。在消费税系中，对一般人所共同消费的商品课以轻税，而对奢侈品课以重税，以提高征税的道德性。

瓦格纳认为，只有运用税收从收入和支出两方面去调节社会分配不均，并且更多地采用累进税率形式，才能够更好地发挥社会税收政策的作用，以缓和无产阶级和资产阶级之间日益尖锐的阶级矛盾。

四、税收原则论

为了便于制定和实施他的关于社会政策性税收的目标，瓦格纳提出了著名的“四端九项”税收原则。这些原则对当时西方国家税收的影响，不亚于亚当·斯密的赋税四原则。

瓦格纳认为，税收原则是课税政策及课税技术所应遵循的准则。他的税收原则虽然在实质上仍然同过去的资产阶级税收原则一样，侧重于财政政策的需要，但在另一方面，他又特别强调社会政策性税收在改变财产、所得分配不公正过程中的重要作用，后者恐怕也正是瓦格纳称之为的“精髓”之所在。这样，在一个有多种税构成的复税制体系下，税收原则的优先问题就成了一个难题。于是，瓦格纳说，“赋税的最后原则不是一个，所以很难使单一租税适合这些原则。而应当结合各类性质不同的多数赋税，形成一个赋税体系，在其全体上，尽可能去实现一切原则。”①

瓦格纳所要强调的这些税收原则，其基本内容包括四个方面九项原则，亦称“四端九项原则”。

（一）财政政策的原则

此端税收原则包括两项内容：

1. 收入充分的原则，即税收以外的财源在不能得到充分保证时，国家的财政需要就不能不依靠税收收入得到充分保证。

2. 收入要有弹性的原则，它是指随着国家支出的增长或其他收入的减少，在财政发生不足时，税收要能够自然地增加，以便及时弥补缺损。

瓦格纳举例说，消费税虽然能够随人口的增加、国力的增进及税目的普及等而自然地增加，具有弹性。但由于经济、财政和社会上事态的变化，其收入不够稳定，所以通过这种税难以随时得到充分的收入。而

① 瓦格纳：《财政学》，商务印书馆 1931 年版，第 240 页。

且，即使提高税率，也不可能得到预期的收入。所以，消费税在临时有必要增加收入的场合不是很有效率的大税源，因而不能不以所得税和财产税来弥补消费税收入不充分的缺点。

（二）国民经济的原则

此端税收原则包括两项内容：

3. 税源选择的原则。瓦格纳认为，能够作为政府税源的有三类，即所得或收益、资本或财产，以及消费。他主张税源应力求课于所得，反对税收课于资本或财产，否则，势必会逐步减少财产，削弱国民经济基础，以至导致税源枯竭。但他又指出，所谓税收不能课及财产或资本，一般限于国民财产或资本，不包括个人财产或资本。例如，遗产税虽然减少个人资本，但根据税款的用途不同，它不一定减少国民资本。因为这笔税款如果用于公私经济投资，或劳动保险、教育等方面，用于可以增加低层级劳动人民能力的场合，则损于一方而得益于另一方，国民财产不会因此受损失。而且，征收遗产税还是实现财富公正分配的重要手段。

4. 税种选择的原则。这一原则主要是为了解决税收负担的合理分配问题。瓦格纳认为，确定课税物和纳税人是税制的权力，但是，要预先规定税收负担者是不可能的。因此，只能通过税种选择来预期税负的分配。国家应根据国民经济的要求，尽量选择那些难以转嫁或能够预知转嫁方向及作用的税种，选择不影响国民经济发展的客体课税。

瓦格纳以是否能预先知道税收转嫁为标准，将那些能够预定由纳税人负担而征收的税种称为直接税；将那些预定使纳税人不负担而转嫁他人负担的税种称为间接税。他认为，税种选择不能不考虑转嫁问题，但对于转嫁程度和倾向不明确的税种，也有课征的必要，否则，就难以得到充分的收入。比较合理的选择方法是，既要有归于上层阶级负担的税收，同时也要有归于下层人民负担的税收，应当尽量使彼此相补，以期税收负担得到公正的分配。

（三）社会政策的原则

此端税收原则也包括两项内容：

5. 普遍的原则，即每一个享受国家提供利益的国民，都应当向政府履行纳税义务，赋税应当普遍，而不能偏于某一阶层、某一职业或某一地区。

6. 平等的原则。以瓦格纳为代表的历史学派的税收平等观不同于古典学派，后者强调在自由竞争制度下，人民不论其所得收入的数量如何、税源的种类如何，都负有同样的纳税义务，即使是生存必需品亦不例外。因此，古典学派主张的税收公平是比例于各人的所得课税，一般不主张实行累进税。瓦纳纳则针锋相对地指出，自由经济不是不可侵犯的，又由于财产分配不均，所以，税收不仅是国家取得财政收入的手段，同时又是矫正财产分配、实现社会政策的工具。所谓税收的平等原则，就是要根据社会公正的要求，不得以财产收入的多少按比例税率征收，而应当依照每个纳税人的纳税能力，按照累进税原则征收。收入多、负担能力强的多纳税；收入少、负担能力弱的少纳税。他建议，对下层人民生存必需的收入应减轻负担，可以直接免除其税负；对于间接税，凡能够废止的，亦应废止。

（四）税务行政的原则

这一端原则包括三项内容：

7. 确定的原则，即税法应当简明扼要，应将纳税的数额、时间、地点和方法清清楚楚地告诉纳税人，防止征缴过程中发生曲解和误解。

8. 便民的原则，即国家征税的方法要简便，尽量方便人民。

9. 最少征收费用的原则，即税收的课征费用应当尽量节省，做到节时省费高效率。

第六节
德国历史学派税收思想评析

历史学派是德国的资产阶级庸俗经济学派，它的产生和发展与英国的古典学派和庸俗学派相比有着较大的区别。英国古典经济学产生于17世纪中叶，完成于19世纪初。这一时期的英国资本主义正处于自由竞争阶段，工业生产获得了迅速发展；无产阶级与资产阶级之间的阶级斗争尚处于潜伏状态。德国的情况则不同，它是一个后起的资本主义国家，工业发展一直落后于英、法等国，当德国的资产阶级开始登上历史舞台时，资本主义发展已开始由自由竞争阶段向垄断阶段过渡。在这一阶段，不仅资产阶级同封建残余势力之间存在矛盾，而且，资产阶级同无产阶级的矛盾业已公开化，并日趋尖锐。因此，德国资产阶级在振兴本国工业，发展资本主义的过程中，面临着十分复杂的社会环境。所有这一切，都决定了德国资产阶级历史学派必须要选择与英国古典学派迥然不同的经济理论和税收政策。

一、积极拓展政府税收职能

历史学派的主要代表一反传统古典学派关于“中性税收”的理论和政策，主张推行积极的社会政策税收。亚当·斯密等人提出，资本主义自由竞争关系赋予国家的使命，仅在于维持使个人资本的活力得以充分发挥作用的社会秩序，因此主张压缩国家权力及职能范围，提出了以“税收中性”为特征的税收原则，反对税收对经济的任何干预。而瓦格纳等人的观点恰好相反，他们提出了所谓“社会国家”的概念，主张不应当把国家的任务局限于法律目的的狭隘范围以内，而必须使复杂的国家活动实现社会目的的需要，扩展政府职能。从这一认识出发，历史学派不再仅仅把税收作为筹集国家经费的纯财政手段，更重要的是将其作为改变国民收入分配的工具，赋予税收广泛的经济调节和社会职能，使一般财富的分配职能从属于社会政策的目的。

社会政策税收思想是历史学派理论的精髓。在他们看来，只有通过这种政策来改变财产、所得分配不公正的矛盾，才能稳定德国资本主义发展所必需的社会秩序。譬如，瓦格纳就着眼于课税是强制地从个人手中转移财产这一点，认为在个人利己主义的社会秩序和自由竞争制度下所进行的财产和所得分配是不公正的，应该实行社会政策性的税收予以矫正。为此，他提出了累进税、最低生活费免税、对奢侈品和不劳而获的所得加重课税等具体措施，以此作为缓和阶级矛盾的手段。当然，这些措施也给社会政策性税收涂上了一层伦理色彩，它给人一种错觉，似乎这种税收政策将会否定资本主义经济制度。就连施泰因这样的历史学派代表人物也担心，将社会政策思想无限度地应用于税收，是同资本主义经济秩序不相一致的。

其实，这种担心是多余的。正如马克思所指出的："捐税最多只能在一些次要方面改变直接以资产阶级生产为基础的分配关系，如工资和利润的关系、利润和利息的关系、地租和利润的关系，但是它丝毫动摇不了这些关系的基础。关于捐税的一切争论和探讨都是预先肯定这些资产阶级的关系是万世长存的。"① 马克思的这段话无疑也指出了瓦格纳等人的社会政策性税收的真实目的。从 1860 年至 1871 年，俾斯麦在德国实行"铁血"统治，瓦格纳等人根据社会政策的税收理论，为俾斯麦政府设计了劳动保险法和用来矫正财富分配关系的一系列税收政策，部分地调整了社会生产关系，以适应当时德国垄断资本主义发展的要求。而且，瓦格纳等人的这套社会税收政策及其调节方式，不仅对当时的德国，而且对其他一些资本主义国家，也产生了深远的影响。各国累进个人所得税制度的建立，部分缓和了分配不公的矛盾；各项社会保障制度的实施，在一定程度上提高了工人阶级在全部国民收入中的份额。客观地说，这些措施对于保证二次大战以来资产主义经济相对平衡的发展起了重要用。

二、关于税收再生产理论

历史学派的主要代表一反古典经济学关于税收与经济关系的消极观点，提出了税收再生产理论。英国古典学派主要代表大卫·李嘉图就把

① 《马克思恩格斯全集》第 7 卷，人民出版社 1959 年版，第 335—336 页。

国家看成非生产性的消费主体，税收当然也具有非生产性，在他看来，凡属赋税都有减少积累能力的趋势。法国庸俗经济学派的税收原则就更为消极，萨伊就认为，使非生产性消费不利于再生产原因，也使课税不能促进再生产，并断言，赋税一般都有害于再生产。历史学派则不然，施泰因就把国家和税收视为社会再生产过程中不可缺的一个因素，认为人民向政府纳税和政府向人民提供物质资料或服务，这两者之间形成的良性循环，构成社会再生产运动的一个重要方面。瓦格纳继施泰因之后，也认为税收自身具有再生产力。他指出，国家课税虽然形成纳税人的负担，但不久就会变成国家活动赖以发挥有效作用的能力，这种能力又可进一步形成新的税源和再生产能力。

历史学派和古典学派在税收生产性问题上的两种截然对立的观点，反映了资本主义发展不同历史阶段上对国家和税收职能范围的不同要求。大卫·李嘉图、萨伊等古典学者生活于资本主义自由竞争时代，“看不见的手”即市场力量调节着社会经济生活的一切方面。资产阶级所需要的只是一个“夜警政府”，税收的职能在于满足国家非生产性的消费，仅此而已。当资本主义发展到垄断阶段，尤其是国家垄断资本主义开始出现后，日益扩大的社会生产力和资本私人占有之间的矛盾更加尖锐。倘若政府职能再仅限于“夜警”的范围，税收职能仅限于财政的目的，势必难以维持资本主义再生产所必需的条件。因此，正是这样的历史条件决定了国家及其税收应当介入社会再生产，干预经济生活。例如，在瓦格纳时代的德国，垄断资产阶级政府就曾经兴办国营企业、给私营企业以资助或补助，以及实施社会保险政策等措施。历史学派的税收再生产理论，也正是从国家垄断资本主义的初步实践中得出的自然结论。

应当指出，自国家垄断资本主义出现后，尽管一些西方国家税收干预经济的范围和能量都比100年前大为增加，然而，不论是历史学派的税收再生产理论，还是后来凯恩斯学派的“内在稳定器”理论，都不可能在税收和经济之间建立起真正的、有机的内在联系。资本主义税收和它的课征主体——国家一样，永远只能是社会再生产的一个外部因素。

三、主张保护关税政策

历史学派一反古典学派关于自由贸易的理论，主张实行保护关税政策。早在古典学派产生前的重商主义理论中，就曾竭力主张实行保护关税政策，加速资本原始积累。当英、法等资本主义国家的工业发展起来后，以亚当·斯密和大卫·李嘉图为代表的古典学派转而宣扬自由贸易理论，以便为本国资本主义发展开辟更加广阔的国际市场。然而在德国，李斯特、瓦格纳等历史学派代表人物则竭力反对自由贸易政策，强调保护关税制度对德国工业发展的重要意义。在关税政策问题上，历史似乎经历了一个"否定之否定"的曲折。不过，与重商主义不同的是，历史学派所主张的保护关税制度有着更为强烈的国情背景。

李斯特等人提出的保护关税理论，一方面反映了德国资产阶级发展本国工业的历史需要，另一方面，它又为后来的俾斯麦（Otto Von Bismarck，1815—1898 年）首相实行保护关税政策提供了理论依据。俾斯麦上台后，为德国制定了两大"社会措施"。其中一项就是以高关税税率保证德国独霸国内市场。因为自 1874 年开始，德国的工业危机一年比一年严重，从而引起了工业界要求从自由贸易政策向保护贸易政策的彻底转变。不仅钢铁工业、纺织工业，甚至连东普鲁士的大地主，也要求提高进口税率，以保证对国内市场的垄断。

诚然，保护关税政策在一定时期内起到了保护德国工业发展的作用，但从根本上看，这种政策也会阻碍德国资本主义的发展。而且，受益于这种政策的基本上是大的垄断企业，广大人民则成为这种政策的受害者。因为保护制度的执行，除了直接增加国家支出和税收之外，由于人民必须以更高的价格购买国内和进口的消费品，因而增加了人民的间接支出。

第六章

新古典学派税收思想

第一节 新古典学派产生的时代背景与理论特点

一、新古典学派的产生

近代经济学的发展如果以“边际革命”划界，分为两大部分。在“边际革命”之前，占主导地位的是以亚当·斯密、大卫·李嘉图为代表的古典经济学，“边际革命”之后至凯恩斯主义之前的西方经济学理论，通称为新古典经济学，主要就是现在的微观经济学。在西方经济学说发展史上，新古典学派有广义和狭义之分。从广义上说，它是指19世纪70年代“边际革命”以后发展起来的诸多西方经济学流派的通称，这些流派包括剑桥学派、洛桑学派、奥地利学派、瑞典学派等。从狭义上看，新古典学派专指以马歇尔为首的英国剑桥学派。

新古典经济学产生于19世纪70年代，具有某种历史的必然性。自19世纪下半叶以来，作为古典经济学的发源地，英国逐步丧失世界第一大经济体地位，经济危机和阶级关系持续恶化。现实社会经济发展中的尖锐矛盾反映在经济理论上，就是古典的穆勒体系已经不能很好地适应社会发展的需要，受到来自欧洲大陆的德国历史学派和边际革命思想的理论冲击。正是在这样的时代背景下，新古典学派孕育而生。

二、新古典学派的理论特点

新古典学派之所以被称为“新古典”，一方面，因为它与古典经济学具有承继关系。马歇尔自称继承和发展了英国古典政治经济学的传统，是在传统古典经济学基础上开创起来的一个理论体系。例如，马歇尔将古典的生产费用价值理论结合在供求均衡价格论体系中，认为那是产品价格在“长期中”的决定规律；他还通过“均衡”概念，论证了在完全竞争的市场机制下，价格这只“看不见的手”能够调节经济变量之间的流动，实现要素和产品最有效的分配。因此，他秉承了古典经济学“自由放任”的政策主张。

另一方面，新古典经济学又有着不同于古典经济学的显著特点。第一，两者的价值理论不同。古典经济学的核心是劳动价值理论，从斯密到李嘉图、再到卡尔·马克思无不以劳动价值理论作为自己理论的核心和基础；新古典学派则完全放弃了劳动价值理论，他们更多的是采用效用价值理论，并发展到均衡价值理论。英国的杰文斯、德国的格森、意大利的帕累托都是效用价值理论的先驱，而剑桥的马歇尔和瑞士的瓦尔拉则是均衡价值理论的代表。第二，两者的分析方法不同。古典经济学主要采用总量分析方法，由于受数学方法所限，从斯密到穆勒无不是从总量上分析经济的均衡问题。新古典学派较之于古典学派，于分析方法则具有颠覆性的改变。其特点：一是以心理分析为基础，并以货币为标准来度量人们动机大小；二是强调“连续原理”，认为各种经济现象之间没有严格、明显的区别，只有连续的数量关系；三是推崇“边际增量”分析方法，认为只有在“边际”上，人们才能将不同的事物准确区分开来；四是强调“均衡分析”，尤其是局部均衡分析。认为各种经济指标都是通过有关要素的边际增量均衡来决定的；五是通常采用静态的观点和分析方法，即为了研究方便，经常需要假定“其他条件不变”。第三，两者的理论体系不同。作为新古典学派的标志性代表人物，马歇尔在他1890年发表的《经济学原理》中，将古典经济学和萨伊、约翰·穆勒的学说，以及庞巴维克为代表的奥地利学派、杰文斯为代表的数理学派、瓦尔拉斯为代表的洛桑学派等的理论兼收并蓄，集中所有精华，在融合了供求理论、生产费用理论、边际效用理论、边际生产力理论等的基础上，建立了以均衡价格论为核心的完整经济学体系；这些成果集中起来，也逐渐形成了现代微观经济学的基本架构。

以马歇尔为代表的新古典学派，其理论的基石是均衡价格论。他运用边际效用理论说明需求价格和需求规律，即需求数量随着价格的下跌而增加，随着价格上涨而减少；运用边际生产费用理论说明供给价格和供给规律，即供给与需求相反，价格高则供给多，价格低供给少。最后，他把需求规律和供给规律结合起来形成均衡价格规律，即“当供给价格和需求价格相一致时，需求量和供给量也相一致，就会形成均衡价格”。马歇尔在均衡价格论的基础上，确立了按生产要素分配的理论，劳动、土地、资本、企业组织等生产要素的价格也取决于各自的均衡价格。

三、主要代表人物

如前所述，广义上的新古典经济学流派较多，其中许多经济学家及其经济学理论建树可谓璀璨夺目，但这些流派及其代表人物（马歇尔除外）关于政府财政尤其是有关税收问题的系统论述则不多。在19世纪70年代至凯恩斯主义产生前后这段时期，本章主要选取、介绍马歇尔以及受新古典学派影响的著名财税学者的税收思想及其政策主张，并冠以“新古典经济学派税收思想”之名。总体上看，这一学派在探索、研究、阐述自己的财政税收理论过程中，有着某些共同的特点。例如，都以新古典主义经济学作为理论基础，采用新古典经济学的方法来研究财政税收问题；在财政思想上受德国社会政策学派影响较大，大多对早期资产阶级正统学派的许多税收思想和政策主张持批评态度。另一方面，他们注重广泛吸收、综合前人研究成果，在税收理论和政策主张方面紧密联系现实的经济现象，注重探讨影响国民经济活动的诸多税收因素。

以下着重介绍马歇尔、巴斯泰布尔、亚当士、道尔顿、塞利格曼和沙格斯等人的税收理论与政策主张。

第二节
马歇尔的税收思想

阿尔弗雷德·马歇尔（Alfred Marshall，1842—1924 年）是 19 世纪末 20 世纪初最著名的资产阶级经济学家，英国“剑桥学派”的创始人。在西方经济学界，一般认为马歇尔的经济学体系是英国古典经济学的发展和更新，因此，又称马歇尔为新古典学派的创始人。马歇尔于 1861 年毕业于剑桥大学，毕业后留在该校教数学，后来转为研究经济学。从 1877 年至 1884 年，他先后在布里斯托尔大学和牛津大学讲授政治经济学。1885 年，他受剑桥大学聘请任经济学教授，直到 1908 年退休。在此期间，他还参与英国政府的政策咨询活动。他的主要著作有：《经济学原理》、《工业贸易》、《货币、信用与商业》等。特别是《经济学原理》一书在 1890 年出版后，被当时的西方经济学界认为是划时代的著作，成为近代英、美等国经济学的基础，居于支配地位。20 世纪 30 年代后，这种支配地位虽让位于凯恩斯主义，但它对现代经济学仍然有着很大影响，构成了现代微观经济学的基础。

马歇尔没有写过论述税收的专著，对近现代西方税收思想的贡献尚不显著，他只是在一些著作中偶尔涉及一些税收理论和政策问题。

一、税收转嫁和超额负担

马歇尔在《经济学原理》第五篇第九章中，借用赋税的转嫁与归宿来说明价值的形成问题。

他认为，对商品劳务的课税是必然会转嫁的。“如果有一种税加于某些人用来生产售与其他人的商品或劳务的任何一种东西上，那么，这种税就有使生产萎缩的趋势，这将使大部分赋税向前转嫁给消费者，小部分向后转嫁给供应这些生产者以生产必需品的那些人身上。同样，任何一种东西的消费税在大小不同的程度上向后转嫁给它的生产者负担”。①

马歇尔在阐述自己关于税收转嫁基本看法的基础上，详细论述了与税收转嫁有内在联系的所谓超额负担问题。

马歇尔提出的“税收超额负担”，是指纳税人在缴纳税款以外所遭受的其他经济损失。他认为，税收对市场经济的干预作用是巨大的。当税收因素加入市场后，各种经济活动的成本与报酬之间的关系将被破坏，即税收成为一把“利剪”，把生产者成本与消费者利益两者截然分开，它意味着对资源利用的低效化。

马歇尔采用计数效用分析方法，描述和说明了税收超额负担的状况(见图6－1)。

图6－1显示，在没有税收的情况下，某商品的市场均衡点为E，即以一个单位OB的价格出售OP的数量。如果政府以低于FD的从量税课于该商品，则供给曲线变为S＋T，而税后均衡点则变为F，即以较高的价格OA出售较少数量的OH。

在图6－1中，征收这种商品税所增加的收入为CD（数量）乘上DF（税率），以AFDC的面积表示。消费者因为课税而遭致的“消费者剩余”损失为ABEF，生产者受到的“生产者剩余”损失为BCDE。不

① 马歇尔：《经济学原理》下卷，商务印书馆1983年版，第99页。

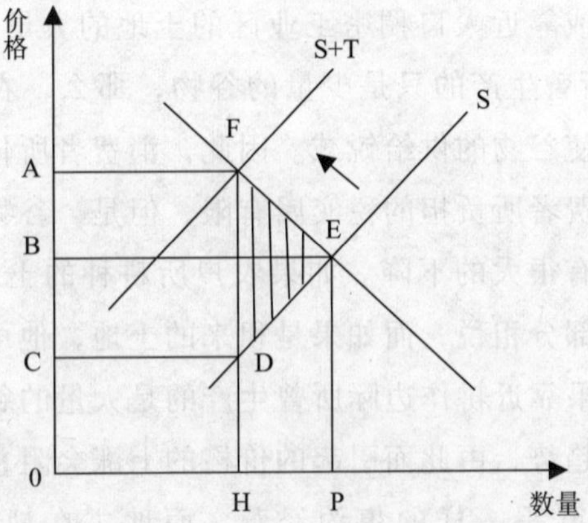

图 6－1 税收超额负担状况

过，剩余损失的合计面积（ABEF＋BCDE）却要大于税收收入（ACDF），多出的部分 FDE 即为超额负担。也就是说，纳税人不但要支付税款 ACDF，而且因为选择行为被课税所扭曲，还会接受超额负担损失。马歇尔还举例分析了超额负担对一个行业不同阶层的影响。如对印刷业课税，就会使从事该行业的人们受到打击，因为他们试图提高价格，则需求势必急剧下降。进一步分析，这种打击对该行业的不同阶层是不同的。首先是印刷机的价格和排字工人的工资降至很低；同时，另一部分税款势必要由辅助工业，如造纸业和铸型业等来负担。此外，作者和出版商也会因被迫提高书价或减少销路而负担一部分课税损失。

马歇尔指出，产生超额负担的主要原因，是由于对某一特定物品的课税妨碍了对被课税物品与其他物品有效率的选择。他认为，这种负担可以采取三种方式予以避免：（1）选择没有需求弹性的物品课税，即课税导致价格上升，但物品需求量并不因此下降。（2）所有物品均课征同等数量的税款。（3）课征所得税。

在税负转嫁问题上，马歇尔税收思想的特点主要体现在，他引入边际分析方法深入分析税负转嫁归属问题。他认为，如果对农作物征收一种永久性的赋税，农户总是力求使消费者负担一部分税款。但是，转嫁税款导致价格上涨，就会减少需求，因而对农户又起反作用。为了决定究竟有多少税款转嫁给了消费者，马歇尔引进了“有利支出边际”这一概念。其中包括运用劣等土地或远离有利市场的土地的少量支出边际和运用优等土地或靠近人口稠密工业区的土地的大量支出边际。他说，“如果靠近边际所曾生产的只是少量的谷物，那么，农户所得纯价格的些许下降，不会使谷物的供给锐减。因此，消费者所付的谷物价格不会急剧上升；而消费者所负担的税实属有限，但是，谷物的价值超过生产费用的剩余势必有很大的下降。如果农户所耕种的土地是自己的土地，他就负担较大一部分租税，而如果是租来的土地，他可以要求大大减少地租。相反，如果靠近耕作边际所曾生产的是大量的谷物，则租税有使生产大大缩减的趋势，由此而引起的价格的上涨会阻止这种缩减，从而农户进行和以前几乎一样的集约经营，而地主在地租上所受的损失极小。”①

马歇尔的结论是：“一方面，一种税要是课得使土地的耕作或建立农场用房受到节制，它就有转嫁于农产品消费者的趋势。而另一方面，对来自土地的位置、广袤，及其阳光、热、雨和空气的那部分（年）价值所课的税，只能由地主负担，当然，租地人在短时期内就是地主。”②

二、税收公平

马歇尔认为，税收公平与否，必须从税制总体上加以判断。

几乎每一种无偿税收都会对某阶级或其他阶级加以不适当的压迫，但如果各种税收的不均为其他税收的不均所抵消，则赋税制度可以说是公平的，尽管就其中任何一部分看都欠公平。根据这种税收公平观，一方面，他主张对地产收益等按“股份制原则”课税，依据这个原则，受益多者多纳税，受益少者少纳税。他还主张对所得和财产，尤其是对不劳所得和继承财产课以重税。另一方面，他也提出对资本课税应当特别慎重，因为资本税会妨碍资本增加，并促使其流往国外。同时，他指

① 马歇尔：《经济学原理》下卷，商务印书馆 1983 年版，第 116—117 页。
② 同上，第 116—117 页。

出，对消费品课征的国内消费税和关税，与其说是对富人的征收，毋宁说是从劳动阶级的所得中征收。除少数例外，这类税收不问收入高低，统一实行一个比例税率，造成税收负担的上轻下重，对穷人极不公平。

三、累进税

马歇尔在经济理论上属于新古典学派的经济学者，但在税收思想上有时也显得较为激进。譬如，他出于缓和当时日趋尖锐的社会矛盾，谋求西方社会制度“长治久安”的考虑，竭力主张对富人的财产和个人所得征收累进税。

他的累进税主张是建立在其价值递减原理基础上的。他认为，一个人取得的超过维持生存所必需的生活费用以上的剩余，是个人幸福的源泉。人们从其收入中获得的满足，是以维持生存所必需的生活费用为起点，以后便以收入增加上的同一比例增加额而获得同样的满足。虽然由于富人拥有资本和财富，其收入增加的绝对额要远远高于穷人，但富人和穷人所增加的同一比例收入，对增加幸福的程度来讲又是相等的。因此，对于个人增加的同一镑收入，富人增加幸福的程度必然要小于穷人增加幸福的程度。基于这个理论，马歇尔主张采用累进税将富人手中相当一部分收入集中于国家，以提高整个国家和全体人民的幸福。

四、地方税

马歇尔在《经济学原理》附录七中专门谈到了地方税的征税范围、性质和设计等问题。

英国是最早实行分税制财政体制的国家。在分税制财政体制下，如何界定中央和地方的税收管理权限，科学配置地方税及其征税范围，是一个重要问题。在马歇尔看来，“地方税征税范围的确定，要看居民是否流动，以及这个税种是有偿还是无偿”①。他认为，选择地方税种的征税对象和范围，要以不导致工人的流动为优。假定对某一行业征收地方新税，如果这一行业的纳税人和征税对象具有流动性，那就不宜征收。而且，地方税最好是采取有偿性税种的形式，即大部分地方税应当用于直接增进当地居民和工人的福利上，而这些福利和便利除了由当地政府提供外，是不可能用其他方法更便宜地提供的。与之相对应的无偿税，则属于对纳税人不提供补偿利益的税种，它具有驱逐纳税人的趋势，这类无偿税不宜用于地方税。

马歇尔指出，无偿税和有偿税适用的原则是：偏重于全国性服务的税种，一般应采取无偿税形式，而偏重于地方性服务的税种，宜采用有偿税形式，以便根据纳税人负担税款的数量，给予他们以直接和特殊的利益。

第三节 巴斯泰布尔的税收思想

巴斯泰布尔是19世纪末英国著名的财政学者。他在财政税收问题上，继承了英国古典学派穆勒的思想和马歇尔的研究方法，同时受德国社会政策学派的影响较大。1892年，巴斯泰布尔的《财政学》一书出版，成为当时英国最具代表性的财政著作。

一、税收本质观

巴斯泰布尔在税收本质观上的见解，不同于英国古典学派。他认为：“所谓赋税，即个人或团体为履行公共义务或公共权力而进行公共

① 马歇尔：《经济学原理》下卷，商务印书馆1983年版，第435页。

活动，在财富方面被强制分担的贡献。”①

关于上述税收定义，他解释说：（1）赋税的强制性，指的是通过法律规定缴纳税款的数量、方式、时间及课税主体，而没有接受纳税人意见的余地。换言之，纳税意味着纳税人的牺牲，即使纳税人通过政府提供公共财物或劳务而获得利益，那也不是纳税的结果，而是由于赋税的作用。（2）赋税的缴纳不一定采取货币形式，还包括强制性的劳动即劳役、兵役或修筑公路等。（3）赋税向全体国民课征。以对商品征收的间接税为例，税款虽由纳税人提供，最后都要由消费应税商品的消费者负担，消费者亦即赋税主体。（4）国家具有自身的财政需要，为满足这些需要，就必须课税。至于判断某一需要的合理与否，应由拥有课税权的政府来决定。

基于上述观点，巴斯泰布尔不完全同意古典学派倡导的“税收利益说”以及“税收能力说”。他指出，“税收利益说”对税收本质的解释存在缺陷。因为由国家提供的财政或劳务的价值测定，既困难又不现实，因而这种理论难以采用。关于税收本质的“能力说”，他认为纳税能力作为课税标准也有含混之处。因为判别纳税能力的标准是多种多样的，既可以是财产，也可以是收入等。

巴斯泰布尔比较倾向于穆勒提出的“税收牺牲说”。在他看来，均等牺牲原则不过是均等能力原则的另一种表现；均等能力意味着负担牺牲的能力均等。不过，他又指出，“能力”与“牺牲”这两个词之间稍有不同。能力使人想到的是纳税力这个积极因素，牺牲则使人想到的是由于纳税所受损失这个消极因素。站在“税收牺牲说”的立场上，巴斯泰布尔认为，社会的最大幸福是使全体纳税人负担最少的牺牲。也就是说，有纳税能力的人们应当加重负担；同时对平均负担额以下的人们免除负担。只有采用这种“最少牺牲说”来分配负担，才能实现真正的纳税平等。

---

① 巴斯泰布尔：《财政学》（英文版），第365页。

二、税收转嫁与归宿论

巴斯泰布尔是从分析直接税与间接税的负担来研究税收转嫁与归宿问题的。

他认为，所谓直接税，是最终向纳税人的直接课税；而间接税是指由直接纳税者转嫁于最终负税者的税收。在各种转嫁税中，以商品税最为典型。一般说来，生产者交纳商品税后，通常要通过提高价格转嫁于最终消费者。在这种情况下，消费者因物价上涨要减少消费需求，供求关系变动又将使物价恢复到课税前的水平。反之，如果商品课税后价格不变或者价格下降，由于不能保证平均利润，生产者和销售者也将无法继续从事生产经营。这样，在资本运动自由的条件下，生产经营者的选择只能是提价转嫁税收，使之由最终消费者负担。巴斯泰布尔指出，在商品课税情况下，消费者和生产经营者的这两种截然相反的目的和选择，旨在说明两者必须相互让步商定合理价格，即消费者应当承担价格有限程度提高所带来的负担，生产经营者也必须让渡一部分利润，分担税收损失。

当然，巴斯泰布尔也指出，课税导致价格上升的转嫁问题，不仅仅影响某一种商品的需求，也影响其他商品的需求，使其价格不得不下跌。在这种情况下，即使流动资本的所有者不受影响，土地或固定资本所有者却无法逃脱税收的负担。总之，资本转移的困难就是税收转嫁的困难。此外，供求规律、课税方法和税负轻重也都会影响税收的转嫁。

第四节
亚当士的税收思想

亚当士是19世纪末美国著名的财政学者。他在1898年出版的《财政学原理》一书中，较为全面地总结、阐述和发展了他以前的西方税收思想。特别是他对税收性质、课税权、税收来源、税收负担、税收效果，以及税收转嫁与归宿等问题的研究，具有一定的特色。

一、税收本质观

亚当士指出，税收的产生和存在以私有财产制度为前提。如果就国家和人民之间的关系来看税收本质，现代国家的税收经历了一个逐步发展和完善的过程。税收最初是人民向政府捐赠的贡物，随着国家职能的扩大和财政支出需要的增加，税收就演变成为政府求之于人民提供的资助，最后税收更进一步变为人民对国家的牺牲或应尽的义务。现代国家的税收一般都依据法律课征，具有强制性。在这个基础上，他进一步分析了政府征税需要有三大约束：一是所征税款，必须用于国家和人民的事务；二是国家向人民征税应当公平，不应有畸轻畸重；三是在刚性宪法的国家，税法以不违背宪法为前提。

如果就财政方面来分析税收的性质，亚当士总结和评价了关于税收本质的三种理论：

第一种是“交换说”，即国家为人民办事，其所需费用，由人民通过纳税来支付。亚当士认为，这种观点如果就人民的总体与国家的关系看，尚可成立。但若以人民中的某一分子与国家的关系而论，则不一定合理。因为某人的事情如果无须政府办理，岂不就可以不尽纳税义务？

第二种是“利益说”，即人民应当按所得到利益的多少缴纳赋税，这种观点渊源于古典学派的自由放任学说和国家观。在古典学派看来，政府的职权范围越小越好，政府的税收越轻越好，并且，国家以个人所得利益的数量作为纳税标准。亚当士认为，由于近现代各国政府的职能逐步扩大，已与19世纪初政府的职能大相径庭，因此，现代国家的税收也不宜采用这种理论。

第三种是“义务说”，即国家是为着全体人民组成的，国家为人民谋利益，使人民能够安居乐业，因此，人民应当向国家缴纳赋税，以满足国家的需要。亚当士认为，这种理论正确地概述了现代国家税收的本质特征。他分析说，人民负有纳税义务，但根据什么标准缴纳，是一个需要解决的重要问题。他主张根据德国社会政策学派的税收思想，以纳税人财产的数量和纳税能力的大小来确定其税收负担水平。

二、论征税权

亚当士认为，所谓征税权，是国家强迫人民纳税的权力，它构成一国主权的重要部分。由于一个国家内各级政府之间的权力大小不同，征税权的范围所及不能超出宪法的约束；从地方政府来看，征税权一般由中央政府授予。征税权作为国家主权的一部分，在中央政府这一级，税收权一般不宜限制。只要课税不违反宪法，中央政府就可以根据需要确定征税对象、数量、时间和方法。他还强调指出，由于征税权具有在宪法以内的至高无上性，政府应当自觉防止税收权滥用。

三、税收负担分配原则

亚当士在税收负担原则方面，受瓦格纳为代表的德国社会政策学派的影响较大，认为由于全体人民在政治上的地位是平等的，因此，人民的税收负担也应当平均，这样才能体现税收的公平。不过，税收平均并不是指人人纳税都要采用相同的标准，而是说各人都应根据其负担能力的大小缴纳税款，纳税的痛苦要以纳税后所余利益多少为标准，而不能以纳税多少为标准。按照这一原则，他主张国家对收入较多者应多征税，对收入较少者应少征税。至于国家对工商各业的课税，同样也适用这一原则，但要以不妨碍工商业发展为前提。

为了在税收负担分配上实现这一原则，亚当士认为，应当根据“税收义务说”，按照纳税人的负担能力分配负担，并在征税上多采用累进税率。他不同意分配税收负担的“成本说”和“利益说”。因为根据成本说，税收负担轻重应视国家支出费用的数额来确定。例如，在盗贼较多的城市，警察费用高，人民应当多纳税。但是，盗贼多的地方往往是穷苦人民居住多，如果根据成本说来分配税收，穷人的负担就会重于富人，结果税收失去公平。而对于利益说，亚当士也是不赞同的，因为从总体上看，穷人享受国家提供的公共利益要多一些。譬如，图书馆等主要用于中低收入家庭的学习和教育，如果依据利益补偿原则征税，也只会加重穷人的税收负担。

四、税源选择

亚当士将各种生产要素投入所带来的收入称为产业收入，认为税收来源于产业收入，而非出自产业本身。因此，他重复前人的观点，国家课税应当以收入为最后标准。

他根据瓦格纳的社会政策税收思想，也主张对于利润、利息、租金等属于不劳而获，而且是较为稳定的产业收入课征重税；相反，对于劳动收入，因属于辛劳之所得，且不够稳定，劳动者又时常面临失业威胁，故应当征轻税。

为了适应产业经营中税源多样化的情况，他认为近代各国应多采用复合税制，以其中某一种税为主体税，其余为辅税，组成一个税系。这样，不仅税源广阔，而且人人都要纳税，可以实现公平负担。而单一税制则容易造成漏税，且税收不合理。

五、税收转嫁、税收归宿与税收效果

亚当士在分析税收转嫁、税收归宿和税收效果时，将它们从概念的内涵上加以严格区分。他从商品课税加价出售过程中，卖者和买者对国家课税的关系和影响考察认为，如果卖者纳税后将税款加之于售价内随商品转售，就称为税收转嫁；而买者购买商品后，由于价格比未课税前要高一些，因此，商品的购买者实际负担了税款，因而被称为税收归宿；但是，如果卖者因加税于价格致使价高减少商品销路，利润下降，虽然从表面上看税款由卖者负担，但实际上仍转嫁给了买者。在这里，利润减少就被称为税收效果。

税收转嫁一般是通过价格变动实现的，因此，税收能否转嫁，与价格关系密切。亚当士考察了两种不同价格形式对于税收转嫁的影响。

一种是制造工业品，其货物无论生产数量大小，在存在竞争的情况下，价格总是相同的。如果国家对这类货物征税，虽然税款由制造业者缴纳，但税收却归宿于购买者。这种税也称为间接税，其税款为生产价格的一个合理部分。

另一种货物，如农产品等，在生产报酬递减规律作用下，生产愈多，价值总额越大，报酬却越小。但是，因人口增加，粮食需求量增大，而优等土地又有限，所产粮食不能满足需要。粮食价格上涨的结果，必然刺激劣等土地投入耕种，这样优等土地就有了租金。由于劣等地上的生产成本要比优等地高，利润又逐步递减，而农产品价格又以劣等土地生产的农产品价格为准，这样，如果国家对优等土地农产品价格课税，而对劣等土地不征税，其税款不可能通过产品加价转嫁，而是由土地所有者以减少地租来负担，因为地租是价格以外的部分。但是，如果国家对所有土地，不论优等和劣等一律课税，生产成本较高的劣等土地也需要缴纳税款。由于在劣等地上从事耕作的经营者和劳动者除了资本和劳动力外，别无其他报酬，既然需要缴纳税款，它就不能增加货币价格，将税金打入产品售价，从而转嫁给购买者负担。

第五节 道尔顿的税收思想

道尔顿（Dalton，1887—1962 年）博士是 20 世纪 20 年代英国伦敦经济学院教授，他在该校讲授“财政学理论”课过程中，因不满意一般的财政理论，遂将自己的讲稿加以整理，修改成书，并于1922年出版，定名为《财政学原理》。由于道尔顿在写作过程中，努力探讨那些“是简单地鼓励人家判断，而非麻烦地告诉人家判断”的新思路，因而他的财政思想在20世纪初的西方学术界算是崭新的。

一、道尔顿税收思想的出发点

道尔顿认为，税收是政府为取得一定收入而课征的强制性负担。

道尔顿的税收思想是建立在他关于“最大社会利益原则”基础上的。他认为，财政学的中心问题，是要研究将社会经济资源用于最有利益的方面，财政学所应遵循的根本原则就是“最大社会利益原则”。在他看来，财政上的大部分活动，表现为一部分社会购买力的转移。一方面可以通过税收或其他方式将购买力由个人转移到国家手中；另一方面，也可以公共经费的方式，把购买力由国家转回到个人手中。这些购买力的转移，有的是以服务为交换，如警察、政府属员等；有的则无服务交换，如老年保险金等。这些活动的结果，必然使得财富的性质与数量，以及财富在个人、阶级之间的分配格局发生变化。如果这些变化对社会来说是有利的，则国家的财政活动就是正当的，否则，就是不正当的。

所以，道尔顿认为，最好的财政制度，就是通过财政政策的实施能够取得最大社会利益的财政制度。为此，他提出了两个衡量社会经济福利增长的主要标准：一个是生产力的进步，即社会能够通过最少的劳动投入取得最多最好的产品产出，满足社会需要。二是产品分配的进步，即通过分配能够减少社会成员之间所得分配的不均，以及减少某些阶层和个人在各个时期所得的变化差异，谋求社会经济生活的稳定性和扩大个人所得及就业的安定性。如果财政分配能够促进这两方面的进步，那么，这种分配活动就是正当的，这种财政制度就是好的财政制度。

道尔顿在财政理论上继承和发展了德国社会政策学派的观点，特别是在税收理论上表现出反古典的倾向。他指出，亚当·斯密、大卫·李嘉图等人认为税收课征所削弱的大部分私人经费是生产性的，而税收供给的所有公共经费都是非生产性的观点，具有片面性。他指出，无论何种经费都可以带来生产性，它在经济上的检验方式，就是对社会经济福利的生产力造成何种影响。凡是能增进社会经济福利的，就是生产性的。例如，用于教育及公共卫生的公共经费，比私人的奢侈品经费和新资本货物，常能生产出更多的经济福利。

道尔顿批评了“私人比政府用钱用得好”的观点。指出，那种喜欢说“把钱留在人民的口袋里，让它开花结果”的人，忽视了政府用于老年抚恤金、疾病和失业救济，以及类似经费的利益；同时，他还批评了“赋税只以收入为目的”的观点，认为所有的赋税除了取得政府收入之外，都还有着其他影响。最好的赋税，就是在其所需收入之外还有着最好影响的赋税。因此，他提出研究各种税对于社会经济福利的影响，是税收理论的一个重要问题。

二、税收分类

道尔顿根据不同的标准，将税收划分为不同的种类。他提出了五种分类方法：

1. 按照税收是否具有转嫁性质，分为直接税和间接税，他认为这是一种最常见的分类方法。一般说来，直接税是不能转嫁的税，而间接税则是可以转嫁的税。不过，他又指出，这种分类方法也并非严格和清楚。如所得税一直被视为直接税，但美国最高法院在1861年曾宣布它为间接税。诸如此类的特例还可以列举出一些。

2. 根据课税物品在用途上的相对持久性不同，税收可以划分为财产税和货物税。

3. 以国家征税的意图为标准，税收可以分为暂时税和永久税。

4. 根据税收课征的客体不同，税收可以分为对人税和对物税。道尔顿认为，这种划分方法可以有正误掺杂的三层意思：一是人头税是以人数或人的身长、体重、宗教等为依据征收的，而对物税则是根据纳税人本人以外的其他标准征收的；二是人头税由人缴纳，货物税则是由货主出；三是人头税属于直接税，货物税则为间接税。

5. 根据税制体系中税种构成的数量不同，税收制度可分为单一税制和复合税制。

关于单一税的构想，除了魁奈提出的土地单一税外，还有的提出所得单一税、消费单一税、财产单一税等。道尔顿认为，单一税理论虽然有其产生的客观性及某些方面的优点，但总的看是弊大于利。例如，土地单一税的主要缺陷是：它在近代社会不可能提供充足的财政收入，它将使税收分配产生极不公平的结果，因为一个没有土地的百万富翁可以分文不缴，而一个将其储蓄尽数投入购买房屋的低收入者，却要缴纳很重的土地税。再如所得单一税，也存在着三个方面的弊端：一是对所得额小的所得课税，比较困难，且征税费用很高；二是对应当课征重税的财产继承者，难以征到特别的收入；三是不利于鼓励增加储蓄和资本积累。相比之下，一个由多种税组成的复合税制，则拥有许多单一税制不曾具有的优点。主要如，它可以对单一税制下必然发生的各个纳税人之间的课税差异加以校正；同时，在单一税制下容易发生的漏税和逃税，在复合税制的对照之下，容易查出。

虽然复合税制在总体上优于单一税制，但道尔顿认为，税制过于复杂也不好。他不同意财政学者杨·阿瑟倡导的“扩大税基”的观点。后者曾说：假如要我给完善的税制下一个定义，那就是轻轻地把重税加于无穷点上，而不加重于任何一点。道尔顿则认为，在这种过于复杂的税制下面，其总的税负则不一定小。因为从数学原理上分析，无穷数的小重量要比单是一个中等的重量还要大；况且，这种税制的征收数额虽小，但因征税数目极多，因此，不但征税费用高，而且课税麻烦。他指出，一个合理的税制，最好是将大部分税收放在几个基本的税种上，这样，不仅能够保证收入，而且还可以施展税收的调节作用。税收若要课于富者，所得税和遗产税是最好的方法；如果要课于贫者，只需要对几种消费极广的物品征税就可以达到目的。

三、税收原则

关于一国税制如何实现直接货币负担的公平分配，道尔顿认为，可以有三种原则供选择。一是“服务成本原则”，即国家根据对纳税人提供各种服务的成本，来确定对不同纳税人的征税数额。但是，由于国家提供的某些服务，如军队、警察、公用事业等服务的成本难以准确计算，所以，他认为，这条原则看似公平，但难以广泛地运用于实际。二是“服务利益原则”，即根据纳税人享受国家提供利益的多寡，来确定不同纳税人负担税款的数额。他认为，由于这种利益同成本一样，也是难以计算的，因而这条原则也难以成立。三是“纳税能力原则”，即国家根据纳税人能力的大小，来确定其负担税额或做出纳税牺牲的多少。道尔顿主张根据这后一条原则来实现税负的公平分配。不过，他又认为，如何测定“纳税能力”，仍然是一件困难的事情。讨论这个问题时，人们常常提到纳税能力同纳税牺牲相适应的问题。至于两者关系如何确定才算作公平，有四种不同理论予以解释：

1. 平等牺牲说。即税收直接货币负担的分配必须使各个纳税人的直接实际负担相等。假定各纳税人的经济福利与收入的关系相同，并且随收入增加，其边际效用随之渐减（下同），则平等牺牲说要求实行累进税率。因为同是缴纳 1 元税款，穷人牺牲的经济福利要比富人大一些。

2. 比例牺牲说。即每一纳税人的税收直接实际负担，必须同他们来自收入的经济福利成比例。那些收入高、享受经济福利多的纳税人，其税收负担的比例也相应要高一些。根据比例牺牲说，它要求实行累进程度较高的累进税。

3. 最小牺牲说。即一种税制对纳税人的总体直接负担愈少愈好，主张只对最大的所得额征税。也就是说，税收要将所有大于某一数额的高所得，削减为等于该数额的所得；而对凡未达到该数额的所得予以免税。根据这一理论的要求，实际上许多人将获得免税，而对于不能享受免税的高收入者，则要课以累进程度更高的累进税。

4. 维持纳税人固有地位说。这种理论认为，收入的不平等不宜因赋税而有所增减，它要求税制实行比例税。不过，道尔顿认为，根据收入与经济福利两者间的合理关系，也可以使这一理论变成对累进税的要求。

综上所述，道尔顿得出结论，以上对“纳税能力原则”的四种不同理论解释，其中任何一个都可以要求实行累进税制。所以，他主张国家税收的大部分负担应当放在“肩头最硬”的富者身上。但是，有些财政学方面的知名学者，以亚当·斯密赋税原则的第一条，即“一国国民都必须按照各自能力的比例，即按照各自在国家保护下享得收入的比例，缴纳赋税，维持政府”为依据，仍不愿放弃比例课税的理想。道尔顿认为，亚当·斯密虽然在当时是十分著名的财政经济学家，但那时人们尚未发现边际效用递减规律，因此，亚当·斯密提出的税收平等原则及其对比例课税的要求，不能完全适应现代国家的情况。

四、税收的经济效应

道尔顿对西方税收思想的另一大贡献，是他较为详细地研究了税收对经济，包括对生产和分配等多方面的影响。

（一）税收对人民工作及储蓄能力的影响

在道尔顿看来，任何税收都有减低人们工作效率的趋势，因而也会减少工作的能力。所以，他不赞成近代社会对较为贫穷的人征收任何赋税。因为这些人太穷，税收若减少他们的收入，就会降低成年人现在的工作效率和儿童们未来的工作效率。他认为，这个论据可以适用于对小额收入的课税及生活必需品课税。

同样，国家若对具有储蓄性的边际收入课税，也会降低储蓄能力。因此，对富人课以重税，虽然合乎正义的原则，但要减少社会的储蓄能力，影响社会生产。相反，只有专门对贫穷而又无储蓄性边际收入的人民课税，才不致于降低储蓄能力。

显然，道尔顿关于税收与储蓄关系的论述，是同他的“最小牺牲”税收原则相矛盾的。

（二）税收对人民工作及储蓄欲望的影响

一种税收对于人民工作及储蓄欲望的影响，一方面要决定于税收的性质，另一方面要决定于个人对征税作如何反应。个人对税收的反应，则又是由他对于收入的需求弹性决定的，而这种需求弹性的大小，又要以他为谋取收入而付出的努力及牺牲为转移。道尔顿认为，一般说来，国家课税的结果，都会使个人定量努力或牺牲取得的收入少于从前。如果一个人对于收入的需求弹性很小，他在纳税后就要更加努力工作和增加储蓄，以保持原有收入水平。在这种情况下，征税就会鼓励人们工作及储蓄的欲望；反之，如果一个人对于收入的需求弹性较大，他在纳税减少收入后，就会感到努力工作及储蓄不值得，因而就会压抑个人努力工作和增加储蓄的欲望。于是，实际的问题就在于确定各阶层民众在各种不同情况下收入的需求弹性，分析它们有着怎样的不同。通常，大多数人对于收入的需求弹性都是很大的。因此，除了少数例外，各种税收大都会阻碍人们工作及储蓄的欲望。

（三）税收对经济资源的各种用途及地域分配的影响

道尔顿指出，过去的一些经济学家认为，经济资源由“自然归流”转向分散后，在新用途中总没有原来的生产力大，这种分散有碍于生产。在近代税制中，常见一些导致经济资源分散的课税办法，如当时英国的地方税，对房屋课以重税，造成从事建筑业的资本和劳动力分散流向其他部门，使得英国恶劣的住房条件一时难以改善。但是，道尔顿也认为，有些税收导致生产力分散，又有利于生产发展。例如，对某种用途（如游戏）的土地课税，将使这些土地由非生产性用途分散于其他生产性用途，其结果可以促进有效利用生产力，增加产品，降低售价。

道尔顿得出结论，在近代社会，既要征重税，又要使其对生产不造成阻碍是不可能的。在其他条件相同的情况下，只能以妨碍生产程度最小的税制为最优税制。至于这种妨碍程度的大小，要视税收的性质及纳税人的性质而定。就上述税收效应的三种情况来看，第一种阻碍作用对储蓄能力的影响最为严重；第二种阻碍作用要取决于纳税人对收入的需求弹性，但这种阻碍是可以避免的，并有可能转化为激励作用；第三种阻碍作用则要取决于税种选择的行政安排，它也具有阻碍生产和激励生产两方面的可能性，只要税种运用得当，税收对于生产的激励作用或许比阻碍作用大得多。

最后，道尔顿分析了税收对分配的影响，这是税收与经济关系的另一个重要方面。自从德国财政学者瓦格纳首次提出通过税收矫正收入分配不均的“社会政策”措施以来，许多国家看到了减少所得分配不均，其作用并不亚于生产的增长，因此，采用这种税收政策的国家愈来愈多。

他分析说，不同的税收形式对于收入分配的影响是不同的。累退税制显然趋于加重所得分配不均；比例税制、甚至温和的累进税制同样难以改变这种状况；只有激烈的累进税才能减少收入分配的不均。他主张实行最为激烈而又能推行的累进税制。因为从经济的立场来说，在一个收入分配不均的社会中，没有理由要求全体人民或大多数人都纳税。那种主张凡有经济福利可供牺牲的人（包括穷人），或多或少都要纳税的“平等牺牲说”或“比例牺牲说”是难以成立的，只有“最小牺牲说”才是合理的。因为它对社会贫穷阶级予以免税，对富人则课以累进程度极高的累进税，具有实现收入分配均等的趋势。

不过，道尔顿也认为，对于“最小牺牲说”还应当在公平的含意之外，另从经济角度予以广泛的解释。换言之，要把所有的经济影响（包括对生产和分配的影响）都加以计算，来得出最小牺牲，而这种最小牺牲，从长期看，就是最大社会利益的原则。

五、税收归宿

每一种税对经济都会产生程度不同的影响，这些影响主要是通过税收负担的归宿表现出来的。所以，道尔顿极为重视税收归宿问题。他在《财政学原理》中以较大的篇幅阐述了税收归宿的一般理论，对后来的西方学者产生了重大影响。

道尔顿认为，所谓税收归宿，通常是指税收由谁负担的问题。由于税收归宿与税收负担问题关系紧密，因此，他在分析税收归宿问题之前，首先提出和区别了税收的直接负担与间接负担、货币负担与实际负担等四个既有区别又相联系的概念。他举例分析说，纳税人向国家缴纳1英镑的赋税，一个穷人所牺牲的经济福利通常要比一个富人大一些，这不是税收归宿，而是税收的直接实际负担；当一种商品的价格因课税而上涨后，一个家庭只得减少对这种商品的消费，因而经济福利也会有少量牺牲，这也不是税收归宿，而是税收的间接实际负担；当一种商品税是对卖者的存货课征时，虽然卖者最终要通过加价把商品税转嫁出去，但由于征税与存货售出之间有一段时间差，在此期间，卖者要承担税款部分的利息损失，这种损失同样也不是税收归宿，而是税收的间接货币负担。那么，什么是税收归宿？道尔顿认为，税收归宿就是交纳税收的直接货币负担者。他说，国家有1英镑的税收收入，某人便有1英镑的直接货币负担。任何税收产生的总的直接货币负担等于这种税给国库带来的总收入。

道尔顿在提出了税收归宿就等于税收的直接货币负担这一概念后，着重分析了在商品课税情况下，商品价格和商品的供给与需求弹性对于税收归宿的影响。

商品价格变化对税收归宿的影响有三种情况：（1）对卖者课征的商品税，假定其直接结果是使物价上涨至相当于全部税额的水平，则税收全部归宿于买者；（2）如果物价没有上涨，则税收全部归宿于卖者；（3）如果物价上升幅度小于全部税额，其结果是，税收的一部分归宿于卖者，一部分落于买者。

关于商品供给弹性和需求弹性对税收归宿的影响，道尔顿概括为两个总的命题：（1）在其他条件不变的情况下，由于买者在课税面前总想以减少需求而将税收归宿于卖者，因此，课税对象的需求弹性愈大，税收落于卖者的部分就愈多；（2）反之，由于卖者在课税面前总是试图以减少产品供给量而将税收归宿于买者，因此，课税对象的供给弹性愈大，税收归宿于买者负担的就愈多。双方实现使自己遭受课税损失最小目的的能力，决定税收归宿于谁。

道尔顿在分析了供需性双方对税收归宿影响的若干种实例之后，便将上述税收归宿问题的总命题合二为一，即一种税课加于任何课税对象，其直接货币负担常常根据课税对象的供给和需求弹性的大小，按比例分配于卖方和买方。如果供给弹性和需求弹性相等，则买方和卖方平均分担税收，这时，课税对象的价格将涨至税额的一半。

第六节
塞力格曼的税收思想

埃德温·罗伯特·安德森·塞力格曼（Edwin Robert Anderson Seligman，1861—1939 年），美国哥伦比亚大学教授，是 19 世纪末至 20 世纪初西方最为著名的税收经济学家。他关于税收的著述极为丰富，主要代表作有《所得税》和《赋税各论》。后者根据理论与实践相结合的原则，广泛涉及和研究了当时西方国家税制中的各个税种，在当时产生了极大影响。该书于 1895 年出版至 1925 年，共修改再版 10 次。塞力格曼在税收理论上的另一名著是《租税转嫁与归宿》，他在该书中对于税收转嫁与归宿问题的论述，内容之全面，理论之精辟，结构之严谨，引证之广博，文字之优美，在税收理论上都是少有的。该书自问世以来，曾在世界各国风行一时，先后再版 4 次，至今仍然是研究税收转嫁与归宿问题颇具参考价值的经典著作，它集中反映了塞力格曼对西方税收理论的卓越贡献。

《租税转嫁与归宿》一书分为上、下两篇。上篇叙述和研究了租税归宿学说史，下篇研究税收转嫁和归宿理论，共分为八章。其中，第一章研究税收归宿的一般原则，后六章分别研究了农业用地税、城市不动产税、动产税及资本税、利润税、工资税及其他税的转嫁与归宿问题，最后一章为该篇的结论。

塞力格曼认为，“税收归宿是经济学上最为复杂、也是最不为过去经济学家所注意的一个问题”①。任何一个税收制度，其核心问题在于税收负担及其对社会的影响，税收分配理论如果不深入研究税收的归宿问题，税收的实际效果和公正便无从谈起。基于上述考虑，本书介绍塞力格曼的税收理论，便精选了最能体现他的税收理论特色的税收转嫁与归宿理论。

一、税收转嫁与税收归宿

塞力格曼在分析税收转嫁与归宿问题之前，先提出了需要严格区分的三个概念：（1）税收冲击。即税收对最初纳税人原始课征的直接结果。这个概念还表明，凡纳税人企图将税款转给他人负担，当税款尚未转嫁时，都会发生税收冲击现象。（2）税收转嫁。指最初纳税人把税收转移给他人负担的过程。（3）税收归宿。它表明税收负担的最终负担者。因此，如果从税收课征的全过程看或将以上三个概念联系起来考察，税收冲击表现为课税的最初现象；税收转嫁表现为税负运动的中间过程，而税收归宿则是税收课征的最终结果。当然，如果最初的纳税人就是税收负担者，中间并无转嫁过程，税收冲击就会同时派生出税收归宿。在税收负担运动的三个阶段中，税收转嫁是影响税收冲击、决定税收归宿的重要因素。所以，塞力格曼进一步分析了税收转嫁的形式，以及同转嫁有关的若干基本概念。

税收转嫁的方式主要有四种，即前转、后转、垒转和消转。（1）前转，指政府对生产者或卖者课税后，生产者或卖者将税款转嫁给消费者或买者负担的过程。（2）后转，即国家对消费者或买者课税，消费者或买者可能将税收转给生产者或卖者负担的过程。（3）垒转，指如果卖者将税款转嫁给买者，买者再转嫁给其他买者，依次递推，其负担最

① 塞力格曼：《租税转嫁与归宿》，商务印书馆 1937 年版，第 1 页。

终落于最后的买者或消费者负担的过程。(4) 消转，指如果政府对某种产品课税，生产者因担心加价转嫁税款会影响产品销路，于是，企业一方面自行负担税收，一方面改进生产方法，节约耗费。这样，他不仅可以补偿纳税损失，甚至还有可能取得额外利益。

与税收转嫁既有联系又相区别的一种转嫁方式，是税收还原或税收偿还。所谓税收还原，是指在某种情况下，应税商品的买者将这一商品未来应纳的一切税收，预先在买价中作一次性扣除，以降低买价的方式，把全部税收归由卖者负担。譬如，某一房产所有者欲将一栋房屋售出，市场估价 10 000 元，可使用 20 年，若房产税税率为房屋价值的 1%。那么，该房屋的买者就有可能从房屋标价中扣除今后 20 年内的全部应纳税款，即税收还原价值 2 000 元（10 000 元 ×1% ×20 年），而买者最后实际支付的成交价格为 8 000 元（10 000 元 - 2 000 元）。

二、纳税人逃避税收负担的方式

塞力格曼认为，税收的前转、后转和垒转是税收转嫁的主要形式。税收消转和税收还原是税收转嫁的特殊形式。不过，不论是税收转嫁，还是消转或还原，都是纳税人逃避税收负担的主要方式。其中，以转嫁的前三种形式为常见，税收还原次之，而消转情况则比较少。

从前面的分析中可以看出，虽然税收转嫁和税收还原在税收转嫁方式上不尽相同，并且转嫁中的前转和还原在作用上恰好相反，但它们仍具有某些共同的特点，这些特点同税收消转有着明显的区别。主要表现在：(1) 避税的方法不同。转嫁和还原借助交换避税；而消转则是借助生产而避税。(2) 避税的结果不同。转嫁和还原虽然能够避免税收负担，但不能因此而获得额外利润；而在消转形式下，最初纳税人不但可以避税，有时还可以取得额外收益。

纳税人为了逃避税收负担，除了税收转嫁、消转和税收还原三种逃税方法外，还有一种更为普通的方法，即税收逃避。这后一种税收逃避方法不同于前三种方法的特点在于，税收逃避会对政府的收入产生较大影响。因为在转嫁、税收还原和消转三种逃税方式中，纳税人无论如何避税，其结果不过是将自己应向政府缴纳或已纳的税款转嫁给他人负担，而政府总可以取得足额收入，税收逃避则不然。以下分析将表明，当出现税收逃避时，政府就不可能足额地、甚至完全不能取得收入。

塞力格曼将税收逃避分为违法逃避和合法逃避两大类。

违法逃避，是指违反税法的逃避行为，逃避者所获得利益，即为政府所减少的收入。

合法逃避，是指不违反税法的逃避行为。例如，政府对法律上禁止的物品或行为往往征重税，实行“寓禁于征”。个人若因税负过重，减少或限制该类物品的消费或行为等，均为合法逃税行为。税收合法逃避还可进一步分为意中逃避和意外逃避。所谓意中逃避，指在立法之初，立法者就已经预料到发生逃避行为，而立法者的目的正在于通过纳税人的税收逃避来实现某项社会利益，而非充实国库。例如，美国早期征收的鸦片税和各州纸币税，意在禁止吸毒和各州发行纸币，其他如高额关税等，也都有这方面的意图。所谓意外逃避，指在立法之初，立法者意在不会发生逃避，但在税法执行过程中，因纳税人或负税人减少应税行为，造成政府减收（见图6－2）。

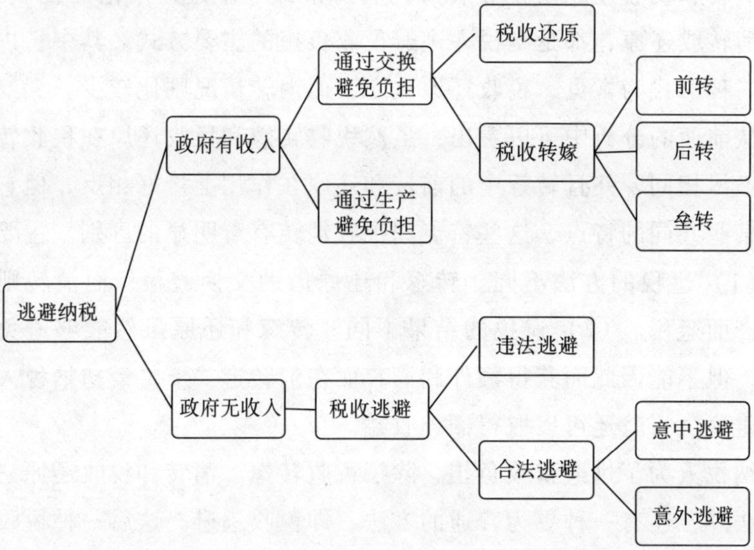

图6－2

三、税收压迫与税收效果

为了便于深入分析税收转嫁和归宿问题，塞力格曼提出了“税收压迫”和“税收效果”两个概念。

税收压迫是同税收转嫁和归宿有联系的一个概念。税收转嫁就具有税收压迫感。如果课税能够完全促使价格提高，但产品销路却会减少，这样，产品售价虽高，但利润额反而下降。在这种情况下，即使卖者能够全部转嫁税款，但也要蒙受损失。除了这种税收转嫁具有压迫感之外，税收归宿和税收冲击也会产生税收压迫。而且，不但纳税人有税收压迫感，就是不纳税者往往也有这种感觉。

税收归宿的压迫与税收归宿是有区别的。税收归宿只表明税收负担者最后缴纳的税款；而归宿的压迫则是指在某些情况下，生产者因课税不但能够按照税款数额提高物价，而且，物价的提高数额可能比税额大一些，这样，“税收不仅全部归宿于消费者，而且消费者的实际负担要比税额重一些”[①]。这就是税收归宿的压迫。基于这一点，塞力格曼认为，亚当·斯密提出的“政府若无一分收入，人民便无一分付出”的结论是不正确的，因为归宿压迫本身就说明，政府课税经过转嫁过程之后，最后归宿于人民负担的要比政府所得到的大一些。

税收冲击的压迫有三种情形：（1）生产者虽然可以完全转嫁税负，但因产品销售额下降，常常使利润减少，这种利润的下降，也可以称之为税收冲击的压迫。（2）如果税收先为消费者缴纳并负担，而生产者随后因销路减少而蒙受损失，这即为税收冲击对于消费者的压迫及消费者的反应。（3）已纳税的生产者因某种原因，只能转嫁税款，而不能将税款利息一并转嫁，这种利息损失也是税收冲击的压迫。

税收压迫还有另一种形式，即“逃避税压迫”。消费者在课税物价提高的情况下，减少甚至不消费课税物品，虽然他未纳税，但却不得不

---

① 塞力格曼：《租税转嫁与归宿》商务印书馆 1937 年版，第 12 页。

以降低对这种商品的消费欲望或转用替代品为代价。消费者的这一损失即为逃避税的压迫。

塞力格曼在考察了税收冲击、转嫁、归宿和税收压迫等四个基本范畴之后，最后简要阐述了税收归宿与税收效果的关系。

所谓税收效果，有狭义和广义之分。狭义的税收效果是指税收运动过程中各个阶段的效果。例如，税收转嫁是税收冲击的效果；税收归宿是税收转嫁的效果；税收压迫是税收冲击、转嫁及归宿的效果等。“广义的税收效果，指的是政府课税后的结果。这种效果很多，有消极的，也有积极的。如有的使产业萎缩、人民贫穷；有的则会促进产业兴旺、人民富足；有的成为社会难以减轻的祸害，其弊甚多；有的则非常有益于社会”①

四、税收转嫁与归宿的一般理论

塞力格曼认为，税收转嫁问题本属于价格问题，是价格理论的一部分。从这一点出发，他提出，“要解决这一问题，就是要找出税收的课征对于个人收入与支出有无影响，以及影响如何。换言之，即要确定经济交易的当事人双方——买者和卖者，在商品价格的变化中，税收究竟由谁负担”②。

由于国家课税势必导致生产费用增加，生产者就会提高物价予以补偿。如果他不能提高价格，其利润必然减少，产品的供给也会随之缩减。在这种情况下，就会出现两种结果：或者是生产者将其资本逐渐转移于不课税的行业；或者是因资本固定于某一行业难以转移，那么，在课税前仅够维持生产的企业，就会因此而歇业。这样，一方面造成原有产业倒闭，另一方面，由于新资本为税收所阻碍不能流人本行业，于是生产呈现萎缩。以上两种情形不论发生哪一种，久而久之，都会导致生

① 塞力格曼：《租税转嫁与归宿》商务印书馆 1937 年版，第 13 页。
② 同上，第 239 页。

产量的逐步下降。如果要使应税产品继续生产，则价格必须相应提高，这样，税收负担就会归宿于消费者。

塞力格曼指出，过去的学者关于以上税收归宿问题的研究，一般到此为止。但是，税收转嫁于消费者负担的程度如何，受哪些因素影响，等等，这里面还有许多重要问题需要进一步探讨。如果这些问题不弄清楚，任何税收归宿理论都将归于失败，而且也不能够运用于实践。从这一指导思想出发，塞力格曼将作用于市场经济经济的一般规律，如价值规律、竞争规律等引人对税收转嫁和归宿问题的研究，从十一个方面阐明了制约税收转嫁和归宿的因素或条件。

（一）课税物品的耐久程度对税收转嫁与归宿的影响

塞力格曼认为，这个问题是判定税收是否发生还原现象的标准。当国家对某一种资本耐久物品课征特别税，而对其他一切物品又不课税时，在一定的情况下，税收将全部归宿于课税前的财产所有者负担，而不归买者负担，税款或税收的还原价值将从物品的资本价值中扣除。同理，若不相等的税收课于各类物品，则税率较高的物品，其税率超过普通税率的部分，即为税收的还原价值。所以，凡将来购买这类物品的买者，将免除各自从这种税率差异而产生的负担，其差异部分也将由原财产所有者负担。这样，原财产所有者出售财产所获价值，将不得不因此而下降，其减少数额等于税收超出部分的还原价值。反之，如果国家已对各类物品征税，现又单独对某物品征收较低税率的税，其较低税率课征的部分即为还原价值。

由此可见，税收产生还原价值并由卖主负担的条件有四个：（1）税收必须为特别税或不均等税；（2）税收必须是对资本价值，而且是能够带来年收益的物品课征；（3）税收必须课征于耐久物品，如房地产、证券投资等，由于这类资本物品的消费期较长，买者可预期今后若干年的应纳税额；（4）税收必须是对生产中使用的物品课税，这样，税款才有转嫁还原的可能。

（二）课税物品的生产是受垄断还是受自由竞争法则的支配对税收转嫁与归宿的影响

在塞力格曼看来，垄断行业与竞争行业的主要区别在于：前者的产品价格不受任何生产费用界限的限制，垄断者在定价时所追求的最大目的，是要通过确定价格取得最大利润，而且生产量的确定也以能够取得最大垄断利润为目标。这样，垄断者与竞争者在提价转嫁税收方面，其地位和能力是不同的。具体说，垄断者转嫁能力强，处于强者地位；竞争者转嫁能力弱，处于弱者地位。

（三）税收属于一般税还是特别税对税收转嫁与归宿的影响

现代国家均实行复合税制，而且，绝大多数税种的征税范围都比较广泛。如果假定其他条件不变，那么，课税范围愈普遍的税收，纳税人想避免负税，转移于应税以外的范围就愈狭窄，避税的可能性就要小一些；反之，课税范围愈不普遍的税收，纳税人逃避纳税的可能性就愈大。

（四）资本的流动性对税收转嫁与归宿的影响

政府课税的对象如果是产业资本，由于这类资本流动性差，转移速度比较迟缓，其税收转嫁的难度就要大一些；反之，如果资本流动性强，税收转嫁或避免负税就要容易一些。

（五）课税物品是否具有价格弹性对税收转嫁与归宿的影响

课税能导致物品价格的变化和转嫁税收负担，但价格变化情况要受物品供给弹性和需求弹性的制约。塞力格曼分析了应税物品供需弹性影响税收转嫁的三种情形：

第一种情形：对某种无需求弹性的物品课税，不论价格上涨至何种程度，消费者都必须购买。这样，该物品的价格必然随着税额的增大而相应提高。例如，人民生活的绝对必需品就属于这种情况。所以，政府对生活绝对必需品课征特别税，价格提高后，需求不减，由于生产经营者仍可获得与过去相同的利润，故一般说来，税收全部转嫁给了消费者负担。

工业上使用的补充物品的需求弹性也是极小的，因为有些工业产品的生产往往需要两种以上的物品才能完成。尽管对于补充物品也可以找到其他代用品，但在此之前，补充物品价格的上涨幅度必然高于其他物品。这类商品的需求几乎没有弹性。所以，国家如果对于两种补充物品或互补物品之一课税，由于人们一时难以找到替代物品，税收的大部分就会转嫁给消费者负担。

课税对于替代物品与补充物品的影响是不一样的。就替代物品而言，假定甲、乙互为替代物品，对甲征税，甲的价格会随之升高，销售量下降，结果是过去一向需要甲的消费者转向需要乙，以求得替代。于是，乙的需求量增大，价格上升。在价格上升过程中，一般说来，甲物价格的上升幅度要小于税额，而乙物的价格上升幅度又要小于甲。相反，就补充物品来看，消费者用甲时必须用乙，用乙时又必须同时用甲，甲物因课税引起价格上涨，需求量减少，这样也会导致对乙物的需求量下降。并且，由于对乙未课税，价格不能提高，于是，乙的价格只能是下跌。

第二种情形：如果一种物品的价格是由习惯确定的，生产者只能按照这种价格出售，不能提高，否则便无人购买。在这种情况下，生产者不能转嫁负担，而只能由自己负担，久而久之，这种产品的生产必然萎缩，甚至完全消失。

第三种情形：对于大多数有需求弹性的物品，如果在课税之前的售价低于一部分消费者所愿出的最高价，课税之后，物价上涨至一部分消费者所能接受的数额以上，在这种情况下，税收将由生产者与消费者分担，双方分担税收的数量要视需求弹性大小而定。需求弹性越大的，生产者能够提价转嫁税收的数额越小；反之，需求弹性越小的，生产者能够提价转嫁税收的数额就越大。

价格变动除了受需求弹性影响外，还取决于产品的供给弹性。就供给弹性与转嫁的关系看，对于某些供给不能随需求增加而增加的无供给弹性的商品，如古董、特种葡萄酒等，生产者或卖者一般都能将税收全部转嫁给消费者负担。不过，大多数物品的供给或多或少的具有弹性，且影响供给弹性的条件要比影响需求弹性的条件复杂得多。总的讲，供给弹性的大小要取决于以下两个条件：一是生产上便利与否，这会影响供给弹性的程度；二是生产品与生产费用的比率或支配工业报酬的法则。这两个条件将在下面（六）、（七）两个问题中分别予以考察。

（六）生产上的便利程度对供给的影响

竞争企业销售产品取得利润的多少，主要取决于出售产品的生产费用差异的大小，若差异大，则称生产是便利的；若差异小，则是不便利的。如果某种产品的生产费用与市场价格相差较小，各生产者取得的利润不仅少，而且，因课税而造成的生产费用上升，势必使生产费用与市场价格之间的差额更小，结果非使生产量下降不可，从而提高价格，使税收大部分由消费者负担。反之，如果生产费用与市场价格之间的数额相差较大，竞争条件较为优越的企业就能够取得较多利润。课税以后，生产量的下降不如前种情形多，物价上涨也较为缓和。在这种情况下，占优势的生产者在征税初始时所感到的生产费用递增法则，其影响也就不是很大了。

（七）产品的生产费用水平及其变化对供给的影响

塞力格曼将生产中的资本投入和报酬产出之间的关系，区分为三种情况：第一种是投入资本同取得的报酬呈正比；第二种是报酬递增；第三种是报酬递减。然后，他将三种情形引入对税收转嫁问题的分析。

（1）如果投入资本与报酬呈正比关系，在其他条件不变时，课税后的物价上涨程度要视需求曲线的性质而定。需求越大，生产者能够加税于物价的数额就越大；反之，需求越小，生产者能通过提价转嫁税收的数额就越小。

（2）如果生产受报酬递增或生产费用递减规律支配，生产者能够通过提价转嫁税收的数额就要比前种情况多一些。因为物价由于课税提高后，物品的消费势必然有所减少，生产者也会相应减少生产量。由于假定生产者是按报酬递增规律生产的，减少生产后的产品单位成本同过去相比就更大一些（税收不计在内）。但如果投资和报酬能够维持在限界生产者的地位，则物价最终要升至与此限界生产者付出的较高生产费用相等的水平。换言之，物价上涨程度终究要比投入资本与报酬呈正比条件下的物价上涨高一些，价格常常与限界生产费用相等。如果生产费用增加，价格也会随之上涨。至于课税导致生产量下降，在报酬递增规律作用下，势必促使界限生产费用增加，价格最终也会上涨。

（3）在报酬递减或生产费用递增的条件下，每次产品的生产费用都要比前次高。这样，生产者加税于物价的数额，就要比前两种情况下少一些。因为课税使物价上涨，消费量和生产量也会随之下降，因而，单位产品的生产费用也会因产品报酬递减规律作用而相应减少。由于在竞争条件下产品价格由最大生产费用决定，因此，生产费用减少，产品价格也就要比在投资与报酬呈正比或报酬递增时显得低一些。

塞力格曼在分析了影响产品供给的（五）、（六）、（七）等三种情形之后得出结论："政府对纳税人课征的税收，其转嫁给消费者负担的数量同产品的需求弹性呈反比，同供给弹性呈正比。需求弹性的大小，则要视应税产品的性质确定，即产品是补充产品或替代物品、是绝对必需品或是珍贵奢侈品等的差别而定。而产品供给弹性的大小，则要根据生产上的便利与否及其对生产的影响程度，以及生产品与生产费用之间的比例等因素来确定。一般说来，如果需求弹性大于供给弹性，生产者负担税款的数额就要大一些，反之，如果供给弹性大于需求弹性，则消费者负担税款的数额就要大一些。总之，税收转嫁与否和转嫁的数量，必须根据物品的性质、他物替代的难易程度、利润水平，以及产业垄断程度等因素来确定。"①。这也就是塞力格曼所称的"税收转嫁一般规则"。

（八）课税于限界还是课税于剩余对产品供给的影响

塞力格曼认为，在供给出现均衡的竞争条件下，产品按市场均衡价格出售，必然导致某一生产者的卖价同生产成本恰好相等。在这种情况下的生产者，即为限界生产者，其生产的产品为限界产品，全部产品价

① 塞力格曼：《租税转嫁与归宿》，商务印书馆 1937 年版，第 267 页。

格决定于限界产品的生产费用。政府对这类产品课税，限界生产品的生产费用就会增大。如果要使限界生产者能够继续生产，并维持其原有地位，则产品价格就会随着课税额而增加；如果限界生产者被逐步淘汰，则税收加在价格上的数额也就要逐步减少。

然而，有时税收也会毫不触及限界产品。其原因有二：第一，对生产品课税，其税收仅限于限界产品以外的部分。如在国际竞争状态下，甲国虽然对本国产品课税，但价格却要由国际市场决定，其市场价格必须取决于生产费用最大的产品，而这种产品来自于乙国，但乙国对这种产品又未征税。所以，如果甲国课税不很重，其税收就不能触及限界产品，不会影响产品价格。第二，如果课税对象性质不涉及生产，税收也不会涉及限界产品。例如，对产品利润课税，由于它是价格的结果，而非价格的条件，因而就不会触及限界产品，也不会使价格发生变化。所以，“税收归宿利润的部分愈多，税收转嫁的机会就愈少。”①

（九）税负轻重对税收转嫁的影响

在通常情况下，不论税收如何轻微，生产者总是要转嫁给消费者负担的。不过，塞力格曼又认为，在有些场合，如果税收较轻，生产者宁肯自己负担，也不愿意转嫁于他人。因为他们担心，转嫁行为得之者少、失之者多。譬如，他们担心转嫁引起买者不快或难以改变社会习惯等。当然，“一种税负很轻的税，在某些情况下，消费者也可能毫不介意。这时，需求弹性不受税收影响，生产者径可加税，而不必踌躇。”②

（十）税率形式对税收转嫁的影响

塞力格曼认为，采取不同形式的税率对不同对象课税，其转嫁的结果是不一样的。虽然不论采取何种税率，总改变不了遗产税不转嫁的事实，但如果对限界产品实行累进税率，则完全可以改变收益的通常水平。在一般情况下，一种比例税若能够涉及限界产品，就会使生产成本

① 塞力格曼：《租税转嫁与归宿》，商务印书馆 1937 年版，第 267 页。

② 同上，第 269 页。

增加，价格提高。但是，如果改为累进税率，则旧限界生产者的生产费用增加，就远不如优等生产者的生产费用增加得多，旧限界生产者能否转劣为优，应取决于税率的累进程度如何。一般说来，课征比例税，可能大大影响生产费用；课征累进税，则不容易触及产品生产限界，其影响可变得极小；若对买主而非卖主课征累进税，则结果相反。换言之，累进税与比例税相比，其税收归宿更难以确定。

（十一）应税产品是最终产品还是生产上的中间产品对税收转嫁的影响

如果课税产品属于个人消费的最终产品，那么，凡是能够转嫁给消费者负担的税收，最后必然归宿于消费者；反之，若课税产品是生产上的中间产品，则转嫁情况要根据前面的有关条件确定。

第七节 沙克斯的税收思想

近代西方财政学研究的核心问题是税收。关于税收本质的学说流行于17、18世纪，诸如，“利益交换说”，将政府征税看作是国家与纳税人之间的一种商品或劳务的交换关系；“义务说”，将纳税看作是每个国民向国家应尽的义务或作出的牺牲；再如“保险说”，把纳税看作是人民向保护其生命、财产安全的国家所交付的保险金；“强制说”，把税收看作是国家凭借政治权力强制性取得财政收入的一种方式，等等。应当说，在封建社会末期和资本主义初期，由于国家各项职能尚不完善，人民的基本权利和自由尚受到严重束缚，人民的生命和财产安全尚得不到保障，所以，在那个时候把税收本质看作是国家与纳税人之间的一种利益交换关系或生命财产、安全的保险是理所当然的。到了19世纪末和20世纪初，资本主义经济关系渗入社会生活的各个方面，新古典学派的价值观和经济理论影响着学术研究的各个领域，因此，当时一部分西方财政学者开始试图用经济学中的主观价值判断如欲望、满足等来解释税收的本质问题，奥地利经济学家沙克斯就是其中的主要代表人物之一。

埃米尔·沙克斯（Emil Sax，1845—1927 年），出生于奥地利的西里西亚，1879—1893 年在捷克的查尔斯大学任教。沙克斯在学术研究上深受门格尔的影响，致力于从边际效用理论研究税收和国民经济问题。其主要代表作是 1887 年出版的《国民经济学理论原理》。

一、税收思想的基础

沙克斯的税收思想是建立在他关于个人主义与集体主义的国家社会观基础上的。在他看来，以前各种经济学说的一个重要缺陷，是将国家置于国民经济以外，单方面地考察税收问题。他认为，关于人类社会关系，自古以来就表现为相互依存的两个方面：一个是个人主义；一个是集体主义。个人主义就是利己主义；而集体主义则是由多数人凭单一的感情和意志而结成的集团，由此产生适合于共同生活目的的行动，这种行动具有互助、利他的倾向。古代国家就是在家族和血缘集体主义基础上发展起来的。个人的意志和利害关系是不同的，而集体的感情作用可以抑制这种东西，在支配者和被支配者之间形成平衡状态。国家就是集体主义意志的产物，国家行为在交换关系上，对于每个个人，与其自行增加效用，毋宁由国家运用强制力量，这样才可能发生较高的集合效应。

在沙克斯看来，“国家的经济活动发生在一个组织中，这个组织就是为了共同目标、经由个人的联合行动而设立起来的。这样的组织在结构上结合了权威与服从，包含了强制的要素，以确保能实现共同的目标。不过，强制力量的存在，并不会使经济原则失效。在个人的意图与利益不断互动的基础上，统治集团与被统治集团之间形成了一种不稳定的平衡，并表现在一系列特定的政府行动中。”①

二、税收本质观

在沙克斯看来，人们的一切经济行为皆由心理因素使然，因而对经济现象的分析也应从主观价值判断的角度去考察。个人经济是如此，国家经济包括税收活动也是如此。

沙克斯认为，财富之所以有价值，是因为它们能够达到一定的目的。财富每经过一次转移，就有转移后的边际效用。他指出，若将个人主义与集体主义关系的原理运用于税收，赋税就是集体的价值的一种形式。即赋税是因为各个人心中需要有社会的欲望，并由于这一缘故而向国家提供财富。所以，赋税的本质，就是财富由私营经济向集体主义进行的转移。

沙克斯分析了发生这种转移的原因：

一个原因是，在个人主义欲望和集体主义欲望的序列上，比较大的欲望应当先于其他欲望得到满足，而集体主义欲望要高于个人主义的欲望，并具有较大的边际效用。换言之，所谓赋税，就是因财富转移而能够产生较大边际效用的分配形式。沙克斯分析说，无论是个人经济，还是国家经济，财富在转移上的价值是由个人的价值评估决定的。他立足于边际效用递减规律，认为大额所得的每一单位个人效用，要比小额所得的每一单位个人效用小一些。因此，沙克斯按主观价值理论把赋税现象作为经济价值问题来理解，将赋税看作个人将私有财富的一部分提供给社会，以满足集合欲望的一种形式。一定数额的财富如何使用，在满足集合欲望和满足个人欲望之间存在一种选择，满足前者，就难以完全满足后者；反之亦然。赋税选择的是社会效用较大的方面，即国家和社会的需要。因为全体社会成员的生活若想获得密不可分的发展，人们就

① 马斯格雷夫：《财政理论史上的经典文献》，刘守刚、王晓丹译，上海财经大学出版社 2015 年版，第 230 页。

需要享受国防、法制、福利等利益，而这些在价值量上是难以估量的。享受这些利益，就使各个人都用最小的财富消费，达到最大的平等目的。

另一个原因是，享受集体利益的个人有必要为共同体活动的成本耗费支付个人成本。沙克斯指出，“要实现集体活动的目的，就要从私人经济主体中抽取一些产品，再由集体活动的机构加以使用。”① 对个人来说，所抽取的这些产品就构成了“个人成本”，就共同体而言，在集体活动中耗费的产品总量就是“共同体成本”。就经济过程来看，取之于私人经济并用于集体活动的个人产品，它们用来满足公共需要的边际效用，一定要高于它们留在私人手中用于满足私人需要的边际效用。所以，沙克斯提出了一条国家征税合理性的定理：抽取产品用于共同体预期用途的使用价值，绝不能低于个人产品的成本价值。否则，筹划中的经济活动就必须放弃。沙克斯认为，“把私人的一部分产品转给国家使用时，也必须遵循此定理。任何抽取产品的行为，若不能弥补成本价值，那就违背了经济原则。”②

三、税收总量的确定

在宏观税收总量问题上，沙克斯提出要处理好满足集体欲望和满足个人欲望之间的关系。由满足集体欲望的目的而课征的赋税，是由于互助关系而形成的。但是，满足集体的欲望，就要以缩小个人欲望、限制个人生活发展为前提，这样，赋税就不可能是无限的了。沙克斯指出，“税收的绝对数量是由生活中的两个方面（私人需要和集体需要）之间的依赖关系决定的，两者处于相互限制的函数关系中。这是因为，可用来满足需要的产品，就在这二者之间进行配置，一方配多了就意味着另一方配少了。为集体目的而是用的产品越多，每个人要缴纳的税收就越

① 马斯格雷夫：《财政理论史上的经典文献》，刘守刚、王晓丹译，上海财经大学出版社2015年版，第231页。

② 同上，第232页。

多，就有更多更重要的私人需要被牺牲掉。”[①] 全体由部分组成，这个简单的道理就表明，若是无理强制地满足集体欲望，则要阻碍个人欲望的发展。反过来，集体欲望也不可能真正得到满足。

那么，个人需要缴纳的税收数量是如何决定的呢？沙克斯分析说，由于纳税，个人可以感知自己福利量的损失，但他无法知道共同体因此而增加的福利数量。“不过，由于这个人沉浸在共同体精神纽带的影响之中，因而能够做出如下的判断：这种共同体纽带引发的后果是，在有关共同福利方面，每个人都是共同感觉和共同意志的一部分。因为这一动机，作为共同体的成员，每个人都能理解具体的目标对共同体而言的相对重要性；他们清晰地知晓或模糊地感觉到，他们正在平等地共享共同体的好处，所以，应当服从需要，将部分个人所需的产品转移给公共目标。”沙克斯认为，在实践中，共同体的决策就反映了共同的目标和普遍的同意。而在议会统治或在民主国家中，多数票决策是实际决策的决定性因素。因此，议会“最终在政党之间意见冲突的基础上形成的决策，反映了公众对集体和私人两个领域如何提高福利的看法。”[②] 总之，在征税数量或税负水平的决策问题上，应当追求私人和集体两个层面之间的某种平衡或者水平均等。“如果没能建立起均衡，那就可能出现两种情况：要么削减税收，以满足较高等级的个人需要，这样，在税收总量下降的情况下，不得不放弃较低等级的集体需要；或者相反，在集体活动中投入更多的产品以增加税收，并因此给个人需要的满足施加更多的限制”。[③]

四、税收负担分配

沙克斯认为，如果共同体所需的税收总量是既定的，“在确定个人

---

① 马斯格雷夫：《财政理论史上的经典文献》，刘守刚、王晓丹译，上海财经大学出版社 2015 年版，第 237 页。

② 同上，第 238 页。

③ 同上，第 239 页。

的税收负担时，最为重要的是要适用平等原则。”[①] 由于沙克斯秉持新古典主义的主观价值论，因此，他提出的所谓“平等”，是建立在对个人享受集体利益所获得的满足或者对个人因纳税而做出的利益牺牲进行主观评价基础上的。“从私人经济向国家经济进行产品转移的程度，特别是为集体目标而从每一个经济主体身上抽取的产品数量，应由个人的价值估计决定。一个人对自己拥有的一个单位财产评价得越低，就越愿意为了特定目的而贡献出自己的财产份额（货币）”。[②] 所以，沙克斯主张，“个人承担的税收成本份额必须在主观上相等”[③]，当国家课税时，每个人所牺牲的财富价值，应该在个人之间按照这种主观价值评估结果，进行均衡分配、平等负担。因此，沙克斯是赞成累进税制的。

第八节 新古典学派税收思想评析

新古典学派的税收思想是现代税收思想与古典税收思想的分水岭。如果说后者体现自由竞争阶段资本主义国家课税的意志，那么，前者反映的则是垄断阶段资本主义国家课税的历史要求。所以，新古典学派的税收思想不论是在税收本质观、税收职能观、课税效果观方面，还是在理论研究的方法论上，都与古典学派有着重大区别。

一、用“义务说”或“公需分担说”，解释国家税收的本质

在税收本质这一基本理论问题上，新古典学派更多强调税收的

① 马斯格雷夫：《财政理论史上的经典文献》，刘守刚、王晓丹译，上海财经大学出版社 2015 年版，第 240 页。

② 同上，第 232—233 页。

③ 同上，第 240 页。

"强制说"、"义务说"或"公需分担说"，以取代古典学派倡导的"利益说"或"交换说"。"利益说"与"强制说"在税收观念上表现了两种不同的价值准则。前者将税收看作是纳税人为获取国家利益而对自己部分财产或收入的一种让渡；相反，后者则把税收视为纳税人因受法律关系约束而被迫做出的一种非自愿性支付。上述两种哲学观念似乎相互对立，存在矛盾，其实，它们统一于税收发展的历史过程之中。

在自由竞争阶段，商品经济中的价值法则、等价观念支配着社会生活的各个方面，它决定了新兴资产阶级必然将商品经济观念引人研究税收本质问题，促进形成符合资本主义商品经济需要的税收秩序。因此，税收"交换说"或"利益说"在那时居于主导地位，具有历史必然性。当资本主义由自由竞争发展到垄断阶段后，政府职能日益扩大，税收制度日趋复杂。在这种情况下，国家和纳税人之间的征纳关系就很难用一一对应的商品交易原则予以说明了。由于垄断条件下的各种经济矛盾的复杂性，体现垄断统治利益的法律就显得十分重要，它要求用法律来更加严厉、更加明确地规范税收征纳关系。与此同时，在垄断阶段，单靠"利益交换说"也难以解释资本主义社会的许多经济现象。譬如，劳动群众依法纳税后，自己的劳动就业权利得不到充分保障；由于课税过重和税负不公导致的偷逃税活动等。正因为如此，现代西方国家需要有新的税收理论来解释垄断条件下的税收关系，阐述税收本质。新古典学派的税收本质观无疑适应了这一历史发展需要。

二、采用经济学方法，研究税收转嫁与归属问题

税收负担及其转嫁归宿是诸多新古典学派学者集中研究的一个理论课题。在此之前，其他一些经济学派或出于理论分析的需要，或出于伦理意义上的考虑，或出于税收负担分配上阶级关系的研究等原因，不同程度地涉及过这一问题，新古典学派研究税负转嫁及归宿问题不同于传统学派的突出特点是：（1）在理论上更加重视税收转嫁与归宿的学术

意义。他们不仅把这个问题摆在现代税收理论的中心位置，而且将其视为现代税收制度的核心问题。因此，新古典学派的很多学者在自己的财政著作中一般都要涉及。而且，像塞力格曼这样的学者还专门著述予以全面阐述。（2）研究税负转嫁与归宿的重点放在分析它的社会、经济效应方面，以解决现实的经济问题为目的。一些新古典学派的学者通常把税收视为影响资本主义经济运行的一个重要参数，注重税收与经济活动，如生产、消费、储蓄、投资、工作等的相互关系，力求影响税收决策。（3）扬弃传统的阶级、伦理分析法，注重从纯经济学或纯技术角度来看待税负转嫁与归宿问题。譬如，道尔顿等人阐述的关于影响税负转嫁的“供需弹性论”，就是其中一例。这些思想或方法仍然构成当代西方税收转嫁理论的重要内容。

三、以主观价值论为基础，建立税收理论体系

从总体上看，新古典学派的税收思想是建立在现代资产阶级主观价值论基础上的，其特点是以边际效用作为理论分析的基本工具，主张研究纯经济的税收理论分析。例如，沙格斯就把税收看成财富转移所发生的较大边际效用的分配形式。换言之，税收的价值要以个人价值判断为转移。道尔顿则以边际效用递减规律为依据，论证他的税收负担分配原则。有的学者还将现代数学方法引入分析税负转嫁问题；有的则用个人经济行为准则来解释国家课税行为。诸如此类，不论是理论基础的变化，还是分析方法的创新，新古典学派的税收思想体系在很大程度上是为了更加全面、深刻地解释现存的资本主义税收分配关系，探索对国家课税本质和税负分配真实状况。

当然，在财税理论界，对新古典学派的基本税收思想也是存有争议的，其原因在于“以主观价值理论来解释财政现象，似不正确。例如，税收课征就常含有政治的、伦理的因素，单纯从经济学角度予以解释，只能见其一面，而不能窥其全貌。特别是在个人利己主义意识浓厚的社

会里，若要比较个人财富自用的效用与转移于国家使用的效用，实属困难”。(周玉津：《财政学的理论与实际》第 38 页)。做出这样的评价，并非是要否定新古典学派对西方税收思想发展的重要意义，相反，新古典学派的许多税收思想对现代税收学的发展产生过重大的积极作用。特别是他们在分析税收问题时所采用的某些新思路、新方法，均为后人所借鉴，许多基本概念、重要理论、分析方法、研究思路等一直沿用至今。新古典学派税收思想在西方税收理论体系中的主导地位，直到 20 世纪 30 年代才被凯恩斯学派的税收思想所取代。

第七章

福利经济学派税收思想

第一节
福利经济学派及其经济理论

一、福利经济学派的产生与发展

所谓福利经济学，一般指从经济福利的观点，对经济体系运行进行研究和评价的经济学。其评价的基本标准是，凡能够增进福利的经济体系运行被认为是“好的”，凡导致福利减少的经济体系运行被认为是“不好的”。至于什么是“福利”，福利经济学家们解释不一。该学派的创始人庇古认为，与个人经济生活有关的效用的满足，即为福利，它可以用货币直接或间接地予以衡量。福利经济学的主要特点是：以一定的价值判断为出发点，也就是根据已确定的社会目标，建立理论体系；以边际效用基数论或边际效用序数论为基础，建立福利概念；以社会目标和福利理论为依据，制定经济政策方案。

福利经济理论最早由洛桑学派的创始人、意大利经济学家帕累托（Pareto，1848—1923 年）于 19 世纪提出，但未受重视。20 世纪初，英国“异端”经济学家霍布森（John A. Hobson，1858—1940 年）鉴于当时资本主义社会“不平等”的突出矛盾，在他的多部著作中曾经论述过“福利”问题，主张把“社会福利”作为经济研究的中心。但由于这些论述未能形成福利经济学体系，故对后来的福利经济学影响不大。

第一次世界大战和俄国十月革命胜利，使资本主义社会尤其是英国的社会经济矛盾更为激化。一些资产阶级经济学家不满于旧的经济理论，提出要寻求新的理论体系来研究如何改善社会状况，缓和国内经济矛盾等问题。在这种情况下，马歇尔的继承者庇古于 1920 年出版了第一次以《福利经济学》为题的著作。在这部著作中，庇古开创性地建立了福利经济学的理论体系，对福利的概念、研究目标和政策应用作了系统的论述，它标志着福利经济学派的正式产生。

福利经济学的哲学基础是边沁的功利主义原则。边沁认为，人生的目的就是为了使自己获得最大幸福，增加幸福总量。幸福总量可以计算，伦理就是对幸福总量的计算。边沁把趋利避害的伦理原则看作所有人的功利原则，把“最大多数人的最大幸福”标榜为功利主义的最高目标。

作为福利经济学重要分析工具的有两个，一个是 V. 帕累托的“最优状态”概念；另一个是 A. 马歇尔的“消费者剩余”概念。

帕累托最优状态是指这样一种状态，任何改变都不可能使任何一个人的境况变好而不使别人的境况变坏。按照这一规定，一项改变如果使每个人的福利都增进了，或者一些人福利增进而其他的人福利不减少，这种改变就有利；如果使每个人的福利都减少了，或者一些人福利增加而另一些人福利减少，这种改变就不利。帕累托采用了埃奇沃思（Francis Ysidro Edgeworth，1845—1926 年）的无差异曲线作为分析工具。无差异曲线是表示两种商品的各种不同组合的点的轨迹，这些不同的商品组合使消费者始终获得相同的满足水平。

马歇尔的消费者剩余是指消费者愿意支付的商品价格超过他实际支

付的商品价格的差额，这个差额使消费者获得了额外的满足。马歇尔从消费者剩余概念推导出政策结论：政府对收益递减的商品征税，得到的税额将大于失去的消费者剩余，用其中部分税额补贴收益递增的商品，得到的消费者剩余将大于所支付的补贴。马歇尔的消费者剩余概念和政策结论对福利经济学也起了重要作用。

第二次世界大战后，凯恩斯主义取代古典经济理论，在资本主义国家居于主导地位。凯恩斯主义的兴起不仅没有妨碍，反而推动了福利经济学的发展。例如，英国凯恩斯主义者哈罗德在宣传凯恩斯学说的同时，也提出要重视福利经济学理论和政策的研究。他早在 1938 年就指出："庇古的福利经济学仍然具有生命力"。自那以后，在西方国家涌现了一大批福利经济学家，如希克斯、卡尔多、霍特林、李特尔、西托夫斯基、勒纳等，他们发表了一大批关于福利经济学的重要论文和论著，甚至连美国著名的凯恩斯主义代表人物萨缪尔逊也积极参与福利经济学的讨论。这样，到 20 世纪 60 年代后期，福利经济学就已成为西方主要经济学流派之一。

根据福利经济学的发展时期和分析方法不同，西方学者把"二战"之前由庇古建立起的福利经济理论称为旧福利经济学；而把庇古以后的福利经济理论称为新福利经济学。

二、庇古的福利经济学

阿瑟·塞西尔·庇古（Arthur Cecil Pigou，1877—1959 年）是英国剑桥学派的主要代表者之一。他师承剑桥学派领袖马歇尔，在英国剑桥大学任教，并曾任国际经济学会名誉会长、英国通货与外汇委员会委员、皇家所得税委员会委员等职。1912 年，庇古写成了《财富与福利》一书，后经八年的继续研究，于 1920 年扩展成《福利经济学》（*The Economics of Welfare*），创建了福利经济学的完整体系，他也因此被誉为"福利经济学之父"。

庇古认为，福利是对享受或满足的心理反应，福利有社会福利和经济福利之分，但作为福利经济学研究对象的福利，是可以用货币计量的经济福利，包括与个人经济生活相关的效用或满足，而非广义的、非经济的福利，如友谊、正义等。那么，这种经济福利如何判断？庇古采用的是边沁功利主义的道德标准，即个人行为在于求得最大满足，社会福利是所有个人满足的总和。庇古用马歇尔假定货币边际效用不变的原则来计量个人经济福利，然后加总形成整个社会的经济福利。

为了衡量社会经济福利，庇古提出“国民利得”或国民收入的概念，作为检验经济福利的标志，认为凡有利于增加国民收入的都有利于增进经济福利。庇古根据边际效用基数论提出两个基本的福利命题：一是国民收入总量愈大，社会经济福利就愈大；二是国民收入分配愈是均等化，社会经济福利就愈大。在他看来，经济福利在相当大的程度上取决于国民收入的数量和国民收入在社会成员之间的分配情况。因此，要增加经济福利，在生产方面必须增大国民收入总量，在分配方面必须消除国民收入分配的不均等。

庇古从第一个基本福利命题出发，提出社会生产资源最优配置的问题。庇古认为，要改善经济福利，就必须增加国民收入总量。为了使社会一定总量的生产资源所产出的国民收入达到极大值，就应当使这些生产资源能合理地在各个生产部门之间进行分配，实现资源优化配置。为了便于分析资源配置的最适度条件，庇古提出了两个概念：一个是边际私人纯产值，即生产者个人追加一个单位的投资所得的纯产值；另一个是边际社会纯产值，指全社会追加耗用一个单位的生产要素所增加的产品和劳务的价值。在计算边际社会纯产值时，不必考虑它的增加部分归何人所得，但在计算边际私人纯产值时，还得考虑生产所带来的间接受益或间接地给别人造成的损害。这样，就边际社会纯产值和边际个人纯产值的关系分析，可以有三种情形：

（1）边际社会纯产值大致等于边际个人纯产值。庇古认为，这种情形是市场经济的常态，因为自由竞争可以使消耗一定量的资源所生产出来的国民收入达到极大值，在增进个人福利的同时也增进社会福利，从而使经济福利极大化。

（2）边际社会纯产值大于边际私人纯产值。如科学技术的发明创造，带给社会的利益要远远超过科学家个人所获的利益。

(3) 边际社会纯产值小于边际私人纯产值。例如，生产烟、酒的厂商以及有害于环境的产品生产，它们给人民身心健康和环境造成的损害可能要远远大于厂商从中所获的利益。

庇古认为，边际社会纯产值与边际私人纯产值的背离，靠市场机制是难以消除的，因为个人关心的只是自己的边际纯产值，而不关心个人行为将会给别人或社会造成的间接受益或间接损害。因此，需要政府采取措施，对某些个人行为进行调节。

庇古从第二个基本福利命题出发，提出收入分配均等化的问题。在国民收入分配方面，庇古提出的检验标准是，凡能够增加国民收入总量而不减少穷人的绝对份额，或者增加穷人的绝对份额而不影响国民收入总量的，都意味着社会经济福利的增加。为什么在考虑国民收入总量之外还要考虑它的分配问题？庇古从边际效用递减规律出发，认为同样数量的收入或货币，对穷人和富人的边际效用是不一样的。收入愈多的人，其单位货币的边际效用愈小；反之，收入愈少的人，其单位货币的边际效用愈大。所以，他主张，政府应实行调节性的财政分配政策，如征收累进的所得税和财产税；扩大失业补助和社会救济等，就可以在无须增加国民收入总量的条件下增加社会经济福利。

三、新福利经济学

通过以上分析，人们可以发现，以庇古为代表的旧福利经济学是以这样的理论为基础的，即社会经济福利由社会个人的单个福利总和而成，而个人福利又是个人满足的总和。换言之，旧福利经济学是以效用基数论和不同个人间效用的可比性作为理论前提的。这种理论到了20世纪30年代，遭到了以英国经济学家罗宾斯为首的西方经济学界的猛烈抨击，动摇了旧福利经济学的基础。随后，一批新的福利经济学者，依据早期意大利经济学家帕累托提出的效用序数论，采用英国经济学家埃奇沃思的无差异曲线分析方法，对旧福利经济学进行了全面改造，形成了新福利经济学的理论体系。该体系的内容庞大，其中最重要的是效用序数论和最优条件论，以及在此基础上形成的补偿原则论和社会福利函数论。下面介绍与税收相关的前三种理论。

（一）效用序数论

效用序数论在效用衡量的方法上与效用基数论不一样。效用基数是指物品的效用可以用数量单位来衡量。例和，对一个消费者来说，一件衣服有 10 个单位的效用，1 斤面包有 5 个单位的效用。效用序数则是指，只有次序先后才是表示财富效用的合理方法，即效用只能用第一、第二、第三等顺序数来表示。例如，消费者对衣服的偏好胜过对面包的偏好；对面包的偏好又胜过对苹果的偏好等。一些新福利经济学家指出，个人之间的效用大小在数量上是无法进行比较的。而效用序数论的合理之处，就在于它只表明一个人对一组物品的偏好比对另一组物品的偏好是较高、较低或无差异，不要求表明一种物品的效用比另一种物品的效用大多少倍。

根据效用或满足不能相加而只能有水平高低的效用序数论，新福利经济学家认为，一个人达到最大的满足，不是指达到最大的满足总量，而是指达到最高的满足水平。而且，由于个人所得的效用总量无法知道，而只能用个人的满足状况或福利状况是“好些”或“坏些”的概念来表示，因此，个人之间以及穷人和富人之间所得的效用大小，也就无法进行比较。这样，新福利经济学家就把福利解释为：社会福利取决于组成社会的个人的福利，而不取决于其他。在这个概念中，实际上否定了庇古概念里所包含的收入再分配的内容。

（二）最优条件论

既然个人之间的满足或福利状况不能比较而只能用“好些”或“坏些”的概念来表示，那么，新福利经济学家所面临的首要难题，就是要论证社会在一定的分配和价格情形下，达到效用最大满足或最大福利的条件是什么。

帕累托最先提出了关于最优条件的概念。他认为，如果生产和交换的情形改变了，所造成的收入分配使得有些人的境况变得好些，而其他人的境况变得坏些，那就不能说整个社会福利是增加了还是减少了。只有在一定收入分配的条件下，生产和交换情形的改变使得有些人境况变得好些，而其他人并未变得坏些，社会福利才能说是增加了。这段话所表明的内容就是后来新福利经济学中常提到的所谓"帕累托最优状态"。新福利经济学家们就在"帕累托最优状态"的基础上加以发挥和论证，形成了所谓的最优条件论。它主要分为三类，即交换的最优条件、生产的最优条件，以及生产和交换的最优条件的结合。

（三）补偿原则论

依据帕累托最优法则，任何变动使一些人好起来而没有人坏下去，经济福利就增加了。如果有两种境况，A 和 B，有些人在境况 B 比境况 A 好，没有人比在境况 A 时为坏。这就说明境况 A 未能满足最优条件的要求，而境况 B 则使得某些条件得到了满足，因此，境况 B 比境况 A 好。但问题在于，如果在境况 B，某些人好起来，而另一些坏下去，那么 B 和 A 将是不能比较的两种境况。

美国福利经济学家霍特林为了绕过上述困难，使两种被认为不能相互比较的境况具有可比性。他于 1938 年首次提出补偿原则论，认为增进效率的任何政策，如果同时采取补偿和征税的办法，就可以使得每个人的境况比以前为好。自那以后，哈罗德、卡尔多、希克斯、李特尔、西托夫斯基等人，进一步对补偿原则论进行补充，形成了福利经济学派的补偿原则论。

补偿原则是新福利经济学的重要内容之一。在新福利经济学看来，帕累托的最优状态"具有高度限制性"。为了扩大帕累托最优条件的适用性，一些新福利经济学家如尼古拉斯·卡尔多（Nicholas Kaldor，1908—1986 年）、希克斯（Hicks，1904—1989 年）等被称为补偿原则论派的代表人物，就致力于研究福利标准和补偿原则。他们的核心论点是，如果任何改变使一些人的福利增加而使另一些人的福利减少，那么只要增加的福利超过减少的福利，就可以认为这种改变增加了社会福利。以"卡尔多—希克斯补偿论"为例，他们认为，经济政策的改变意味着价格体系的变化，而任何价格体系的变化，都会使一方得利，另一方受损。为了避免因此造成的社会福利损害，他们提出，如果通过税收政策或价格政策，使那些得利者补偿受损者而有余，那就不失为增加社会福利的经济政策。例如，如果经济政策改变使某些人得益 120 英镑，另一些人受损 100 英镑，则通过假想补偿的办法，得失相抵，结果全社会福利仍增加了 20 英镑。

第二节 庇古的税收思想

一、税收最小牺牲原则

庇古的全部经济理论，包括税收理论都是建立在如何增进社会经济福利这一功利主义思想基础之上的。为了使国家征税能够最大限度地减少经济福利损失，他提出了税收的最小牺牲理论，作为指导整个税收制度的基本原则。这一原则同时也是贯穿庇古税收思想的主线。

庇古认为，每一种税收对于负担税款的纳税人说来，都是一种牺牲，而且，对于不同的纳税人而言，相互之间的牺牲程度又是不一样的。所以，他为自己确定的目标是，“研究税收总牺牲量以及这个总量在纳税之间分配的方式”[1]。

在庇古看来，所谓税收制度加给任何个人的牺牲，是指这个人在没有税收制度时所享有的净满足与存在这种税收制度下，他在纳税后所获得的净满足之间的差额（这里对于个人从政府公共支出中而得到的利益存而不论）。个人纳税后的牺牲或满足的总和，便构成社会的总牺牲

① 庇古：《财政学研究》，马大英译，原辽宁财经学院编印，1979 年 7 月。

或总满足。

庞古在阐述他的最小牺牲原则之前，提出一个前提，即纳税的总牺牲或总满足在原则上是可以计量的。否则，不仅最小牺牲原则，而且均等牺牲原则都不能成立。为了论证这个前提的合理性，他批评了两种与之相反的观点。一种观点认为，牺牲或满足作为心理状态，它在本质上是无法计量的。庞古指出，这种看法显然不符合人们的日常经验。个人通常可以感受到某一时期比另一时期快乐一些，或感受到某些事件比其他事件会使自己蒙受较大的损失。所以，同一个人的不同满足或牺牲，在数量上是具有可比性的。还有一种观点认为，不同人的心理状态是有区别的，从而不同个人的心理状态既无法进行比较，也无法加以合并计量。庞古认为，这种看法对于不同类别或不同集团的人们来说，具有合理性。但是，在那些种族差别不大、个人癖性和习惯大致相同的集团内部，人们会在同一时期或同一事件中，感受到相同的享受或牺牲。

庞古在上述前提条件的基础上，提出了税收的最小牺牲原则，即政府课税应当在最小限度内减少人民经济福利的损失。换言之，政府的任何税收政策和税收制度应当在最大程度上增进人民的经济福利。这一原则是以边际效用递减规律为依据的，在庞古看来，一个人收入愈多，货币收入的边际效用愈小；收入愈少，货币收入的边际效用就愈大。他由此推论，如果政府对高收入者多征税，对低收入者少征税或不征税，甚至给予税收补贴，就可以在最大程度上降低全体纳税人因纳税而牺牲的经济福利总量，或增进全体人民的经济福利。他举例说："假如有一个富人和十个穷人，从富人拿出一镑钱，并把它给予第一个穷人，总量满足就增加了。但是富人还是比第二个穷人富，所以再转移一镑钱给第二个穷人，就又增加了满足总量。如此转移，直到原来的富人不比其他任何人富裕为止"[①]。

庞古把这种旨在增加人民经济福利总量的税收最小牺牲原则，视为税收的最高原则，并把它看作衡量一国税收法律制度是否公正、合理和有利于国民经济的"试金石"。

---

① 庞古："福利经济学的几个方面"，载《美国经济评论》1951年6月号，第299—300页。

由最小牺牲原则中可以引申或派生出另一项税收原则，即平等牺牲原则。这一原则要求处于相同地位的纳税人应当缴纳相同的税收，作出均等的牺牲。庇古举例说，“如果必须从两个有同样财富和同样气质的人征取1000英镑税金，那么边际效用递减规律表明，从每个人取出相等的部分，其对两人造成的损失要比任何其他税率造成的损失小”①。

关于最小牺牲原则和均等牺牲原则的关系，庇古认为它们是同一问题的两个方面。他指出，“适合于最小牺牲原则的税收安排，经常的也必然的适合于处于同等地位的人们之间均等牺牲的原则。所以，即使均等牺牲原则是一个最高原则，但由于它可以从最小牺牲原则中引申出来，因而它不是一个必需的原则”②。

庇古特别强调，他所说的均等牺牲原则和最小牺牲原则在内涵上的一致性，即这种均等牺牲是狭义的，指的是处于同等地位的人们之间在纳税上的均等牺牲，这同那种把它理解为一切人们之间在纳税上的均等牺牲，是“完全不同的另一件事”。他认为，广义的均等牺牲原则主张，对处于不同地位、不同纳税能力的所有纳税人，实行等比例的牺牲的要求，这是同最小牺牲原则所体现的价值标准不相吻合的。

二、最小牺牲与税收分配方式

任何国家征收的税收总额，总是由取自于不同经济地位的不同个人的各部分收入组成的。因此，当政府的税收总额确定之后，征税所引起的经济福利牺牲总额大小，其主要决定因素之一，是征税的货币总额在不同经济地位的人们之间的分配方式。庇古认为，分配方式的选择应服从于最小牺牲原则。

（一）税收整体分配功能与最小牺牲

在庇古看来，任何一种税都可以按照最小牺牲原则来设计。但他认

① 庇古：《财政学研究》（马大英译）原辽宁财经学院编印，1979年7月，第6页。

② 同上。第43—44页。

为，税收分配的公平性不宜就特定的税收进行孤立的衡量。最小牺牲原则要求把所有税收视为一个整体，采取一定的方式，来发挥最优分配功能。如果最优分配难以实现，次优分配目的也是值得追求的。庇古举例分析说，假定甲、乙两人的经济条件相同，如果在税制中除某特定税以外的其他税种加给他们二人的税负相同，那么，这种特定税对他们的负担亦应相同。但是，如果其他税种加给甲的负担要重于加给乙的负担，在这种情况下，就应当根据均衡牺牲原则的要求，相应加重乙的特定税收负担，从而使甲和乙的总体税负趋于均衡。在这种均衡状态下的经济福利损失是最小的。庇古还引用马歇尔在《中央和地方税备忘录》中的一段话，来证明发挥税收体系整体分配功能的意义。马歇尔说："中央的和地方的苛重税收，必须认为是一个整体。几乎每一种税的负担不是对这一阶层就是对另一阶层的压力要偏重一些。但是，如果每种税的不平等性可以被其他税所补偿，并且各税都发挥自己的作用，这种不平等就显得不重要了。如果能在总体上解决税负不平的矛盾，那么，这种税制就是公平的。尽管就它的某一部分来看，可能有悖公平原则"①。

（二）边际效用与最小牺牲

根据庇古的观点，各个税种的相互补偿作用可以解决相同经济条件下不同纳税人的均等牺牲问题，但不适用于不同经济条件纳税人的均等牺牲问题。而且，就单个税种而言，对经济条件不同的所有纳税人，均等地课征同一比例的税，是不符合最小牺牲原则要求的。

庇古认为，为了使不同经济条件的纳税人在纳税上的牺牲最小，必须根据边际效用规律来分配税收负担，最终使纳税货币的边际效用对所有付税人都是相等的。他举例分析了实现这一目标的税负分配方式，"如果甲所付的最后一个便士的效用，小于乙所付的最后一个便士的效用，则应把乙的一部分课征额转移到甲的肩上，就能获得牺牲的最小"②。如果把这种根据最小牺牲原则所确定的税收分配方式推广到全

---

① 庇古：《财政学研究》（马大英译）原辽宁财经学院编印，1979年7月，第40页。

② 同上，第48页。

社会，就能够使所有社会成员的边际牺牲相等。

庇古进一步分析，实现上述分配目标，需要建立一种充分体现最小牺牲原则的课税制度。这种制度“要把所有超过最低收入的一切收入，通过征税予以削掉，使每个人所留的收入相等。假如所需的收入额不足以吸尽超过最低收入额的剩余数，则逻辑的手续将是首先为政府的需要取得处在顶部的最高收入，随后继续向中级收入课税，并用这些收入给收入最少的人以津贴，直到获得绝对均等的水平为止。如果把税收规模仅限于满足政府所需的收入额，这项收入只应全部向最高的收入者征集，使其降低到那些未被课税的最高收入的水平”①。

三、税收与优化资源配置

如前所述，庇古认为，在资本主义市场机制下，自由竞争可能造成边际私人纯产值与边际社会纯产值不一致的情形。在边际私人纯产值大于边际社会纯产值的情况下，就不能实现资源的优化配置，使社会经济福利达不到极大值。譬如，酿酒对酒商有利，但酗酒对饮者有害，而且还可能给社会带来治安等方面的其他损失；制造卷烟对厂商有利，但危害吸烟者和其他不吸烟者的身心健康；某一投资者在闹市区兴建一座获利能力较高的工厂，但烟尘、废气和噪音，污染了环境，损害了人民健康，等等。

庇古分析指出，因边际私人纯产值大于边际社会纯产值而带来的资源配置失调，其原因与人们对现时不合理的偏爱有关。一般说来，“每个人都宁愿优先选取现时享乐或一定量的满足，而非将来的享乐或一定量的满足”②。换言之，当人们面对着是将有限的资源用于最近的将来，还是用于遥远的将来这种选择时，他们所偏好的不一定是资源配置的优化程度，而是当前的满足感。在这种情况下，庇古主张由国家采取适当

① 庇古：《财政学研究》（马大英译）原辽宁财经学院编印，1979年7月，第102页。

② 同上，第102页。

调节措施，矫正资源配置的失调状态。总的调节措施是，“对用在倾向于发展过度的事业上的资源，课以适当税率的税收，并以这笔收入对那些用在相反方向上的各类资源，给予适当百分比的津贴。”① 例如，政府可以对烟、酒课以重税，使烟、酒的售价提高，以减少人们对这两种商品的需求；政府还可以对污染环境的生产厂家，征收排污税（费），以限制这类企业的发展。这样，就可以促使这类企业将生产资源从有害于边际社会纯产值的部门转向其他有益于社会的用途。与此同时，政府再以征得的税（费），用于资助社会医疗、保健事业的发展或用于治理环境污染等。通过以上两方面的调节，就可以促进边际私人纯产值和边际社会纯产值趋于一致，从而增进全社会的经济福利总量。

四、征税方式选择

对于资源配置的失调，可以通过向资源的某些特定用途征税的方法矫正。进一步分析，如果对用于矫正目的税种已经选择，征税数额已经确定，那么，应当采取什么样的征税方式，是对所有的课税对象实行统一的征税办法，还是实行差别课税办法？如何做出这种选择，对社会经济福利有影响。庇古从以下两个方面对这一问题进行了分析。

（一）应税商品供需弹性

一般说来，对商品课税会引起商品价格的变动，从而影响这种商品的供给量和需求量。但是，由于不同商品的供给弹性和需求弹性不一样，因而决定了征税对不同商品的生产和消费数量变动的影响，进而对经济福利的影响，都是不尽相同的。庇古认为，“在供给条件相同的情况下，征得一定量的收入，对需求相对无弹性的商品课税比对需求相对有弹性的商品课税，其经济福利牺牲较小”；同样，“在需求条件相同的情况下，征得一定量的收入，对供给相对无弹性的商品课税比对供给

① 庇古：《财政学研究》（马大英译）原辽宁财经学院编印，1979 年 7 月，第 104—105 页。

相对有弹性的商品，其经济福利牺牲较小”①。因为对需求或供给弹性比较小的商品课税，尽管它们的价格都会发生变动，但价格变动对社会需求或供给的影响不大。这样就可以在一定程度上限制税收对资源配置的反面影响，减少社会经济福利损失。

庇古指出，以上分析只是就需求弹性（或者供给弹性）不同的两种商品，证明了单独对商品 A 课税要比单独对商品 B 课税好。但是，它不能说明单独地对 A 课税是否优于对 A 、B 按相同的（从价）税率课税的问题，它也不能帮助人们在 A 和 B 的两种税率之间进行选择，以决定两者的税率应差别到何种程度，才可以使经济福利的总牺牲达到最低限度。

庇古采用一种高度简化的特例，试图对上述问题进行分析，并得出选择的结论。

假定有两种商品：A 的需求有弹性，B 的需求无弹性，两者均在有固定报酬的条件下生产。如果 B 的需求弹性为零，税收收入为一既定量，那么，在下面两种征税方式下，B 的供给仍然会以同一数量生产出来，人们也会做出同一数量的工作。这两种方式中的一种是以统一的税率向 A 、B 双方同时征税；另一种是采用较高税率只对 B 征税，对 A 则不予征。虽然不论选择哪种征税方式均不会影响税收总量，但不同方式对资源配置和经济福利的影响却是不同的。在前一种征税方式下，人们会减少对 A 的需求；导致部分资源因税收的干扰而从 A 生产部门中撤出；在后一种征税方式下，则不会影响 B 的需求，因而也不会对资源配置和经济福利产生扭曲性的影响。

基于上述分析，庇古得出结论：“当某种生产资源产生一种绝对无弹性的供给时，不论在什么样的税收制度下，几乎不可能发生资源从生产部门撤出的情况。因此，集中地对这种特殊用途课税与采用统一税率对一切用途征税相比，既可以征得一定量的收入，而且其牺牲量较小”②。他认为，这一结论同样可以适用于需求无弹性的场合。

---

① 庇古：《财政学研究》（马大英译）原辽宁财经学院编印，1979 年 7 月，第 110 页。

② 同上，第 111 页。

（二）收入再分配的征税方式

在市场竞争机制的作用下，人们之间的收入水平和经济地位会出现较大差别。从有利于合理分配财富和增进社会经济福利的角度看，选择什么样的征税制度或方式，是采取差别税制，还是实行统一税制，才能够更好地实现上述目标？庇古分析了两种情形。

一种是对收入水平相同但居于不同经济地位的人如何对待。庇古主张对所有的人应该均等课税，但对他们在经济地位上的差别，采取区别对待措施予以调整。对于经济地位较强的人，可以在征收一般所得税的基础上，再对其奢侈支出课征一定的特别税；对于经济地位较弱的人，可以在税基上给予适当宽免。

另一种是对收入水平不同但居于同等经济地位的人怎样对待。庇古主张根据量能负担原则，收入愈高的征税愈重。具体措施如：累进的所得税、财产税或遗产税，以及对生活必需品和奢侈品分别设计高低不等的税率，“这种税率应当随着从主要由穷人购买的物品向主要由富人购买的物品而逐渐提高”①。

五、一般所得税和支出税的选择

人们的收入所得按照最终用途不同，通常可以分为两部分，一部分用于储蓄，其总额相当于投资支出；另一部分用于个人“花费”，称为消费支出。一般所得税以个人的全部收入所得为税基，其中包括用于储蓄的部分；个人收入所得减去储蓄后的余额为消费支出，以消费支出为税基的税，被称为一般支出税。庇古认为，一般所得税对储蓄或消费支出均要予以课税，看似不偏不倚，但从一个较长时期分析，任何一种所得税对储蓄都会有所伤害。因为这种税不仅在储蓄来源产生环节，而且在储蓄产出新的“果实”的环节，实行两度征税。庇古认为，一般所

① 庇古：《财政学研究》（马大英译）原辽宁财经学院编印，1979年7月，第119页。

得税对储蓄征税会在一定程度上损害经济福利。因为储蓄是投资的主要来源，而保持一定的投资率又是增进社会最大限度满足必不可少的因素。所以，从福利经济学的角度，对储蓄或投资应当免予课税。

从分配的角度也可以证明，储蓄所得也应当征税，或者是比其他所得课征较轻的税收。因为在收入水平相同的人之中，存在着有储蓄者和无储蓄者、多储蓄者和少储蓄者，但有一点可以肯定，储蓄者可能具有某种较大的需要，追求着某种将来的最大满足。这是问题的一方面。庇古也指出了问题的另一方面，在收入水平不同的人们之间，由于富人比穷人的储蓄不仅在绝对量上，而且在相对量上都要多一些，如果采取从个人所得中扣除储蓄额不征税的办法，无异于政府给予富人津贴，这种分配结果则是不利于社会经济福利，不符合最小牺牲原则的。

以上分析的结论是，用一般支出税代替一般所得税，对投资以及经济福利的影响可能是中性的，前者至少在表面上要优于后者。然而，庇古指出，一般支出税在税务行政方面将面临极大困难，基本上难以执行。他从以下三方面分析了原因：

第一，在对储蓄实行扣除的一般支出税制度下，那些不诚实的公民，可以预谋在某年里实行节约，增加储蓄，以逃避纳税。然后，在次年里将这笔储蓄秘密取出并花费掉。如此广阔的逃税之门敞开着，严重损害了支出税作为一种收入机器的效率。

第二，一般支出税能否依据个人的消费支出项目及金额（购进发票均有注明）直接计算征收？答案也是否定的。因为一些商品在使用价值上具有消费品和资本品双重属性，征税人员很难确定这些商品究竟是用于个人消费，还是用于生产投资。

第三，为了避免比例支出税可能产生的不利于低收入者的累退效应，有人主张建立某种累进支出税。庇古认为，这种建议同样行不通。因为累进支出税与累进所得税不同，它所面对的不是单一的所得额，而是成千上万种商品，这就为依据不同商品设计累进税率，带来了极大困难。

第三节
拉姆齐的税收思想

一、奇才拉姆齐

弗兰克·普兰顿·拉姆齐（Frank Plumpton Ramsey，1903—1930年），英国福利学派的经济学家，也是世界著名的数学家、哲学家、逻辑学家，在他27年短暂的一生中，对许多学术研究领域做出了开拓性的贡献。

拉姆齐生于英国剑桥，父亲是麦格达伦学院的校长，弟弟迈克尔·拉姆齐是第100任坎特伯雷大主教。拉姆齐于温切斯特公学毕业后，进入剑桥大学三一学院学习数学。他在政治上具有左翼倾向，宗教上是一个坚定的无神论者。拉姆齐涉猎的学科领域很广，但主要兴趣还是集中在哲学和数理逻辑方面。他以哲学家的眼光看世界，20岁那年就阅读了维根斯坦的 *Tractatus Logico - Philosophicus*，并专程去奥地利与维根斯坦讨论深奥的哲学问题，是路德维希·维根斯坦（Ludwing Wittgenstein，1889—1951年）和佰特兰·罗素（Bertrand Russell，1872—1970年）在抽象思维方面无可匹敌的朋友；他是一位被认为在哥德尔之前对数学基础和数理逻辑有着卓越贡献的数学家，他为求解一道难题而发明了“拉姆齐理论”，那道难题至今仍吸引着数学家们热情的研究，且被后来的数学家证明是不可能求解的；他在大约16岁时，其早熟的头脑就对经济问题发生了强烈的兴趣，是一位获得凯恩斯和哈罗德尊重的经济学家。1924年，21岁拉姆齐经凯恩斯大力推荐，成为剑桥历史上第二位没有国王学院学位的研究员。

1926年，23岁的拉姆齐在剑桥大学道德科学俱乐部宣读了论文

《真理与概率》。这篇论文对经济学后来的发展影响深远，它为1944年冯·诺依曼和摩根斯坦的名著《博弈论与经济行为》提供了主观概率的哲学基础。1927年3月，24岁的拉姆齐在当时的世界经济学权威期刊《经济学杂志》上，发表了关于《对税收理论的一个贡献》的论文，提出了基于效率原则的“拉姆齐法则”，开创了现代最优税收理论研究的崭新领域。1928年12月他又在《经济学杂志》发表了《一个关于储蓄的数学理论》的论文，被凯恩斯评价为“数理经济学领域有史以来发表过的最杰出的作品之一”。拉姆齐这篇关于最优储蓄率的论文一直到20世纪70年代以后，才逐渐被经济学家们频繁引用，成为当代主流经济学的经典文献。

1930年2月，一直患有肝病的拉姆齐因黄疸症手术去世，年仅26岁零11个月。拉姆齐的英年早逝，使哲学、数学、逻辑学领域失去了一位公认的天才，更是经济学纯理论的一个重大损失。凯恩斯在其担任主编的《经济学杂志》上曾发表了一篇悼念拉姆齐的文章，其中写道："从拉姆齐读大学本科的时候起，生活在剑桥的经济学家们就习惯了用他那锋利的逻辑和批判性思考的刀刃来试他们的各种理论。假如他只是简单地发表赞同意见，我不敢说，他是否不会改变这种在思想的基础层面发动的风暴演习，在那里，心灵试图追赶自己的尾巴，沿着道德科学丛林里最高尚愉快的小径；在那里，理论与事实，直觉想象与实践判断，以一种让人类智力感到舒适的方式纠缠在一起。”在这篇情深意切的悼念文章里，凯恩斯特别指出，拉姆齐虽然只发表过两篇经济学论文，经济学家读起来固然非常吃力，但任何一位经济学家都会赞赏它们显现出来的科学品质与美学品质的完满结合。

二、拉姆齐的税收理论贡献及其问题的背景

如前所述，1927年，24岁的拉姆齐在《经济学杂志》上发表了《对税收理论的一个贡献》的论文，这个贡献就是为后来的西方经济学家称著的“拉姆齐法则”。拉姆齐法则涉及的经济学内涵十分丰富，许

多问题都是通过数学模型进行论证的，比较复杂和深奥。其复杂深奥程度正如凯恩斯所评价的，甚至连一些经济学家读起来也“非常吃力”。那么，拉姆齐法则究竟是要说明什么？简单地说，它是在福利经济学框架下，基于效率优先目标的考虑，而由拉姆齐提出的关于最优商品税制构建的准则或原则。

如前几章所述，从古典学派到福利经济学派，甚至更早期的一些西方经济学者，一直都在谋求建立一种既能满足政府财政需要，又能兼顾税收效率与税收公平，适应市场经济要求的税制体系。为此，斯密、萨伊、瓦格纳、庇古等学者先后提出了各种税收原则，这些原则大多包含了社会目标一致但价值观相悖的两项内容，即税收公平原则和税收效率原则。从社会利益最大化的角度考虑，一个好的税收制度或者一个最优的商品税制，应当是能够兼顾公平和效率的征税制度。换言之，从现代经济学的意义看，在满足政府既定财政收入的情况下，判断一种税制（或税种）是好的还是不好的，或是否最优的基本标准，就是要看这种税制（或税种）是否同时符合税收效率原则和税收公平原则，社会资源配置能否同时实现公平目标和效率目标。所谓“拉姆齐法则”，是拉姆齐在公平原则既定的假设下，从公平与效率矛盾的效率端或基于效率目标而提出的商品课税准则。

从经济学意义上说，所谓效率，是指一般采用帕累托（Pareto）效率标准来检验的资源配置状况。根据帕累托标准，当资源分配达到这样一种状态，即任何重新改变资源配置的方法已经不可能在不损害一部分人福利的情况下增进另一部分人的福利，这就意味着资源配置已经使社会经济福利达到了最大化，这种状态被称之为“帕累托最优”。经济自由主义价值观认为，经济效率源于个人自主决策和市场—价格机制。凡是有利于增强个人自主决策，充分发挥市场—价格机制作用的制度和政策，都是有效率的，反之，则是无效率或低效率的。根据这样的经济效率观，一个有效率的税收必然是一个中性的税收。税收中性的含义是指，政府课税对纳税人有效率的行为选择应当不偏不倚，不加干预，以避免纳税人在支付税款之外，还要因纳税而改变自己有效率的经济活动，使社会福利蒙受额外损失。众所周知，政府课税对经济活动有着较大影响，其中之一，就是征税通过影响价格和供求关系，改变纳税人对生产与消费、储蓄与投资、工作与闲暇等的选择，进而影响资源配置的效率。这种影响是通过税收的收入效应，尤其是通过替代效应的途径实现的。

所谓税收的收入效应，是指由于征税改变人们的收入水平，而对纳税人的经济行为选择所产生的影响。一般说来，政府开征新税，实行普遍征收，或者统一提高税率，必然减少纳税人的可支配收入，改变人们的行为选择，由此产生收入效应。

税收的替代效应则不同，它是指政府实行选择性征税政策，而对纳税人的经济行为所产生的影响。也就是说，税收替代效应产生的条件与收入效应不同，它不是所有的经济活动均被征税或按同一比例征税，而是在政府实行差别税收待遇的情况下，导致纳税人用低税活动替代高税活动，用非税活动替代征税活动。在理论上，政府征税一般都会产生替代效应，从而降低市场对资源配置的效率。这种状况可以通过分析税收超额负担来描述。

所谓税收超额负担，是指政府征税的结果，在使纳税人承受直接税款负担之外，还由于征税产生替代效应，改变纳税人原来有效率的经济活动，而带给纳税人或社会的无形效用损失或经济福利损失。这种损失属于资源配置上的效率损失，其产生的原因是扭曲性税收在提高价格、降低商品需求和供给量的同时，改变了人们原来有效率的经济活动或行为选择，因而会导致经济福利总水平的下降。从这个意义上讲，一个有效率的税收也必然是超额负担较小的税收。税收对经济的扭曲效应主要体现在三个方面：一是扭曲消费者与生产者的行为。面对政府的征（增）税政策，消费者的行为选择是，以消费低税商品、免税商品代替消费高税商品和征税商品；生产者的行为选择是，适应消费需求的变化，减少征（增）税产品的生产，将资源转向低税或免税产品的生产，从而降低整个社会资源配置的效率。二是扭曲人们的储蓄与消费行为。储蓄是经济增长的源泉，政府课税会减少纳税人的实际利息收入，降低储蓄的吸引力，鼓励增加即期消费。三是扭曲人们对工作与闲暇的选择。从需求方面看，增税会提高工资成本，使雇主对劳动的需求下降；

从供给方面看，税收降低人们的实际报酬，促使人们不愿意多工作，而是代之以更多的闲暇，从而影响发明和创新，降低工作热情、产出能力和经济效率。

三、拉姆齐法则

传统经济理论认为，不同商品的需求弹性是不同的；征收差别税率的商品税是会产生扭曲效应的，只有非扭曲性的均一商品税才是税收的最优选择。拉姆齐关于《对税收理论的一个贡献》的著名论文，所要研究、解决的问题是：假设政府不能征收总额税，其全部收入只能以扭曲性的商品税来筹集，那么，应当选择什么样的商品税，才能使效率损失最小而社会福利最大。由于商品税大多采用差别税率，其税率高低直接影响扭曲程度，因此，上述问题更为明确的表述是：应当如何设计商品税的税率，才能使商品税达到最优。所以，所谓拉姆齐法则，是要阐明对不同需求弹性的商品如何征税，才能做到效率损失最小的原则。该法则指出，如果要想增加税收总额，而又不想因此而抑制消费，最好的办法就是采取对需求弹性最小的商品多征税的原则。

拉姆齐法则的基本原理是：按照经济学中的边际分析方法，边际税收的效率损失相等，要想使对不同商品课税所带来的总体效率损失最小，必须使对不同商品征得的最后一单位税收所引起的效率损失都相等。换言之，只要从某种商品征得的最后一单位税收引起的效率损失大于其他的商品，那么就还有可能通过改变征税办法来降低效率损失。只要适当降低该商品税率，提高其他商品税率，就能够实现效率损失最小化。因此，效率损失最小的原则可以表述为边际税收效率损失相等原则。在这一原则下，拉姆齐法则用数学模型可以有两种表述方式，一种称为等比例递减法则；另一种称为逆弹性法则。

（一）等比例递减法则

用公式可表示为：

$Ax/X = Ay/Y$　　7-1

在公式 7-1 中，X 和 Y 表示两种商品的需求量。公式所表达的含义是，为了使总体的商品税超额负担或扭曲程度降到最低，税率的确定应当使各种商品需求量下降的百分比相等。有效率的课税之所以应当使商品的需求而非价格发生同比例的变动，是因为税收超额负担是数量扭曲的结果。为了使总体超额负担降到最低限度，就要求各种商品需求量的变动应当是同比例的。

（二）逆弹性法则

如果将需求弹性引入公式 7-1，可以得到所谓“逆弹性法则”，狭义的亦称“拉姆齐法则”[①]。其公式表述为：

$Tx/Ty = Ey/Ex$　　7-2

在公式 7-2 中，Tx、Ty 分别代表商品 X 和 Y 的税率，Ex、Ey 分别代表对商品 X、Y 的补偿性需求弹性。“逆弹性法则”的含义是：对若干种互不相关的商品设计税率，应当遵循这样的原则，即某商品税税率的高低应当与其需求弹性的大小成反比。换言之，对需求弹性较小的商品，应当课以较高的税率；反之，对需求弹性较大的商品，则应当课以较低的税率。在最优商品税理论看来，这是有效率课税的基本要求之一。

四、拉姆齐法则的缺憾

拉姆齐法则将最优商品税理论奠定在了一个坚实的基础之上，拉姆齐对最优商品税问题提出了极有价值的理论见解，他的研究无疑是开创性的，但是，“拉姆齐法则”也并非完美无缺。

首先，拉姆齐法则没有完全解决效率损失研究中的各种遗憾。比如，它只考虑了结合不同商品的需求弹性确定最优税率的问题，没有考

① 拉姆齐：“对税收理论的一个贡献”，（英）《经济学杂志》1927 年 3 月。

虑商品之间可能存在替代关系或互补关系，也没有涉及闲暇的征税问题。

其次，按照逆弹性法则，虽然可以更为准确地确定不同商品之间理想的相对税率，但是，如果有一种无弹性的商品，该法则仍会赞同把所有的税收都加到它头上。这样，就会加重无弹性或低弹性生活必需品的税收负担，显然，这对低收入阶层是不公平的。

最后，拉姆齐法则是建立在一系列假设前提基础上的。这些假设包括：（1）政府可以充分、完全的获取信息；（2）除商品税外，政府不征收其他扭曲性的税收；（3）只有“一个家庭”，即只考虑效率而不考虑分配的公平问题；（4）劳动的形式只有一种且劳动是唯一的投入品；（5）每一生产部门只生产一种产品，且生产的规模报酬不变。显然，上述假设大多是不现实的。

对于拉姆齐法则存在的上述缺憾和难题，前者如忽视分配公平，后者如政府难以充分、完全地获取信息，数十年来一直被西方财税学者所关注，现代优化商品税研究对拉姆齐法则也进行了不少扩展，取得了许多成果，但最为重大的理论突破是由莫里斯（James A. Mirrlees，1936年—　）和维克里（William Vickrey，1914—1996 年）两人完成的。

第四节 卡尔多的税收思想

尼古拉斯·卡尔多（Nicholas Kaldor，1908—1986 年），英国著名经济学家，1908 年出生于布达佩斯，1930 年毕业于伦敦经济学院，1932—1947 年在伦敦经济学院任教。1947 年起，先后担任联合国欧洲经济委员会研究及计划部主任和联合国充分就业国际衡量专家组成员。1949 年返回英国剑桥大学任教，1975 年退休。其间曾两度出任英国财政部部长特别顾问，并先后担任墨西哥、土耳其等多个国家的政府经济顾问。为表彰他的成就和贡献，1974 年被授予男爵爵位，封为终身贵族。

卡尔多的研究领域很广，在理论经济学方面，从福利经济到资本理论，从经济周期到经济增长理论，几乎无所不包；在经济学应用方面，从货币政策、税收政策到贸易政策，他无不涉猎。他早年曾研究福利经济学，于 1939 年发表《经济学的福利命题和个人之间的效用比较》一文，与霍特林等人一同提出并完善了著名的“补偿原则”，被看成新福利经济学派的重要人物。战后转为研究凯恩斯经济学，并在发展凯恩斯理论方面做出了重要贡献。1950 年发表的《几种不同的分配理论》，力图把经济增长理论与收入分配理论结合起来，并提出了自己的增长模型，从而将凯恩斯理论长期化、动态化。1956 年发表了《可选择的分配理论》，它与琼·罗宾逊的《资本积累》一起，被认为是新剑桥学派的重要理论标志。所以，有西方学者称他，既是福利经济学的重要代表，又是后凯恩斯主义新剑桥学派的“二号人物”。卡尔多一生著述很多，虽然他只写了《支出税》和《货币主义的灾难》两本书，但他的论文、报告等数量惊人，他的《经济论文集》达 8 卷之多，而且可以说是篇篇精彩。

一、卡尔多的基本经济思想

卡尔多的经济理论贡献主要体现在收入分配理论、经济增长理论和滞胀理论等三大领域。

（一）收入分配理论

卡尔多关于收入分配理论的主要特点是，一方面沿袭凯恩斯的观点，另一方面又不以边际生产力原则作为决定真实工资水平的依据。他着眼于从宏观水平来考察收入分配，从乘数理论出发进行分析，试图将乘数理论应用于研究收入分配。他认为，在就业水平既定时，乘数理论就可用来决定价格和工资之间的关系，并通过这种关系以决定收入的分配。

卡尔多研究收入分配，在假定充分就业的前提下，讨论利润和工资在国民收入中各自所占比重及对国民经济的影响。他的基本观点是：资本家的投资对国民收入中利润份额起决定作用，这种作用是越来越有利于资本家的，因此形成不合理的收入分配格局。他主张改变这种不合理的收入分配状况，认为政府的经济政策可以在改变不合理收入分配格局方面，起重要作用。

（二）经济增长理论

卡尔多和琼·罗宾逊虽然都提出了各自的经济增长模型，但卡尔多的模型与罗宾逊的模型还是略有不同。卡尔多认为，收入分配和资本积累直接相关，罗宾逊则主张用两大部类关系引出与经济增长和收入分配直接有关的因素；卡尔多试图运用模型说明西方国家的实际经济运行过程，罗宾逊则认为"稳定增长模型不过是用简单形式说明论点的一个便当方法。现实中，增长决不是稳定的。"

卡尔多的经济增长模型为：

$$\frac{P}{Y}=\frac{1}{Sp-Sw}\cdot\frac{I}{Y}-\frac{Sw}{Sp-Sw}$$

式中，Y 表示国民收入，P 表示利润总额，Sp 是指资本家的储蓄倾向，Sw 是工人阶级的储蓄倾向，I 是投资总额，$\frac{I}{Y}$是积累率，$\frac{P}{Y}$是利润在国民收入中的份额。

卡尔多认为，既然社会的收入是在各个阶级之间分配的，其中每一个阶级都有自己固定不变的储蓄倾向，那么，收入分配中利润和工资的比例关系就直接影响到整个社会的储蓄水平，从而决定积累率和经济增长速度，而积累率和增长速度也是影响国民收入分配的重要因素。在卡尔多模型中，收入分配和资本积累是直接相关的，当 Sp 和 Sw 是既定的，资本积累率直接影响着利润在国民收入中的份额，也可以说，投资量直接决定着利润量的大小。

卡尔多模型是从增长的角度，将收入分配和经济增长率结合起来研究分配问题的，他的结论是：经济增长率越高，利润所占国民收入的份额越大，工资所占份额就越小。这个结论是与他的收入分配理论相互联系、相互支撑的。

（三）滞胀理论

新剑桥学派对20世纪70年代西方国家出现的滞胀问题十分关注。他们既不同意货币学派以货币供给量过多的理由来解释滞胀的成因，也不赞同萨缪尔逊等人的工资成本递进导致通货膨胀的观点，而是采用区分商品市场类型或不同类别经济部门的方法，分析研究滞胀问题。

卡尔多将经济生活中的部门分为三个等级，即：初级部门，是指为工业提供不可缺少的基本供应，如食物、燃料和基本原料的部门；第二级部门，是指将原料加工为成品以供投资和消费之用的部门；第三级部门是为其他部门提供辅助服务的部门。卡尔多认为，第三级部门不可能发生大的通胀问题，而初级部门和第二级部门，却极可能成为通货膨胀的根源。他说："持续和稳定的经济发展，要求这两个部门产量的增加符合必要的相互关系。这就是说，可出售的农矿产品的增加，应该和需求量的增加相一致，这种需求的增加又是反映第二级（以及第三级）部门的增长的。但是，从技术观点看，不能保证由节约土地的革新所推动的初级生产的增长率，正好符合第二级和第三级部门的生产和收入的增加所要求的增长率"[①]。换言之，如果初级部门产量的增长和工业制造业部门生产的增长之间出现比例失调的话，就有可能导致经济生活中出现停滞膨胀。

卡尔多与其他新剑桥学派经济学家一样，都认为货币学派和新古典综合学派主张用紧缩政策来治理通货膨胀，将会使经济停滞不前，也解决不了通货膨胀问题，反而会加重滞胀局面。他极力主张将调节经济和解决滞胀措施的重点放在改变收入分配问题上，因为只有实现了收入均等化，其他经济问题才能得到解决和改善。

---

① 卡尔多："世界经济中的通货膨胀和衰退"，见原：《现代国外经济学论文选》第一辑，商务印书馆1987年版，第332页。

二、卡尔多的税收思想

由于卡尔多在许多国家担任过政府经济顾问，在财税政策制定和实施方面有着丰富的实践经验，所以，他重视研究税收问题。

（一）支出税理论

卡尔多在税收研究领域影响最大，也是时至今日仍被经济学界难以忘怀的，就是由他提出的支出税理论。

在西方税收理论中，衡量纳税能力的标准可以分为三类，即消费、财产和收入。在绝大多数西方学者看来，采用收入水平或所得多少作为衡量纳税能力的标准，是公平的。因为只有收入水平的高低最能说明人们纳税能力的大小，所以，以收入所得作为课税对象的所得税，长期以来被认为是最为公平的税种。但是，卡尔多不赞同以收入作为衡量纳税能力的标准，他主张将能力原则和利益原则结合起来考虑税收公平问题，认为衡量纳税人纳税能力的最佳标准，应当是消费，而不是其他。

卡尔多在1955年出版的《论支出税》和1956年发表的《印度税制改革》一文中，明确提出以消费作为衡量纳税能力的标准，远比以收入为衡量标准更为公平。他的理由是：第一，收入不能充分地反映和衡量应税能力，因为收入有的来自财产，而各种财产中，有的能产生较多的课税收入，有的则较少产生。第二，即使收入相同的人，但消费却不一定相同，有些人消费多一些，有些人则消费少一些。消费多的应该缴纳较多的税，“因为他使用了较多的社会资源来满足自己的欲望”，也就是说，消费多的人比消费少的人得到的利益更大一些。卡尔多提出用消费作为衡量人们纳税能力的标准，虽然承袭了重商主义学派的一些观点，但他据此提出的征收支出税方案，则在当时的西方财税理论界引起轰动，这在当时西方国家普遍赞扬所得税的优越性的时候，确是比较新颖、大胆的观点。

卡尔多进一步分析，衡量纳税能力的标准，主要是看人们从经济中实际提取以作为个人使用的资源占用有多少，而占用资源的衡量标准正好是消费。为什么消费多的人要多交税？他认为，人们收入中没有消费掉的部分，就成为个人储蓄。这些储蓄对于国家而言，就是增加了国家的资本储备，从而提高整个社会总的生产能力和水平；相反，如果个人将其收入全部消费掉，甚至消费超过他的收入，就等于减少国家的资本储备。所以，多消费的人就应当向国家多缴纳税收，为了税收公平和增加财政收入，应当对人们的消费支出开征支出税。

卡尔多不仅提出了支出税理论，还专门设计了支出税的征税方案。从他的征税方案看，支出税似乎更接近于商品劳务税，在所得税之外另行征收。卡尔多提出的支出税，以个人消费支出为课税对象，消费者为纳税人，税率可以是比例的，但最好采用累进税率，实行后一种税率，可以使税负随着消费支出额的增加而提高。至于如何确定作为税基的消费支出额，涉及税务行政管理问题，比较烦琐。可以有两种办法：一是制定消费支出纪录表；二是根据收入和储蓄计算消费支出额。卡尔多主张采用第二种办法，即用收入减去储蓄，剩余部分就是消费。纳税人在呈报税收申报时，应同时报送个人或家庭收支平衡表和收入说明书，最后，以总收入减去储蓄后的余额，即收支平衡表中的净增加部分，即为支出税的基数。

卡尔多提出的支出税方案，曾在印度和原锡兰实行过，时至今日，印度仍保留有该税种。一些西方学者认为，支出税理论对于不发达国家可能更具有吸引力，因为征收这种税，可以促使富有阶级减少消费，使私人资本积累变小；同时又增加了储蓄，从而增加国家的资本储备或增加投资支出，有利于社会生产的增长。支出税方案虽然没有在西方发达国家实行过，但并不等于它对西方国家没有影响。马斯格雷夫曾经赞誉支出税“仍是一种新的和令人激动的设想”。在 20 世纪 80 年代西方国家税制改革浪潮中，征收支出税又被作为改革措施提出来，有的学者甚至主张，用支出税取代个人所得税、资本税、遗产税和赠与税等直接税。

（二）主张以税收调节财富分配

卡尔多和罗宾逊等人一样，不仅主张征收累进的所得税，以抑制“食利者收入的增长”，使贫富两个阶层的税后收入悬殊缩小，实现收入均等化。而且，卡尔多赞同重课高额遗产，除了给寡妇和孤儿留下适当的终身财产所有权以外，对其他遗产课以没收性的遗产税，并辅之以同样重的赠与税，以减少进而消灭私人财产的永久性集中。对于发展中国家征收遗产税存在困难的问题，卡尔多建议以赠与税来代替死亡后收的遗产税，最大限度地防止逃漏税和减少私人财产高度集中。他的这个建议，曾被印度政府所采纳。

（三）倡议开征增值税

卡尔多在提出支出税征税方案同时，他还提出过一种替代性或补充性思路，即建议开征类似于现代增值税的税种。他认为，传统的商品劳务税存在对购入中间产品的重复征税，不公平。因此，他建议，对从制造商到批发商再到零售商的每一个交易阶段，按其在购入中间产品价值之外所新增加的价值部分，予以课征，亦即当今的增值税。在卡尔多看来，增值税不仅比其他间接税公平，而且能保持和增加国家财政收入，并对国家的经济预测和经济计划具有较大的参考价值。所以，有人认为，卡尔多是现代增值税改革的先驱者，他的见解对 20 世纪 50 年代欧洲国家的增值税改革起到了积极的推动作用。

第五节
霍特林的税收思想

哈罗德·霍特林（Harold Hotelling，1895—1973 年）出生在美国明尼苏达的福达，他原本在华盛顿大学主修新闻学，但后来转向数学作拓扑领域的相关研究，并于 1924 年获得博士学位。他不仅是著名的经济学家，还是国际统计学界、数学界公认的大师级学者。当代一些著名的经济学原理、定理、模型都以他的名字命名。如霍特林租金、霍特林模型、霍特林法则等。他在统计学理论上最重要的贡献是多变量分析及或然率。1972年他被选为美国国家科学研究院的院士。

霍特林对现代税收理论的贡献主要有两个方面：一个是他根据“补偿原则”，提出了对生产外溢性公共商品的企业如何征税、如何选择合适税种，以避免或减少社会经济福利损失的税收思路；二是他提出了资源耗竭理论及其“霍特林租金”理论，为当代各国政府对自然资源开征资源税费，提供了重要理论依据。

一、霍特林租金与资源税（费）

众所周知，自然资源，尤其是矿产资源的一个重要特征是稀缺性和可耗竭性。1931年，美国经济学家哈罗德·霍特林发表在《政治经济学杂志》的著名论文《可耗竭性资源经济学》，被认为是资源经济学产生的标志。随后，众多经济学家又就耗竭性资源有关问题发表了一系列经典文献，使得矿产资源耗竭理论不断发展、完善起来。

在霍特林看来，开采可耗竭性资源的合理性，要以生产的“社会价值”来判断。他分析说，资源边际产出的社会总价值是为了得到单位产出的社会愿意支付价格，这一价格减去边际开采成本，就是社会净价值。他认为，即使是在完全竞争条件下，资源产品价格（社会总价值）也不等于边际开采成本，两者的差额（社会净价值）就是稀缺租金，也称“霍特林租金”。

霍特林为了论证一种可耗竭矿产资源是怎样随时间推移进行最优配置，以及市场机制在这种稀缺性资源的配置过程中起怎样的作用的问题，他建立了一个的数理模型进行解释。

假定：为了使社会从一种资源蕴藏得到的收益净现值（定义为某一矿藏的消费者及生产者剩余之和）达到最大。记为：

$$\max_{(y_t)}\int_0^T\left[\int_0^{y_t}p(z)\,dz-c(y_t)\right]e^{-rt}dt \qquad 7-3$$

在7-3式中，y_t 表示在时间 t 采掘出的资源量；T 为计划期的终点；p（z）表示对这种资源的需求；z 是一个积分变量；c（y_t）代表采掘成本；r 为贴现率。

约束条件由这种资源有限存量给出，用符号表示：

$$\int_0^t y_t d\tau = x_0 - x_t \qquad 7-4$$

或 $x_t' = -y_t$ 7-5

上式中，x_0 为初始库存；x_t'表示在时间 t 的存量，τ 为积分变量。

实现资源收益净现值为一个最大值的必要条件是：

$$P(y_t) - C'(y_t) - \lambda_t = 0 \qquad 7-6$$

其中，λ_t 为与约束方程有关的辅助变量，被解释为这种资源单位存量的影子价格，

并且，

$$\dot{\lambda}/\lambda = r \qquad 7-7$$

在7-7式中，

$$\dot{\lambda} = d\lambda/dt \qquad 7-8$$

即对时间 t 的导数，表示 λ 是随着时间变化而变化的量。

霍特林的可耗竭性资源模型表明，为了使一种矿产资源实现有效配置，价格并不等于边际开采成本。相反，它等于边际开采成本加上这种未开采资源的"影子价格 λ_t"。为此，霍特林在他的矿产资源耗竭理论中提出了一个重要法则，即资源的不可再生性对资源产品价格有着巨大影响。在公共经济学中，当要对一个非营利性政府项目进行成本—效益分析时，为了计算出社会利润，所使用的不是市场价格，而是反映社会成本和社会利润的价格，即影子价格 λ_t。影子价格综合反映了特定经济系统内资源的稀缺程度、产品或产业消耗资源的技术结构，以及产品或产业的市场前景等内容。所以，资源影子价格首先表现为资源不用于生产时而放弃的利润代价，而这一代价正是资源的机会成本，也就是资源经济学中所谓的"使用者成本"。因此，价格与成本之间的差额，即影

子价格往往就又被称为这种资源的矿区使用费或稀缺性租金，也被称为“霍特林租金”。

所以，所谓“霍特林租金”，是资源的稀缺租金在矿产资源产业中的具体表现。霍特林认为，对于这种因资源不可再生性而产生的稀缺性租金，应当收归社会所有。显然，霍特林租金理论为政府对不可再生性资源开采征收补偿性税（费），提供了重要依据。政府通过征收资源税费，可以反映不同资源稀缺性，抑制掠夺性开采，鼓励节约使用宝贵的自然资源。

二、补偿原则与税种选择

庇古的福利经济学理论表明，在市场机制下，私人成本与社会成本之间存在背离情况，如果任由市场机制来配置公共资源，必然产生负的外部性影响。因此，需要运用包括税收、财政补贴在内的各种政府工具，解决提供公共产品的外部性问题。但是，政府如何征税、怎样补偿，庇古没有解决这一问题。霍特林于 1938 年发表了他的《全民福利同赋税和铁路与公用事业费用问题的关系》一文，第一次提出了补偿原则，并把它同税收联系在一起。

霍特林的思想得益于 19 世纪中期法国工程师杜普依的《论公用事业中效用的衡量》一文的观点。在杜普依的那篇文章中，他认为，任何降低价格的行动都会提高商品效用；而任何提高价格的行动都会降低商品效用。因此，如果对商品征税，就会降低它的效用，降低消费者对商品的需求强度，进而导致对该种商品的需求量下降。但是，如果增加公共服务项目，例如建设运输，就会降低商品的运输成本和价格，增大商品的效用，从而引起对该种商品需求量的上升。

霍特林依据杜普依的思路，以铁路、隧道、大桥等为例，论证了这些受成本递减规律支配的垄断企业，应该按边际成本而非平均成本收费，才能使收费率降低；服务量增大至于这些企业的固定成本，则由政府从税收中拨款予以补贴霍特林的上述分析，本身就体现了补偿原则论的基本精神，即在产品价格等于边际成本时，生产达到最优点。在这一点上，“没有人能好起来，也不使另一些人坏下去”。对于那些提供公共商品的企业，因按边际成本收费与按平均成本收费而形成的差额，可以用社会上一部分受益人缴纳的赋税来弥补。

问题的关键在于，采取什么样的征税方式来弥补，是征收直接税，还是征收间接税？霍特林借助生产者剩余和消费者剩余的理论，对之作了具体分析。

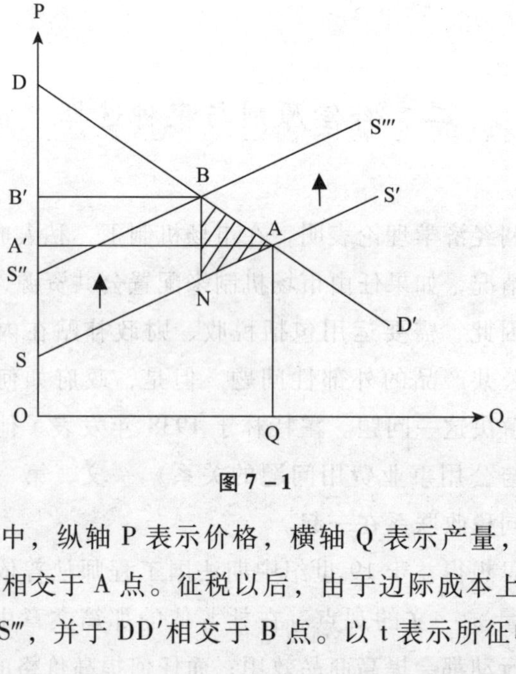

图 7－1

在图 7－1 中，纵轴 P 表示价格，横轴 Q 表示产量，需求曲线 DD′与供给曲线 SS′相交于 A 点。征税以后，由于边际成本上升，供给曲线 SS′，被移至 S″S‴，并于 DD′相交于 B 点。以 t 表示所征收的税款，t = SS″ = NB。

从图 7－1 中可以发现，在征税之前，商品依供给曲线 SS′和 AA′的价格提供给消费者，得到生产者剩余 SAA′，消费者剩余 AA′D，两项合计，该消费品的社会总净收益为 SAD。征税之后，价格上升至 BB′，生产者剩余减少到 S″BB′，消费者剩余减少到 BB′D，社会总净收益相应减至 S″BD。图中的阴影部分 ABN 就是由于征收间接税（如消费税或销售税）而损失的社会总净收益。

霍特林认为，征收直接税因不涉及商品价格，不会造成社会总净收益的额外损失。因此，他的结论是，征收直接税要比征收商品税好一些。例如，桥梁建造费用可以从直接税收入中抵补，补贴直接给予因按边际成本定价而遭受损失的企业。

新福利经济学派的另一代表人物李特尔，对霍特林的观点发表了自己的看法。他认为，一方面，征收间接税会改变商品价格，而采用直接税，则可以让受益者补偿损失者。但另一方面也应看到，像所得税这样的直接税，等于对储蓄征收，进而也是对工作征收的间接税。这样，所得税会使人们减少工作时间，增加闲暇，而间接税则不会发生这个问题。至于直接税和间接税各自对经济福利影响的程度，李特尔认为需要根据具体情况进行分析。

第六节 勒纳的最优关税思想

福利经济学家讨论一国贸易政策时，提出要通过最优关税率，维护“民族福利”。所谓最优关税率，根据勒纳（Abba Ptachya Lerner，1903—1982 年）的解释，它实质上是指这样一种关税制度，即“基于垄断原则，侵略性地进行贸易，有可能牺牲别个国家利益来增加本国财富，以便使本国利益达到最大”①。

一、最优关税率

勒纳提出的最优关税率的公式为：

最优关税率 = 外国商品供给弹性的倒数或外国对本国商品需求弹性的倒数。

若以 e 表示外国商品的供给弹性，t 表示最优关税率，上述公式可

① 勒纳：《统制经济学：福利经济学原理》商务印书馆 1965 年版，第 356 页。

简化为：

$$t = \frac{1}{e}$$

在福利经济学看来，最优税率 t 的高低，完全取决于外国对进口商品的需求和外国出口商品的供给情况。

例如，一个国家进口其他国家的某商品数量从 100 单位增加到 101 单位，而其他国家这种商品的价格则从 1 货币单位增加到 1.02 货币单位，即价格增加 2%，供给量才增加 1%，供给弹性为 0.5（$e = \frac{dQ/Q}{dp/p} = \frac{1/100}{0.02/1}$），小于 1。因此这种商品的供给弹性不足。这样，由于进口商品价格上升，为了多进口一个单位商品，事实上不是多 1.02 货币单位，而是一共多付出 3.02 货币单位（[101×1.02] - [100×1.0] = 103.03 - 100 = 3.02）。

显然，这样的贸易条件对进口国变得不利，因为进口国不得不输出更多的出口商品以换取进口商品。因此，福利经济学家提出要依据最优关税率征收进口税。上例的最优关税率应为：

$$t = \frac{1}{e} = \frac{1}{0.5} \times 100\% = 200\%$$

结果，就使得进口商品价格由原来约 1 货币单位提高到 3 货币单位。

二、最优关税率的经济效应

最优关税率给进口国带来的好处是双重的：一方面，国内生产进口商品的厂商可以得到价格上涨的利益，增强对境外企业的竞争能力；另一方面，由于进口量将因价格提高而减少，国外价格将不得不压低，因此其他国家对该国的贸易条件将转为不利。所以，福利经济学家认为，只有按上述原则设计的税率才是最优关税率。当实际税率低于最优关税率时，将使该国处于不利地位；如果实际税率高于最优关税率，又会使贸易量下降过多，该国反而不能得到最大利益。

第七节 福利经济学派税收思想评析

一、积极意义和借鉴价值

福利经济学派的产生与发展正处于西方国家经济由自由竞争向垄断阶段发展，西方经济学由新古典主义向凯恩斯主义过渡的特殊历史时期。在这一时期，西方国家经济快速发展过程中所暴露出来的一系列问题，如社会分配不公、公共产品短缺、环境污染破坏等矛盾和问题，如今也开始不同程度地在中国及其他一些新兴工业化国家出现。福利经济学派作为这一历史时期的产物，它所提出诸多理论、政策和措施，对正处于工业化过程中的后起市场经济国家，不无有意义的借鉴价值。

首先，福利经济学派提出了一套缓解社会经济矛盾的政策思路。福利经济学是资本主义经济发展到20世纪二三十年代的产物。在这一时期，资本主义社会的许多固有矛盾和市场机制的某些内在缺陷暴露无遗。例如，社会分配不公、外部不经济等。对此，古典经济学的理论已束手无策。正如一位名叫汉内的西方经济学家所指出的："英国的社会问题——庞大的财富和大众贫困的对比——非常严重，并且由于世界大战而变得尖锐起来。因此，有些思想家以建立社会福利的一种标准概念作为目标，并导使经济学研究社会政策，以接近那种目标的倾向就突出起来了。"庇古以及随后的凯恩斯主义学者意识到了在这些矛盾或缺陷背后隐藏着的严重后果。所以，庇古第一个打出"福利经济学"的旗帜，不仅建立了完整的福利经济学体系，而且提出了一系列与之配套的政策措施。譬如，庇古十分重视累进所得税和财产税的再分配功能，主张运用税收手段与财政补贴手段的配合，促进财富的合理分配。他还认为，由于存在边际私人纯产值与边际社会纯产值的背离，必然出现生产的外部不经济问题，而市场经济本身又不可能完全解决。所以，他主张政府采用税收手段进行“矫正”或调节，实现资源的最优配置。这些理论和政策对于凯恩斯主义理论的形成与发展，以及对后来一些资本主义国家实行的“福利国家政策”，都产生了重大影响。同时，也对当今转向市场经济体制的其他发展中国家，具有一定的借鉴价值。

其次，福利经济学派开创性地提出了“矫正”市场缺陷，解决外部不经济问题的基本理论和政策措施。庇古的福利经济学理论表明，在市场机制下，私人成本与社会成本之间存在背离情况，如果任由市场机制来配置资源，必然在公共产品生产方面产生负的外部性影响。因此，需要运用包括税收、补贴在内的各种政府工具，使企业生产的外部成本内在化。霍特林在庇古研究的基础上，在分析由垄断企业经营的某些基础产业、公共商品的收费或定价时，提出了“补偿原则”。认为这类产品的价格应由边际成本决定，对未能补偿的那部分成本由税收—补贴机制，其中主要是由间接税收入来弥补，这样有利于增进社会福利。总的看来，霍特林的达个方案设想对现代国家在确定产业政策、财政税收政策方面，有积极的参考价值。但就这一方案出台的背景看，也暴露了西方社会的一系列矛盾：如政府干预与自由经营的矛盾、补贴和征税的矛盾，以及由此引起的直接税和间接税选择的争论。

再次，创新性提出了“霍特林租金”理论，为现代国家开征资源税费，合理利用自然资源、保护自然环境，提供了重要理论依据。霍特林认为，即使在完全竞争条件下，资源产品价格（社会总价值）也不等于边际开采成本，两者的差额（社会净价值）就是稀缺租金，也称“霍特林租金”。霍特林主张，对于这种因资源不可再生性而产生的稀缺性租金，应当收归社会所有。政府通过征收资源税费，可以反映不同资源稀缺性，抑制掠夺性开采，鼓励节约使用宝贵的自然资源。其实，早在中世纪，欧洲一些采用大陆法系的地方政府或矿产资源所有者，就开始对矿产资源开采者收取特许权租金，至于联邦或地方政府对于矿产资源开采企业征收资源税，则是近代国家才出现的一种财政现象。自

20 世纪 30 年代以来，由于世界范围工业化对矿产资源需求的巨大推动，以及随后兴起的发展中国家对本国矿产资源的保护和利益诉求，特别是由于“霍特林租金”理论和庇古的“外部性理论”的影响，各国政府对矿产资源开采行业，相继开征了各种形式的资源税（费），有的国家还将征税范围由传统的矿产资源领域扩展到对地热、森林、水资源等其他不可再生资源的征税。应当说，在这一历史进程中，“霍特林租金”理论功不可没。

最后，关于勒纳的“最优关税率”理论，值得肯定的是，它为各国政府根据本国情况制定关税政策提供了一种较为简便、实用的工具。但同时也要看到，这种最优关税率理论也为一些发达国家在日趋恶化的国际贸易条件下，为维护本国利益、采取贸易保护主义手段，提供了理论依据。应当指出，由于各国国情不同，从来不存在着一种统一的最优关税模式。同样一种关税税率，对经济发达国家或许是最优保护税率，但对不发达国家来说，这种税率对民族经济可能起不到任何保护作用。所以，勒纳的最优关税政策若在世界贸易中推广采用，最终的受益者是发达国家，受害者只能是发展中国家。

二、理论缺憾和主要问题

应当指出，如同其他西方经济学说和税收理论一样，庇古的福利经济学及其税收理论也存在某些缺陷，一些政策措施在资本主义现实社会中也仅仅只有形式上的意义。

首先，庇古的全部税收理论都是建立在“最小牺牲原则”基础上的，而恰恰是这种根据“效用基数论”所提出的“最小牺牲”概念，具有极大的主观性和非科学性。正如新福利经济学者罗宾斯所指出的：“没有办法能够检查出，在和 B 比较以后，A 的满足的大小。…… 内心省察不能使 A 衡量 B 的心理活动，也不能使 B 衡量 A 的心理活动。因此，没有办法对不同人的满足加以比较”。这样，尽管庇古一再强调“征税应当最小限度减少经济福利损失”这一原则作为“最高原则”的意义，然而，何为“最小”何为“最大”，他自然无法衡量和界定，最后只能转而求助于另一个心理规律——边际效用递减规律。

其次，被庇古竭力推崇的累进税制在资本主义国家的收入调节效应，并非庇古所设想的那么显著，更不像一些西方学者所宣称的起到了消除贫富悬殊的作用。在累进所得税和财产税制中，富人或高收入阶层不仅享有诸多的税收宽免优惠，他们还有许多逃避税负的方法。英国的凯恩斯主义学者琼·罗宾逊看到了这一点。她指出：“对收入再分配的压力是不稳定的，并且常常是没有效果的（我们报纸上的高度累进税制同我们实际上逃税的高度累退税制之间的关系是众所周知的)”。其实，庇古本人也是能够看到这一现实的。

新福利经济学同庇古的福利经济学相比，在税收理论方面虽有创新，但无大的系统性建树，这与他们在其理论体系中抽象掉分配问题有关。不论是“帕累托最优状态”，还是其他新福利经济学著提出的“最优条件论”，都是以既定的分配为前提。其实，分配问题是整个社会经济活动的重要组成部分，离开收入分配问题谈生产交换的最优条件和社会福利的最大化，就不可能建立科学、完整的经济理论体系。特别是在现代市场经济条件下，分配尤其是国家的税收分配，在政府的宏观政策中居于重要地位，抽掉税收分配也不可能实现财富和社会资源的最优配置。

第八章

凯恩斯学派税收思想

凯恩斯学派是现代西方经济学中影响最大、流传最广的经济学流派，它由著名的英国经济学家凯恩斯于20世纪30年代创立，以凯恩斯经济理论为基础，后经战后英美一些经济学家发展，形成了一套完整的理论体系。凯恩斯主义自30年代创立以来，尤其是第二次世界大战以后，西方由于经济发展及社会矛盾加深，这个学派的经济思想和政策主张得到了迅速而广泛的传播和发展，长期雄踞西方国家“官方经济学”的宝座。即使在70年代后，西方国家长期处于“滞胀”局面，凯恩斯学派的经济理论和政策遭到猛烈抨击的情况下，也远没有完全丧失其影响。可以说，现代西方经济思潮虽然流派众多、众说纷纭，但这些流派或多或少都与凯恩斯主义有关，或是从凯恩斯学派中分化出来，或是作为凯恩斯学派的对立面出现。所以，凯恩斯学派在现代西方经济思想中的重要地位和重大影响，由此可见一斑。

第一节
凯恩斯学派的产生与发展

一、凯恩斯学派的创立

凯恩斯学派经济学，是资本主义经济危机的产物，它的问世适应了垄断阶段资本主义经济发展的现实需要。

19 世纪末 20 世纪初，资本主义由自由竞争进入了垄断时期，社会基本矛盾以及由此引发的各种社会政治经济矛盾日益尖锐。特别是第一次世界大战后，各主要资本主义国家出现了私人垄断组织与国家政权日益结合的趋势，原本就很突出的各种矛盾更加激化，经济动荡不稳，市场问题尖锐，失业人数骤增，终于在 1929 年爆发了资本主义历史上最严重、最持久、最广泛的经济危机。危机蔓延整个资本主义世界，工业生产下降了 44% 左右，国际贸易额减少约 70%，大批企业倒闭，失业人数高达四千多万，而且经济危机与金融危机、政治危机交织在一起，使资本主义制度面临崩溃。

面对如此严重的局面，传统的古典学派和庸俗学派宣扬的资本主义社会可自动实现充分就业，理想的市场是完全竞争的市场，国家不要干预经济，供给会自行创造需求等经济理论，已无法解释和解决大危机问题。西方国家迫切需要新的理论来解释危机的原因，并提出解决危机的办法。另一方面，危机的爆发和严重后果，对于要求政府干预经济的呼声越来越高，一些国家政府也开始加强对经济的直接干预，如美国推行“罗斯福新政”，以期望对付严重的危机和失业问题。这也要求有一种相应的理论，为国家干预经济、稳定经济发展提供理论依据。正是在这样的背景下，凯恩斯主义应运而生，其标志性事件就是凯恩斯的《就业、利息和货币通论》出版问世，凯恩斯本人也因此被尊为资本主义经济的“救星”。

凯恩斯一生著作颇丰，著有《货币论》、《货币改革论》、《印度的货币与财富》等，但最有代表性的当属《就业、利息和货币通论》（以下简称《通论》）。当年此书出版，轰动了西方经济学界，一些经济学家将《通论》与亚当·斯密的《国富论》及马克思的《资本论》相提并论，认为它具有划时代的意义，是“自由放任”转向“国家干预”的一次从理论到政策的“凯恩斯革命”。

所谓“凯恩斯革命”，主要指以下三方面内容：

1. 经济理论上的革命。在理论上，凯恩斯提出了与传统学派截然不同的“有效需求原理”，否定了“均衡价格”、“自动实现充分就业”、“供给创造需求”等长期被视为正统思想的经济理论。凯恩斯认为，失业和危机产生的原因，是由于“有效需求”不足。而构成“有效需求”的是消费需求和投资需求，要避免危机和减少失业，就必须刺激消费需求和投资需求。这种“有效需求原理”，完全背离传统的古典经济理论，被认为是“凯恩斯革命”的主要部分。

2. 经济政策上的革命。在政策主张上，凯恩斯一反传统学派的“自由放任”观点，主张加强国家干预经济。根据“有效需求原理”，凯恩斯认为，市场条件不能保证充分就业，必须通过国家加强对经济干预，运用财政政策和货币政策，刺激需求增加，进而解决失业问题，减轻经济危机。这种观点被认为是对传统经济理论关于“自由放任”、“中性税收”的一次大胆革命。所以，凯恩斯主义也被评价为从“自由放任”到“国家干预”的里程碑。

3. 研究方法上的革命。凯恩斯是宏观经济学的一代宗师，开创了现代宏观经济分析时代。凯恩斯第一次着眼于整个国民经济活动，对消费、储蓄、投资、货币、利率、公共支出等进行宏观角度分析，采用的是宏观分析方法或总量分析法，而不再是传统经济学的微观分析或个量分析法，这种方法被后世的绝大多数经济学家广泛采用。因此，凯恩斯的宏观分析法，是一次经济研究分析方法上的永久性革命，也是他对现代经济学发展所做出的最有价值的贡献。

凯恩斯开创了西方经济学的一场伟大革命，是凯恩斯学派经济学说的奠基者。

二、凯恩斯学派的发展

凯恩斯学说形成后，受到西方经济学家和西方国家政府高度重视，不少学者毕生致力于研究凯恩斯思想，并做出了许多新的发展。第二次世界大战以后，凯恩斯关于刺激需求的思想和加强政府干预的主张，开始被愈来愈多的西方经济学家所接受，也被愈来愈多的西方国家政府所采用，并取得显著成效。

另一方面，随着社会发展和经济情况变化，凯恩斯经济理论本身也在不断发展。众所周知，战后西方经济发生了新的变化。首先，加强国家干预经济，使资本主义社会经济形态“演变为保持公、私两方面的主动性和控制权的混合经济”，即既有市场机制发挥作用的自由市场经济，又有国家宏观调控的经济。这就需要对凯恩斯宏观经济学加以完善，补充能够反映自由市场经济的微观经济学。其次，战后西方国家出现了一个相对稳定的繁荣局面，而顺应 30 年代危机产生的凯恩斯“萧条经济学”，不能完全适应这种新形势，需要加以修补。最后，战后西方国家的微观经济方面问题严重，价格、工资成为人们迫切关心的问题。对这些问题，凯恩斯宏观经济学显得有些力不从心。另外，凯恩斯经济学着重短期、静态的分析，忽视长期、动态问题的缺陷也需要加以补充发展。

在这一过程中，以凯恩斯学说为基础，后凯思斯主义分化为新古典综合派（主流凯恩斯学派）和新剑桥学派（正统凯恩斯学派）两大分支。简而言之，后凯恩斯学派对凯恩斯学说的发展，主要是补充加入了微观经济学，将宏观研究与微观研究结合起来。后凯恩斯学派两大分支的分歧，主要就在于微观分析的重点和内容不同。新古典综合派主张从生产要素供给和市场结构入手，新剑桥学派则认为应当以收入分配结构为重点，进行微观分析。其中，新古典综合派对凯恩斯学派的理论贡献可以概括为：（1）混合经济论。主张实行政府干预和市场作用交织一起，共同组织生产和消费的混合经济。这也是新古典综合派最为重要的观点之一。（2）现代收入决定论。是对凯恩斯收入决定论作了某些补充修改基础上形成的。（3）经济周期和经济波动理论。它运用加速原理和乘数理论解释经济周期波动的原因。（4）经济增长理论。是致力于促进凯恩斯理论长期化、动态化的研究成果。

新剑桥学派对凯恩斯经济学说的发展包括：（1）价值论。认为价值应当具有客观的物质基础，应当从古典经济学的劳动价值论出发，反对用主观效用或边际分析说明价值问题。（2）分配论。反对用边际生产力理论说明收入分配问题。认为工资是一种剩余，它取决于技术条件和历史因素。（3）经济增长理论。将经济增长理论与收入分配相结合进行分析。

三、凯恩斯学派的主要代表人物

凯恩斯学派20世纪30年代创立，50—60年代便发展到登峰造极的地位。该学派的经济思想体系由凯恩斯奠基，后经英美一些经济学家继承发展，形成了一个恢宏、严密的理论体系。其主要代表人物有：

约翰·梅纳德·凯恩斯（John Maynard Keynes，1583—1946年），凯恩斯学派的创立者，现代最有影响力的西方经济学家。剑桥大学皇家学院院士，长期执教于英国剑桥大学。多次出任英国政府要职，任财政部顾问。参与建立国际货币基金组织和国际开发银行，并出任该行董事。1942年被英国皇室授予勋爵爵位。

阿尔文·汉森（Alvin Hansen，1887—1975年），美国著名的凯恩斯主义代表人物，是新古典综合派的先驱者；哈佛大学教授，曾被选为美国经济学会会长，并曾任罗斯福总统的经济顾问。

保罗·A. 萨缪尔逊（Paul A. Samuelson，1905—2009年），美国著名经济学家、新古典综合派最主要代表人物。1941年获哈佛大学博士学位，后任麻省理工学院教授。曾被选为美国经济学会会长、国际经济学会会长。担任过美国战时生产局顾问、美国总统经济顾问委员会委员等职。1970 年获诺贝尔经济学奖。

詹姆斯·托宾（James Tobin，1918—2002 年），美国著名经济学家、经济计量学家，新古典综合派的主要代表人物之一，耶鲁大学教授。1981 年获诺贝尔经济学奖。

琼·罗宾逊（Joan Robinson，1903—1983 年），英国著名女经济学家，后凯恩斯学派另一分支新剑桥学派最主要代表人物。1925 年起执教于剑桥大学，是凯恩斯的得力助手之一，曾被选为英国皇家学院院士。

尼古拉斯·卡尔多（Nicholas Kaldor，1908—1986 年），英国著名经济学家。原籍匈牙利，毕业于伦敦经济学院，1949 年在剑桥大学任教。卡尔多被认为是不多得的“双料人物”，既是一流理论家，又是许多国家政府器重的政策顾问。曾先后在美国、英国政府出任经济要职，并担任过土耳其、伊朗、墨西哥等国政府的经济顾问。

此外，罗伯特·索洛、弗兰科·莫迪利安尼、皮罗斯·拉法等，也都是凯恩斯学派的主要代表人物。

第二节 凯恩斯的税收思想

一、有效需求原理与投资乘数理论

凯恩斯的财政税收思想及其政策主张是建立在其经济理论基础上的。凯恩斯的经济理论，其内容十分丰富，如果简而言之，大体上可以通过有效需求原理与投资乘数理论加以阐释。

(一) 有效需求原理

凯恩斯对资本主义下产生失业和发生危机的理论分析，首先是分析现实经济中的有效需求不足开始的，正如马克思分析资本主义经济问题是从解剖“资本”开始一样。所以，有效需求理论，是凯恩斯经济学及其税收思想的理论基础与核心。

凯恩斯认为，造成失业的原因是有效需求不足。在凯恩斯看来，所谓“有效需求”，是指社会总需求或总购买力，是商品总供给价格和总需求价格达到均衡状态情况下的总需求。他在《通论》一书中，用总供给函数和总需求函数说明有效需求原理，总供给和总就业量之间，存在一种函数关系，用 Z 代表总供给价格，N 表示总就业量，总供给函数式为：$Z=\varphi(N)$。总需求价格和总就业量之间，也有一种函数关系，以 D 表示总需求价格，N 仍代表总就业量，总需求函数式为：$D=f(N)$。总供给函数和总需求函数相交之点，决定社会总就业量，总需求价格 D 在总供给函数与总需求函数相交点时之值就称为有效需求(见图 8－1)。

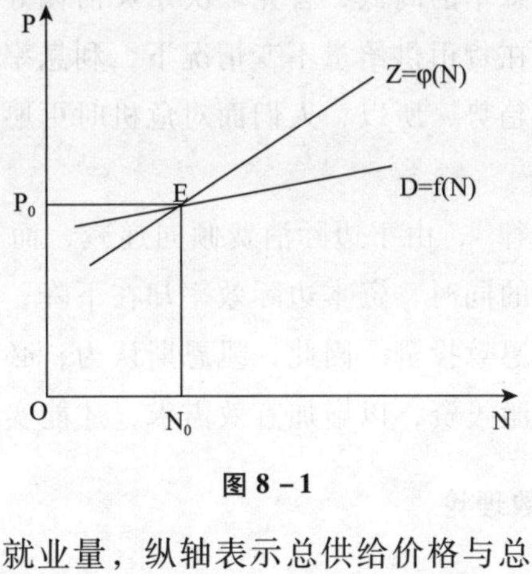

图 8－1

图中横轴表示就业量，纵轴表示总供给价格与总需求价格；两条交叉的曲线分别表示总供给曲线 $Z=\varphi(N)$，总需求曲线 $D=f(N)$；两条曲线交叉点 E 即为有效需求点，OP_0 就是有效需求，它决定了就业量 ON_0。

凯恩斯认为，短期内总供给量不会有较大的变动，总供给可视为一个常量，从而就业量实际上取决于总需求。总需求包括对消费品的需求和对生产资料的需求，即有效需求由消费需求和投资需求组成。凯恩斯断言，有效需求一般总是不足的，从而导致失业和经济危机。他把有效需求不足的原因，归结为三个基本心理规律，即边际消费倾向递减规律、资本边际效率递减规律和货币灵活偏好规律。

1. 边际消费倾向递减规律（Marginal Propensity to Comsume）。所谓边际消费倾向，是指增加的收入量与增加的消费量之间的比例关系，它决定着消费需求。凯恩斯认为，由于人们有爱好储蓄的心理，收入增量中用于消费增加的部分是递减的，即边际消费倾向呈递减趋势，从而形成消费需求不足。

2. 资本边际效率递减规律（Menginal Efficiency of Capital）。资本边际效率实际上是预期利润率，它取决于资本供给价格与资本预期收益，从长期上看，资本边际效率是递减的，从而抑制了投资需求。

3. 货币灵活偏好规律（Nimble Preference）。所谓货币灵活偏好，是指人们愿意以货币形式保留一部分财富的心理动机。利息就是放弃灵活偏好的报酬，利息率的高低，首先取决于灵活偏好程度，也取决于货币供给量的大小。在货币供给量不变情况下，利息率因灵活偏好规律的作用，总是呈偏高趋势，所以，人们面对危机时更愿意手持现金，保持“流动性”。

综上三个“规律”，由于边际消费倾向递减，而在利息率不可能降到零且呈偏高趋紧的同时，资本边际效率却在下降，这样就使得人们既不愿意消费，更不愿意投资。因此，凯恩斯认为，必须运用各种经济政策，鼓励消费，刺激投资，以增加有效需求，才能实现充分就业。

（二）投资乘数理论

投资乘数理论，是凯恩斯用来分析有效需求原理及其作用的一个重要理论工具，是他经济学说中重要组成部分。凯恩斯认为，由于边际消费倾向递减规律，消费需求量总是呈下降趋势，这样就使得如何提高投资需求变得更为重要和更加切合实际。投资乘数原理旨在说明，当有效需求呈现不足时，提高投资需求对于实现总需求扩张的重大作用。

所谓投资乘数（Investment Multiplier），是指在一定的边际消费倾向条件下，投资的增加可导致国民收入和就业量若干倍的增加。“我们称 K 为投资乘数。这个乘数告诉我们，当总投资量增加时，所得之增量将 K 倍于投资增量。”乘数理论的经济含义在于：投资对国民收入带来的影响，往往几倍于投资本身。投资乘数为什么具有如此巨大的作用，是因为国民经济各部门互相联系，某一部门的投资增加，就必然引起对另一个部门产品需求增加，从而使另一个部门的投资增加。这种连锁反应，最终使国民收入比最初增加的投资量有成倍地增加。那么，投资乘数 K 的值究竟是多少呢？凯恩斯认为 K 值由边际消费倾向而决定。求 K 值的理论公式为：

$$K = \frac{\Delta Y}{\Delta I} = \frac{\Delta Y}{\Delta Y - \Delta C} = \frac{1}{1 - \frac{\Delta C}{\Delta Y}}$$

式中：Δy 表示国民收入增量，ΔI 表示投资增量，ΔC 是消费增量，$\frac{\Delta C}{\Delta Y}$就是边际消费倾向。由此可知，边际消费倾向越大，投资乘数 K 值就越大，一般来说，投资乘数总是介于 0 与∞之间。假设增加投资 100 万元，边际消费倾向为 0.8，即将新增收入的 80% 用于消费，代入上述公式则有：

K = 1/0. 8 = 1/2 = 5

即这笔新增 100 万元的投资，可以带来 500 万元的新增收入，换句话说，新增收入量是投资增加量的 5 倍。

凯恩斯认为，虽然所有投资都具有乘数作用，但由于资本边际效率递减规律的作用，私人投资受其影响极大，大多不愿意增加投资。因此，他“希望国家多负起直接投资之责”。显然，凯恩斯的投资乘数理论主要是针对增加政府投资而言的，是为他主张的加强国家干预经济，实行扩张性财政政策提供理论依据。凯恩斯写道：“有几件事情，现在操之于私人之手，将由国家集中管理”。因为“国家可以向远处看，从社会福利着眼，计算资本品之边际效率。……投资时，政府只想到对于未来之好处，至于商业上利益如何，则在所不计；政府也不必要求此种投资的预期收益率，至少须等于现行利率”[①]。因此，凯恩斯将论述投资作用的要点放在政府投资方面，主张运用财政政策刺激投资需求。在他看来，政府投资增加，不仅可以增加国民收入，而且可以增加就业量，从而使有效需求增加，实现充分就业。

二、凯恩斯的税收理论与政策主张

凯恩斯在《通论》和其他著述中，没有专门讨论过税收问题。但由于凯恩斯经济学说是从宏观上研究如何实现充分就业和防止经济危机，尤其是主张积极运用政府的财政政策干预经济活动，这就必然要涉及税收问题。凯恩斯的税收思想与古典学派的税收理论之间一个比较大的区别是，凯恩斯更加注重从如何促进充分就业，以及如何调节社会财富分配等两大领域，研究提出与有效需求理论配套的税收政策与税收制度。

（一）完善税制体系，提高消费倾向

凯恩斯经济学认为，难以实现充分就业和存在经济危机的原因，在于社会的有效需求不足，而边际消费倾向递减和资本边际效率递减，又直接影响有效需求，必须通过加强政府干预来刺激有效需求增加。“我也承认，最聪明的办法就是双管齐下，一方面设法由社会统制投资量，让资本边际效率逐渐下降，同时用各种政策来增加消费倾向”[②]。而税收变动就是增加消费倾向的极其有效的“各种政策”之一。“所得税(尤其是歧视不劳而获之所得者)、资本利润税、遗产税等等，都和利率一样，与储蓄有关。而且在一般人心目中，财政政策之可能变动范围，至少要比利率大。如果政府有意用财政政策，作为平均所得分配的工具，则财政政策对消费倾向的影响自然更大”[③]。比较起货币政策调

① 凯恩斯：《就业、利息和货币通论》，商务印书馆 1981 年版，第 321 页。
② 同上，第 277 页。
③ 同上，第 138 页。

节，税收的作用可能更为明显。因为“各种资本品之边际税率，在市场估计办法之下，可以变动甚大，而利率之可能变动范围太狭，恐怕不能完全抵销前者之变动”。所以，凯恩斯把完善税收体系作为政府干预经济，促使消费倾向增加的主要办法，“国家必须用改变租税体系、限定利率以及其他方法，指导消费倾向”。

（二）主张实行直接税为主的税收体系

凯恩斯主张税收体系应以直接税为主，要改变过去古典经济学主张的中性、间接税为主的税制结构。因为资本主义发展进入垄断阶段后，社会已难以完全依靠市场机制的力量自行保证充分就业和避免经济危机，必须要加强国家干预力量，运用各种政策手段增加有效需求。同时，由于社会财富分配悬殊，也使消费倾向下降，影响有效需求。所以，凯恩斯指出：“真正补救办法，是用各种方法，例如所得的重新分配来增加消费倾向，使得一个较小的投资量就可维持某特定水准”①。那么，什么是“重新分配所得”的办法呢？就是提高直接税的比重，改变间接税为主的税收体系。因直接税可以有效调节社会财富和收入的分配，从而促进消费倾向提高，“自从19世纪以来，所得税、超额所得税、遗产税等直接税，在去除财富与所得的绝大差异方面已有长足进步，尤以英国为然”②。

显然，凯恩斯的税收理论与古典学派是不同的。在古典学派看来，资本积累主要来源于富有阶级的储蓄，所得税等直接税种虽有调节财富分配的功效，但却对资本积累形成较大阻碍。所以，谋求经济增长，需要对富有阶级少征税，以增加资本积累。凯恩斯否定了这种观点，认为大量社会财富集中在少数富人手中，不仅不公平，而且这些富人往往过分倾向节俭储蓄，就必然会大大降低消费倾向，更不利于资本积累。只有改变税收体系，加大直接税的比重，并采取累进税率加重对富有阶级的课税，重新分配收入，才能有效提高消费倾向，从而有利于资本积累

① 凯恩斯：《就业、利息和货币通论》，商务印书馆1981年版，第276页。

② 同上，第317页。

的增长。“故若现在采取步骤，重新分配所得，以提高消费倾向，则对资本之生长大概是有利无弊”[①]。

凯恩斯坚持税收体系应以累进的直接税为主，对战后西方国家税收制度的变革，推动所得税成为主体税种，起到了很大的促进作用。

（三）对遗产课征重税

凯恩斯认为，在以直接税为主的税收体系中，应当实行累进税率，以实现社会公平和提高消费倾向。尤其是对遗产，应课以高额累进税率，否则就容易使人们将财富积存下来，而不用于投资和消费，从而降低消费倾向。“现在还很流行着一种信念，认为遗产税可以使得一国之资本财富减少，这正可以说明，公众对于这些问题还模糊不清，缺乏正确了解。今设国家以遗产税税收作为经常支出之用，用之减低或豁免所得税及消费税，则在此种财政政策之下，高额遗产税固然有增加社会消费倾向之功效，但是因为当消费倾向作永久增加时，在一般情形之下（即除去充分就业情形），投资引诱也同时增加，故普通所作推断适与真理相反”[②]。

凯恩斯主张对遗产课以重税，其目的除了调节社会财富分配以提高消费倾向以外，同时也是为了“消灭坐收利息阶级”。凯恩斯在《就业、利息和货币通论》中多处提到消灭食利者的问题，“资本主义体系中之有坐收利息阶级，乃是一种过渡时期现象，其任务完毕时即将消灭”[③]。凯恩斯设想的消灭食利者的办法是：调整利率、增加政府投资，加重征收遗产税等直接税。按照凯恩斯的说法，不需要进行革命，就可自行消灭食利阶级。“坐收利息这个阶级的确会慢慢自然灭亡，资本家也逐渐不能再利用资本之稀少性扩大其压迫力量。……坐收利息阶级一经消灭，资本主义便将大为改观。我的主张还有一极大好处：坐收利息阶级以及毫无用处的投资者之自然死亡，并不是骤然的，而只是把最近

---

① 凯恩斯：《就业、利息和货币通论》，商务印书馆 1981 年版，第 318 页。

② 同上，第 318 页。

③ 同上，第 319 页。

在英国已经可以看到的现象慢慢延长下去而已，故不需要革命”[①]。

（四）主张实行财政关税

一些研究凯恩斯主义的学者都认为，凯恩斯的经济思想是一种不包括国际贸易关系的封闭式经济分析体系。实际上，在《就业、利息和货币通论》和凯恩斯的其他著述中，并非完全不涉及国际贸易关系和国际收支问题，而且对此有专门论述。如1931年发表的《通过关税政策求得事态的缓和》论文，就主要研究经济扩张政策对国际贸易带来的影响，以及寻求解决问题的措施，他得出的结论是，“建议实行财政关税”。

凯恩斯承认，实行经济扩张政策给国际贸易带来影响。“实行扩张政策以后所发生的直接影响，必然是引起政府借贷，加重预算负担，并使入超扩大。这一政策的反对者指出，目前困难的根本原因是缺乏信心、租税负担沉重和国际情况不稳定，而这一政策则促使这些方面更加恶化。”“两年以前，对这几点可以无须介意。但今天的情况不同。无端地惊动了一群企鹅，它们拍拍翅膀走了，连肚子里宝贵的蛋也带走了，这不是一个聪明办法”[②]。

凯恩斯认为，采用经济扩张政策的同时，要实行财政关税政策，以减轻对国际贸易的不利影响。“我认为扩张政策虽然值得采行，但就今天的情况说来，这个政策并不一定安全可靠，也不一定切实可行，除非同时采取些别的措施来抵消它的危险性”[③]。这些补充措施就包括关税政策。它写道：“但是还有一个主要措施，在我看来，似乎是任何聪明的财政大臣所必须考虑采行的——不管他对保护贸易政策的看法怎样，他必须切实施行财政关税制度。……在我意想中的财政关税，其间并不包括差别保护税，但所包含的范围应尽量求其广泛，可规定一种划一的税率，或者也可以规定两种划一税率，各有适用于范围广大的商品类目。进口材料与出口有关的，税额自应予以折减，至于构成出口价额内

① 凯恩斯：《就业、利息和货币通论》，商务印书馆1981年版，第320页。
② 凯恩斯：《劝说集》，商务印书馆1962年版，第207页。
③ 同上，第209页。

重要成分的原料，如羊毛与棉花，则应免税”①。

在凯恩斯关于财政关税政策的主张中，似乎徘徊着英国早期重商主义的“幽灵”。其实，凯恩斯本人也是不赞成保护贸易政策的，他在这里强调财政关税的作用，主要是基于保护和扩大国内需求的考虑，而将财政关税作为国内经济扩张政策的补充措施之一。正如他本人所指出的，财政关税“其独到之处，在于它可以解决预算方面的迫切问题，而同时又可以恢复企业信心。我不相信现在可以不借助于财政关税，而拟出一个开明而又审慎的预算案”②。

综上所述，凯恩斯的税收理论是建立在“有效需求”原理之上，它着眼于宏观角度研究分析税收问题，并将税收作为政府进行宏观干预的主要手段，这就突破了传统古典学派提出的“夜警政府”、中性税收等的理论体系，适应了大危机时期西方国家经济发展变化情况，为西方经济学和财政税收学的研究，开创了一个崭新的局面。在他财政经济理论中闪现的税收思想，为后来的凯恩斯学派税收理论发展奠定了基础，并在税收思想发展史上占有极其重要的地位。

第三节 汉森的税收思想

阿尔文·汉森，美国著名的凯恩斯主义者，也是后凯恩斯主义古典综合派的先驱者。汉森于 1887 年出生于美国南达科他州，1937 年起任哈佛大学经济学教授，1956 年退休之后，他作为访问教授在美国多所大学任教。许多西方学者认为，是汉森最早把凯恩斯理论引入美国，他在解释和发展凯恩斯经济理论方面，发挥了极其重要的作用。在他执教于哈佛大学时，哈佛大学一度成为美国凯恩斯主义的教学和研究中心。

① 凯恩斯：《劝说集》，商务印书馆 1962 年版，第 210 页。
② 同上，第 211 页。

由他长期指导的哈佛财政政策研讨班，影响和培养了整整一代学生，如萨缪尔逊、詹姆斯·托宾（James Tobin，1918—2002 年）、罗伯特·索洛（Robert M. Solow，1924 年—）、奥肯（Arthur M. Okun，1928—1980 年）、加尔布雷思（John Kenneth Galbraith，1908—2006 年）等。在社会活动方面，汉森于 1933—1934 年，担任罗斯福总统的国际经济关系政策调查研究委员会的研究主任；1937—1938 年，任总统社会保障顾问委员会成员；1938 年被选为美国经济学会会长；1940—1945 年，担任联邦储备委员会特别经济顾问。汉森在其任职期间，对于凯恩斯主义经济政策在美国的实施，起到了积极推动作用。所以，有学者又称汉森为“美国的凯恩斯”。

汉森特别重视研究经济周期问题，他的第一本重要理论著作是《经济周期理论的发展和现状》（1927 年），随后又出版了《失衡世界的经济稳定》（1932 年）。在凯恩斯《就业、利息和货币通论》刚刚发表时，汉森还对凯恩斯理论持有异议，但是，当他 1937 年到哈佛大学任教之后，就开始转而信奉凯恩斯理论，并最终成为凯恩斯主义理论在美国最积极的传播者和忠诚的信仰者。为此，他写了很多著作，如：《充分复苏还是停滞》（1938 年）、《财政政策与经济周期》（1941 年）、《经济政策和充分就业》（1947 年）、《货币理论与财政政策》（1949 年）、《经济周期与国民收入》（1951 年）、《凯恩斯学说指南》（1953 年）等。这些著述不仅使凯恩斯理论“通俗化”，而且还进一步发展了凯恩斯理论。尤其是《凯恩斯学说指南》，引导读者逐章、逐段地理解凯恩斯的《就业、利息和货币通论》，对凯恩斯理论传播起了巨大作用；《财政政策与经济周期》是美国经济学家第一部全面称赞凯恩斯的著作，汉森在该书中完全赞成凯恩斯对经济危机原因的分析，并主张政府运用包括财政、税收手段在内的政策工具，积极干预经济活动。

一、汉森的基本经济思想

汉森对凯恩斯学派理论的发展贡献突出，最为著名的是他关于

“两重经济论”、“希克斯—汉森模型”，以及经济长期停滞理论，这些理论及其分析方法对后来的新古典综合派理论产生了很大的影响。

（一）两重经济论

汉森在《财政政策与经济周期》中首次提出“两重经济”理论。汉森认为，与19世纪欧洲各国普遍实行的自由资本主义经济不同，人类社会发展进入20世纪后，由于生产手段社会化和收入、消费社会化的倾向日益显著，国家对经济的影响作用也日益增大。这样，除了在私人经济之外，还同时存在着“社会化”的公共经济，因而形成了公私混合的“两重经济”（dual economy）。汉森将这种“两重经济”进一步区分为生产领域的“公私混合经济”和消费领域的“公私混合经济”，前者表现为国有企业与私营企业并存，后者是指公共安全卫生福利开支与私人消费的并存。

汉森认为，无论是从生产或是从消费方面来看，“两重经济”均能够给予个人“自由发展”以更好的保证，例如，铁路和公用事业由政府经营就要比私人经营为好；而且，实行“两重经济”，有利于政府调节收入水平，促进私人消费得到改善，保证充分就业，实现经济稳定。所以，汉森断言，无论是在美国或西欧国家，都存在着从个人主义经济向公私混合经济过渡的趋势。

汉森的“两重经济论”被萨缪尔逊等人继承发展，成为后来新古典综合派“混合经济论”的思想渊源，同时也成为国家干预经济的理论基础之一。

（二）“希克斯—汉森模型”

“希克斯—汉森模型”或称“IS—LM分析模型”，最早由英国著名经济学家约翰·理查德·希克斯（John Richard Hicks，1904—1989年）在1937年发表的《凯恩斯与古典派》中提出。当时，希克斯并未设想建立所谓分析模型，而是想用此说明凯恩斯就业理论并非一种“通论”，而只能算作一个“特例”。1949年，汉森在《货币理论与财政政策》中重提这一分析方法，并给予大力宣扬，使之成为现代凯恩斯主义典型的利息理论。即使在今天，"IS—LM 模型"作为市场经济一般均衡分析工具，依然得到广泛运用。

所谓 IS—LM 分析，是将收入决定论和一般均衡理论结合起来，使均衡收入与均衡利率在商品市场和货币市场的相互作用下同时确定，并决定政府应当采取的调节措施（见图 8－2）。

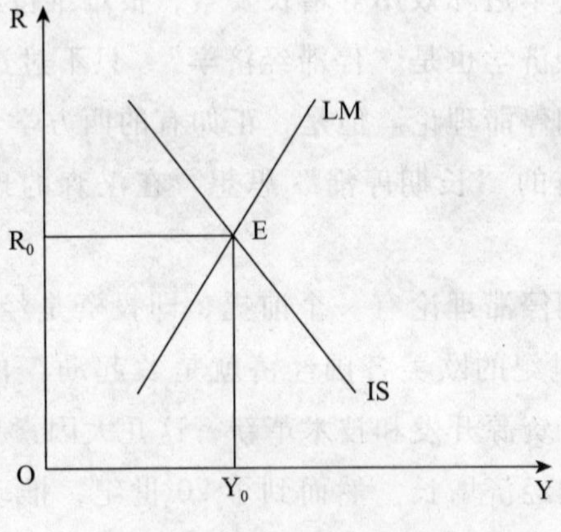

图 8－2

图 8－2 中，横轴 OY 代表国民收入，纵轴 OR 表示利息率；IS 曲线是投资含蓄函数曲线，LM 是货币供求函数曲线；E 是 IS 与 LM 两条曲线交叉点，表明商品市场与货币市场同时处于均衡状态；R_0 是均衡状态下的均衡利率，Y_0 是均衡状态下的国民收入水平。在这个坐标系中，只有 E 点的任何一点，表明商品市场或货币市场处于失衡状态，或者两种市场均处于失衡状态。

均衡点 E 并非永远固定不变，而会随着 I、S、L、M 四个因素中的一个或几个因素的变动而不断变动。例如：投资（I）的增加或减少，会使 IS 曲线向右方或左方移动，储蓄（S）的减少或增加，也会使 IS 曲线向右方或左方移动。而 M 的增加或减少，L 的减少或增加，会使 LM 曲线向右或向左移动。两条曲线或其中任何一条曲线的移动，都会使 E 点变动，从而使均衡利率和均衡收入发生变动。

汉森通过 IS—LM 分析得出的结论是：一国经济只有在商品市场和货币市场同时达到均衡时，才能实现充分就业和经济稳定，而市场自发调节不能完全实现均衡状态，只有借助政府力量，调节利息率和国民收入水平，才能保持均衡状态。

（三）长期停滞理论

汉森对凯恩斯学说发展的一个重要贡献，是提出了长期停滞理论。如前所述，凯恩斯认为，在自由放任经济中，决定经济活动的消费倾向、利率水平、资本边际效用等增长要素，很难维持经济持续增长。从这点看，凯恩斯经济学也是“停滞经济学”，只不过这种“停滞”在凯恩斯那里只是短期停滞理论。但是，正如有的西方学者所指出的，凯恩斯理论中藏而不露的“长期停滞”思想，在汉森的理论中得到了发扬光大。

汉森提出长期停滞理论有一个前提，即投资是经济进步的起动力。在汉森看来，19 世纪的欧美各国经济就是“起动”的经济，由于人口增长、领土扩展、资源开发和技术革新，这几大因素形成了巨大的投资起动力，从而推动经济增长。然而到了 20 世纪，推动投资形成的最初因素已逐渐失去影响力，尤其是人口增长和土地开发已进入饱和状态，技术革新又受到垄断经济的制约，企业在垄断条件下很难采用先进技术和设备。这样一来，各种刺激投资增长的因素都已逐渐消失，经济发展失去了投资这个起动力，结果必然导致经济处于长期停滞不前的状态。

那么，这种经济增长的长期停滞状态有没有办法改变？汉森认为，改变的办法只能是借助政府的力量，增加公共投资，以弥补私人投资的不足，从而刺激经济增长。由此他提出了著名的“补偿性财政政策”。这项政策包括两个方面：一是用增加公共支出补偿私人投资不足，二是运用公共支出调节经济波动。在汉森看来，政府公共支出的增加，会产生乘数杠杆效应和加速杠杆作用，从而补偿私人投资不足，刺激私人增加投资。另一方面，西方国家经济处于一种波动状态，通货紧缩和通货膨胀往往交替出现，尤其是第二次世界大战以后，由于“战后巨大的重置存货和重新建设的繁荣”，使“政治家们不再为失业问题所烦恼，却到处遇到通货膨胀的压力”[①]。所以，他主张运用财政政策调节，当

① 汉森：《凯恩斯学说指南》，商务印书馆 1963 年版，第 194—195 页。

经济不景气出现通货紧缩时，应当增加政府支出，降低税收负担，弥补私人投资不足，以刺激经济复苏；当经济过度繁荣出现通货膨胀时，应当减少政府支出和增加税收，抑制通货膨胀。

二、汉森的税收思想

（一）税收的经济效应

汉森认为，政府税收对经济活动有着较大的影响力，他较为深入地分析了不同税种、不同税收政策对于消费、储蓄、投资，以及对周期波动的影响。

首先，汉森分析了税收对消费和储蓄的效应。他根据凯恩斯的有效需求理论，认为税收必然会对消费函数和储蓄函数产生影响，但影响的程度要取决于税种体系和税负轻重。如果税收主要侧重于对一般消费者课税，就会使消费数量减少，消费函数变动较大；如果课税主要源自高收入阶层，则会使储蓄数量减少，影响到储蓄函数变动。汉森认为，无论是对消费或是储蓄征税，其扭曲效应都应当是越小越好。

其次，税收对投资有着极其重要的影响。“政府政策在私人企业制度中，一定要能创造出使私人企业可以得到发展的一些条件。这就必须考虑到税收制度，考虑到取消或修改一些阻碍私人投资的税收制度。”① 在汉森看来，所得税在刺激投资方面是最佳选择，“可以运用所得税作为刺激私人投资的工具”。虽然，从公平社会财富角度，征收所得税且实行累进税制，可以调节收入分配。但是，从刺激投资考虑，累进税率又不能太高，以免影响私人投资。

汉森不仅不赞成高税率，而且还主张所得税实行税收优惠措施，以刺激私人投资增加。这些措施包括：（1）固定资本投资减免税。“对于未扣除折旧的总收入课税，但对于纳税人收入之投资于固定资本（不

① 汉森：《财政政策与经济周期》，1941 年英文版，第 295 页。

论其为净增投资或为补偿性质的投资）的任何部分均予减除”[①]。公司所得税也是如此，“公司的保留收入投资于固定机器设备者不纳租税或按较低税率纳税，而不投资于固定机器设备者则须缴纳全税。”[②] 汉森认为，这种直接减免固定资产投资的税收，将会较有力地促进私人投资增加。（2）实施加速折旧。汉森说：“加速折旧的方法，也可以允许一个企业在耗费大量而又具有风险性的新投资后的头几年缴纳较低的税收”。（3）亏损结转。汉森提出为鼓励私人进行风险投资，应允许私人企业将其亏损用以后年度的利润冲抵。“5 年内损失准予结转下一年度的办法，足以鼓励冒险性的企业投资”[③]。

最后，社会保险税和营业税对经济周期波动有一定影响。汉森主张征收社会保险税和营业税。他认为，社会保险税可以在经济繁荣时期扩大征收，在衰退时期，政府则可以将税款退还给纳税人，以刺激增加需求。同样地，经济繁荣时期可以自动增加营业税，防止生产供应过剩；而在衰退时期，则可以将这部分收入转而用作扩大财政支出。

（二）“反经济周期”的税收政策思路

汉森根据他的长期停滞理论，认为要刺激经济增长，摆脱停滞阴影，必须依靠政府强有力的调节，税收正是政府实施调节的主要杠杆。汉森比凯恩斯更加倾向于注重财政政策的调节作用，而不主张过度依靠货币政策，或者说仅将货币政策放在很次要的地位。在《经济政策和充分就业》一书中，汉森曾把货币政策比作“一支脆弱的芦苇”，认为它“完全不足以为依靠”。实施货币金融政策，主要是运用利率来进行调节。譬如，在萧条时期，需要降低利率，但此时资本家的预期利润往往降为负数，而利率又不大可能降到很低，甚至降至零。因此，汉森同意凯恩斯的意见，认为在萧条时期降低利率，对刺激经济复苏起不了什么作用。至于在繁荣阶段提高利率，汉森则认为它只是打击了正当商业者，可能会带来崩溃性的经济下降，同时又不能限制兴风作浪的投机

① 汉森：《经济政策和充分就业》，上海人民出版社 1959 年版，第 149 页。

② 同上，第 149 页。

③ 同上，第 150 页。

者，因为投机活动的利润率特别高，不会在乎较高的利率。那么，用什么办法调节经济周期波动呢？汉森提出补偿性财政政策，主张运用税收政策措施，实施“反周期”调节或“逆周期”调节。他说，“这种税收的目的在于限制繁荣时期的消费过分扩张，而在衰退时期停止征收这些税收，并退还以前所征收的税收，这样就可以刺激消费了。”① 他坚持认为，税收政策是政府调节经济、保证经济稳定运行的有效手段。

汉森提出，税收调节经济周期波动的主要参数是税率。“税率的变动是调节经济短期波动的很有效的武器。在将来，作为‘反经济周期’措施的税率调节，也许将取代利率变动过去所占的地位。”② 变动哪个税种的税率呢？汉森认为，以变动个人所得税的基本税率为最佳选择。“最适宜于调节的税率，是基准的或称标准的个人所得税税率。在战后任何一年的赋税结构中，来自个人所得税总收入的 50%—60% 适用标准税率，亦即适用于课税所得的最初部类的税率征收的。这一税率影响所得税的全部纳税人，它适用的范围最广泛，对大众购买力的影响也最大。一旦降低税率，赋税收入突然受影响，从而将刺激消费支出的增长；相反，如果税率提高，对于通货膨胀的发展，可收立即有效制止的效果。为了使得这一措施行之有效，很明显，标堆的或基本的所得税率须在政府统治之下，在国会规定范围之内，总统应有权任意提高或降低标准的所得税率。”③ 汉森同时也指出，税率的变动并不是任意的，必须由政府当局加以控制，“国会根据现行税收法案以及其他法典所确定的原理和准则，对于这个标准个人所得税率以及有关税率表应由立法规定一定伸缩范围，授权总统在这个范围以内。为了维持充分就业和经济稳定的目的，可于必要时或需要时决定加以运用，同时，要考虑到这一行动和其他措施的联合效果。”④ 另一方面，汉森不主张变动公司税税率，因为这将会产生“由于对企业本身课税的变动而引起的企业决策

① 汉森：《财政政策与经济周期》，1941 年英文版，第 295 页。

② 汉森：《经济政策和充分就业》，上海人民出版社 1959 年版，第 147 页。

③ 同上，第 147—149 页。

④ 同上。

上的种种顾虑”，“使企业面临由于税收政策的变更而产生的不安情绪”[1]。同时，他也不主张变动营业税税率，“稳定性对于营业税是重要的”，“可以促进经营的信心和企业的稳定”。

税收减免也是防止衰退和萧条的重要税收措施，在这个问题上，汉森和凯恩斯有着不同的观点。在凯恩斯看来，增加直接税可以提高消费倾向。汉森则认为，减税可以增加私人税后所得，从而直接增加人们的消费支出，从而提高消费倾向。汉森指出，“当联邦政府预算数字达到200亿—300亿美元，而且大部分是通过征税来筹集的时候，很明显，税收减免可以成为有力的‘反萧条’措施”[2]。因为战后西方各国的个人所得税发展迅速，收入比重不断增加，个人所得税的纳税人不再是极少数，而是范围广泛的大多数人；再加上社会保险税等征收面较广的税种，税收收入已成为政府预算收入的主要来源，税收减免的作用就变得比较显著了。汉森说，这时候的政府预算规模与当年的大萧条时期已不可同日而语。那个时期的所得税收入和预算数都比较少，如1929年美国联邦所得税收才40亿美元，即使将这40亿美元全部减免，对国民收入的影响也不会很大。而在所得税迅猛增长和税收收入不断增加的今天，“税收减免可以立即推行，其规模之大几可达到足以制止恐慌侵袭的程度，我们很需要这样的方法来有效应付迅速积累的经济衰退”[3]。

（三）反对股息重复征税

美国是一直坚持传统的“独立课税论”的国家，股东取得的股息在征收了公司税以后，股东个人仍应就包含已税股息在内的个人所得申报缴纳个人所得税。这种对股息的重复课税问题，其他国家也都存在，但英国等欧洲国家都已采取相应措施加以调整，以消除这一影响税负公平和投资积极性的不利因素，然而，美国却迟迟不动。所以，汉森对美国税制中存在的股息重复课税问题提出了严厉批评，建议美国应当像英国那样，只对公司的未分配利润按正常税率课税，而对分配给股东个人

① 汉森：《经济政策和充分就业》，上海人民出版社1959年版，第147—149页。

② 同上。

③ 同上。

的那部分股息免征公司所得税；股东个人在将股息并入个人总所得时，再依法缴纳个人所得税。

（四）不赞成征收高额遗产税

汉森对凯恩斯提出的通过征收没收性遗产税等措施，以“消灭坐收利息阶级”的观点不很赞赏。他说：“那是凯恩斯在不大负责的情绪下（骑着自行车闲逛之时）的迂回插曲。……是庸俗思想不足为训”。[①] 汉森虽承认直接税对改变社会收入分配有较大作用，但他不同意重课直接税，以免影响私人投资欲望和能力。显然，在这个问题上，他和凯恩斯的观点是不同的。有学者认为，汉森的某些政策措施要比凯恩斯更加实际一些。

第四节 萨缪尔逊的税收思想

保罗·安东尼·萨缪尔逊（Paul Anthony Samuelson，1915—2009年）是美国当代著名经济学家，后凯恩斯主义新古典综合派的主要代表人物。他年仅16岁就进入芝加哥大学学习，20岁不到就获得哈佛大学硕士学位，26岁时获哈佛大学博士学位，其博士论文获哈佛大学的韦尔斯奖。萨缪尔逊一生著述颇丰，其中，由他主编的《经济学》教科书，是美国和世界上许多国家大学经济学科的必修教材，已再版十多次，并有12种以上的外文译本，创造了经济学领域发行史上的奇迹，影响极为广泛。萨缪尔逊坚持和发展了凯恩斯主义及其关于加强政府干预经济的政策主张，在财政税收理论方面，提出了许多著名的论断和观点。因此，在西方国家，甚至有一些萨缪尔逊的拥戴者将他所处的战后经济学发展时期，称之为“萨缪尔逊时代”。

① 汉森：《凯恩斯学说指南》，商务印书馆，第140页。

一、萨缪尔逊的主要经济思想

（一）混合经济理论

所谓“混合经济”，其基本含义是指政府干预和市场作用交织在一起，共同组织生产和消费的经济模式。混合经济理论作为新古典综合派理论体系的一项重要内容，早在凯恩斯《通论》中已有表述，但将它作为一个经济学名词最早提出来的是汉森，萨缪尔逊对“混合经济”理论作了更为全面、深入和充分的论述。

萨缪尔逊在《经济学》一书中，指出“混合经济”包含两方面的含义：第一，混合经济是指由私营经济和国有经济混合构成的经济。“我们的经济是一种‘混合经济’，在其中，国家机关和私人机构都实行经济控制”①，“我们的经济不是纯粹的价格经济，而是混合经济；在其中，政府控制的成分和市场的成分交织在一起来组织生产和消费”②。第二，混合经济是指垄断和竞争的混合制度。换言之，西方国家经济既不是一个完全竞争的制度，也不是一个完全垄断的制度，而是垄断和竞争交织并存的制度。“我们的制度在两种含义上是混合的：政策限制私人的主动性；垄断的成分限制完全竞争的作用”③。

根据这种混合经济理论，萨缪尔逊一方面肯定自由市场的作用，承认“看不见的手”的效率；另一方面强调国家干预的重要性，“自从19世纪后期，几乎在我们所研究的所有国家中，政府在经济中的作用稳步增加”④。萨缪尔逊认为，这种混合经济使市场规律和政府决定结合起来，既能体现市场的效率和自由，又能保证经济稳定和分配公平，从而有利于实现经济增长和充分就业。

---

① 萨缪尔逊：《经济学》上册，商务印书馆1979年版，第59页。

② 同上，第70页。

③ 同上，第82页。

④ 同上，第59页。

作为凯恩斯经济思想的主要继承者之一，萨缪尔逊极力主张加强国家对经济的作用。他认为，政府财政收支对经济有着极大调节作用。一是进行社会财富再分配作用。“当一个民主社会不赞成在自由放任条件下用货币选票进行分配时，它可以用再分配性质的税收来改正这一情况。”公民们通过他们的政府，用政府的支出来补充某些人的实际或货币收入”[①]。二是控制社会经济、促进经济稳定的作用。“当人们发现‘每人都该管的事是没人管的事’的时候，政府就出头露面了”[②]。“政府投资正和私人投资一样，对于收入具有乘数影响”[③]。

（二）现代收入决定论

现代收入决定论是新古典综合派理论的核心，它是在对凯恩斯收入决定论（即，就业理论）作了补充和修改的基础上形成的。

首先，对凯恩斯收入决定模型的补充和修改。

凯恩斯的模型可以表述为：

总供给 = 总需求

供需均衡条件：C + S = C + I

式中，C 是消费，S 表示储蓄，I 表示投资。由上述均衡模型可知，凯恩斯虽然主张用扩大政府支出的办法解决有效需求不足，但上述国民收入均衡模型则没有反映政府收支因素。所以，以萨缪尔逊为代表的新古典综合派对此作了补充完善，将政府支出（G）和政府税收（T）明确加入了国民收入均衡模型，即

总需求 = C + I + G

总供给 = C + S + T

供需均衡条件：C + I + G = C + S + T

新的均衡模型关系式就明确表明了政府收支对国民经济和社会总供求的影响。

其次，萨缪尔逊采用了新的方法，描述消费、储蓄、投资等因素如

---

① 萨缪尔逊：《经济学》上册，商务印书馆 1979 年版，第 67—70 页。

② 同上，第 71 页。

③ 同上，第 344 页。

何相互作用并决定国民收入水平。新方法有两种：一种是“储蓄—投资法”，采用储蓄曲线与投资曲线的交点，来说明国民收入水平状况；另一种是“消费—投资法”，即通过消费曲线加投资曲线与45°线的交点，来说明国民收入水平。萨缪尔逊认为，上述两种方法将微观经济学的市场原理和宏观经济学的总量分析结合起来，其分析结果应当是完全相同的。同时，萨缪尔逊还进深入分析了政府支出、政府税收对收入决定的影响机制和过程。

（三）经济周期理论和加速原理

萨缪尔逊对西方国家的经济周期做了如下描述：“在繁荣之后，可以有恐慌和暴跌。经济扩展让位于衰退。国民收入、就业和生产下降。价格与利润跌落，工人失业。当最终达到最低点以后，复苏开始出现。复苏可以是缓慢的，也可以是快速的。它可以是不完全的，也可以强大到足以导致新的高潮。新的高涨可以表现为长期持续的旺盛的需求、充足的就业机会，以及增长的生活标准。它也可以表现为短暂的价格膨胀和投机活动，紧接而至的是又一次灾难性的萧条。简单说来，这就是所谓‘经济周期’”①。

关于经济周期产生的原因，萨缪尔逊认为，应把外部因素和内部因素结合起来分析，即“要说明经济周期的原因，外部因素和内部因素都是重要的。”为了论证自己的观点，他提出了“加速原理”。

加速原理是对凯恩斯乘数理论的创新与发展。凯恩斯用乘数理论描述投资变动对收入的影响，萨缪尔逊则认为，仅仅分析投资变动对收入的影响是不够的，还应当从投资与收入互动的角度，来说明“收入的增长是如何导致出对投资的需求的”。西方学者把投资分为自发投资和引致投资。“自发投资”是指不受国民收入和消费的变动影响，而是由于人口增长、心理因素变动、技术进步等因素引起的投资；“引致投资”则是指由国民收入和消费的变动引起的投资。所谓加速原理，就是要说明收入变动对这种“引致投资”的影响。

---

① 萨缪尔逊：《经济学》上册，商务印书馆 1979 年版，第 351 页。

用加速原理说明“引致投资”的变动，取决于收入变动的比率，具体用资本产量比率和加速系数来表示。资本产量比率是生产单位产品所需要的资本，用公式表示为：

$$资本产量比率=\frac{资本}{产量}$$

加速系数，是指增加一单位产量所需要增加资本的系数量，即资本增量与产量增量之间的比率，其公式为：

$$加速系数=\frac{资本增量}{产量增量}=\frac{投资}{产量增量}$$

在技术不变的条件下，资本产量比率和加速系数的数值是相同的，即：资本产量比率＝加速系数。因此，当收入变动并引起产量变动时，必然引起投资的变动。

由此，萨缪尔逊关于加速原理有以下三个结论：第一，投资变动取决于收入或产量变动比率；第二，投资变动比率要大于收入或产量变动比率；第三，当收入或产量增长时，投资加速增长，当收入或产量停止增长或下降时，投资则加速下降。

萨缪尔逊认为，加速原理所要说明的是收入变动对投资的影响，它与乘数理论是相互补充、相互作用的，正是这种相互作用导致了市场经济的周期波动。也就是说，加速原理和乘数作用的分析，“可以解释扩展阶段本身如何造成衰退”，“也可以解释衰退的终止和回升的开始”。

萨缪尔逊正是在分析了经济周期波动的原因及影响的基础上，提出了关于“自动稳定器”的财政、税收思想。

二、萨缪尔逊的税收思想

（一）税收的属性和特征

萨缪尔逊在税收本质观问题上，不完全赞同古典学派的利益说。在他看来，税收具有强制性的特点，是政府为了满足财政支出的需要，而强制地向私人部门征收。因为“政府支出的最大部分是由征收的税款来偿付。在这里，就有了一个重要的强制成分。当然，对于全部公民的整体而言，赋税是它给自己加上的负担，而每个公民也都分享政府所给予的集体利益。但是，在这里，利益和支付税款之间的关系，和当一个人花一角钱购买糖果时的那种利益和付款之间的紧密关系是不同的。如果我不想吸温斯顿香烟或不想买尼龙地毯或不想煎鸡蛋，我可以不买；但是，我必须付出我的税款，用来维持政府的各种活动”①。所以，在萨缪尔逊看来，虽然政府提供集体利益与公民缴税之间在整体上存在密切联系，但就公民个体而言，税收是政府强制征收，纳税人必须依法缴纳，企业或个人向政府纳税不是简单的、一对一的利益交换关系。

萨缪尔逊指出，税收之所以具有强制性，而非简单的利益交换关系，还因为税收具有再分配性质。税收是政府支出的主要来源，政府支出又有相当多的部分用于转移支付，这样，税收的再分配就表现为两个方面。一方面，通过征税对社会资源进行再分配。“人民实际上所决定的是：如何把满足社会需要的资源从各个家庭中取出，从他们所拥有的企业中取出，以备作为公有物品和劳务来使用”②。另一方面，政府将征收的税款用于转移支付，如帮助穷人、资助贫困地区等。所以，政府征税就意味着社会财富再分配，“而造成再分配的原因是国家向某些人收税又把钱给予另一些人”③。

萨缪尔逊进一步分析，税收所具有的强制性和再分配属性，能够体现和保证现代西方国家税收的公平性。因为“这种再分配是对不同的集团和阶级征收不同数量的赋税的形式来完成的”④。他认为，西方国家税收负担分布以富有阶层为重。“现代国家的一个倾向是：对于富有的人所征收的赋税，无论从绝对数字或从相对数字说，都比对中等收入以下的人所征收的重一些”⑤。所以，他主张“必须把通过对不同收入

① 萨缪尔逊：《经济学》上册，商务印书馆1979年版，第71页。

② 同上，第228页。

③ 同上，第229页。

④ 同上，第219页。

⑤ 同上，第219页。

阶层的赋税差别而实现的任何收入的再分配，包括在现代福利国家的活动之内”。

（二）税收分类

不同类型的税收具有不同的特点和功能。萨缪尔逊重视税收分类，特别注重对累进税和累退税、直接税和间接税的分类研究。

在萨缪尔逊看来，累进税和累退税的划分标准，是依据对不同收入者的征税比例划分的。“赋税被称为固定比例的、累进的或累退的，取决于它从高收入者那里征收的收入比例是等于、大于或小于它从低收入者那里征收的收入比例”①。按照这种标准，固定比例税，是每个人都按同一比例纳税；累进税是使高收入者按比低收入者收入的较大比例来纳税；累退税则是低收入者按比高收入者收入的较大比例纳税。萨缪尔逊认为，个人所得税肯定是累进税；销售税大部分是累退税，但对高档消费品征收的则是累进税；遗产税即使是比例课征，也极有可能是累进的。

直接税和间接税的划分，则是根据税收对人们负担的影响来确定的。“直接税系向人民直接征收的税（如所得税、遗产税、人头税）”②；“间接税通常是对物品和劳务所征收的税，从而对人仅有间接的影响”③。销售税、烟草税、关税、周转增值税等属于间接税。

萨缪尔逊指出，人们通常把直接税和累进税联系在一起，把间接税和累退税或比例税联系在一起，但也有许多例外。譬如，人头税就是累退性很强的税，而对名牌白兰地酒征收的间接税则很可能是累进的。

（三）税收原则

所谓税收原则，是指国家确立税收制度、制定税收政策、分配税收负担所应当遵循的基本准则和规范。萨缪尔逊在税收原则问题上没有提出不同于传统学派的理论标准，而是注重将符合凯恩斯主义要求的某些

---

① 萨缪尔逊：《经济学》上册，商务印书馆 1979 年版，第 231 页。

② 同上，第 232 页。

③ 同上，第 232 页。

税收原则，用于分析、指导现实中的政府财政活动。

在萨缪尔逊看来，理想的税收原则主要有两个，即利益原则和牺牲原则。按照利益原则的要求，不同的人应该根据他们能够从政府活动中期望得到的‘利益’大小而纳税；牺牲原则则要求，“赋税的安排应该能够形成受市场决定的收入的再分配，而这种再分配又被一个好的社会认为是公平合理的”①。他认为，这两项原则都很重要，但在决定税收制度中，却面临如何选择的困难。“这些一般性的原则是重要的，但是，要决定究竟什么是理想的赋税制度，它们并不能避免选择上的困难”②。而且，他认为，利益原则和公平原则在如何公平纳税问题上，也缺乏有力的说明。“关于利益和牺牲的一般哲学原则，同样地不能回答什么是最好的纳税方案这一问题。它仍然没有回答这样一个问题：应该以多大的不同程度去向具有不同收入的人征收税款？”

萨缪尔逊指出，税收原则的取舍应该结合现实，综合分析运用。他认为，现代混合经济中，实际上采取的是一种折中办法，“它考虑到了一些利益原则，又考虑到一些牺牲和再分配的原则”，而且“也考虑到施行的方便和政治后果，以及经济生活中的现实”。根据这些观点，他提出在现代经济中，税收制度应包括累进税和比例税，以利于实现税收公平目标。

（四）各税种效应分析

萨缪尔逊依据他的税收原则观和税收分类见解，对美国税制体系中各主要税种课征所产生的经济效应进行了具体分析。

1. 个人所得税

个人所得税是最为典型的累进税。“个人所得税分为各种等级，收入越多，征收的比例越大，从而是累进的。”他指出，美国联邦政府的最大税种就是个人累进税，许多州也征收该税。“美国所得税在总税收中的比重大于几乎任何的其他国家”，但这并不是由于税率高，而主要

① 萨缪尔逊：《经济学》上册，商务印书馆 1979 年版，第 229 页。

② 同上，第 230 页。

是因为美国一般公民的收入较高，“以致于我们较低的税率能够产生相对多的税收”。他认为，个人所得税存在的问题，要是避税造成税收损失和分配不公平，但它具有较强的收入再分配作用，所以，萨缪尔逊主张征收这种累进的所得税。“除了漏洞和纳税标准的破坏以外，个人所得税是累进的，具有把收入从富人那里再分配给穷人的倾向”①。

2. 公司所得税

萨缪尔逊主张征收公司所得税，“当公司付清了一切开支并且计算出它的年收入以后，它必须把收入的一部分缴纳给联邦政府”。公司所得税也是美国主要税种，“联邦政府的大致五分之三来自个人所得税和公司所得税”。公司所得税与个人所得税的不同，在于它既具有累进性，又有累退性。“一方面它是‘累进的’，因为有待分配的股息大部分会发给中等收入以上的人。但是，就公司能以抬高价格的方式把该税转移给消费者而论，对于企业利润所征课的税归根结底会是累退的或固定比例的”②。

3. 销售税和货物税

销售税是对一般商品征收的税，由州政府征收。美国联邦政府则对某些选择商品征收货物税。销售税和货物税都是按比例征收，除了对奢侈品征收的税可能是累进的以外，这两种税都具有累退性质。“对非奢侈品所征取的是一种累退税，从低收入中拿走的部分比从高收入中拿走的要多。”

4. 薪工税

在美国，薪工税即社会保险税，是社会保险制度的支柱。现代社会中，社会保险制度非常重要，“雇员们有权每月得到一定数量的老年退休金，取决于他们过去的所得，而不取决于令人感到羞耻的贫穷状态”。萨缪尔逊认为，薪工税具有较大的累退性。“就其本身而论，在对穷人和中等阶级的影响上，薪工税是累退的，但是，如果把它和社会保险的津贴联系在一起看，累退的程度大为缩小”③。

---

① 萨缪尔逊：《经济学》上册，商务印书馆 1979 年版，第 250 页。

② 同上，第 233 页。

③ 同上，第 234 页。

5. 财产税

财产税属于地方税收，约占美国州地财政总收入的一半以上。财产税主要向不动产——土地和建筑物征取。每一地区规定一个年税率。萨缪尔逊分析说，一般来说，财产税应当是累进的，但这种累进性主要是针对财产本身而言的，尤其在个人收入和财富与不动产有关时，累进性比较明显。但是，现代社会中个人的大量财富和收入与不动产没有关系，通俗地说，就是收入水平不都体现在不动产上。那么，财产税相对于收入而言，就很可能是累退的，即收入多的人缴纳财产税不一定多，因为他并不购买土地和房产等不动产；而收入较少的人缴纳财产税占其收入的比例，可能还要高一些，因为他拥有不动产。

6. 遗产税

萨缪尔逊与汉森的观点不同，他主张征收遗产税，认为遗产税是累进的，具有较大的再分配作用。"对于继承亡故亲属和朋友遗产的个人征收遗产税是无须解释的。"而且，对赠与也要征税，以补充遗产税，防止纳税人生前转移财产而逃避遗产税义务。"馈赠也要纳税，因为，富人们理所当然地想在死去以前，把财产分掉以便逃避纳税。"萨缪尔逊赞同凯恩斯的观点，认为征收遗产税十分重要，"因为它可以避免形成一个永远有钱的阶级，不劳而获，凭借着世代相传的遗产过活"。另一方面，他也指出，现代西方国家的财产分割制度、信托基金等，使人们得以合法避税，大量减少了遗产税收入。

（五）税收归宿

萨缪尔逊十分重视税收归宿问题，认为它是税收经济效应分析的核心问题。"赋税的归宿就是它最终由谁分担以及它对价格和其他经济范畴的总的影响。""我们不能认为，由于议会声称对某人征收某一种税，这个人便实际上缴纳这种税。他有可能把该税转嫁出去：根据税的大小而提高他的价格，从而'向前'转嫁给他的顾客；或者'向后'转嫁给他的供应者"①。

---

① 萨缪尔逊：《经济学》中册，商务印书馆 1979 年版，第 16 页。

在税收归宿问题上，萨缪尔逊继承、发展了新古典学派的税收思想，认为影响税收归宿的因素，主要是供给和需求弹性，他说："赋税的负担是会向后完全转嫁给作为法定付税人的生产者，还是会向前完全转嫁给消费者？答案只能从供给与需求曲线的分析中得到"[①]。萨缪尔逊用图示来说明供求弹性对税收归宿的影响（见图 8－3）。

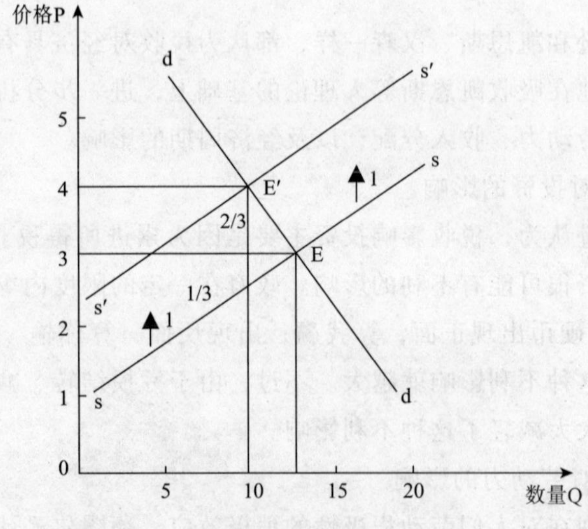

图 8－3　1 元税款对竞争性价格和产量的影响

图 8－3 中横轴是商品数量，纵轴是商品价格，ss 是供给曲线，dd 是需求曲线，s′s′是供给曲线的移动线。E 是供给曲线和需求曲线相交的均衡点。萨缪尔逊分析：一元的赋税使 s′s′移动到与之相平行的 s′s′与 dd 相交于新均衡点 E′。在该点上，消费者所支付的价格比原有的 E 点高出 2/3，而生产者所得到的价格比原有的要小 1/3，在这里，消费者负担税款的 2/3，生产者负担税款的 1/3。

萨缪尔逊分析得出结论：当需求弹性非常不足时，税收负担向前转嫁给消费者；与需求弹性比较，当供给弹性更加不足时，税收负担向后转嫁给生产者。

萨缪尔逊还认为，征税虽然会使价格发生变动，但由于供求弹性变

① 萨缪尔逊：《经济学》中册，商务印书馆 1979 年版，第 16 页。

化导致税负发生转嫁，故征税对价格的影响不会进一步提高。因为“如果价格较高，消费者将购买较少的数量。这种情况的出现是理所当然的，因为生产者由于得到的价格较低也供给较少的数量。……从而价格不会发生进一步的变动”①。

（六）税收对经济的影响

萨缪尔逊和凯恩斯、汉森一样，都认为税收对经济具有极为重要的影响作用，他在吸收凯恩斯等人理论的基础上，进一步分析了税收对消费、投资、劳动力、收入分配，以及经济周期的影响。

1. 税收对投资的影响

萨缪尔逊认为，税收影响投资主要是因为累进所得税。“累进税对冒风险的投资很可能有不利的影响。政府在一定的限度内等于向纳税人说：‘如果掷硬币出现正面，算我赢；出现反面，算你输’”②。累进的程度越大，这种不利影响就越大。不过，由于亏损结转、减免税措施的采用，又会大大减轻了这种不利影响。

2. 税收对劳动力的影响

主要表现在对人们劳动积极性的消极效应。萨缪尔逊认为，这种影响不太好把握。因为“赋税会使某些人工作得更加辛苦一些，以便争取他们自己的百万元。”但另一方面，又会使一部分人减低劳动的欲望和积极性，“还有一些人，由于累进税的原因，宁可要更多的闲暇，而更少的工作”，因此，这方面的影响，“总的趋向是较难衡量的”。

3. 税收对收入分配的影响

税收可以调节收入分配，主要是通过累进发挥作用的。“所得税在一定的程度上减少可支配收入的不平等”。累进课征的所得税，对不同的阶级和集团征收不同数量的税收，“在这种情况下，政府不是显然在改变各个阶级赖以购买面包、汽车和其他物品的纳税后的可支配收入吗？”③

---

① 萨缪尔逊：《经济学》上册，商务印书馆1979年版，第19页。

② 同上，第240页。

③ 同上，第219页。

萨缪尔逊运用洛伦茨曲线来说明累进税对收入分配的影响（见图8－4）。

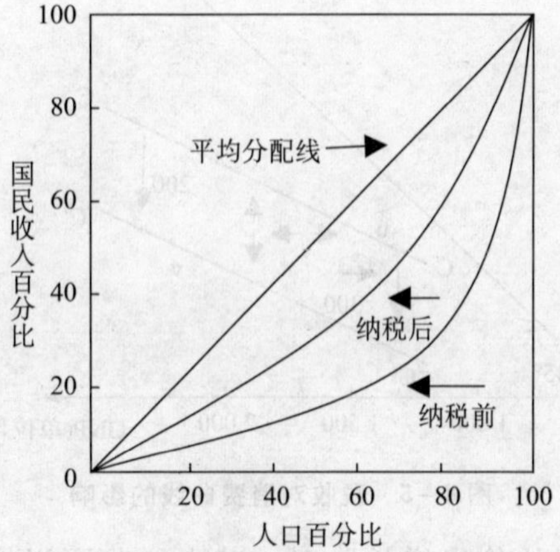

图 8－4　累进税对收入不平等的影响

图 8－4 表明，课税以后，实际分配线更加接近于平等分配线，使税后收入分配趋向于比较公平。“洛伦茨曲线所表明的不平等的面积已经缩小，累进税已经把曲线移动到比较接近于45°平等线的地方”①。

4. 税收对消费的影响

萨缪尔逊以图 8－5 说明税收对消费曲线及进一步对国民经济的影响。他分析说：“增加税收意味着我们的实际可支配收入将降低，而可支配收入的降低又使我们减少消费支出。很明显，如果投资与政府开支的数量不变，那么，消费支出的减少会降低国民总产值与就业；或者，如果通货膨胀的缺口已经存在，新增加的税收将有助于消除缺口，从而消除过多的价格增长”②。

图 8－5 说明，如果投资（I）和政府支出（G）不变，税收（T）的增加，会减少可支配收入，从而减少消费并且使消费曲线（CC 曲线）向下移动到 C′C，曲线，从而使均衡的 GNP 下降（图中的 uv 表示 CC 线向右移动到 C′C′线）；还说明，增加税收可以减少消费，在通货

① 萨缪尔逊：《经济学》上册，商务印书馆 1979 年版，第 238 页。

② 同上，第 345 页。

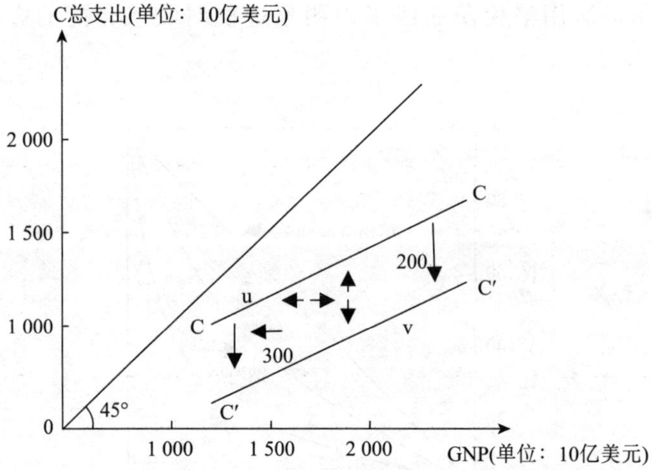

图 8－5　税收对消费曲线的影响

膨胀能抑制“过多的价格增长”时，减少税收可以增加人们可支配收入，从而增加消费，“有助于萧条经济的回升”。

5. 税收对经济周期的内在稳定器作用

萨缪尔逊根据经济周期波动理论和现代收入决定论，认为税收是影响经济波动的重要参数。首先，从加速原理来分析，收入变动比率影响投资变动比率，而税收对收入是有较大影响的，从而会进一步影响到投资的增减和国民经济发展趋向。其次，现代收入决定论认为，税收是社会总供求关系式中的重要因素，它的增减变动直接影响着供求均衡条件，从而对经济周期发生影响。最后，由于税收对经济周期的形成有一定影响，它在调节周期波动方面具有“内在稳定器”作用。

萨缪尔逊在税收理论方面最具特色的贡献，是他提出了税收“内在稳定器”理论。他认为，税收在“熨平”经济周期波动方面，具有一种自动的内在稳定作用，“我们目前的税收制度是一个有力的和作用迅速的内在稳定器”，这种内在稳定器具有一定程度的“自动伸缩性”：“税收在通货膨胀的时期趋于上升，而在经济萧条时期趋于下降。这是稳定经济活动和减轻经济周期波动的一个有利因素”①。这种自动伸缩的内在稳定器作用是税收本身具有的，它无须任何外界作用即可在一定

① 萨缪尔逊：《经济学》上册，商务印书馆 1979 年版，第 507 页。

程度上发挥，从而自动对经济波动做出一定调整。

税收的这种宏观调节机制，主要是通过累进的个人所得税和实行累进税率的公司所得税来实现的。以个人所得税为例，由于采取累进税率并规定有一定数量的免征额，所以，累进的个人所得税具有“内在稳定器”功能。具体说，当经济发生衰退时，个人收入水平下降，纳税人数减少，适用较高税率的税基缩小，从而导致税收总量自动减少。由于累进税的收入弹性系数 $eT=(\Delta T/T)/(\Delta Y/Y)$ 比较大（通常 $eT>1$），这样税收的减少幅度就会超过个人收入的减少幅度，产生一种抑制力，防止消费和投资需求过度紧缩，减缓经济的萎缩程度。在经济发生膨胀时，个人收入水平提高，纳税人数增加，适用较高税率的税基扩大，从而导致税收总量自动增加。由于累进税的收入弹性较大，这样，税收的增加幅度就会超过个人收入的增加幅度，产生一种拉力，防止消费和投资需求过度膨胀，抑制通货膨胀。

另一方面，萨缪尔逊也指出，税收的内在稳定器作用还不足以完全消除经济波动，还需要运用其他税收手段进行“相机抉择”的调节。“内在稳定器是我们的第一道防线，它们的作用不足以维持完全的稳定。”“内在稳定器的作用在于减少经济制度的任何波动的一部分，它不能百分之百地消除波动。消除它所留下来的波动是斟酌使用财政和货币政策的任务。”[①] 这种“斟酌使用”的财政政策就包括“相机抉择”使用的其他税种、税率手段。“税率的变动也可以用来控制通货膨胀的缺口和长期的商情不振。”“如果具有充足的理由来认为衰退是短促的，暂时降低所得税率可能是一个很好的方法，以避免可支配收入的下降，从而避免衰退的扩大。”[②] 萨缪尔逊认为，对于短期衰退的刺激，运用变动税率的办法，要比其他财政政策如公共工程支出增加、转移支付扩大等更为有效和及时，因为扩大支出需要物资上的准备时间。当然，他也承认，变动税率也会面临一定困难，也有一定的时间滞后性。

① 萨缪尔逊：《经济学》上册，商务印书馆 1979 年版，第 508 页。

② 同上，第 511 页。

第五节
琼·罗宾逊的税收思想

琼·罗宾逊（Joan · Robinson，1903—1983 年），英国著名经济学家，1925 年毕业于剑桥大学，1926 年与当时剑桥大学讲师且同是当时著名经济学家的奥斯汀·罗宾逊结婚。婚后去印度，三年后重返剑桥大学执教，1965 年开始担任剑桥大学教授。1973 年退休后转任剑桥大学名誉教授，仍积极著书立说，活跃于西方经济学界，一直到 1983 年去世。一些西方学者称她是“有史以来唯一的一位在经济学理论方面不断取得杰出成就的女性，有史以来女性之中最伟大的经济学家”。

琼·罗宾逊是后凯恩斯学派的另一分支——新剑桥学派领袖人物。早在凯恩斯发表《通论》以前，琼·罗宾逊就以《不完全竞争经济学》（1933 年）一书而闻名于西方经济学界。凯恩斯的《通论》发表后，琼·罗宾逊积极追随凯恩斯，是凯恩斯经济学说积极倡导推行者。她一生著述很多，1933 年出版第一部著作《不完全竞争经济学》，被认为奠定了现代价格理论的基础；1937 年出版的《就业理论导论》和《就业理论文集》，被认为是理解凯恩斯理论较好的入门书；1956 年出版的《资本积累论》，将古典的价值理论与凯恩斯的储蓄——投资理论结合起来，建立起一个新型增长模型；1962 年出版了《经济增长论文集》，对经济失调的类型进行了深入分析，揭示资本主义经济不能稳定发展的原因；1923 年出版了《现代经济学导论》（与约翰·伊特韦尔合著），试图建立一种与西方正统经济学明显不同的另一种“新”经济学。琼·罗宾逊对马克思主义的研究，并不像当时西方许多学者那样持否定态度，她对马克思经济学的客观评价，以及主张实行收入均等化经济政策，使她在西方经济学界博得“凯恩斯左派”之称。琼·罗宾逊对西方经济学理论做出了积极贡献，在西方经济学界赢得广泛赞誉和尊敬，就连她在理论方面的竞争对手萨缪尔逊，也对她未能获得诺贝尔经济学奖而感到难以理解和遗憾。

一、琼·罗宾逊的基本经济思想

琼·罗宾逊在经济理论方面的建树很多，其中最为杰出、最具代表性的，是她的收入分配理论和经济增长理论。

(一) 收入分配理论

收入分配理论是新剑桥学派经济理论的核心，是在与新古典综合派的分配理论进行争论，并在自己的价值理论基础上建立的。

琼·罗宾逊是新剑桥学派收入分配理论的主要倡导者。她认为，收入分配首先依赖于经济增长率，“从历史看，剩余占有人和非剩余部分收入占有人之间的收入分配取之处于制度因素，而此种分配的变动则依赖着经济增长率的变动”[①]。她指出，收入相对份额的大小，在一定的收入水平条件下取决于利润率水平，而利润率水平是与生产一定的物质技术条件联系在一起的。“经济社会的活动决定综合的利润率而不是工资水平。因此，工资份额变成一种剩余，它取决于技术条件。”[②] 也就是说，工资和利润在既定的国民收入中呈相反方向运动，利润率越低，工资所占的比重就越大；利润率越高，工资所占的比重就越小。

其次，收入分配形成的结局具有客观的、物质的基础，它取决于历史的因素和劳动力市场的条件。罗宾逊认为，货币工资率在很大程度上是不依赖于实际工资率而自行变动的，它取决于历史形成的工资水平、劳动力市场条件等外部因素。“任何国家的货币工资水平在任何时候多少都是一个历史的偶然，渊源于遥远的过去，并受着左右劳工市场雇主和工会之间力量对比的那些近来事件的影响。[③]” 实际工资率变动与利润率、商品和货币的流量有关。罗宾逊始终强调，利润（指股息和资

---

① 琼·罗宾逊：“凯恩斯革命的结果怎样”，载《挑战》杂志 1974 年 1—2 月号。

② 琼·罗宾逊：《现代经济学导论》，商务印书馆 1982 年版，第 243 页。

③ 琼·罗宾逊：“凯恩斯革命的结果怎样”，载《挑战》杂志 1974 年 1—2 月号。

本收益）是资本占有者凭借财产所有权而取得的不劳而获收入，工资和利润的分配是不合理的。

罗宾逊反对新古典学派的边际生产力理论，认为它不能正确说明资本主义社会收入分配的现实情况。萨缪尔逊等人根据新古典学派的边际生产力理论，认为资本家为生产提供了资本，工人为生产提供了劳动，大家都为生产做出贡献，因而在分配收入时，资本家得到利润或利息，工人得到工资，各尽其力，各取其酬，是公平合理的，不存在剥削。罗宾逊坚决反对这种理论，认为这种循环推理不能说明社会收入分配的现实。“这种论证是再来一次循环推理。除了工资本身之外，边际产品的任何衡量标准是不存在的。”① 她认定在资本主义条件下，没有“公平合理”的收入分配格局。

（二）经济增长理论

新剑桥学派为了进一步说明收入分配的格局，提出经济增长理论。罗宾逊着重考察了随着经济增长，分配结构将有怎样的变动趋势，并将经济增长过程和收入分配联系在一起进行分析。在此基础上提出了她的著名经济增长模型：

$$\pi = \frac{g}{Sp}$$

式中，π 表示资本利润率，g 代表经济增长率，Sp 表示资本家的储蓄倾向。该模型表明，利润率与资本家的储蓄倾向成反比，在技术条件不变的情况下，随着经济增长率的提高，利润率就会提高。琼·罗宾逊从她的经济增长模型的分析中得出三点结论：

第一，在其他条件不变时，经济增长率越高，利润率就越高，利润占国民收入的比重就会增大，工资收入所占比重就会降低。因此，随着资本主义经济发展，国民收入分配将越来越有利于资本家，而不利于工人阶级。

第二，这种收入分配的不平等，正是资本主义社会种种弊病的主要

① 琼·罗宾逊：“经济论的第二次危机”，载《现代国外经济学论文集》第一辑，商务印书馆 1987 年版，第 18 页。

原因。因此，改进收入分配格局是资本主义社会的首要问题。

第三，解决资本主义社会问题的主要途径不是经济增长，而是实现收入均等化。罗宾逊认为，经济增长不仅会造成污染、通货膨胀等问题，不仅使工人的收入在国民收入中所占的比例相对减少，而且还造成绝对贫困问题。她说，“不仅主观上的贫穷绝没有因经济增长而被克服，而且绝对贫困还因经济增长而增大”①。

琼·罗宾逊关于收入分配和经济增长的理论，既体现出新剑桥学派的理论特色，同时也成为她关于税收问题的思想基础。

二、琼·罗宾逊的税收思想

（一）税收的目的和意义

在罗宾逊看来，税收是一个极其重要的问题，“国家对经济事务主要关心的是赋税”。她引用斯密的话说，一个政治家或立法者，应当确定两个目标：一个是为人们提供充足的收入和生活，另一个是为国家或社会提供充足的财源，以满足政府职能的需要。税收就是国家筹集财政收入的手段，征税的目的一是满足政府财政需要，“筹款以应付开支”；二是为着实现公共政策目标，“把需求从私人目标转向公共目标”。

罗宾逊同时也指出，税收会产生某些副作用，如引起不满和逃避税收。一切赋税都产生反常情形和不满情绪，大部分赋税会发生有害的副作用。要筹措的收入总额越大，上述情况就越糟糕。有些赋税还会产生意料不到的副作用，譬如对企业利润和高额收入的课税，使得帮助纳税人尽量减轻纳税义务的会计师和法律顾问们的整个行业都兴隆起来了②。

虽然税收存在着这些副作用，但罗宾逊认为，由于课税的必要性和

---

① 琼·罗宾逊：“经济论的第二次危机”，载《现代国外经济学论文集》第一辑，商务印书馆1987年版，第13页。

② 琼·罗宾逊：《现代经济学导论》，商务印书馆1982年版，第269页。

税收的目的性，税收在现代社会中是不可缺少的，人们也逐渐接受和适应了。一切种类的赋税都被认为是一项负担，并被人们憎恨为不公平的，不过，一旦一种赋税制度建立起来，思想和习惯是会适应它的。因此有一个说法，叫作越老的税就是越好的税。①

（二）税收的社会政策作用

罗宾逊在其收入分配论基础上提出，税收是改变收入分配不公问题的重要手段，运用累进税和对奢侈品征重税等手段，可以体现政府的社会政策。她指出，“赋税涉及重大的社会政策问题”。“普通接受的原则是，赋税应是累进的，对较高收入征收的比例较大，对人们认为是奢侈品的东西征税而不对必需品征税。”② 她认为，累进税制能对财产所有权的不平等发生直接影响，“而财产所有权的不平等则直接或间接的是收入不均的主要根源”。

罗宾逊进一步分析了直接税和间接税的社会政策效应问题。她认为，对收入或财产征收的直接税，比对生产或销货征收的间接税要优越，因为直接税多是累进课征，尤其是所得税和高额财产税，可以使财产所有权的分配趋于平等。所以，她极力主张对高收入者课以较高的所得税和财产税，同时对奢侈品消费课重税，而对必需品实行免税或轻税政策。

罗宾逊主张对遗产课以重税，实行没收性的遗产税。按照罗宾逊的收入分配理论，资本家获得的利润或利息，属于不劳而获所得，而食利者阶层更是靠继承大量遗产致富，形成一个永远富裕的阶层，所以，应当以重税加以限制。她说：“英国赋税制度的哲学是以勤劳所得与不劳而获，也就是以劳动收入与财产收入的区别作为根据的”③。对勤劳所得应当轻税加以鼓励，对不劳而获须课以重税，以遏制其增长，这才是实现收入均等化的途径。罗宾逊指出，财产收入是不劳而获，“一般食利者家属有对财产的独立要求权，这些是靠继承权、现在一代的储蓄、

① 琼·罗宾逊：《现代经济学导论》，商务印书馆1982年版，第266页。

② 同上，第267页。

③ 同上，第252页。

投机与运气，或像马歇尔所说的‘靠任何其他道德的或不道德的、合法的或不合法的手段’获得的。许多巨额私人财富最早要追溯到地产，如从封建时代遗传下来的财富或发现石油的结果”[①]。对这种不劳而获的收入，政府应当以重税加以限制，消除私人财产的大量集中，同时政府可将这笔税收用于社会公共目标和改善低收入贫困阶层的状况，改变“财富和收入分配不均倾向”。

当然，罗宾逊也注意到，税收在改变收入分配不均倾向方面所推行的上述社会政策，在实际生活中也不尽成功。首先，她承认累进税制的结果并不理想，“在像英国这样一些国家实行了几十年的税制，从字面上看好像非常累进，但它对财产所有权的不平等只发生了微小的影响，而财产所有权的不平等则直接或间接地是收入不均的主要根源”[②]。其次，她认为“社会政策同国库发生许多小的矛盾”。以烟草课税为例，“恰像一个垄断者在需求没有弹性的场合可以抬高价格来获取更多收益一样，财政大臣总能指望对香烟增税来获得更多的收入。当人们发现抽烟对健康有害时，政府就难以全心全意支持一个消灭抽烟的运动了”。[③]

尽管如此，罗宾逊坚持认为税收的社会政策是必要的，而且比财政收入政策显得更为重要。因为“政府政策不可能有‘纯经济’问题的，它不可能摆脱更广泛的社会和政治问题而严格地单单根据经济考虑来进行探讨”。[④]

（三）税收对有效需求的影响

罗宾逊认为，税收对有效需求有一定影响。“财政政策的第二个方面——赋税，也是影响有效需求的一个工具。”她用公式分析了这种影响，即

$$(S+t)\ y=I+G$$

式中，S 表示储蓄在总收入中所占的比例，t 是按特定税率缴纳的

① 琼·罗宾逊：《现代经济学导论》，商务印书馆 1982 年版，第 254 页。

② 同上，第 266 页。

③ 同上，第 267 页。

④ 同上，第 270 页。

税额在总收入中所占比例，y是一年国民收入，I是全年投资，G是政府支出。根据这一公式，在投资和政府支出不变的条件下，假设税率提高（t加大），则必然减少国民收入（y减小）。因为较高的税率限制了消费，减少了有效需求；同时，t加大，意味着S减小，降低储蓄也影响投资，从而也减少有效需求，导致国民收入下降。反之，如果降低税率，情况则发生相反的变化。

由于税收影响有效需求，罗宾逊赞同适当采用减税政策。减税是刺激住户支出的一个方法，由于增加当前销售额，这也助于鼓励投资。但是，她认为，减税应当是削减低收入者的税收，使减税在刺激需求、扩大就业的财政政策和减少贫富不均现象的社会政策这两个方面，实现有机结合。"要施加最强大的影响是削减最低收入的赋税。按比例的削减使最高收入的人们获得最大的利益，于是，减税一般是部分地消耗在增加储蓄上面。"[①] 只有减少最低收入者的税收，才会最大程度刺激消费，从而提高有效需求。如果只是按照同一比例减税，就会使高收入的人将减税后的一部分收入转到储蓄上去，而不是全部用于增加消费，削弱了减税对刺激有效需求的影响。

第六节 马斯格雷夫的税收思想

理查德·阿贝尔·马斯格雷夫（Richard Abel Musgrave，1910—2007年）。20世纪美国著名经济学家。马斯格雷夫出生在德国的柯尼希施泰因，于1930年在慕尼黑大学开始经济学研究。1937年从哈佛大学获得经济学博士学位后留校工作至1941年。他先后在美国密歇根大学、霍普金斯大学、普林斯顿大学、加州伯克利大学担任教职，1966年他重返哈佛大学，讲授财政学、税收政策与经济发展和税制改革，直到

① 琼·罗宾逊：《现代经济学导论》，商务印书馆1982年版，第379页。

1981年退休。他去世前一直是哈佛大学的荣誉教授。马斯格雷夫还曾创办并主编了《经济学季刊》，当选1962年度美国经济协会副会长，1978年被评为该协会杰出研究员。1978年任国际公共财政学会名誉副会长。美国《国家税务杂志》（National Tax Journal）以他的名字命名了青年学者奖。马斯格雷夫曾多次担任美国政府及玻利维亚、波多黎各、韩国等国政府的经济顾问。

关于马斯格雷夫对当代财政学及其税收理论发展的最大贡献，美国经济研究局局长、哈佛大学教授、也是作为学生的马丁·费尔德斯坦（Martin Feldstein，1934年—）曾经这样评价道："马斯格雷夫是在20世纪50年代和60年代将经济学从描述和制度性的课题转化成了使用微观经济学和凯恩斯宏观经济学的工具来了解税收影响的课题的第一人"[①]。他将税收问题与宏观经济学、微观经济学、公共部门政策、政治决策理论等融为一体，极大地拓宽了税收理论的研究领域。马斯格雷夫的主要财税著作包括：《公共财政理论》、《财政制度》、《财政理论和实践》、《哥伦比亚的财政改革》等。特别值得一提的是，据说耗用了他将近20年学术研究精力写作完成的《公共财政理论》于1958年正式出版，该书成功地将两个世纪以来对税收和政府支出政策的经济分析，与整个经济理论体系有机的结合于一体，它既是一部财政学专著，又是一本财政学教科书。后来出版的《财政制度》（1969年）和《财政理论与实践》，实际上是对《公共财政理论》的补充和发展。1973年，马斯格雷夫出版了他的《财政理论与实践》，该书随后成为美国和其他西方国家大学广泛采用的财政学教科书，以后又经多次再版，影响巨大。所以，马斯格雷夫被誉为现代财政学的真正开拓者之一，是现代财政学之父。

① 《纽约时代》杂志2007年1月20日。

一、市场经济下税收存在的必要性

一个社会为什么需要税收？这是税收理论的基本问题。马斯格雷夫在论及税收存在的客观必要性时，不同于传统的“利益说”、“牺牲说”或“义务说”，他主要是从市场经济存在缺陷和不足，以及体现分配公平的需要等方面进行论证的。

在马斯格雷夫看来，市场经济国家需要税收，首先是因为存在着社会商品（或公共商品）。他将社会的最终消费品分为社会商品和私人商品两大类，其中，私人商品是供私人消费的，社会商品是满足社会公共需要的。私人商品具有排他性，它的生产经营可以由个人的需求偏好来决定，因此，纯市场法则可以解决私人商品的生产供给。相反，社会商品则是非排他性的，其供给无法用市场规则来决定，只能依靠国家权力强制性筹措生产费用。换言之，在市场经济条件下，需要依靠税收来为政府筹集公共产品的生产、供给经费。

其次，政府需要运用税收手段调节分配不公平问题。在市场经济中，分配是通过资本、土地、劳动力等要素市场的价格机制来实现的，并决定资本家、工人、土地所有者的收入分配数额。但是，这各分配机制导致的结果并不一定公平，它会造成社会成员之间收入差距过大，并引发许多社会矛盾。因此，国家必须运用税收等手段进行强制性的再分配，如运用个人所得税等从社会中的一部分人手中取得收入，然后再通过财政支出转移给另一部分人，以保证社会分配公平。

最后，马斯格雷夫认为，市场经济存在着经济失衡和发生危机的风险，一旦市场机制失灵，不可自动实现充分就业目标，甚至出现经济失衡、爆发危机，靠市场机制是难以避免的。在这种情况下，国家就需要运用包括税收政策在内的各种手段，进行必要的调节和干预，确保经济稳定运行。“实现稳定职能的最适当工具是由税收水平的增加或削减所提供。”[①]

二、政府征税的作用

在市场经济条件下，社会不仅需要税收，而且，在马斯格雷夫看来，税收在现代经济活动中正在发挥着愈来愈重要的作用。主要包括资源配置作用、收入再分配作用和经济稳定作用。

税收的资源配置作用，主要是指政府通过征税，可以为社会商品的供给筹集资金，并影响消费倾向，从而改变私人部门的资源配置。从筹集社会商品的生产供给资金来看，政府有目的的税收政策可以协调社会商品和私人商品的供给关系。因为“社会货物的利益既然人人都可以均沾，消费者当然不会自愿向其他供应人付款。生产者和消费者之间的联系中断了，因此，政府必须介入，以便供应此类货物”[②]。从影响私人部门的资源配置来看，政府课税可以影响私人收入水平，从而影响人们的消费倾向，进而影响投资需求并改变资源配置。正如马斯格雷夫指出的，政府“可以通过税收的变化来提高或降低私人消费水平。”“还可以通过税收的变化来提高或降低私人投资水平。”

在凯恩斯主义经济学家中，马斯格雷夫与新剑桥学派的代表人物罗宾逊、卡尔多一样，十分看重分配问题，他指出，“在公共政策的决定中，分配问题却是一个主要的（往往是唯一主要的）长期争论之点”。同时，他也十分看重税收对收入分配的调节功能，因为税收的强制性征收，使市场机制下形成的高收入者多负担税收，低收入者少负担税收，从而使税后收入分配趋向公平。马斯格雷夫主要从三个方面分析了税收的这种再分配功能。“在各项不同的财政手段中，实现再分配的最直接的手段为：（1）税收转移方案，即对高收入家庭课征累进所得税，与对低收入家庭给予补助金二者相结合的办法；（2）用累进所得税的收

---

① 马斯格雷夫：《财政理论与实践》，邓子基、邓力平译校，中国财政经济出版社 2003 年版，第 471 页。

② 同上，第 17 页。

入，为诸如公共住宅之类，特别使低收入家庭获益的公共服务提供资金；（3）对大多由高收入消费者购买的货物进行课税，与对主要为低收入消费者使用的其他货物给予补贴二者相结合的办法。”①

马斯格雷夫认为，稳定经济运行、实现充分就业，是市场经济条件下的现代税收必须具备的重要功能。“财政政策的设计，必须旨在保持或努力达到高就业率，适度的稳定物价水平，对外收支的平衡，以及合理的经济增长率等目标”②。他认为，20世纪30年代的主要问题是“有效需求不足”，因此，需要运用刺激需求、实现充分就业的财政税收政策；但是到了70年代“滞胀”时期，就应采取相应的调节政策，灵活运用税收工具，来影响总需求水平。“如果要扩展需求，政府可以增加支出或降低税率，反之亦然。……政策问题就不仅涉及变化的方向，而且是选择恰当的形式和变化的份量”。③

三、税收原则论

马斯格雷夫认为，任何国家的税制是在各种社会经济、政治的综合影响下发展起来的。自亚当·斯密以来，一些经济学家、社会哲学家都根据当时的社会情况，提出了建立最佳税制应当具备的条件要求或指导原则。马斯格雷夫在总结前人思想的基础上，也提出了自己主张的六大税收原则：

1. 税负分配应当公平。即每个人应支付他的“适当的份额”。

2. 选择税种要以便尽量不影响有效市场的经济决策。即要把税收的“超额负担”减少到最低程度。

3. 如果税收被用于其他目标如刺激投资，必须使对税制公平性的干扰达到最小。

① 马斯格雷夫：《财政理论与实践》，邓子基、邓力平译校，中国财政经济出版社2003年版，第23页。

② 同上，第23页。

③ 同上，第26页。

4. 税收结构应有利于实现以经济稳定和经济增长为目标的财政政策。

5. 税收制度要有助于纳税人理解，应实行有效而非专断的管理。

6. 税收管理和征纳费用应在考虑上述原则的基础上尽可能减低。

马斯格雷夫认为，这些原则可以作为评定税收结构质量的主要标准。当然，在实际的税制立法过程中，上述目标不一定能达成完全一致，当有些目标之间存在矛盾时，应该做出权衡选择和必要调整。

除了以上六项原则之外，马斯格雷夫还主张，最优税制的设计，还应考虑以下五个方面的因素：一是选择社会愿意采纳的公平原则；二是了解获取收入的能力在全部人口的分布情况；三是减少税收的超额负担；四是考虑劳动者的行为方式，尤其注意税收对就业与闲暇替代关系的影响；五是注意将税收与有效率的财政支出政策相结合。

关于马斯格雷夫的主要税收思想或理论观点，除了以上介绍的内容以外，马斯格雷夫还以美国税制结构为“样本”，对个人所得税、公司所得税、社会保险税、销售税、财富税、遗产税等各主要税种进行了较深入的分析，并讨论了税收管理体制、国际税收协调等有关问题，其中许多观点和建议，对于研究税制发展规律、完善各国税制，都有借鉴价值。

四、税制体系论

如前所述，马斯格雷夫对于现代税收理论的最大贡献，就是他在西方经济学界第一次运用宏观经济学和微观经济学的工具，对税收与经济的内在关系，以及税收运行的经济效应，做出了深入解析和直观描述。这一贡献突出地体现在由他提出的“经济循环课税图”中。

马斯格雷夫指出，一国税制体系运行由两大部分构成：一是在资金流转过程课征的税收体系；二是对财富持有与转移课征的税收体系。

所谓资金流转课税，就是在经济活动的收支流转中所征收的税收。马斯格雷夫认为，财政是经济循环中的一个因素，政府通过税收、规费、公债等收入形式取得财政收入，并把这些收入用于财政支出。税收在经济循环过程中，如何参与和影响经济流转呢？马斯格雷夫用“经济流转过程中公共部门和私人部门收支循环图”（图8-6）和“经济循环课税环节图”（图8-7）来说明税收和经济之间的相互关系。

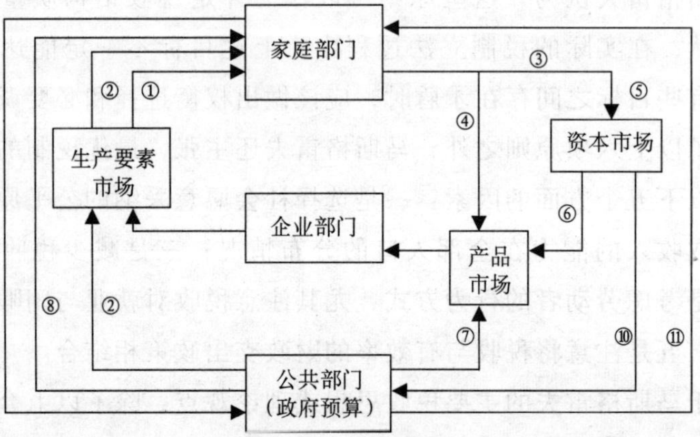

图8-6　公共部分和私人部门经济流转与收支循环图

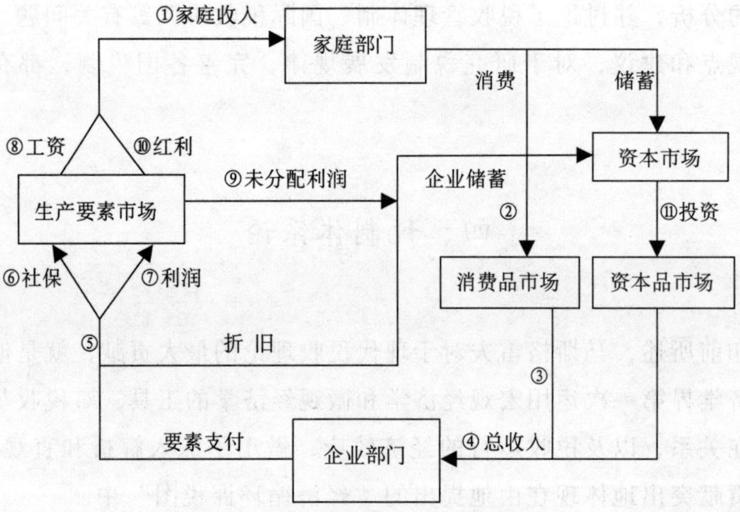

图8-7　经济循环课税节点图

在图8-6中，实线表示私人部门的收入与支出循环，虚线表示公共部门的收入与支出循环。首先，假定社会不存在公共部门，家庭通过生产要素的出售而获得收入①；接着又将收入用于消费④或用于储蓄

⑤；同时，储蓄又成为投资支出的资金来源⑥，储蓄和个人消费一起进入产品市场购买产品，就形成企业收入；企业收入又被作为生产投入，用于购买生产要素。

图8－6中的以上循环，是在假设不存在公共部门时的纯私人部门收支循环过程。当政府参与经济过程之后，生产要素也被公共部门购买②；私人企业的产品既被私人消费者购买，也为政府购买⑦；同时，政府还通过预算对家庭实施转移支付⑧；政府的收入来自税收⑨和借债⑩。

马斯格雷夫指出，私人部门与公共部门的收支循环运动是紧密结合在一起的，“不论在哪一点上征税，或改变不同点上的税收负担，都会对私人部门产生影响。”

马斯格雷夫在分析经济循环过程的基础上，又运用“经济循环课税环节图”进一步解析了政府课税对经济循环过程的影响。图8－7描绘了经济循环运动的过程，以及循环过程中的课税环节点的设置问题。其中，收支循环按顺时针方向流动，生产要素投入和产出按逆时针方向运动（本图未列出）。

从收支循环过程看，家庭获得收入，并用于消费支出和储蓄；消费支出进入消费品市场，储蓄形成投资进入资本品市场，两者又形成了企业的收入；企业收入除部分用于抵补损耗外，其余部分则用于购买生产要素；以工资、红利、利息、租金等形式交付各要素的支付者，转而形成家庭部门收入；留存一部分利润、折旧与企业储蓄一起，用于投资或购买资本品。

在图8－7中，税收如何课征，征税环节如何设置？①是对家庭收入课税，如美国的个人所得税；②是对消费支出课税；③是对商品销售额课税；④是对企业营业总收入课税；⑤是对企业扣除折旧后的收入课税；⑥是对企业征收社会保险税；⑦是对企业利润课税；⑧是对工资收入课税；⑨是对企业未分配利润课税；⑩是对红利股息课税；点⑪是对投资支出课税。由可图8－7可见，税收是内在于经济循环的结构性因素，政府的任何税收政策变动，都将对私人部门的收支运动和经济效果产生较显著影响。

除了资金流转课税以外，税收体系的另一构成部分是对财富的持有和转移的课税。“税收也可以对财富的占有征收，而不是根据现行生产的流转或交易进行。”① 马斯格雷夫认为，税收体系中最为重要的是资金流转课税。财富持有和转移的课税也会产出一定的经济效应，其影响和资金流转课税相类似。其中，对个人财富拥有和转移课税，其影响与个人所得税类似；对企业部门的财富拥有和转移课税，其影响与公司所得税类似。

五、税收分类

为了便于对税收负担和征税效应进行经济分析，马斯格雷夫按照三种不同标准，将政府征收的全部税种划分为对企业课税和对个人家庭课税、对人税和对物税，以及直接税和间接税，并进行了分类分析。

（一）对企业课税和对个人家庭课税

马斯格雷夫基于“经济循环课税环节图”，采用编列税收分类表（见表8－1）的形式，简明扼要地说明了，对企业课税和对个人家庭课税所包括的具体税种，以及这些税种的课税对象及其卖方纳税人和买方纳税人（负税人）等情形。

（二）对人税和对物税

马斯格雷夫指出：“对人税是依据纳税者个人的纳税能力来确定的税收；对物税是对某项活动或某一目的物课征的税收，如对购买、销售或财产所有权征的税收，与销售主或所有者的特性无关。”② 对人税必须对交易的家庭一方征收，对物税可对家庭，也可对企业课征。他认

① 马斯格雷夫：《财政理论与实践》，邓子基、邓力平译校，中国财政经济出版社2003年版，第186页。

② 同上，第187页。

表 8-1　　　　税收分类表

应税对象	对企业征税		对家庭征税	
	纳税人作为买方	纳税人作为卖方	纳税人作为卖方	纳税人作为买方
商品商场的全部商品	营业税 增值税	—	—	支出税
某些商品	烟税	—	—	汽油税
生产要素市场的全部要素	—	增值税	所得税	—
某些要素全部使用	—	雇主社会保险税	雇员的社会保险税 工资税 资本利得税	—
某些要素部分使用	—	公司所得税 地方财产税	—	—

为，对人税与对物税的区分，对于税制公平性很重要，从公平原则看，对人税比对企业课征的税收要“较为优越”。

（三）直接税和间接税

马斯格雷夫认为，有关直接税和间接税划分的标准一直含糊不清。他不同意关于直接对个人或家庭课征的税是直接税的说法，因为“直接税与间接税之间的区别不总是与对人税和对物税之间的区别一致”，他主张，直接税与间接税的划分标准实际上是由立法规定的，“从税收项目的本质考察，实际上它们是由立法规定的，而不是从经济上考虑。在法定规章中，直接税必须建立在对人征税的基础上，而其他税种包括关税、进口税和货物税在内则不是如此”①。

① 马斯格雷夫：《财政理论与实践》，邓子基、邓力平译校，中国财政经济出版社 2003 年版，第 188 页。

第七节
斯蒂格利茨的税收思想

约瑟夫·E. 斯蒂格利茨（JosePh E. stiglitz，1942 年—）是美国当代著名经济学家。1966 年获美国麻省理工学院哲学博士，年仅 24 岁。毕业后在麻省理工学院任教，后又在耶鲁大学、牛津大学、斯坦福大学等多所院校执教，1979 年起在美国普林斯顿大学担任经济学教授，曾获美国经济协会的克拉克经济学奖。斯蒂格利茨是新凯恩斯主义的代表人物，他的《经济学》教科书引发了新凯恩斯主义第四次综合的浪潮，对 20 世纪 70 年代由于“滞胀”而深陷理论危机的凯恩斯主义思想进行了重新表述，打破了新古典综合关于宏观和微观经济学的两分法，利用微观经济学理论解释宏观经济现象，大大推进了凯恩斯主义和新古典综合的理论体系，并帮助和创立了“信息经济学”新的经济学分支。斯蒂格利茨发表论文很多，但著作只有两本：《公共经济学》（1980 年）和《商品价格稳定理论》（1981 年）。

在《公共经济学》一书中，斯蒂格利茨比较系统地阐述了他的税收思想。

一、合意税制的基本原则

税收不可避免地会对人们的经济行为、社会行为产生影响。斯蒂格利茨认为，税制设计一直是一个争议很大的主题，而要设计一个既公平又有效率的税制，更是一个艰难而又复杂的过程。这是由于确实存在一些一般性的原则，来定义一个合意税制的问题。但是，由于这些原则之间本身就是互相矛盾的，要权衡这些不能同时兼顾的原则的重要性，就是公正的人也会有意见分歧。总的来说，一个好的或合意的税制，应当符合以下五个基本原则：

1. 经济效率原则。税制不应是扭曲性的，如果可能，它应该用于促进经济效率。

2. 管理简便性原则。税制应该易于管理，税制的管理和遵从成本应该尽可能低。

3. 灵活性原则。税制应该能够随着经济环境的变化而易于进行调整。

4. 政治责任原则。税制应当是透明的，即税收造成的支付负担应当是清楚的；同时，政治上负责任的税收结构还应是税收变动源于立法结果的税收结构，政府必须不断走到公民面前，接受对其支出是过多还是过少的评价。

5. 公平原则。税制应当是公平的，合意的税制应当充分考虑横向公平和纵向公平问题，即同等条件同等对待，对更能承担税负的人课征较高的税收。这有两层含义：第一，开征具有清晰归宿的税种更可取；第二，开征其表面归宿与实际归宿相吻合的税种更可取。

二、横向公平和纵向公平

斯蒂格利茨对他提出的税收原则中的公平原则，作了比较具体的分析。他认为，公平首先应当是横向公平，“若一税收制度对各有关方面的情况都相同的人公平对待”，就是横向公平。“横向公平的原则很重要，以致于事实上它作为14号修正案（公平保护条款）被写进了宪法。因此，在美国，有种族、肤色、宗教歧视的税一般被认为是横向不公平。”

斯蒂格利茨指出，纵向公平原则要求有能力负担高税赋的人应该多纳税。实行纵向公平，需要确定如何判断谁“有能力负担高税赋”。他认为通常有三种标准，即纳税能力、经济福利水平，以及从政府活动中所获的利益。而衡量纳税能力和经济福利水平的具体标志，是收入和消费。所以，斯蒂格里茨主张以消费作为课税的具体标准，甚至主张以消费税来部分取代所得税。“把消费作为合适的课税标准的一个理由是：它似乎比以人们从经济制度中所得收益作为课税标准更为公平。”

三、税收归宿

斯蒂格利茨认为，税收归宿是公共经济学中最重要和最困难的课题之一。税收归宿是指由谁最终承担了税收。由于工资和价格可能会随着价格而进行调整，税负可以通过“前转”或“后转”来实现税负的转嫁，因此，法定纳税人与实际纳税人可能并不是同一群体，税收归宿与最初税制设计时可能存在较大的差别。

斯蒂格利茨分析了影响税负归宿的主要原因，认为经济是否具有竞争性是税收归宿最重要的决定因素。如果经济是完全竞争性的，那么对商品的课税，无论是对消费者课税或对生产者课税，影响都是一样的，税负最终在生产者和消费者之间的分配比例取决于供给和需求曲线的弹性：更一般地讲，若需求曲线越陡，或供给曲线越平，消费者负担税负就越多；反之，结果相反。而在垄断或不完全竞争市场中，转嫁的税负可能高于100%。这些虽然是沿袭了塞力格曼的税负归宿理论，但斯蒂格利茨把讨论扩展到对社会保障税的影响，进一步论述了所得税性质的税收也会发生税负转嫁问题。这一点是他在税负归宿问题上的发展。

正是由于存在税负转嫁问题，所以有许多表面上看起来差异极大的税种，但从经济学的观点来看却是等价的，或称等价税。所谓等价税，是指如果两组税的税收归宿完全相同，那么就意味着他们在长期中具有完全相同的效应，也就是说是等价的。例如，所得税与增值税，由于国民收入与国民支出必定相同，因此，对所有来源的收入与所有支出课征相同的税率一定是等价的，不对投资免税的增值税对每个生产环节的增加值征税，相当于对所有支出征税，它等价于以同等税率对所有收入征收的所得税。另外，消费税与工资税、消费税与对投资免税的增值税都是等价的。

斯蒂格利茨认为，影响税收归宿的因素，除了市场竞争程度之外，时间的跨度、开放经济与封闭经济，以及政策的搭配变化都会影响税收的归宿。他提出，应当从短期归宿与长期归宿，局部条件下归宿与一般均衡条件下归宿等方面进行深入研究。例如，仅对单一行业征税与对多个行业征税之间存有很大区别，在分析这种涉及很多产业的税收影响时，不能仅局限于被征税的某一个部门，而应对整个经济进行分析。又如，长期需求曲线和供给曲线可能比短期的更有弹性，短期内某行业正在使用的资本很难转移到其他行业，但从长期看，新的投资可以转向其他行业。另外，开放经济中的要素供给曲线更有弹性。

四、最优税收问题

在斯蒂格利茨看来，由于现实世界的复杂性，人与人之间存在明显的差别，在税制设计中，唯有一次性总付税不存在扭曲，是有效率的，但它在实际中是不可能实现。而在现实中可选择的只能是多种税、多税率的税制结构。由于任何税种都有与之相关联的显著福利损失，那么，如何找到某种方式能够使扭曲性税收的损失最小，这就是最优税收需要研究的问题。

斯蒂格利茨认为，现有的关于最优税收的两种观点存在明显的谬误。一种观点认为，一种税的扭曲要好于多种税的扭曲，主张只开征工资所得税。但是，由于单一税的损失与税率的平方成正比，说明多种小税种扭曲可能要好于一个单独的大税种。另一张观点认为，当现实中扭曲不可避免时，经济理论只能是无所作为。而在现实中，次优理论常常关注的是，怎么样在经济特征表现为一些无法被消除的重要扭曲的环境中，制定政府的政策。当扭曲存在时，正确的思路应当是找出我们应当做什么？完成这样的任务并非不可能。

基于此，斯蒂格利茨提出了最优税收理论的目标，即确定所有帕累托效率税制的一些普遍属性是否存在。虽然一次性总付税在所有人都是同质的且课征同等税率的条件下是唯一有效率的税收。但在现实中，由于信息不完全，课征扭曲性的税收是我们渴望再分配收入的必然结果。

所以斯蒂格里茨认为，如果更加注重收入分配平等，就必须以损失经济效率为代价，一国税收制度选择的难点也在这里，即要在平等与效率之间进行选择。若选择得当，就能够实现最优税收的目标。

那么，什么是最优税收？斯蒂格利茨认为，“最优税收就是使社会福利最大化的一种税收。这种税收对平等和效率的选择最好地反映了社会这两个相互矛盾目标的看法”。斯蒂格里茨在“无差异曲线”基础上，设计出最优税收模型（见图8－8）。

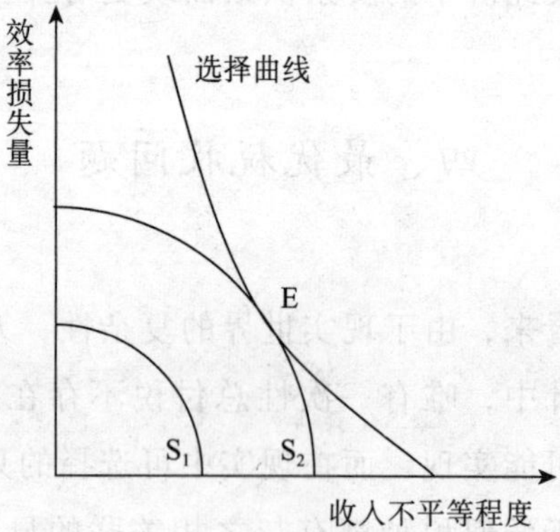

图8－8

在图8－8中，横轴表示收入不平等程度，纵轴表示税收造成的效率损失量。S_1和S_2是两条无差异曲线，E点是无差异曲线与选择曲线之间的切点，表示最佳税收制度。“最佳税收制度的定义是使社会福利水平最大化的税收制度，社会的不平等与效率损失无差异曲线与选择曲线之间的切点E是最佳点。如果不同的社会对不平等的看法不同，不同社会就可能在选择曲线上选择不同的点。”

斯蒂格利茨从美国实践出发，认为实现收入平等与提高经济效率是两个矛盾的目标，“我们可以采用较大幅度累进的税收方法，这种方法把较多的收入用来进行再分配，把纳税负担的大部分加在富裕者头上。这样做的代价是经济效率损失”。他比较倾向福利经济学观点，以社会福利水平衡量税制是否达到最优。认为社会愿意承担较大的效率损失，以换取不平等程度的降低。但是随着不平等程度的降低，社会愿意承受效率损失的容忍量又会逐步减小。因为不平等和效率损失都是我们不愿接受的“劣质品”。在这里，无差异曲线越靠近原点，社会福利水平越高。

基于上述理论，斯蒂格利茨提出了关于有效率的累进所得税的基本原则：(1) 在低边际税率的情形下课征较高的平均税率；(2) 使尽可能少的人适用高边际税率；(3) 对那些具有最少税收扭曲性的人课以最高边际税率。另外，针对商品税，斯蒂格利茨也提出，对不同商品按不同的税率课征差别税是最优税收原则的体现。例如，征收民航机票税等“收益税”，使那些从航空旅行中受益的人负担交通管制系统和机场的成本；征收汽油烟草等“矫正税”，以减少这些消费所带来的负外部性；征收香水等“奢侈品税”，以提高税制的再分配效应，等等。

五、税收调节的时滞问题

斯蒂格里茨在税收灵活性原则的适用问题时，同意凯恩斯学派关于税收具有自动调节经济作用的观点。关于税收调节的自动稳定器作用，斯蒂格里茨指出，当经济衰退时，会强烈要求减少税收，因为这必然给经济以必需的刺激。由于所得税累进结构的缘故，美国的所得税显示了高水平的“自动稳定功能”。因为当经济衰退导致收入下降时，平均税率下降，他们所缴的税较低。相反，当收入增加时，平均税率上升，纳税人缴税又将恢复到原有水平。

另一方面，斯蒂格里茨认为，税收调节存在一个时滞问题。他指出，以稳定经济为宗旨的税收制度可变性的一个重要方面是时间问题。其中包括税法的修改、执行的速度和征集资金等因素的滞后问题。如果经济波动很大，对稳定经济来说，滞后会限制如所得税作用的发挥。斯蒂格里茨用图 8－9 说明税收调节滞后对经济的影响。

图 8－9 的 A、B、C 三图形，分别表示经济变动、税收变动（无滞后和有滞后）。其中经济变动是假设的理想波动情况。

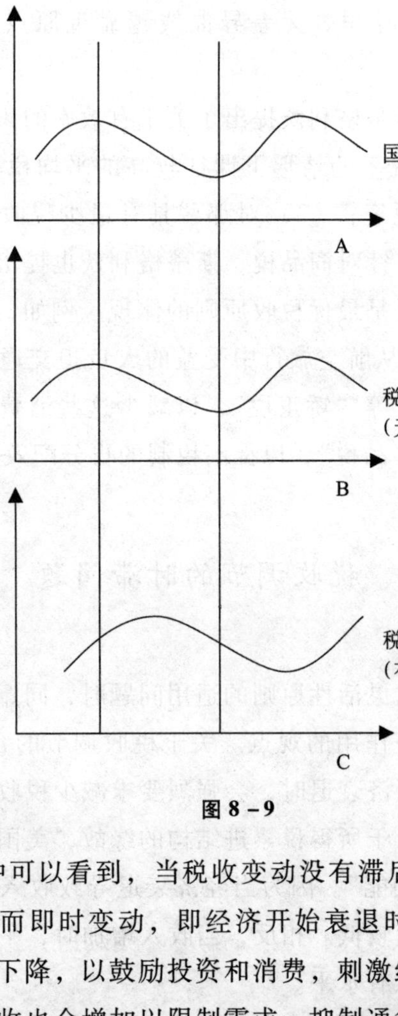

图 8－9

从图 8－9 中可以看到，当税收变动没有滞后问题时，税收调节可依经济情况变动而即时变动，即经济开始衰退时，随着国民收入的下降，税收也逐渐下降，以鼓励投资和消费，刺激经济增长；反之，经济开始高涨时，税收也会增加以限制需求，抑制通货膨胀（如图中的 B）。但是，由于税收稽征的滞后性，就出现图中 C 的情况：当经济开始衰退时，税收却正处于最高水平，意味着税收正在起阻抑作用；当经济走出衰退时，为避免通货膨胀，政府开始提高税收，但因为税收收入有滞后效用，实际税收并不高，就容易鼓励消费支出，从而起到相反的作用。所以，斯蒂格里茨认为："税收计划履行的滞后，会使一个具有良好意图的税收政策失调，实际上加剧波动。"

斯蒂格里茨关于税收调节滞后性的分析，是有现实意义，但他未进一步提出解决这个问题的办法。

六、关于对资本征税问题

关于政府是否应当对资本课税，其问题由来已久，且争辩激烈。斯蒂格利茨根据前述的“等价税”原理，阐述是否应当对资本征税的三个重要问题。

（一）公平与否

不论是反对或赞成对资本征税的人，都以公平问题作为支持自己的理由。欧文·费雪（Irving Fisher，1867—1947 年）提出对个人消费征税，相当于对个人终生所得征税。认为对消费征税比对个人所得征税更为合适。这是反对资本征税的最具说服力的理由之一。斯蒂格利茨是赞成这种观点的，因为长期中的比例消费税、比例工资税、资本所得免税的所得税，以及对投资品免税的增值税等，这四种税收结构之间是等价的。若对所得征税，终身所得一样的人，其所承担的税负可能是不一致的。而实行与资本免税的所得税等价的消费税，则恰好使终身所得相同的两个人承担相同的税收总负担。

另一方面，由于消费税与销售税是等价的，销售税又普遍被认为是累退的，因此，征收消费税对穷人不公平。这种看法的一个理由是，消费税只对一部分消费课征，在这部分消费中，高收入者的总消费所占比例要低于低收入者。但是，斯蒂格利茨指出，这里讨论的消费税是对全部消费课征，实际税负也是累进的。因为在斯蒂格利茨看来，认为消费税具有累退性的观点忽略了合适税基。如果税基是消费，那么将纳税额与所得作比较就是毫无意义的。

（二）效率理由

由于消费税消除了对老年消费的歧视和对混合税制，如消费税与所得税混合带来的扭曲，同时又对不同的储蓄实行区别课税，这些都会减少效率损失；另一方面，实现再分配目标最有效率的途径是征收累进工资所得税，这也意味着不应该对资本所得课税。

（三）征管问题

美国税法的复杂性来自于对资本课税及对试图逃避资本所得课税的防范。如果一旦转向以消费为税基进行课税，则可以大大降低税收的征管成本。由于收入等于消费与储蓄之和，加之人们的收入和储蓄都是可计量、可监控的，因而对消费征税在管理就简便得多。

综上分析不难看出，斯蒂格利茨实际上是不支持对资本所得征税的。他认为，对资本征税会导致储蓄水平和资本存量下降，长期对单位生产效率产生负面影响，进而引起人们生活水平下降。在实际经济活动中，资本的折旧、通货膨胀、资本升值等因素都会导致资本价值的上升或下降；许多资产（股票、房产等）除非交易完成，否则很难确定它们的准确价值。因此，人们很难对资产划分区间进行规范化的课税，所以，资本税制变得越来越复杂。

除了上述六个方面税收思想以外，斯蒂格里茨还对税收管理、避税税收、税收经济效率、税制改革等许多问题进行了阐述。同时，从美国税收实践出发，他对美国主要税种现状进行了细致分析，并提出了一些有意义的改革思路。

第八节 凯恩斯学派税收思想评析

凯恩斯学派的经济思想及其税收思想，在世界的影响范围之广、影响程度之深，是任何一个现代西方经济流派都无法比拟的，因此，有必要对其理论进行分析。

一、理论上的开创性

凯恩斯学派的税收理论，与其他主要经济理论一样，是对传统的古典学派理论的重大突破，开创了从宏观角度研究分析的新理论体系。

第一，凯恩斯学派突破了传统的“税收中性论”，“单纯理财原则”等税收思想束缚，提出了一套适应第二次世界大战后西方国家政治经济状况的宏观税收思想体系。凯恩斯学派反对古典学派的“自动均衡就业”观点，认为有效需求不足是造成难以充分就业的根本原因。要解决有效需求不足问题，必须运用国家力量，对经济实施干预，其中，最主要的运用工具就是税收。无论是凯恩斯提出的用税收刺激消费倾向增加、汉森的“补偿性财政政策”，还是萨缪尔逊的变动税率调节经济周期，亦或罗宾逊等人的“税收社会政策”措施，都是主张运用税收手段，加强国家对经济的干预，承认并强调税收对社会经济具有较大影响，并力求从宏观角度分析这些影响、充分利用这种影响，为稳定经济服务。这样，就使得那些在税收理论界长期占据主导地位的传统观点，尤其是反对政府干预经济的政策主张退居次要位置，从而为政府运用税收调节宏观经济开创了巨大的政策空间。

第二，凯恩斯学派突破了传统学派重微观、轻宏观分析的研究方法，着重从经济运行的宏观层面来研究税收问题。过去，不论是以斯密为代表的古典学派，还是以马歇尔为代表的新古典学派，在论及税收问题时，总是侧重于经济活动的微观方面，讨论各个税种，以及各税之间的关系，而较少注意税收的宏观或总量分析。显然，这是与他们“不承认税收的宏观经济效用，反对税收过多干预经济”的理论主张紧密相连的。凯恩斯学派则不同，他们着重于以宏观经济为研究对象，注重从税收总量及其对国民收入总量、消费总量、就业总量、投资总量等方面的影响来研究税收问题，而不再仅仅局限于单个税种的研究。尤其是后凯恩斯学派的萨缪尔逊、罗宾逊等人，将宏观经济分析和微观经济分析结合起来，对税收总量等进行动态分析，从而将现代税收理论研究提升到了一个崭新的高度。

第三，凯恩斯学派突破了传统的以间接税为中心的税种观，提出要“改变税收体系”，建立以直接税为主体税种的税收制度。提出这种政策主张的一个重要原因，是凯恩斯学派反对单纯理财的税收原则，主张运用税收手段调节宏观经济，并且认为，作为现代直接税的所得税是最为适用的调节杠杆。因此，他们提出，面对西方国家出现的周期性经济危机，不可能继续实行自由竞争时期的由间接税主导的税制，而应该代之以所得税等直接税为主体税制结构，唯有这样的税收制度，才能适应现代西方国家经济发展的需要。凯恩斯学派的上述政策主张，其理论依据除了他们的宏观经济调节理论之外，另一个重要依据是收入分配理论。他们认为，西方社会存在着收入分配不公、社会贫富悬殊扩大的趋势，对此，应当用课征直接税的办法来加以适当限制。从这点来看，凯恩斯学派较之于过去的新古典学派来说，是要现实和进步得许多。

另外，凯恩斯学派在税收原则理论、税负转嫁与归宿理论等重要领域，也都有新的突破和创新。总之，从税收思想发展史的角度看，凯恩斯学派的税收思想在税收理论发展的历史进程中，具有重要的里程碑意义。

二、实践中的有效性及其争议

凯恩斯学派的税收理论，可以说是现代西方社会中流传最为广泛、影响时间最长的税收思想体系。从凯恩斯《通论》发表，到20世纪60年代末，凯恩斯学派经济理论一直占主导地位，被欧美国家奉为金科玉律，无论是货币学派、供给学派，还是其他现代经济流派，其影响面远远不及凯恩斯学派，即使是在21世纪的今天，凯恩斯学派的理论和政策影响犹存。这种影响的广泛性，主要是由于时代背景造成的。20世纪30年代的大危机及随后的长期萧条，使西方各国陷于严重的困境，传统的自由主义经济理论已无法解释当时的经济现象，更提不出解决问题的办法。西方国家政府迫切需要新的理论来寻求新的政策措施。所谓

“时势造英雄”，提倡国家干预经济，并提出一整套缓解危机办法的凯恩斯学派，正是在这种背景下产生的，它也必然对西方各国产生重大影响，凯恩斯学派理论也像“救命稻草”一样，被许多西方国家政府奉若神谕。当然，这种历史现象也说明，凯恩斯学派的理论确实是顺应历史、应运而生，它较之以前的萨伊等人的理论，毕竟表现为某种理论的进步。

凯恩斯学派的税收理论和政策，在当时西方国家税收实践中具有一定的有效性，这是我们应该承认的客观事实。长期作为西方主流经济学的凯恩斯学派，在其占据理论主导地位的几十年里，西方社会的经济危机得以缓解，周期波动较为平缓，尤其是在20世纪50年代，各国经济都获得了较大的发展，曾被称为西方经济发展的黄金时代。这从某种意义上看，不能不说运用凯恩斯学派理论取得了一定的效果。在凯恩斯学派以后，无论是货币学派，或是供给学派，其理论和政策的效果都未能达到凯恩斯学派的程度。另一方面，也应当指出，凯恩斯主义理论和政策的这种效用或有效性，只是一定程度上的，而并非十全十美的灵丹妙药，否则，就难以理解到了20世纪70年代“滞胀”时期，凯恩斯学派理论遭到西方各国政府摒弃的严酷事实。同时，我们还应当承认，这种理论和政策有效性只是促进当时西方经济恢复与发展的一个次要因素，而绝非主要原因。

三、历史的局限性

尽管凯恩斯学派税收思想，在西方税收发展史上具有里程碑意义，在实践中也有广泛的影响和一定效用，但它毕竟是一定历史条件下的西方经济学派的副产品，其思想深度也仍然难以超越其历史的局限性。凯恩斯学派虽然看到了资本主义社会存在着失业和经济危机，但究其原因，却一味地归咎于所谓的“有效需求”不足。另一方面，凯恩斯学派理论毕竟产生于资本主义大危机、大萧条时代，尽管后来汉森、萨缪尔逊、罗宾逊、索洛、托宾等人也与时俱进地不断修补和完善着凯恩斯主义体系，但作为一个经济学流派，其理论也必然会打上历史烙印，具有一定的历史局限性，而不可能万古长青。譬如，凯恩斯学派就过度偏重于财政税收政策，而轻视货币政策，显然，无论是税率变动或是税额调整，它总有滞后性，这必然使“反经济周期”的税收调节效果大打折扣。又如，凯恩斯提出宏观调节理论之时，西方经济正处于萧条衰退时期，所要解决的主要矛盾是经济停滞问题，所以，他倾向于运用扩张性财政税收政策。虽然后来汉森、萨缪尔逊等人将单纯的扩张性政策发展为相机抉择政策，但政策所向也主要是为了解决促进经济增长和缓解通货膨胀的矛盾。然而，到了20世纪70年代“滞胀”时期，凯恩斯学派理论就失效了，他们无法用自己的政策来解释、更无法解决通胀和停滞同时并存的难题，这充分表明了该学派的经济理论和税收理论所存在的历史局限性。

第九章

供给学派税收思想

供给学派（Supply Sider Economics），也称为供应学派或供给经济学，是20世纪70年代中期在美国逐渐兴起的现代西方经济学流派。供给学派是作为凯恩斯学派的对立面而出现的，它认为供给与需求关系中，供给是主要方面，主张运用刺激供给增长的经济政策；强调自由放任，让市场机制自行调节。就一个经济学流派而言，虽然供给学派尚未形成自己较为完整、系统的理论体系，但在20世纪80年代初中期，供给学派的一些理论却风行于美国，受到美国前里根政府的青睐，尤其是其中关于减税政策的主张，不仅成为当时美国政府实施税收政策的理论依据，而且付诸税制改革实践。正因为如此，供给学派经济学也被称之为“里根经济学”，该学派的一些主要代表人物也极受当时美国政府的器重。

第一节 供给学派的基本经济理论

一、供给学派产生的历史条件

供给学派的产生，与20世纪70年代美国乃至西方各国普遍陷入经济“滞胀”局面密切相关，是西方各国长期奉行凯恩斯主义经济理论和政策遭到失败的产物。

第二次世界大战以后，凯恩斯主义经济学取代了在西方经济学领域占统治地位达一个半世纪的古典经济学，成为西方的主流经济学。根据凯恩斯的有效需求理论，凯恩斯学派极力主张依靠国家对经济加强干预以刺激总需求。战后西方各主要国家尤其是美国，大力推行凯恩斯主义经济政策和措施，对延缓经济危机、减轻经济周期波动和推动经济增长起到了一定的促进作用。例如，美国60年代经济增长率达到4.3%，而同期的通货膨胀率和失业率都处于较低水平，堪称美国经济发展的黄金时代。

但是，与萨伊的“供给创造需求”理论一样，凯恩斯学派的“需求决定供给”理论，也无法从根本上解决西方国家经济发展过程中的许多深层次矛盾。而且，随着时间的推移和社会经济情况的变化，西方国家继续推行凯恩斯学派的经济政策已陷入“滞胀”的两难境地。一方面，为了刺激经济增长和减少失业而实行扩张经济政策，会加剧通货膨胀；另一方面，为了抑制通货膨胀实行紧缩经济政策又可能使经济停滞和增加失业。“滞胀”现象以美国最为严重，在严重失业和通货膨胀并存在的同时，美国的储蓄率、投资率、生产增长率都曾大幅度下降，极大削弱了美国在国际市场上的竞争能力。为此，许多经济学家认为，长期以来美国经济的供给侧因素（如储蓄率、投资率、生产增长率等）被忽视，形成需求的过度膨胀和供给的过度衰败，迫切要求在经济理论和政策上彻底改弦更张。这样，西方各国经济在20世纪70年代出现的“滞胀”现实，宣告了凯恩斯主义经济政策的失效，西方经济学界不得不另辟新径，寻求出路。

供给学派就是在这种历史背景下产生的。加之当时的美国总统里根在竞选时就倾向于供应学派的政策主张，执政后又大批启用供给学派人物，积极推行供给学派政策，从而使供给学派的经济理论风行美国，影响了英国等西方国家。

二、供给学派的基本经济理论

供给学派的思想渊源，最早可追溯到18世纪的法国重农学派，重农学派强调低税刺激供给，认为高税率会减少生产；亚当·斯密也强调增加供给对于增加财富的重要性，反对高税收，主张自由放任。对供给学派影响最大的，当属被供给学派奉为“祖师爷”的法国经济学家萨伊的经济思想，有学者指出，供给学派的理论只不过是“萨伊市场定律的重新发现”。

（一）肯定供给决定需求的萨伊定律

供给学派强烈反对凯恩斯主义关于需求创造供给的理论，在供给学派看来，市场供求关系中，供给占据主导地位，供给增加，自然会使需求增加，而不必人为地去刺激需求。因此，他们认为，必须重新肯定“供给能够自动创造出自己的需求”的“萨伊定律”。根据此定律，经济根本不会发生严重的购买力不足的情况，通过市场自动调节，能够使经济达到充分就业。供给学派的著名代表乔治·吉尔德在其《财富与贫困》中明确指出，“萨伊定律，它的各种变化，是供给学派理论的基本规则。……萨伊定律之所以重要，是因为它把注意力集中在供给、集中在刺激的能力或资本的投资方面。它使经济学家们首先关心各个生产者的动机和刺激，使他们从专心于分配和需求转过来，并再次集中于生产手段”。①

供给学派反对凯恩斯学派的需求理论和需求管理政策，认为当时的美国经济与20世纪30年代的萧条时期完全不同，需求的增加不一定会促进实际生产量的提高，而只能是单纯增加货币数量，促使物价上涨，引起储蓄率和投资率下降，生产增长缓慢，从而由需求的膨胀造成通货膨胀和经济停滞不前。吉尔德断言：“在经济学中，当需求在优先次序

① 乔治·吉尔德：《财富与贫困》，上海译文出版社1985年版，第61页。

上取代供给时，必然造成经济的呆滞和缺乏创造力、通货膨胀，以及生产力的下降”。[1] 因此，供给学派反复强调供给对需求的决定作用，认为医治滞胀的良药是刺激供给。供给学派的另一位重要学者埃文斯曾说：“凯恩斯主义模型无法医治目前的经济病，因为它们把中心放在需求的问题上；而我们需要的则是强调供给一面，把中心放在生产力刺激上的模型。”[2]

（二）增加供给的关键在于投入要素增加和劳动生产率提高

供给学派强调供给在市场供给关系中居于主导地位，并非只是对萨伊定律的简单重复。他们更加着眼于研究刺激供给的因素和途径，极大地丰富和发展了“萨伊定律”。供给学派认为，美国经济陷于滞胀局面，矛盾的主要方面不是胀，而是滞，胀是滞的结果；解决滞胀矛盾的办法，只能是刺激供给。刺激增加供给的途径主要有两个：一个是生产要素投入的绝对增加，另一个是提高劳动生产率。因此，供给学派强调依靠市场机制，通过提高储蓄、投资和人们工作积极性，通过改变生产者可自由支配的收入办法，来刺激劳动生产率的提高和生产要素投入的增加。然而，凯恩斯学派的需求管理政策却抑制了生产要素投入，其中，税收政策抑制了资本投入；福利政策抑制了劳动力投入，因而导致生产停滞不前。

（三）减税是刺激供给的主要政策手段

如前所述，在供给学派看来，要增加供给，就需要增加生产要素投入和提高劳动生产率，而实现目标的主要途径就是改变人们可自由支配的收入。所谓可自由支配的收入，是指人们的税后收入。这样，要增加供给，就必须减税。因此，减税问题就成为供给学派理论的精髓和主要政策主张。需要指出的是，供给学派的减税主张，不同于凯恩斯学派的降低平均税率的观点，而是以降低边际税率为主。供给学派认为，美国

① 乔治·吉尔德：《财富与贫困》，上海译文出版社 1985 年版，第 45 页。

② 《现代国外经济学论文选》第五辑，商务印书馆 1987 年版，第 65 页。

的税率尤其是边际税率太高，致使生产者可自由支配的收入太少，不利于刺激供给，所以需要降低边际税率。

（四）强调市场机制作用，主张减少政府干预

供给学派认为，刺激供给与减少政府干预是并行不悖的，因为供给决定需求的一个重要前提就是经济自由。在他们看来，作为一个社会从事经济活动的基本单元，个人、家庭、企业的积极性和创造性越大，经济上的发展就越迅速、越繁荣，反之，这个社会就趋于衰落或灭亡。他们认为，美国推行凯恩斯学派的理论和政策，政府对经济活动干预过多，挫伤了人们储蓄、投资、工作的积极性，从而造成了美国生产效率降低和经济地位的衰落。因此，他们主张减少政府干预经济，充分发挥市场机制调节功能，刺激个人和企业的积极性。当然，供给学派只是主张减少政府干预，并非完全否定政府干预，因为从他们极力奉行的减税政策来看，本身就是在运用政府的财政工具对经济生活进行干预。

三、供给学派的主要代表人物

供给学派还不是一个成熟的经济学流派，其内部还存在着观点分歧，大体上分为正统供给学派和中间供给学派两个分支。其中：

正统供给学派主要代表人物包括：

罗伯特·蒙德尔（Robert Mundell，1932—），1966 年在美国芝加哥大学任经济学教授，1974 年转入哥伦比亚大学任教至今，被认为是“供给学派的先驱”。

阿瑟·拉弗（Arthur B ·Laffer 1940 年—），南加利福尼亚大学商学研究生院企业经济学教授，并经营年收入 250 万美元之巨的拉弗咨询公司。曾在尼克松政府时期任预算局首席经济学家，里根执政时的总统经济顾问委员会委员。著名的“拉弗曲线”即以他的名字命名，被认为是极端正统的供给学派代表。

乔治·吉尔德（George Gilder，1939 年—），美国哈佛大学肯尼迪政治学院高级研究员。1981 年出版了《财富与贫困》一书，从社会学角度阐明了供给学派的资本和分配理论，强调供给在市场关系中占主导地位，被认为是“对供给学派经济学第一流的分析”。

裘德·温尼斯基（Jud Wanniski，1936 年—），曾任《华尔街日报》副主编，后开办综合经济分析公司。1977 年出版《世界运转的方式》，被认为是供给学派的第一部理论著作，因此有人称他为供给学派的“教父”。

中间供给学派的主要代表人物包括：

马丁·费尔德斯坦（Martin Feldstein，1934 年—），曾任美国哈佛大学教授，并曾任里根政府经济顾问委员会主席，1984 年卸任后又回哈佛大学执教。

迈克尔·埃文斯（Michael Evans），主要著作有《凯恩斯主义经济计量经济的破产》（1980 年）、《供给学派的真理》（1983 年）；

保罗·克雷·罗伯茨（Paul Craig Robertz），主要著作有《供给学派的革命》（1984 年），这是一部在美国学术界颇有影响的系统论述供应学派的经济理论和实践的著作；

除此之外，其他供给学派的重要人物还包括：曾在里根政府财政部担任过重要职位的诺尔曼·图尔（Norman Ture）；布鲁斯·巴特利特（Bruce Bartler）和蒂莫西·罗斯（Timothy Roth），主要著作有《供给学派解》（1984 年）。

第二节
正统供给学派的税收思想

作为供给学派主流的，是正统供给学派，以罗伯特·蒙德尔、拉弗、乔治·吉尔德、温尼斯基等人为代表。由于他们主张立即实行大规模减税，并相信减税会产生快速、万能的效应，所以，西方经济学界也称他们为“极端供给学派”。

一、罗伯特·蒙德尔的税收思想

罗伯特·蒙德尔（Robert Mundell，1932 年—），供给学派的先驱者，加拿大籍。美国哥伦比亚大学教授。1932 年出生于加拿大安大略省，24 岁时获麻省理工学院哲学博士学位。蒙德尔先后在国际货币基金组织（IMF）、世界银行、欧共体（欧盟前身）货币委员会、联邦储备委员会、美国财政部、加拿大政府工作，1974 年后一直任教于哥伦比亚大学。蒙德尔是“最优货币区理论”的奠基人，因提出了“区域货币理论”，提倡欧洲货币统一而被称为“欧元之父”。蒙德尔教授对经济学的伟大贡献，一是有关开放经济条件下的经济稳定政策的理论——蒙德尔—弗莱明模型；二是最优货币区域理论。蒙德尔在财政税收领域的代表作是《货币政策和财政政策在内部稳定和外部稳定方面的运用》一文。1971 年，蒙德尔对美国政府通过增加税收、抑制通货膨胀，但同时放松货币供给量的做法提出了批评，主张在紧缩货币供给量以抑制通货膨胀的同时，通过减税，增加对投资的刺激来促进经济增长。这种观点实际上就体现了供给学派的基本经济思想。虽然蒙德尔在有些方面仍然受凯恩斯主义影响，后来也没有成为供给学派引人注目的主要代表，但由于率先提出“减税”思想，他在美国被称为“供给学派的先驱者”。1999 年，罗伯特·蒙德尔因为货币理论方面的贡献，获得诺贝尔经济学奖，他也成为供给学派其他重要人物中获此殊荣的唯一学者。

（一）蒙德尔的政策调整模型

蒙德尔认为，在调整均衡方面，财政政策与货币政策有一定关联。战后西方经济学家曾长期在汇率理论方面进行争论。蒙德尔是持固定汇率论者，即主张建立一个稳定不变的或变动范围较少的货币平价制度，他提出固定汇率体制可以消除各国经济发展的不平衡状态，并且认为，在固定汇率下，运用财政政策和货币政策，就能调整和保持均衡，保证经济稳定。当时，与固定汇率论相对立的浮动汇率论，反对蒙德尔的观点，认为当国际收支逆差伴随着经济衰退时，或国际收支顺差伴随着经济高涨时，固定汇率都将影响国家政府执行国内财政政策和货币政策，因为国际收支逆差需要紧缩货币政策和财政政策，这就会加剧经济衰退，而国际收支顺差又需要放松货币政策和财政政策，这又会导致通货膨胀。为了反驳浮动汇率论的意见，蒙德尔设计了一个模型，对自己的观点进行了论证。

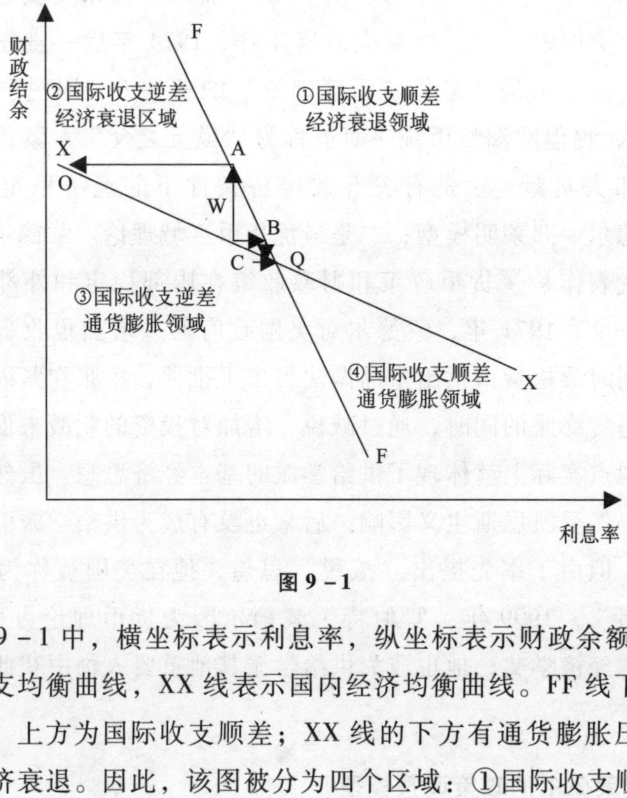

图 9－1

在图 9－1 中，横坐标表示利息率，纵坐标表示财政余额；FF 线表示国际收支均衡曲线，XX 线表示国内经济均衡曲线。FF 线下方为国际收支逆差，上方为国际收支顺差；XX 线的下方有通货膨胀压力，上方会出现经济衰退。因此，该图被分为四个区域：①国际收支顺差经济衰退区域；②国际收支逆差经济衰退区域；③国际收支逆差通货膨胀区域；④国际收支盈余通货膨胀区域。

蒙德尔认为，无论经济处于哪一点上，只要用货币政策调节国际收支平衡，用财政政策调节国内经济，那么最终一定会使经济达到均衡点 Q。如图 9－1 中所示，假设经济处于 W 点上，表明国际收支逆差，但国内经济均衡。这时，为了减少逆差，运用货币政策提高利息率，使资本流回国内，W 点向 B 点运动，国际收支趋于平衡；同时由于利息率提高，国内经济均衡被打破，应运用财政政策扩大支出，使 B 点向 C 点运动，促使国内经济恢复平衡。这样的连续调整，就会按箭头方向，最终实现均衡 Q。

蒙德尔的政策调整模型，虽然将复杂的经济生活过于简单化，现实经济中不一定完全可行，但他将财政政策与货币政策的综合运用进行了较为透彻的分析，这是其他供给学派人物没有做到的。这个模型也为后来的拉弗等人主张重新回到瓦尔拉斯（Léon Walras，1834—1910 年）"一般均衡模式"，重新肯定萨伊定律提供了依据。所以，温尼斯基将蒙德尔捧为"当代的瓦尔拉斯"。

（二）蒙德尔的减税思想

蒙德尔是供给学派中最早提出减税主张的。早在 1971 年 4 月，蒙德尔出席在意大利举行的一次经济学家会议，他激烈地批评当时的美国政府用增加税收的办法来抑制通货膨胀，结果却导致了 1969—1970 年的经济危机。而且，政府在增税的同时，还放松了货币供应量，使通货膨胀不但未能减弱，反而更加严重。由此，他提出的解决办法是，一方面紧缩货币供应量以抑制通货膨胀，另一方面则必须减少税收，以增加工人收入，从而使资本家不必担心增加工资，而继续多雇佣工人，增加就业机会，减缓经济危机。1974 年 5 月，在华盛顿举行的世界经济问题讨论会上，蒙德尔再次提出了减税主张，并认为减税以后，政府的税收总额也会增加而不是减少，所以不一定会增加财政赤字。蒙德尔的见解引起了拉弗等人的注意和赞赏，并逐渐为美国政界所看重。

二、阿瑟·拉弗的税收思想

拉弗是供给学派的主要理论家之一，是最坚定、最激进的供给学派学者，温尼斯基甚至将拉弗视为"当代的萨伊"。著名的"拉弗曲线"

集中体现了拉弗的税收思想。

（一）拉弗曲线

拉弗自从1974年在华盛顿召开的世界经济问题会议上接受蒙德尔的观点以后，认真研究了蒙德尔的税收思想，尤其赞同蒙德尔的减税主张，并积极向政界人士宣传蒙德尔的观点。同年12月份，福特总统的助手切尼经温尼斯基介绍与拉弗联系，在共进晚餐时，拉弗随手在餐纸上画了一幅草图，力图更为直观的向切尼解释税率过高反而会导致政府税收减少的观点，这就是最初的拉弗曲线（图9－2）。

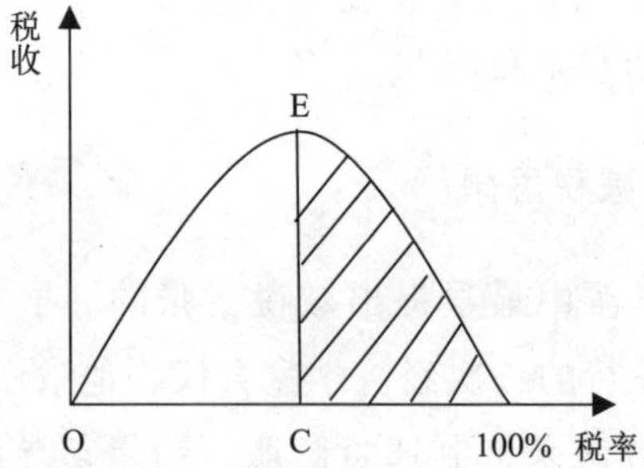

图9－2

如图9－2所示，横轴表示税率，纵轴表示政府税收收入。当税率为0时，显然不会有税收收入；当税率为100%时，政府也不会收到税收，因为人们已无利可图而不愿生产。在税率为0和税率为100%这两个极端之间，必定有一个最佳点E。如税率超过E点，税收将会逐渐减少。图中阴影部分表示税率禁区，在该区域内，如果继续提高税率，不仅不会增加税收，反而会减少税收。

为了更加严谨地说明供给学派的减税主张，拉弗等人对图9－2进行了修正完善，修正后的“拉弗曲线”在温尼斯基1978年出版的《通向成果的道路》中予以披露，被公认为标准的拉弗曲线（图9－3）。

在图9－3中，横坐标表示税收收入，纵坐标则表示税率；图中阴影部分表示不宜进入的高税率禁区。“拉弗曲线”看似简单，但它深刻地揭示了税收收入与税率、税收与经济之间的辩证关系。主要包含以下层含意：

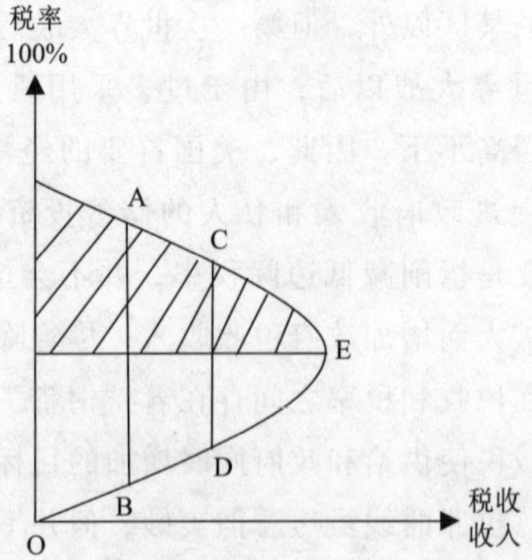

图 9－3

第一，当税率为 0 时，政府不征税，对经济生活完全不干预，私人部门得到全部的生产成果，但政府收入也为零，故政府不可能存在；当税率为 100% 时，意味着人们的全部收入都将作为税收上交政府，就会出现企业不生产、人们不工作的局面，政府税收最终也为零。供给学派认为，这样两种极端情形都是不可取的。

第二，同等数量的税收，既可以通过一个高税率征得，也可以通过一个低税率来征得，但高低不同的税率对产量或经济活动的影响是不一样的。在图 9－3 中，曲线上的 A 点代表较高的税率和较低的产量，B 点代表较低的税率和较高的产量，但高税率 A 和低税率 B 向政府提供的税收却是相等的。曲线上的 C 点和 D 点之间的相互关系与 A、B 两点完全相同，只是前者的税率幅度要比后者在总体上低一些。这样，如果政府将税率从 A 点降到 C 点，随着产量的增加，政府税收也可以由 B 增加到 D，得到更多的收入。

第三，曲线上的 E 点为最佳税率点，税收和产量均为最大值。如果超过 E 点继续提高税率，即进入图中阴影部分“拉弗禁区”之后，政府不仅不能获得更多的收入，反而会导致税收和产量的下降。拉弗认为，政府的目标就是要努力寻求最佳税率点。

拉弗曲线是供给学派解释和宣传其政策主张最具代表性的分析工具。拉弗认为，美国在第一次世界大战以前，税率的制定大多成功地停留在拉弗曲线所示的禁区以外，但第一次世界大战后却大多处于禁区之内；尤其是第二次世界大战以后，由于过多采用凯恩斯学派的政策主张，致使税率长期居高不下。因此，美国首要的经济政策应该是减税，降低边际税率，以促进政府收入和私人的储蓄投资同时增加。拉弗认为，所谓减税，主要是指削减低边际税率，并不会造成政府税收损失，反而会由于产量的扩大而增加政府税收收入；尽管降低税率不会马上增加供给和税收，即在税收和税率之间存在着“时滞”，但“时滞”决不会过长。他断言，减税使供给和政府同时增加的目标肯定会实现。

需要指出的是，拉弗曲线虽然看似美妙，但并不精准，它只是把低税率可能带来高收入这一曾被斯密等古典经济学家论述的观点，重新采用一种并不复杂的曲线表达出来而已。不过，就供给学派而言，拉弗曲线确实能够最为典型的反映他们的经济理论与政策主张，这张曲线图不仅奠定了拉弗在供给学派的重要地位，而且为供给学派减税理论的迅速传播起到了极大的推动作用。

（二）拉弗模型（Wedge model）

拉弗带领他的学生在研究税率与劳动供求、资本形成之间关系的过程中，建立了一个“劳动资本楔子模型”，简称为拉弗模型（Wedge model）。如果说拉弗曲线所要表明的是税率与税收之间的关系，“劳动资本楔子模型”（见图 9－4）则是要试图说明税率对劳动供求和资本形成的影响。

在图 9－4 中，SS 表示劳动力供给曲线，DD 表示劳动力需求曲线。拉弗认为，劳动力供求关系决定就业机会的多少，而劳动力供求关系则要受劳动力的市场报酬和劳动力要素成本的制约。其中，市场报酬越高，劳动力供给量就越大；劳动力要素成本（即雇佣工人的成本费用）越低，雇主对劳动力需求量就越大。拉弗指出，政府课征的税收，就如同一个“楔子”，直接影响着劳动力供求。如图 9－4 所示，在没课税以前，雇主雇佣劳动力的成本与工人的实际工资相等。此时，工人的实际工资为 Y_0，劳动力供求量保持均衡，就业的劳动力数量在 Q_2。但是，当政府征税，尤其是征收高税率的工资税，就等于在劳动力供求之间打

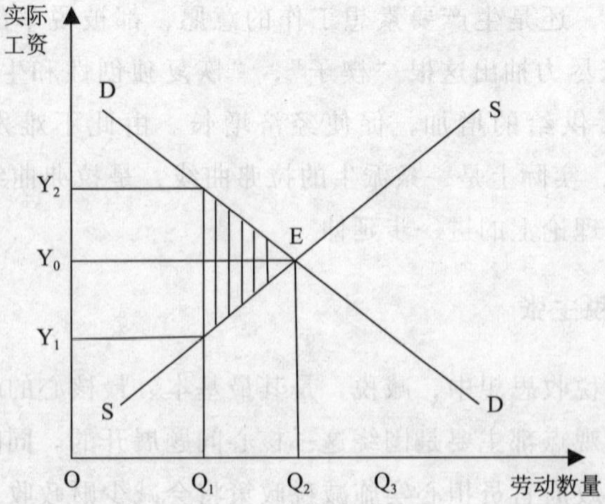

图 9－4

入一个“楔子”，直接减少就业机会。因为税收是缴纳给政府的，当提高税率时，不仅减少了劳动者的实际收入（即劳动力市场报酬会有实际下降），而且必然增加雇佣劳动力的实际成本。这种雇佣成本高于支付给工人的实际工资的分离状况，就是供给学派所称的税收“楔子”。在图 9－4 中，当政府提高工资税税率，雇佣劳动力成本上升到 Y_2，而工人实际得到的工资只有 Y_1，就使得劳动力数量只有 Q_1，导致雇主减少对劳动力需求和劳动力市场供给的减少。相反，如果政府减少征税，就会向相反的方向作用于劳动力的供给和需求，使就业机会增加，就业人数增长。如果再辅之以财政补助形式，促使雇佣劳动力成本低于工人得到的工资，就会提供更多的就业机会，可能使就业数量达到 Q_3。

拉弗认为，政府课税不仅对劳动力供求关系，而且对资本的形成和供求，也存在着一个税收“楔子”，即高税率使资本的供给成本增加，降低了资本收益，从而减少资本供给；同时，税收还会提高资本需求成本，减少资本需求。如果降低税率，则会增加资本的供求，使资本供求保持均衡，并鼓励储蓄，提高投资的积极性。

所以，拉弗得出结论：“提高税率，便减少生产要素的税后收益。提高税率，也减少生产要素服务的供给量。因此，无论是企业想使用生产要素的愿望，还是生产要素想工作的意愿，都被税率的增加而削弱了”。① 他主张尽力抽出这根“楔子”，“恢复独创性和生产率”，从而刺激生产要素供给的增加，促使经济增长。由此不难发现，拉弗的“楔子”模型，实际上是一条派生的拉弗曲线，是拉弗曲线关于税收与经济增长关系理论上的进一步延伸。

（三）减税主张

在拉弗的税收思想中，减税，是其最基本、最核心的政策主张，其他方面的政策观点都主要是围绕这一核心问题展开的。同时，拉弗还针对美国学界和政府官员担心实施减税政策将会减少财政收入、加剧通货膨胀的疑虑，一一回应。

首先，拉弗认定减税具有“收入效应”。在现代经济社会中，减税不仅不会减少政府税收收入，相反，由于减税后会引致生产和供给的增加，从而带来“收入效应”，使政府的税收收入增加。这一观点除了在拉弗曲线中得到印证之外，拉弗在他的其他论文中，也始终强调这一观点。

其次，拉弗认为，减税不会加剧通货膨胀。由于减税最终不会减少政府收入，因而减税也不会加剧通货膨胀，因为通货膨胀的根本原因是商品供给不足，而减税则是鼓励储蓄与投资，鼓励商品生产与供给的增加。所以，在拉弗看来，实施减税政策，无须过多地担忧通货膨胀问题。

最后，拉弗建议，所谓减税，就是要大幅度地削减政府税收，要一次性的将原有过高的税率减低下来，而不宜一点一点地逐步降低税率。他认为，美国需要实施大幅度的减税方案。

---

① 拉弗：《税率、生产要素之运用以及市场生产》，转引自《现代国际经济学论文选》第五辑，商务印书馆 1987 年版，第 26 页。

三、乔治·吉尔德的税收思想

吉尔德关于供给学派的税收思想，完整地体现在其名著《财富与贫困》之中。它是一本比较系统的解释供给学派经济理论的著作。当时，曾任里根政府行政管理和预算局局长的供给学派人特斯托克曼，称赞这本书是“近十五年来对经济发展问题写得最出色的一本书”，并购买此书分送给里根总统的助手，建议他们作为经济理论必读的“经典著作”。斯托克曼在这本书的扉页上写道：“《财富与贫困》在智力和观察力上是富于创造性的，它一度并且永远地打破了凯恩斯主义和福利国家的错误观念——这些错误观念曾给我们这一时代失败的传统理论带来沉重的负担”。①

（一）减税是摆脱停滞困境的基本手段

吉尔德从“供给会自行创造需求”的萨伊定律出发，认为“从整体看，生产者在生产过程中会创造出对他们的产品的需求”，并认为这个原理就是供给学派的理论基础。按照这一基本经济思想，吉尔德指出，在西方国家经济增长缓慢甚至停滞不前的情况下，不能再运用凯恩斯学派的降低利率办法来刺激投资、促进增长了，而只能是采用减税的办法来刺激供给，因为对收入和资本征收的过高税率对投资的阻碍作用，已远远超过利率杠杆的调节作用了。所以，吉尔德把减税看成促使美国和其他西方经济发达国家摆脱经济停滞的基本手段。吉尔德指出：“税收政策要能有效地影响实际收入，其唯一办法在于改变对供应者的刺激。用改变报酬的方式来使人们喜欢工作胜过闲暇，乐意投资胜于消费，使生产源泉胜过财富的坑洼，并使纳税活动胜过不纳税的活动，这样，政府就能直接而有力地促进真正的需求和收入的扩大。这就是供给

---

① 罗伯茨：《供应学派革命》，上海译文出版社 1987 年版，第 107 页。

学派的使命。”[1] 吉尔德认为，世界上的财富是“人民的精神和独创性”，而不是“有形的资源”，只要适当的刺激和足够的资金供给，企业发展就会加快，从而使整个经济增长，而减税就正是一种适当的刺激。他在《财富与贫困》中举例论证说，日本和中国香港是资源极其贫乏的国家和地区，但经济却获得飞快增长。

（二）高税率危害经济增长

在吉尔德看来，一国长期居高不下的税率，将给经济造成巨大的危害。

首先，高税率尤其是较高的边际税率，必将削弱劳动者的积极性，导致劳动生产率下降。吉尔德认为，当税率提高后，从表面上看，人们为了不使税后收入下降，可能会保有更加勤奋工作的意向，但是，这并非等于就会因此提高劳动积极性，相反，提高税率，只会削弱劳动者的积极性，降低劳动生产率。因为高税率将使得作为边际生产者的企业主停产或进行较低水平的经济活动，从而使社会失去这个企业的全部或部分产品。

高税率危害经济还表现在扭曲就业结构、降低劳动生产率方面。由于高税率和通货膨胀使人们的实际收入和实际购买力下降，也使税率的累进程度加强，从而迫使许多妇女投入劳动大军。吉尔德认为，这种情况下，“已婚妇女会更加努力地工作，而已婚男子则恰恰相反。……因受通货膨胀的影响而提高的高度累进的税率，在劳动大军不断壮大的同时，只会使劳动生产率不断下降。”[2]

高税率对经济生活的消极影响，还会导致人们选择休闲、享受，不愿意工作，从而进一步降低劳动生产率。因为边际税率过高，使劳动者得到的实际收入减少；另一方面，表现为休闲的价格相对降低，这样，人们就宁愿选择休息和消遣，也不愿意加班加点的工作。吉尔德指出，正是“这些情况给美国家庭生活罩上了一层阴影，而且在 20 世纪 70 年

---

① 乔治·吉尔德：《财富与贫困》，上海译文出版社 1985 年版，第 70 页。

② 同上，第 23 页。

代的大部分时间内使我们的经济受到损害，导致在劳动大军不断壮大的同时，劳动生产率却不断下降。”①

其次，高税率导致储蓄和投资不足，造成经济增长停滞不前。由于边际税率较高，用于消费的价格就显得相对便宜，用于投资和储蓄的价格相对提高，其结果是鼓励人们多消费、少储蓄、少投资，这就势必造成投资和储蓄供给不足，从而使经济增长停滞。20 世纪 80 年代伊始，这种发展给美国各个收入阶层和美国经济发展前景造成了灾难性的影响：“劳动生产率的增长陷于停顿，储蓄率降至 4% 以下。通常作为经济发展锋芒的上层阶级——大部分投资的源泉——纷纷转向可以躲避税捐的非生产性活动，如囤积黄金、购置不动产或从事投机买卖。”②

最后，高税率使个人投资者的发明创造革新精神丧失殆尽，这也是重税政策对经济增长和社会进步造成的最大危害。吉尔德是社会学家，他从社会学观点分析，高税率不仅阻碍了个人和企业的财富积累，更加重要的是，它使人们的创新精神受到打击。“在任何经济制度中，创造性和主动性的主要来源都是个人投资者。经济不会自行增长，也不能靠政府的影响而发展起来。经济是由于对人们的事业心，即甘冒风险，把设想变成垄断、垄断变成工业，并在知道将得到什么回报以前就给予的这种意愿做出反响而增长的。”③ 因此，他认为，高税率的危害不仅仅是一时的问题，更会造成对经济和社会的长期影响。

（三）减税主要是减低边际税率

与拉弗一样，吉尔德所主张减税，主要是削减边际税率。削减边际税率可以使富有阶层的实际收入增加或不至下降，以刺激其投资的积极性。他反对长期以来倾向于用税收调节收入分配的政策，这种劫富济贫的做法在减少富人收入的同时，也就减少了投资供给。他说：“竭力从富人那里拿走他们的收入，就会减少他们的投资，而把资金给予穷人，就会减少他们的工作刺激，就肯定会降低美国的劳动生产率并限制就业

① 乔治·吉尔德：《财富与贫困》，上海译文出版社 1985 年版，第 20 页。

② 同上，第 29 页。

③ 同上，第 59 页。

机会，从而使贫穷永远存在下去”。[①] 所以，减税，主要是减低边际税率，以利于刺激投资和储蓄，增加供给，由此而使经济增长，最终就会提高所有人的生活水平。

第三节 中间供给学派的税收思想

中间供给学派，也称为温和供给学派，以马丁·费尔德斯坦为主要代表。与正统供给学派不同的是，中间供给学派虽然也认为供给不足是经济停滞的主要原因，也主张减税，但他们不主张全面、大规模的减税，更反对拉弗等人关于减税会有快速产生“收入效应”的观点。

一、马丁·费尔德斯坦的税收思想

马丁·费尔德斯坦是哈佛大学教授，曾任里根总统经济顾问委员会主席，著述颇丰。费尔德斯坦原系凯恩斯主义信徒，后因看到美国经济出现长期滞胀，而无法用凯恩斯观点来解释和解决，遂开始怀疑和放弃凯恩斯主义。费尔德斯坦与拉弗等正统供给学派联系不多，只是在基本理论和政策上与他们不谋而合。费尔德斯坦的观点表述比较系统，又有经济计量分析作依据，因此，西方经济学界有人认为，是他的学说为供给学派经济学奠定了理论基础。

（一）费尔德斯坦曲线

费尔德斯坦认为，美国经济的病症不仅在于很高的边际税率，同时也是财政赤字、通货膨胀、税收结构、社会保险制度共同作用下的并发

① 乔治·吉尔德：《财富与贫困》，上海译文出版社 1985 年版，第 59 页。

症。为此，他提出了一个说明财政赤字对通货膨胀、资本形成的影响及其相互关系的分析模型，即著名的“费尔德斯坦曲线”（图 9-5）。

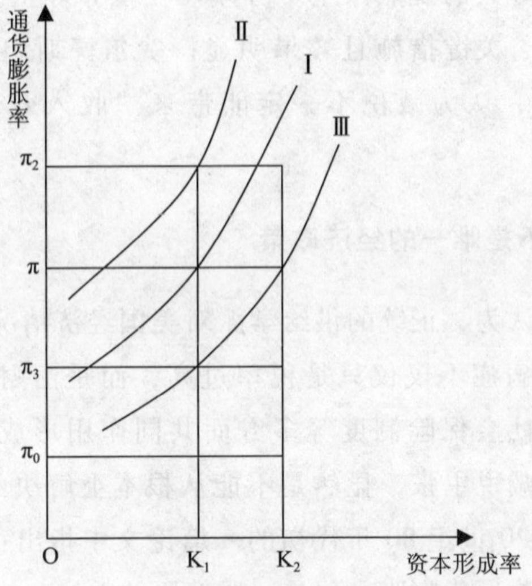

图 9-5

在图 9-5 中，横轴表示资本形成率，纵轴表示通货膨胀率；曲线Ⅰ即是费尔德斯坦曲线，表示在财政赤字条件下，通货膨胀和资本形成水平之间是一种正相关关系。图中的Ⅱ、Ⅲ两条曲线，表明“费尔德斯坦曲线”还会随财政赤字水平的变化而相应地上下移动。如图所示，当政府赤字增加时，曲线从Ⅰ上升到Ⅱ，这时为了保持原来的资本形成水平 K_1，通货膨胀率就得相应增加，增加到 π_2；相反，如果减少赤字，曲线就从Ⅰ下移到Ⅲ，这时用较低的通货膨胀率 π_3 就能维持原来的资本形成水平；当财政赤字为零时，Ⅰ就下移为一条和自然通货膨胀率 π_0 重合的水平线。这后一种情况的通货膨胀是独立于政府的财政变量，而对资本的形成没有影响。

费尔德斯坦根据这一模型，认定凯恩斯主义的经济计量分析工具菲利普斯曲线所反映的通货膨胀率和就业之间的替代关系，只是在美国当时非充分就业的条件下的短期内存在和有效，而在已经实现充分就业的阶段，菲利普斯曲线就失去了作用，而应以“费尔德斯坦曲线”所表示的替代关系所取代。因此，他认为凯恩斯学派的经济理论和政策已失效，应当从注重需求转移到注重供给，通过刺激性的财政政策，如减低税率和紧缩性的货币政策，来消除财政赤字，减轻通货膨胀。由此，费尔德斯坦与拉弗等人的观点产生了分歧。在拉弗等正统供给学派看来，减税是重大政策、关键措施且效果明显；费尔德斯坦则依据“费尔德斯坦”曲线分析，认为减税不一定能带来“收入效应”和抑制通货膨胀。

（二）减税不是唯一的经济政策

费尔德斯坦认为，正统的供给学派对美国经济情况的分析过于简单化，而美国经济病症不仅仅只是税率过高，而是由财政赤字、通货膨胀、税收结构、社会保险制度等多方面共同作用形成的综合症状，因此，只单纯强调减税主张，显然是不能从根本上解决经济停滞问题的。费尔德斯坦曾在20世纪80年代初的一篇论文中指出：“供给学派说提高生产率就能消除通货膨胀，这是一厢情愿的看法。提高生产率可能对降低通货膨胀产生一点作用，但一味用供应学派政策来对付通货膨胀，那也是不负责任的。”[①] 这里所指的供给学派，就是以拉弗为代表的正统供给学派。费尔德斯坦主张，在解决美国经济问题方面，首先应实行紧缩货币政策以抑制通货膨胀，同时实行以改革现行税制结构和平衡财政预算为目的的减税，清除政府在资本积累方面设置的障碍，刺激资本供给增加。他认为，减税不是唯一的经济政策，只是众多政策中的一个重要方面，是用来改善税制结构和相应压缩政府预算，作为平衡财政赤字的一种手段。通过减税和压缩政府预算，可以使“费尔德斯坦曲线”向下移动，以提高资本供给水平，促进经济增长。

（三）减税应当循序渐进

费尔德斯坦反对拉弗等人提出的全面、大规模的减低方案，认为减税政策的运用不是突然和快速的，而应当是循序渐进的。“只有（事先通过公告）循序渐进地、有步骤地、确切地改变税制，才是不引起财

① 美国国际交流署电讯稿1982年8月6日。

政赤字无为增加，不给资本形成和个人生产率带来很大刺激（通过这一点不引起失业增加，能消除通货膨胀）的最好的方针策略。"① 费尔德斯坦的这种观点也被人们称之为“补充性税收政策”，以区别于拉弗等正统供给学派关于减税能够增加政府收入、抑制通货膨胀的“替代性税收政策”。

（四）减税的重点是削减公司所得税和资本收益税

费尔德斯坦赞同减税的主张，但他对拉弗等人关于减税会自动、快速地补偿和增加收入的看法，提出了严厉批评，认为减税的重点应当是削减公司所得税和资本收益的税率。关于正统供给学派的减税主张，主要集中在以下三个方面：一是为了提高劳动积极性而降低个人所得税；二是为了提高资本形成率而降低公司所得税和实施其他优惠措施；三是为了增加储蓄而降低资本收益税。对此，费尔德斯坦指出，由于减税不可能产生像拉弗宣扬的那样神速效果，所以降低个人所得税税率，没有多大的实际意义，增加劳动供给的效果也不会明显；而运用减低公司所得税税率和其他税收措施，来刺激资本的形成和增加，扩大潜在的生产能力，则对于抑制通货膨胀和促进经济增长是有长期效应的。所以，费尔德斯坦主张将减税的重点放在削减公司所得税和资本收益税方面。

此外，费尔德斯坦还认为，社会保障税税率也不应过高，因为社会保障税的征收，对资本形成水平有较大影响。他说：“社会保障不是由民间储蓄和基本金额的等额所能代替的，……通过社会保障税‘储蓄’1 美元，能削减实际民间储蓄 50% 以上”。②

综上所述，不难看出，费尔德斯坦在涉及减税问题上的税收思想，较之于正统供给学派的减税主张要温和得多，所以，以费尔德斯坦为代表的中间供给学派，又被称为“温和供给学派”。

---

① 《现代国外经济学论文选》第五辑，商务印书馆 1987 年版，第 118 页。

② 费尔德斯坦：“社会保障对资本形成的影响”，转引自《哈佛商业评论》1979 年第 7—8 期。

二、迈克尔·埃文斯的税收思想

埃文斯是中间供给学派的代表人物之一，其税收思想和政策主张与费尔德斯坦较为接近。

（一）高税率影响工作积极性

埃文斯反对高税率，也主张用减税办法刺激供给增加。他指出，"税率将影响工作积极性。如果对高收入者的税收增加了，他们也会决定更长时间的休假或者减少他们的工作时间。……甚至在收入水平较低的一端，多方面的研究确实表明，税率和工作积极性之间有着重要的关系。在一些用政府资助来维持收入水平的计划里，可以发现税率每提高10%，便导致大约1%劳动供给量的下降"。"较低的税率增进工作的积极性，导致工作的质量和数量的提高。反过来又进一步提高生产能力，因此就有助于通货膨胀率的减速。"①

（二）减税比增加政府支出具有更大效应

埃文斯在分析批判凯恩斯学派计量模型的基础上，反对凯恩斯学派关于增加政府支出比同等程度的削减税收将会导致需求和产量更大增加的理论，提出"减税比增加政府支出具有更大的效应"。因为"税率的降低就提高了个人所拥有的资产报酬率，从而增加了个人储蓄的积极性。……较低的税率使增加工资的要求更有节制，因为实际收入由于减税而提高了，……较低的税率增进工作的积极性。"②

（三）削减公司所得税比削减个人所得税具有更大的效应

埃文斯从供给学派基本思想出发，主张以刺激供给作为主要经济政

① 埃文斯："凯恩斯主义经济计量经济的破产"，引自《现代国外经济学论文选》第五辑，商务印书馆1987年版，第69页。

② 同上，第75页。

策，他赞同费尔德斯坦的观点，认为“削减公司所得税比削减个人所得税对经济具有更大的效应”。他认为，“公共部门的生产增长率是很小的或者不存在，所以把资源从公共部门转移到私人部门就提高了生产率的总增长率。”① 而要实现资源从公共部门向私人部门的转移，主要办法就是降低公司所得税税率。“降低公司税或者类似的措施，例如增加投资税优惠或使折旧提成自由化，由于提高了税后平均报酬率，便都可以直接有利于投资。较高的投资导致生产率的提高，结果单位成本并未因为通货膨胀涨得更慢。”

（四）实施减税政策需要综合配套

埃文斯同费尔德斯坦一样，不认为减税就能解决一切经济问题。他指出，“我们并不赞成这样的理论：所有经济病都能够简单地用削减税率来医治，而不用考虑任何其他方面的财政政策或货币政策。解决经济问题的办法很少是单方面的。我们不能一心只考虑降低失业率，我们也不能只减税而不限制政府支出。……因此，减税必须在以后几年中伴以政府支出的减少或至少要放慢政府支出的增长率。”②

第四节　供给学派税收思想评析

供给学派，作为20世纪70年代兴起且理论体系尚不成熟完善的经济学流派，其理论观点和政策主张在不长的时期内就风靡西方各国，甚至被美国里根政府所采用，成为轰动一时的“官方经济学”，难免会带来众多的议论或批评。我们认为，供给学派的产生，从经济思想发展史上看，是对凯恩斯主义理论的直接否定，从经济实践需要来看，是适应

① 埃文斯：“凯恩斯主义经济计量经济的破产”，引自《现代国外经济学论文选》第五辑，商务印书馆1987年版，第75页。

② 同上，第76页。

当代资本主义经济发展变化的产物，因此，它的迅速崛起并发展成为现代经济学中的一个重要流派，有其历史的必然性。而且，由于供给学派经济思想的核心是减税，并对美国产生了直接的重要影响，因此，它在西方税收思想发展史上，无疑也具有极其重要的地位。

一、供给学派税收思想的合理内核

应当充分肯定，供给学派的经济理论和税收思想，具有一定的合理性。

第一，供给学派是作为凯恩斯主义的对立面而产生的，它比较客观地承认并分析了资本主义经济存在的滞胀现象，明确指出凯恩斯学派的理论和政策已经过时，并提出与凯恩斯学派完全对立的理论思路和政策主张。应当说，这是顺应历史发展需要，也是比较符合美国等现代西方国家的现实经济需要的。

第二，供给学派继承了古典经济学中某些合理成分，强调供给决定需求，肯定生产支配消费和分配，将凯恩斯学派颠倒了的供给和需求的关系又颠倒过来。

第三，供给学派重视市场机制的作用，强调资本、劳动力、自然资源的市场配置效率和对经济增长的推动作用；同时，主张减少国家对经济生活的干预，并要求适当调整国家干预的内容、方向和程序。

第四，供给学派税收思想的核心是减税理论与政策，它对于解决美国战后不断增长的高税率所引起的一系列经济问题，有着重要的积极意义。作为减税政策重要理论依据的“拉弗曲线”，在一定程度上提示了税收与生产、税收与财政之间的辩证关系，其简洁明了的表达形式也有利于减税主张的普及和传播。

显然，供给学派经济思想中的上述合理部分，无疑是供给学派理论能够在美国迅速传播并被里根政府作为“官方经济学”的主要原因。

二、供应学派理论缺乏系统性

供给学派本身没有形成完整系统的理论体系，尤其在哲学思想基础和宏观经济理论方面更显贫乏，所以，供给学派虽然反对凯恩斯学派的理论政策，并在凯恩斯主义无法解释现实经济中“滞胀”问题时，能够将它从雄踞“官方经济学”几十年的宝座上拉下来，但却无法取而代之，其中一个主要原因是，供给学派的经济理论尚显苍白，缺乏系统性。主要表现在：

首先，供给学派完全承袭了萨伊定律的衣钵，而没有自己完整的理论体系，难怪一些西方学者指责其不过是一种复古思潮。萨伊关于“供给会创造出自己的需求”的定律，马克思早就斥责其为“一种最愚蠢不过的教条”，它将资本主义商品生产仍然视为自然经济中的物物交换，否认生产和消费的矛盾，从而否认生产过剩危机的可能性。“危机有规律地反复出现，把萨伊等人的胡说实际上变成了一种只在繁荣时期才使用，一到危机时期就被抛弃的空话”。萨伊定律也遭到许多西方学者的批评，认为“在凯恩斯以后，萨伊定律已声名狼藉，并从宏观经济学中销声匿迹了”，而供给学派复活萨伊定律，将供给的作用绝对化，因而也就难以科学地揭示现代市场经济发展的内在规律。

其次，供给学派片面地将西方社会中出现的经济衰退、失业增加、通货膨胀等经济问题，完全归罪于凯恩斯学派的经济理论和经济政策，归咎于政府对社会经济活动的干预。其实，供给学派反对国家干预经济是一种过时的理论思维。现代社会不可能倒退到自由竞争时期，反对加强国家干预，提倡完全的自由竞争和自由放任，是不符合现实状况的。自“第一次世界大战”以来，战争频繁爆发，危机时有发生，科学技术日新月异，地区部门之间经济联系紧密，国际经济关系进一步发展，等等，所有这些都在客观上要求现代国家加强对经济活动的干预和调节。实际上，供给学派提出减税政策，本身隐藏的一个前提就是承认国家干预。所以，在国家干预经济这个问题上，供给学派的理论观点也是自相矛盾的。

三、“拉弗曲线”及其减税理论存在的缺陷

供给学派尤其是正统供给学派过分强调减税作用，认为减税是增加供给的最佳途径。但是，由于他忽视了对其他经济理论和经济政策的系统研究，也忽视了货币政策和其他财政政策的作用，因而在这方面就容易成为其他经济学派抨击、指责一个重要理由。另一方面，由于供给学派在基础理论方面准备不足，作为减税政策依据的，除了“拉弗曲线”之外，其他方面的理论依据明显苍白。

以拉弗曲线为例，虽然它简洁明了、影响很大，然而也存在自身的内在缺陷。首先，拉弗曲线的成立必须满足一定的前提条件。包括完全竞争的市场体系、封闭的经济背景、储蓄能够转化为投资、私人分配效应高于政府预算分配效应、不存在税负转嫁等。但是，正如有学者指出的，在现实经济中，有些前提是不存在的。例如，完全竞争市场是一种理想的市场体系，在现实生活中难以找到。在开放经济条件下，在国际间较易自由流动的是资本要素，而不是劳动力。投资者会选择税率低的国家和地区，低税率会给资本输入国家和地区带来就业和税收收入的大幅增长。而劳动力受国家政策、文化环境、历史背景等多方面因素的影响，即使降低税率，往往也难以实现劳动力在国际间顺畅流动。在这一点上，拉弗曲线最多只能为降低企业所得税，而无法为降低个人所得税提供理论依据。其次，拉弗曲线描述的是长期经济条件下税率对税收和经济的影响。在短期内，各项政策从制定到实施再到结果，具有一定的“时滞性”。正是这种“时滞”作用，使短期税率与税收的函数关系表现为一条单调递增的曲线。再次，拉弗曲线只注意了收入与赋税的关系，而忽视了收入后面不同收入阶层的人群，把不同收入的人简单地抽象为“人们”。累进税分为超额累进税和全额累进税两种，各国一般采用超额累进所得税。累进税意味着，收入越多、征税的比例越大。低收入者并不负担高税率，因而不会受高累进税率的伤害。真正负担高税率

的只是高收入者额外高的那部分收入，所以高税率只对这部分收入产生较大的负作用。显然，这种负效应也是与供给学派主张的减税刺激投资的初衷是背道而驰的。最后，“拉弗曲线”虽然简洁说明了税收与生产、税收与财政之间的关系，但曲线并不精确，它无法说明美国当时的高税率，其税负究竟有多重；也没有说明最佳税率点E，究竟是多少，其合理的税负区间究竟以多少为合适。所以，“拉弗曲线”看起来很美，但实用性并不大。

四、政策主张失之片面

拉弗等正统供给学派的学者片面强调减税政策的巨大作用，有的甚至将减税奉为“灵丹妙药”，认为只要削减税率，一切经济问题都迎刃而解，因而很少讨论其他经济政策问题。作为中间供给学派的代表人物，费尔德斯坦虽然没有拉弗偏激，只是将减税作为一种补充性税收政策，但他在论及财政税收政策、货币政策等相互配合时，仍旧是以减税为中心，而缺少令人信服的分析。

之所以说供给学派竭力主张并积极宣扬的减税政策具有片面性，首先，是因为他们错误地认为减税不会减少政府税收，反而可以产生“收入效应”，使税收收入得以增加，并不会造成财政赤字和通货膨胀。显然，这种观点不仅脱离现实，而且还不适当地夸大减税的作用，忽视了其他经济因素对生产供给的影响，以及对减税的制约关系。其次，供给学派片面地认为经济衰退、滞胀并存等经济问题都是由高税率引起的，并用某些历史上的减税经验来证明削减税率的必要性。这样，他们就难免将复杂的现实经济生活简单化，既不正视经济难题并非高税率造成的这一事实，也忽视了历史上的减税背景与当时美国情况的巨大差异。再次，供给学派主张全面减税，特别是以减少公司所得税和资本收益税为主，这种“给富人以免费午餐”的政策主张，淡化税收调节收入分配的作用，是显而易见的“劫贫济富”。同时，在现实生活中，富有阶层是否会真正将因减税而增加的收入用于生产投资，答案可能不一定令供给学派满意。最后，之所以说供给学派夸大了减税的作用，正如有学者指出的，减税最有作用，但“美国企业经理和他们的公司没有是由于他们的纳税而躺倒不干的”。

五、政策效果褒贬不一

供给学派的税收思想和政策主张，经“第一个供给学派总统”里根所采纳，成为20世纪80年代美国税制改革的主要理论依据。里根总统采取了战后历届美国政府少有的大力度措施，较大幅度削减了所得税税率，对美国的财政经济及其税制结构带来很大影响。经过几年的减税改革实践来看，减税政策取得了一定成效，但不可持续，时间一长，供给学派政策主张的许多负面效应开始陆续显现。譬如，减税未能达到预期目标，投资和储蓄的增加未能如愿以偿，减税加重了贫富悬殊和社会矛盾。同时，减税还使政府收入减少，财政赤字明显增加。由于出现上述问题，美国政府不得不转向用适当增税的办法来增加政府收入，凯恩斯主义的干预政策和需求管理政策又逐渐为后任的政府首脑所青睐。例如，当年的里根政府就不得不从供给学派的立场后撤，甚至还在他的最后任期内提出了增税计划；布什政府上台后，也继续实行增税政策；克林顿政府更是拟定出增税以平衡预算的一揽子计划。这些事实表明，供给学派的税收思想和政策主张作为一定历史阶段的理论产物，不仅具有一定的历史局限性，也不乏理论、政策的片面性，它不可能从根本上解决现代市场经济中可能周期性发生的经济衰退和滞胀问题。

第十章

货币学派税收思想

货币学派（Monetary School），20世纪50年代出现，70年代蓬勃兴起的极具影响力的西方新自由主义经济学派。在西方经济学界，货币学派一直与“主流经济学”凯恩斯学派相抗衡。到了20世纪70年代，由于凯恩斯主义经济学无法解释滞胀现象，货币学派理论和政策的影响迅速扩大，英国撒切尔政府曾将货币学派理论奉为官方经济学。

第一节 货币学派基本经济理论

一、货币学派产生的历史背景

货币学派起源于美国芝加哥大学，其倡导者和主要代表人物是美国芝加哥大学教授米尔顿·弗里德曼，其他一些代表人物由于也曾先后在芝加哥大学任教，所以，货币学派亦称芝加哥学派。货币学派的主要代表人物有：米尔顿·弗里德曼（Milton Frjedrnan，1912 年—）、卡尔·布朗纳（Karl Brnner）、艾伦·梅尔泽（Allan H. Meltzel）、戴维·莱德勒（David Laidler）、迈克尔·帕金（Mlcllarl Parkin）等。

自 20 世纪 50 年代起，弗里德曼等人开始以新货币理论反对凯恩斯主义。1956 年，弗里德曼发表了他的著名论文《货币数量论——一种重新表述》，该文在今天被视为现代货币主义兴起的主要标志，但在当时并未引起西方经济理论界的重视和普遍响应。因为当时经济学家们关心的是需求问题和经济增长，而不是货币问题与通货膨胀。各国政府倾向于信奉凯恩斯的有效需求原理，运用扩张性财政政策，刺激有效需求和经济增长，谋求充分就业。在这种背景下，反凯恩斯学派的货币学派主张当然不可能被重视。但到了 70 年代，西方国家经济开始陷入“滞胀”境地，出现资本主义历史上从未有过的经济增长停滞与通货膨胀高企并存的现象。按照凯恩斯主义理论，经济停滞和通货膨胀是不可能同时并存的，所以，凯恩斯学派理论既无法解释“滞胀”现象，更不可能开出有效药方。

由于凯恩斯主义失灵，反对凯恩斯主义的货币学派理论开始受到重视，甚至令人刮目相看，它要“使经济学界和社会相信（a）通货膨胀是一个重要的问题和（b）货币主义能够提供解释和政策”[①]。1979 年英国撒切尔政府开始全面推行货币主义政策主张，1980 年里根总统也宣布，“经济复兴计划”要实现货币主义关于稳定增长的政策目标。所以，有西方学者曾这样评价货币学派兴起的重大意义：“当代货币主义者对凯恩斯革命的对抗，就经济学的发展来看，大概可以说是第一个意义重大的对抗革命的革命。”[②]

1976 年，弗里德曼被授予诺贝尔经济学奖。

二、货币学派的经济思想

货币学派的思想首先来源于传统的货币数量说。货币数量说的核心

① 《现代国外经济学论文选》第 1 辑，商务印书馆 1987 年版，第 100 页。

② 同上，第 93 页。

观点是：物价水平的高低和货币价值的大小，是由一国的货币数量所决定的，物价水平与货币数量成正比，货币价值与货币数量成反比。“货币数量说”萌芽于古罗马时期，但一般认为是由16世纪法国重商主义者波丹首先提出。19世纪中，许多经济学家如洛克、休谟、李嘉图等人都信奉货币数量说。货币数量说的兴盛时期是19世纪末20世纪初，最有影响的是美国耶鲁大学教授欧文·费雪。费雪把货币看作交易手段，着重研究整个经济交易量所需要的货币数量问题。为此，他提出了著名的“费雪方程式”，用以说明货币交易数量理论，并形成了比较系统的货币数量说体系。

费雪方程式为：$MV = PT$

式中，M代表流通中的货币数量；V代表货币的平均流通速度；P代表商品的平均价格；T代表商品的总量。

货币学派的另一思想渊源是芝加哥经济学传统思想。芝加哥大学的经济研究历来有两个鲜明特征：一是注重货币理论的研究；二是坚持自由主义思想。货币学派的主要代表人物弗里德曼等大都长期受到这种传统的熏陶。美国经济学家詹姆斯·托宾曾谈到货币主义的几个主要论点是：第一，货币主义是相对于财政主义而提出的概念。第二，强调控制货币存量。第三，把反对通货膨胀作为宏观经济政策的优先目标。第四，反对运用财政政策减轻周期波动。

货币学派的基本经济思想可以概括为：

（一）现代货币数量论

现代货币数量论，是货币学派的核心理论，也是对早期货币数量说的继承和发展。现代货币数量论是由弗里德曼在1956年发表的《货币数量论——一种重新表述》一文中率先提出的。弗里德曼认为，“货币数量论不是关于产出量或货币收入的理论，也不是物价水平的理论。”[①] 它首先是关于货币需求的理论，这个理论研究的重点是货币需求函数。

① 弗里德曼：“货币数量论的研究”（Studies in the Quantity Theory of Money），转引自University of Chicago Press，1973，第4页。

弗里德曼提出如下的货币需求函数：

$$\frac{M}{P}=f\left(Y,\ w,\ r_m,\ r_b,\ r_e,\ \frac{ldP}{Pdf},\ u\right)$$

式中，M 为个人财富持有者手边保持的货币量；P 为一般物价水平；$\frac{M}{P}$为个人财富持有者手边的货币所能支配的实物量；Y 是实际收入；w 是物质财富占总财富的比例；r_m是预期的货币名义报酬率；r_b是预期的固定债券的名义报酬率；r_e是预期的股票名义报酬率；$\frac{ldP}{Pdf}$是预期的商品价格报酬率；u 是收入以外的可能影响货币效用的因素或变量，如财富持有者的消费习惯或嗜好变化等。

上述货币需求函数方程式，就是弗里德曼对货币数量论的“重新表述”，其含义是：货币需求取决于作为总财富代表的恒久性收入，货币需求及其变动是比较稳定的。

（二）通货膨胀论

货币学派认为，“通货膨胀随时随地都是一种货币现象”，通货膨胀发生的根本原因是货币增长率超过了产量的增长率，“如果货币量增长不快于产量的增长，那就不可能发生通货膨胀。”① 那么，为什么货币增长率会超过产量的增长呢？货币学派认为原因主要有三：第一，政府开支迅速增加导致货币供应量增加；第二，政府推行充分就业政策，大规模地增加了货币供应量；第三，中央银行执行了错误的货币政策，不控制货币总量，而是控制无法控制的利率，从而使货币量和利率大幅度波动，加剧通货膨胀。因此，货币学派认为，克服通货膨胀最有效的办法，就是控制货币增长率。

（三）滞胀和“自然失业率”理论

面对 20 世纪 70 年代西方各国严重的“滞胀”矛盾，如何解释这种现象是对经济学家提出的智力挑战。货币学派的分析和解释是从菲利普

① 弗里德曼：《论通货膨胀》，转引自《国外社会科学文摘》1999 年第 8 期，第 18 页。

斯曲线的变化入手的。弗里德曼认为，菲利普斯曲线的变化经历了三个阶段：第一阶段，失业率和通货膨胀率“负相关”；第二阶段，失业对通货膨胀的反应呆滞；第三阶段，通货膨胀率和失业率“正相关”，即通货膨胀率越高，失业率也越高，形成“滞胀”现象。

货币学派认为，菲利普斯曲线之所以会发生这样的变化，是因为通货膨胀率和失业率之间并无必然的联系，为此，他们提出“自然失业率”概念。所谓“自然失业率”，是与零通货膨胀率或稳定的通货膨胀率相适应的失业率，它包括那些因缺乏技能和受到就业结构限制而无法就业的“结构失业”，以及那些不愿接受现实工资条件的“自愿失业”。显然，“自然失业率”否定了凯恩斯学派的“非自愿失业”，货币学派又回到了古典学派的观点，即在工资具有伸缩性的条件下，只要劳动者愿意接受现行工资，就能够实现充分就业，而无须实行扩张政策。所以，弗里德曼指出，“之所以称为自然失业率，是因为其数值是由真正的经济结构，即劳动力市场的结构所决定的，而不是说它的数值是不变的。无论如何，它是与通货膨胀无关的”。[①]

第二节
弗里德曼的税收思想

货币学派，顾名思义，主要研究的是货币理论和货币政策。所以，虽然货币学派的经济学家众多，但深入涉猎税收领域的学者则不多。本章主要介绍货币学派的主要代表人物、美国著名经济学家弗里德曼的税收思想。

弗里德曼是移居美国的犹太贫民之子，20 岁获学士学位，21 岁获芝加哥大学硕士学位，13 年后获哥伦比亚大学哲学博士学位。第二次

① 弗里德曼：《失业还是通货膨胀》，转引自《弗里德曼文集》（中文版），北京经济学院出版社 1991 年版，第 48 页。

世界大战前后，他曾任职于美国财政部税收研究司，并在哥伦比亚大学和明尼苏达大学工作。1948 年在芝加哥大学任经济学教授，直到 1979 年退休。弗里德曼作为活跃的经济学家，他是英国皇家经济学会会员，1951 年获美国经济协会克拉克奖，1967 年任美国经济协会会长，1969—1971 年任尼克松总统经济顾问委员会委员，1976 年获诺贝尔经济学奖。曾先后三次到中国访问、讲学。

弗里德曼著作颇丰，有专著 26 部和 200 多篇论文。主要有：《自由职业收入》、《消费函数理论》、《货币稳定方案》、《价格理论》、《资本主义与自由》、《通货膨胀：原因与后果》、《美国货币史（1867—1960）》、《货币的理论结构》、《失业还是通货膨胀：对菲利普斯曲线的评价》、《自由选择》和《严酷的现状》等。弗里德曼早期研究的是统计学，他在经济学界的名气和声望是由《消费函数理论》一书奠定的。在《货币数量论研究》中，他明确转入货币经济学的研究。弗里德曼的《资本主义和自由》是将经济学通俗化，大众化的杰作。

一、货币“单一规则”与税收政策的关系

弗里德曼反对凯恩斯主义关于国家干预经济的财政货币政策。他认为，西方国家推行凯恩斯主义政策，如扩大政府支出、实行赤字预算、主张税收调节，举债刺激需求等财政措施，并辅之以降低利息率、放松银根的货币政策，结果是造成了经济“滞胀”难以自拔的局面。因引，他针锋相对地提出，应当以货币政策为重心，实行“单一规则”的货币政策。

所谓“单一规则”的货币政策，就是排除利息率、信贷流量、自由准备金等因素，而以一定的货币存量作为唯一支配因素的货币政策，这种货币政策是以弗里德曼的现代货币数量论为理论基础的。“我始终强调一个不变的、既定的货币数量增长率较之准确变化的增长率数值更

为重要。”[①] 弗里德曼认为，限定利息率的货币政策，短期内可能成功，长期内却一定是失败的，因而主张货币政策应当建立在控制货币数量的基础上，而不是影响利息率的变化。他指出，货币供应量的调节，目的在于使货币供应量的增减与市场上商品和劳务数量的增减相适应，以稳定物价和经济增长。

以上分析不难看出，弗里德曼关于“单一规则”货币政策，不仅排除利息率、准备金等货币因素影响，更是将财政、税收政策排除在政府经济“良策”之外。

在弗里德曼看来，根据凯恩斯主义实施的反经济周期的财政政策，实际上更多的是采用了变动政府支出的政策，“当私人开支由于某种原因下降时，政府开支应该上升，以便使整个开支稳定不变；相反，当私人开支上升时，政府开支应该下降。”[②] 他提出，凯恩斯学派的“平衡器原理：实际上被应用于开支一方，而俱有讽刺意味的是：在战后时期，国民收入最不稳定的组成部分是联邦政府开支，而这个不稳定的开支根本没有处于抵消其他开支的变动的方向。”[③]

弗里德曼虽然不主张运用税收调节经济，但他在政府支出和税收手段之间，更倾向于税收，认为税收稳定经济的作用要比政府支出的效果略好一点。他说：“即使我们接受联邦预算应该和能够作为平衡器之用这个观点，也没有必要使用预算的开支。税收政策是同样可以采用的。……假使希望有较大的变动幅度，那在衰退时期可以降低税收，而在扩展时期提高税收。”[④] “假使平衡器原理被应用在赋税一方，而不是开支一方，现在的情况可能是多么的不同。设想每次衰退都减税一次，又设想在相继发生扩展的情况下提高赋税，政治上不得人心导致了对新近提出的政府开支方案的抵制和对目前存在的开支方案的削减。我们现在可能处于联邦开支在国民收入占比较小部分的地位，而国民收入又会由于

---

① 弗里德曼：《货币最优数量和其他论文》，转引自：《弗里德曼文集》（中文版），北京经济学院出版社 1991 年版，第 48 页。

② 弗里德曼：《资本主义和自由》，商务印书馆 2000 年版，第 73—75 页。

③ 同上。

④ 同上。

赋税对经济发展的抑制和阻止影响的减少而具有较大的数值。”①

由于弗里德曼的经济思想基础是货币主义，所以，尽管他承认税收具有调节经济波动的作用，但并不主张运用它。因为“在财政政策以及在货币政策中，即使我们抛开一切政治因素，我们的知识还不足以使我们能运用随意变动的税收或开支，把它们当作为灵敏的稳定机制。在试图这样做的过程中，我们几乎肯定会使事情变得更坏。”②

二、不赞成用累进税调节收入分配

凯恩斯主义一直将累进所得税看做是调节社会财富和收入分配的最好办法，政府可以通过课税，将一部分人的收入集中于国家，再支付给另一部分人，使人们的税后收入趋于公平。弗里德曼从自由主义经济思想和“单一规则”货币政策出发，不赞成用税收手段调节收入分配，认为累进所得税在调节收入分配的过程中，一是干涉个人经济自由；二是未必能收到理想效果。弗里德曼指出，“作为一个自由主义者，我很难看出任何单纯地为了再分配收入而施加累进赋税的理由。这种赋税似乎是一个显著的事例，它使用强制手段从某些人那里拿取一些东西，把它们给予别人，因而和个人自由发生了正面冲突。”③

另一方面，对于战后西方国家奉行凯恩斯主义税收政策调节收入分配的结果，弗里德曼认为是没有成效的。他写道：“政府用来改变收入分配的最广泛使用的方法是累进所得税和遗产税。在考虑它们是否有必要之前，值得探询一下，它们是否达到了它们的目的”④“我的印象是，这些税收的措施虽然不是完全没有影响，但它们在缩小用一些统计收入数字来划分家庭的平均地位之间的差异的问题上，具有比较小的影响。……在这种已经划分的收入阶层之内，它们实际上在人们之间人为地造

① 弗里德曼：《资本主义和自由》，商务印书馆2000年版，第73—75页。
② 同上。
③ 弗里德曼：《资本主义和自由》，商务印书馆2000年版，第164—165页。
④ 同上。

成了和上述影响差不多大小的不均等"[1] 因此，弗里德曼认为，累进所得税对调节收入分配的实际收效不可能理想，甚至可能造成新的不均等。

那么，调节收入分配有没有更好的办法呢？弗里德曼提出"收入指数化"方案。他认为，"明显地存在着与使用赋税来影响收入分配不相同的正当理由"，因为"很大部分的真正的不均等多来自于市场的不完全性"。矫正社会分配不公，需要采用与市场价格机制相联系的"收入指数化"方案，即将工资、利息、政府债券收益及其他收入与物价指数挂钩，使不同的收入按月物价指数随时得到调整，从而消除通货膨胀带来的收入不平等现象。

三、主张取消所得税累进税率

弗里德曼指出，过高的累进税率，并不会增加国家财政收入，反而会减少税收和造成收入分配不均等。"文件上规定的税率看来是高的，而且累进程度也高，但它们的影响显示两个途径之中。第一，它们的一部分影响只是使税收前的分配更为不均等。这是税收通常具有的归宿效果。……第二，它们造成立法和其他条例来回避税收。所谓税法中的漏洞，……其影响在于使真正施加的税率比名义税率低得多，或许是更重要的，使税收的归宿成为不肯定和不均等。处于同一经济水平的人支付很不相同的税款，取决于他们收入来源的偶然性和他们具有的逃税的机会。"[2] 所以，在弗里德曼看来，既然所得税的累进性对收入分配没有多大积极影响，又由于名义税率与实际税率相差过大，使税收收入减少，不如废除累进税率，实行比例税率。

弗里德曼认为，所得税的按比例税率课征，是与扩大税基取消税收优惠同时进行的。"在我看来，个人所得税的最好结构是在收入一定的

---

① 弗里德曼：《资本主义和自由》，商务印书馆 2000 年版，第 164—165 页。

② 同上，第 165—168 页。

免税额以上抽取固定比例的税，而其中收入的含义应该非常广泛，……其他有必要的改变是，取消石油和其他矿产上的消耗比例的优待、取消对州和地区证券利息的免税；取消对资本收益的特殊处理并协调好所得税、遗产税和捐赠税等的政策；取消目前允许的许多纳税优待规定。”①弗里德曼认为，这种按比例课征的所得税，再辅之以较广的税基，“使一切收入的来源比较平均地纳税”。

弗里德曼解释说，比例税率结构不会减少税收收入，还会征收到较多的税款。“我们必须强调指出：从税收的数量上看，从收入的再分配或任何其他有关的标准来看，它并不是过分的。”②“事实上，即使不去更改税收法规的其他方面，这种统一的纳税率也会征收到较多的税款。”③ 据弗里德曼分析，有三个原因：第一，比例税率会减少人们逃避税收的动机；第二，实行比例税率会使人们降低逃税的欲望；第三，实行比例课征会使累进税率结构对积极性的不利影响减少，提高资源使用效率，从而得到较高的税收收入。

弗里德曼的以上观点表明，在反对凯恩斯主义，主张扩大税基、降低税负、优化税率等方面，货币学派的政策主张与美国供给学派的观点，具有异曲同工之处。

四、反对进出口关税限制

作为经济自由主义者，弗里德曼反对国家干预，认为政府的一些措施间接地助长了经济垄断，即“垄断力量的最重要来源也许是政府的直接和间接的支援”，其中包括关税政策。他反对实行进出口关税保护政策，主张自由贸易。他说：“关税的主要目的当然是‘保护’国内的企业，它们意味着对潜在的竞争者设置障碍。它们总是干预个人参与自

① 弗里德曼：《资本主义和自由》，商务印书馆2000年版，第165—168页。
② 同上。
③ 同上。

愿交换的自由。”[①] “关税显然是助长了垄断的。由少数几家厂商比由许多厂商串通起来制订价格要容易得多，而一般说来，由同一国家的企业比不同国家的企业串通起来制定价格较为容易。”[②] 正是由于关税的这种作用，弗里德曼认为它是“对自由的侵犯”，使垄断成为“远为严重的问题。弗里德曼主张放弃关税保护政策，实行自由贸易，使“所有的关税在今后的十年中减少至目前水平的十分之一”。

五、负所得税制度

弗里德曼在财税理论上的一个重要发明，是提出所谓“负所得税”制度。“从纯粹的执行机制的理由上看，应该建议的安排是一种负所得税。”严格来说，“负所得税”是一种政府对穷人的财政转移支付制度，但由于它和所得税存在关联关系，故纳入弗里德曼的税收思想一并介绍。正如弗里德曼所说的，“这个制度能够配合我们目前的所得税制度，并能与之连在一起加以管理。”[③]

所谓负所得税，是指政府规定某种收入保障数额（最低收入水平），然后根据个人实际收入给以适当的补助，这个补助金就是负所得税，按弗里德曼的解释：“假定一个人得到100美元的应纳税收入，即超过免税和扣除的100美元收入，那么，他应当纳税。按照负所得税的建议，假定他的应纳税收入为负数值的100美元，即比负税加上扣除的总额少100美元，那么，他得缴付负数值的税，也就是得到一笔津贴。”[④]

负所得税的计算公式为：

负所得税 = 政府规定最低收指标 - 实际收入 × 负所得税税率

个人可支配收入 = 个人实际收入 + 负所得税

---

① 弗里德曼：《资本主义和自由》，商务印书馆2000年版，第124页。

② 同上。

③ 同上，第184—185页。

④ 同上，第184—185页。

假定政府规定的最低收入标准为1 500美元，负所得税税率为50%，所得税的起征点是3 000美元，则负所得税税额和个人可支配收入计算结果见表10-1。

表10-1　　单位：美元

个人实际收入	负所得税额	个人可支配收入
0	1 500-0×50% =1 500	1 500
1 000	1 500-1 000×50% =1 000	2 000
1 500	1 500-1 500×50% =750	2 250
2 000	1 500-2 000×50% =500	2 500
3 000	1 500-3 000×50% =0	3 000

弗里德曼认为，负所得税制度好处是，它在调动人们工作的积极性方面，要大大优于其他措施。“这一安排具有明确的好处，它是专门针对贫穷问题的。它向个人提供最有用的形式的帮助，即现金。它是一般性的，从而能代替现在已经实施的很多特殊措施。它明白地表示出社会能负担的费用。”① 弗里德曼还深信，负所得税与所得税制的配合运用，有利于所得税产生更好的成效。“目前的税收制度涉及大部分取得收入的人，把所有取得收入的人都包括在其中，必然会作为副产品而改善目前所得税的作用。更为重要的是：假使它能付诸实施来代替目前指向同一目标的那些乱七八糟的措施，那么，整个行政管理的工作肯定会减轻。”②

第三节 货币学派税收思想评析

作为货币学派的创始人，弗里德曼坚持“唯有货币要紧”的观点，

① 弗里德曼：《资本主义和自由》，商务印书馆2000年版，第184—185页。

② 同上，第184页。

不仅反对凯恩斯主义，对政府的财政、税收政策也一直持消极态度。但是，这并不意味着他完全不重视税收问题，相反，由于他在美国财政部税收研究司的特殊任职经历，以及理论论战的需要，使他成为货币学派学者中一个较为关注和重视税收理论和税收政策的学者，并对许多税收问题有深入的思考和研究。

一、具有借鉴价值的税收思想

货币学派反对凯恩斯主义的赤字财政政策，尤其不主张在衰退时期扩大政府开支，并承认运用税收变动的办法来调整经济周期波动远比政府支出变动办法为好。这种思想比较切合西方国家实际，对于同样实行市场经济的发展中国家，是有一定启示意义的。

在税收制度方面，弗里德曼关于累进所得税的名义税率与实际税率相去较远，并形成逃税漏洞，造成新的收入不均等的分析，无疑击中了西方国家税制结构的现实问题。虽然他将造成收入不均等的原因归咎于所得税的累进性，失之偏颇，但他关于名义税率与实际税率的研究，可以为我们在税率设计方面所借鉴。特别需要提出的是，弗里德曼关于将所得税的累进税率改为比例税率，同时取消优惠、扩大税基的主张，与供给学派的理论和政策不谋而合，已对英、美两国和其他国家的税制改革产生影响。

此外，弗里德曼提出的负所得税设想，应当说是政府财政补助金制度改革的一项创新性思路。更值得认可的是，弗里德曼将负所得税与所得税制的管理结合起来，不仅具有一定的可操作性，而且对调动人们劳动积极性和合理使用财政补贴，有着较大的促进作用。

二、理论和政策的局限性

货币学派的经济思想和政策主张与其他西方经济学流派一样，也有着自身无法超越的历史局限性。

作为货币学派的理论基础，现代货币数量论，颠倒了商品流通和货币流通之间的关系，忽视了货币价值尺度职能，片面强调货币的流通手段和贮藏手段功能；把金属货币与纸币混为一谈，无视纸币流通的本质和特殊规律，从而得出唯有货币重要的结论；货币学派把经济危机的原因归结为“货币现象”，希望用控制货币存量的办法来消除经济危机。这种理论正如马克思当年批判早期货币数量说一样，是“从这个生产过程的最表面和最抽象的领域即货币流通领域中去寻找这种大风暴的根源和抵御它的方法”，[①] 显然，这也是脱离实际的。

货币学派从现代货币数量论出发，提出的“单一规则”货币政策，反对国家干预，反对运用财政税收政策调节经济，这是不符合现实的空中楼阁。由于市场机制本身存在缺陷，资本主义发展已经进入垄断阶段，无法避免经济的周期波动，加强国家干预经济已是历史的必然，各国政府也不会放弃手中的宏观政策手段。如果仅仅依靠调整货币供应量的“单一规则”货币政策，而缺乏财税政策的配合，肯定是不够的。譬如，英国撒切尔政府由于过度依赖货币政策调整经济，并未获得预期的效果，反而使保守党得到了一个“失业党”的讽喻。美国 1979 年开始严格控制货币增长，带来的却是创纪录的高利率和战后最严重的经济衰退，连西方一些经济学家也开始慨叹，“货币主义在英美的实验已使弗里德曼和许多货币主义者处于智力上非常困惑的地位”。这些都说明，货币学派期望单靠货币政策来调节经济、实现稳定，是不可能成功的。货币学派从凯恩斯学派先前过度倚重财政政策，到断然拒绝财政工具，无疑是从一个极端走向了另一个极端。

弗里德曼主张用比例税率取代累进税率，改革所得税的税率结构，甚至主张取消公司所得税，减低对富有阶层的课税，以减少投资阻力，扩大税基。在这个问题上，货币学派和供给学派的主张大同小异，其实际结果只能是把税收负担的大部分分配在广大中低收入阶层身上，使社会收入分配更加不均等。

---

① 《马克思恩格斯全集》第 25 卷，人民出版社 1974 年版，第 620 页。

第十一章

公共选择学派税收思想

第一节
公共选择学派的形成

一、什么是公共选择理论

公共选择学派（The School of Public Choice），又称弗吉尼亚学派，是美国20世纪60年代后期逐步兴起的一个新自由主义经济学派。这个学派所建立的公共选择理论，其主要特征是用经济学的方法来研究广泛的非市场决策的政治问题。

在现代社会生活中，人们的消费需求可以分为两大类：一类是对私人消费品和劳务的需求；另一类是对公共商品和劳务的需求。在私人消费品和劳务的需求中，人们所付出的成本和所得到的利益之间有着明显的对应关系，即购买商品的成本就是支付的商品价格，所得到的利益就是商品的效用。在这一交易过程中，消费者既是成本的承担者，又是效用的受益者，这里通行的是谁花钱，谁受益，花钱多少，受益多少的市场选择原则。

但是，在公共商品和劳务的选择问题上，人们所面临的问题要比选择私人消费品和劳务要复杂得多。所谓公共商品或劳务，指政府向消费者提供的各种设施和劳务，如军队、警察、路灯、航标、图书馆等。人们对这类商品和劳务的需求不像私人消费品和劳务那样，受市场原则支配，可以通过“看不见的手”使资源配置达到最优状态。相反，市场原则对公共商品的选择是无效率的。一个最明显的例子是，生活在城镇的居民都需要政府出资安装路灯，以方便人们夜间行路。然而，对不同的人来说，享受路灯所提供的方便或利益的大小存在差别。这样，不同的人愿意为装备路灯所付出的费用也是不同的。显然，在对公共商品和劳务的需求场合，成本和利益之间存在不对称性。

那么，每个人都希望安装路灯的愿望通过什么程序形成集体的决定，根据什么原则筹集装备路灯的资金和分配每个人应当支付的费用？这是人们不可回避的公共商品的选择问题。诸如此类的公共选择问题，同时也构成了“公共选择理论”的基本研究对象。

二、公共选择学派产生的背景

公共选择学派及其理论的产生与传统的古典经济理论的失灵有密切关系。由亚当·斯密、大卫·李嘉图和萨伊等人创立的传统经济理论，特别强调以自由竞争为核心的市场选择原则，对于实现社会资源优化配置的意义，认为只有不受国家干预的市场选择，才能达到资源的最优配置。

最早对传统经济理论和市场选择至上原则提出质疑的经济学家，是瑞典学派的主要代表维克塞尔。他早在 19 世纪末，就对统一价格下自由竞争会给交换双方带来最大满足的假设（即，瓦尔拉斯假说）提出不同看法。他认为自由竞争下形成的唯一价格，可能使富者的消费在边际效用上得到最大满足，但对穷人可能在未达到这种满足之前即停止消费，故不能使交换双方同时都得到最大满足。公共消费领域同样存在缺陷。他指出，以公共消费及分配为对象的传统公共财政理论，是建立在超利益的、能够实现真善美共同目标的、至高无上的国家基础上的。然而，这种理论与现实的政府行为和个人行为的价值规范并不一致，因而公共财政活动的效率也就无从谈起。在他看来，政府的公共财政活动不应是政治权力结构的结果，而应当是人们在自愿基础上的选择和交换的结果。维克塞尔的上述观点对后来的公共选择学派产生了重大影响。

事实也是如此。市场选择机制并非像古典经济学派所推崇的那样完美无缺。19 世纪后期以来，频频发生的经济危机彻底暴露了市场机制的一系列缺陷。所以，自 20 世纪 20 年代起，以庇古为代表的福利经济学派开始致力于对市场缺陷的分析研究。他们认为，社会福利是社会中各个人购买的货物和所提供的生产要素以及任何其他有关变量的函数。按照这种社会福利函数理论来研究社会福利最大化，势必要在已知社会成员的个人偏好次序的情况下，通过一定程序、满足一定条件，将各式各样的个人偏好次序，归纳为单一的社会偏好次序。一些西方经济学家在探寻这个“一定条件”，以便求得总和的社会偏好次序的过程中，便促成了公共选择理论的兴起。

第二次世界大战结束后，凯恩斯主义取代了传统经济学的主导地位。凯恩斯主义理论特别重视政府作为调节和干预经济的重要力量，直接参与整个社会经济生活。凯恩斯主义理论及其政策主张虽然对于缓解经济危机，促进第二次世界大战后的经济繁荣起到了一定作用，但长期实行这种政策所带来的严重“滞胀”矛盾也使人们意识到，如果说市场是一种极不完善的财富分配机制，那么，国家也并非没有缺陷，政府干预绝非万能。因此，需要用经济分析的方法来检验和改善政府机构的作用。公共选择理论的目的是要设计一种模式，说明在西方民主社会中左右“公共商品和劳务”生产的决策过程，以及公共经济的运转过程。

三、公共选择学派主要代表人物

公共选择学派的主要代表人物是詹姆斯·M. 布坎南（James

M. Buchanan，1919—2013 年）。他于 1919 年生于美国田纳西州的穆尔弗里鲍尔。1941 年毕业于田纳西大学，获文学硕士学位。第二次世界大战期间加入海军服役五年，退役后进入芝加哥大学攻读哲学博士学位。1949 年他返回田纳西大学执教，开始其学术生涯。1956 年至 1967 年任弗吉尼亚大学经济学教授、主任。1968 年至 1969 年任洛杉矶加利福尼亚大学经济学教授。1969 年后又任弗吉尼亚大学和弗吉尼亚州乔治·梅森大学教授。他还担任过美国南部经济协会会长（1963 年）、美国经济协会副会长（1972 年）、美国西部经济协会副会长（1982 年）等职。他和公共选择学派的另一位重要代表人物戈登·塔洛克（Gordon Tulloch，1922 年—）于 1962 年共同发起创立了公共选择学会。由于布坎南在“公共选择理论”方面的杰出贡献，1968 年获诺贝尔经济学奖。

布坎南的著作很多，主要有《同意的计算》（1962 年）、《民主财政论》（1966 年）、《成本选择》（1969 年）、《公共选择理论》（1972 年）、《自由的限度》（1975 年）、《宪法契约中的自由》（1978 年）和《征税的权力》（1980 年）等。

公共选择学派的代表人物除了布坎南和塔洛克外，还有邓肯·布莱克（Duncan Black，1908—1991 年）、奥托·戴维斯等。由于公共选择学派的其他学者在税收领域涉猎不多，集中论述较少，所以，本章主要介绍布坎南的税收思想。

第二节
公共选择理论的基本内容

一、公共物品的特点和市场选择失灵

公共选择理论体系的一个重要特征，是将经济分析扩大和运用到社

会—政治法规和制度的结构选择。这一分析首先是从政府提供的公共物品开始的。

在公共选择学派的分析中，公共物品具有以下三个特点：

一是非分割性。即集体中的任何一个成员可以得到公共物品的一个单位，那么该集体中的其他成员也可以得到一个单位。换言之，公共物品的消费只能在保持其物品和效用完整性的前提下，由众多的消费者共同享用，而不可能像私人消费品那样，将其分割为可以计价的单位供市场销售，也不能通过一个一个消费者的购买来补偿其生产费用。因此，这就决定了公共物品只能由政府来提供或生产，其生产费用或成本只能通过政府的税收及其他筹资方式来补偿。

二是非竞争性。即任何一种公共物品的消费者的增加，不会引起该物品生产成本的递增。例如，在一条公路上或路灯下的行人的正常增加，一般不会引起建造这条公路或装置路灯成本费用的增加，同时也不会使消费者在其他方面的消费减少。相反，当任何一种私人物品的消费增加时，因需要更多的资源去生产出供新增消费的需要，就必然会增大生产该物品的成本总量。公共物品的非竞争性特点表明，它的消费者增加所引起的边际成本为零，即消费者愈多，它所提供的利益愈大，这种物品也愈值得生产，但生产成本始终不变。

三是非排他性。即某个人消费某种公共物品，不能同时排除其他人也能同时消费这种物品。例如，每个消费者都可以从国防、路灯、图书馆等设施中获得利益，不可能出现一人受益而排斥其他人受益的情况。相反，私人物品就具有排他性。当某个消费者为私人物品付费之后，别人就不能享用这种物品所带来的全部效用。正因为公共物品具有非排他性特点，它的生产者或卖主便不能保证只有付款购买此物的人才能获得它。因此，就可能出现部分消费者只想消费它，而不愿为之付费的“偷乘”或“搭便车”（Free Rider）现象。

布坎南等公共选择学派的学者认为，由于公共物品具有以上三个特点，尤其是可能出现的“搭便车”问题，必然导致市场选择的失灵或低效化。

首先，根据市场选择原则，某一公共物品是否值得生产，取决于该项公共物品对所有个人的真实价值与所有个人对该公共物品分担的成本之间的比较，其差额就为净意愿支出额。如果这个净意愿支出额为正数，生产就是有效率的，否则，就不值得生产。然而，在存在“搭便车”的情况下，每个人所报告的净意愿支付的数额不一定真实，有的人甚至会谎报自己支付的意愿，以便从其他人的支出而生产的产品中得到利益。这样，政府就很难判定一项公共物品是否值得生产。

其次，从公共物品的最佳产出水平分析，它是由需求曲线和供给曲线的交叉点所决定的均衡数量。在这个均衡点上，产出所增加的一个单位的公共物品需付出的成本，恰好等于社会愿意为这一单位所支付的价格，然而，由于存在公共物品消费的“搭便车”，使得需求曲线具有虚假性和不可靠性。这样，由公共物品供求曲线交叉点确定均衡产量或最佳产出水平的方法，就失去了实际意义。

最后，公共物品存在的非分割性和非竞争性特点，也使每个人在事实上都准确地表示他所需要的数量，因为这类物品的效用是整体的，不可能分割出售给每一个消费者。而且，任何一个消费者是否享用这类物品，享用多少，都不会改变公共物品的边际生产成本。所费和所得的不对称性和不可计量性，就使得消费者很难准确表示他对公共物品的需求量。

所以，他们得出结论，市场选择不适用于公共物品的生产，企图用市场选择来解决公共物品的生产均衡，以达到资源有效配置的目的，是无效的。要使人们在公共物品的真实价值与愿意为其分担的成本之间建立起可信的对应关系，使需求曲线成为有现实根据的可靠假设，就只有使每个人通过某些政治程序表现出他们对该项公共物品真实需求的数量和真实愿意支付的价格，即只有通过公共选择的办法，才能解决问题。

二、公共选择规则

公共选择，即非市场的集体选择。所谓公共选择规则，是指通过投票对公共物品做出抉择的规则。在公共选择学派看来，对于公共物品，生产什么、生产多少，消费者或选民是有不同意愿的。这种意愿无法通过市场机制得到有效满足，而只有通过一定的政治程序才能得到协调，投票是达到这种协调的有效方法。因为通过投票可以有效地、公平地表达选民们对公共物品需求的真实意愿或偏好。

根据不同的投票形式对集体选择结果和个人偏好满足程度的影响不同，投票规则有两种：

第一种是一致规则，要求对有关公共物品的议案，须经全体投票人赞成才能通过。由于该规则要求议案须经全体一致通过，它就能使每个人的偏好达到最大程度的满足，而不会使任何一个人的福利受损，从而实现帕累托最优。但它的主要缺点是，选民“众口难调”，选择的成本太高。

第二种是多数规则，要求对有关公共物品的议案只需半数以上的投票人赞成即可通过。该项规则又可分为简单多数规则和比例多数规则。前者只要求赞成票数超过总票数的 1/2 以上；后者则要求赞成票数达到一个相当大的比例，如 2/3 多数票通过等。多数规则的优点是，选择成本较低，使公共物品容易生产出来；主要不足是，容易导致收入再分配效应，使投赞成票的多数投票者从通过的议案中得到好处，增加福利；不赞成者却要从中受到损失，减少福利。当然，如果对多数规则给予一定的限制条件，如要求受益者补偿受损者，这种规则也可以实现帕累托最优，即在不使一部分人福利受损的情况下，增加另外一部分人的福利。

第三节
公共选择学派的税收理论与政策

一、个人对公共商品的需求与税收的关系

个人对公共商品的需求通常都由政府预算来满足，而政府预算资金

的绝大部分又是通过税收筹集的。所以，对公民来说，政府提供公共商品和劳务的直接成本就是税收，征税的方式会明显影响选民对扩大或缩小公共商品和劳务规模的态度。所以，布坎南认为，公共选择学派税收理论的一个主要任务是，要分析、预测各种税收制度对作为“公民—投票人—纳税人—受益人”的个人所作决定或选择的影响。这种决定或选择与市场选择不同，个人不能够选择他最喜欢的纳税方式和纳税数量，而必须根据所有人选择的方式或数量履行纳税义务。

（一）公共商品的个人需求分析

布坎南对公共商品需求与税收关系的分析，首先是借助供需图表，从分析公共商品的需求状况开始的。假定考察的只是一种公共商品，不计收入效应，并且单位边际税收就等于平均税收。他认为，“公共商品需求曲线就完全类似于普通私人商品的需求曲线”。[①]

在图 11－1 中，横轴表示个人对公共商品的需求数量；纵轴表示政府提供单位公共商品的单位税收—价格；Da 表示个人在一定的税收制度下，对某种公共商品的需求状况。需求曲线 Da 表明，如果公共商品均等地提供给每一个人，资金由特定税收提供，并且这种税属于对每个单位商品征收的人头税，税金为 OT。在这种情况下，个人将倾向于赞成所有主张把商品的供应量扩大到 OX 的支出—税收方案；并倾向于投票反对所有主张提供多于 OX 的支出—税收方案。

以政府组织提供一定数量的核潜艇为例。对每一个公民来说，作为公共商品的核潜艇数量都是相同的，并且每增加一艘核潜艇的边际成本等于平均成本。这样，每个纳税人—受益人不仅能估算出在每一水平的潜艇防务所提供的集体利益中，他自己所享有的“私人份额”，而且也能估算出自己在税收成本中的“私人份额”。现在，假定通过公民投票方式来决定核潜艇的供给量。在图 11－1 中，个人将倾向于投票赞成把潜艇数量增加到 OX 水平的支出方案，反对超出这一数量的其他所有方案。尽管在参与投票的公民中，有部分人不赞成 OX 支出方案，但个人

① 布坎南：《民主财政论》，商务印书馆 1993 年版，第 21 页。

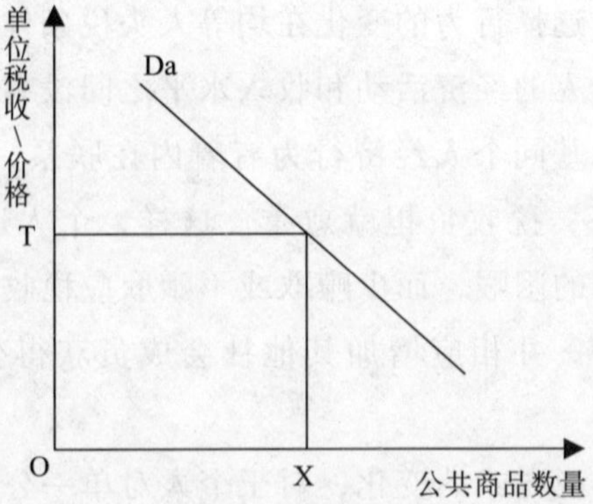

图 11 -1

的需求偏好不可能全部反映到集团决策的结果中来。

(二) 税收制度及征税方法对个人选择行为的影响

图 11 -1 所表示的状况，体现了在人头税条件下个人的预期反应。现在假定核潜艇防务不是通过人头税，而是通过课征公司所得税来提供资金。布坎南指出，税收制度及其征税方法的这一改变，对投票人——纳税人——受益人的私人选择决定，将产生三种可能的影响。

第一种影响：课征公司所得税这种纳税方式，可能满足了部分纳税人在履行纳税义务方式上的某种“偏好秩序”，使其感到更方便了。如果某一拥有公司股票有个人，他所估计的负担公司税的数额同图 11 -1 所描述的人头税方案一样多。但是，由于他偏好于采用公司税而非人头税来履行纳税义务，征税方式改变对其选择行为影响的结果是，将使税收—价格曲线下移。尽管净纳税额没有改变，但它赋予个人以自由选择纳税方式的权利。

第二种影响：由于公司所得税是对公司净利润课征，而不是按人口数计税。这样，纳税人可能知道他所持有的一定数额的公司股票，但他对于增加一艘核潜艇的成本中，自己所需承担的公司税份额可能一无所知。换言之，征税方式由人头税改变为公司所得税后，可能导致纳税人对公共商品的“私人机会成本”的估计，产生严重错误。

第三种影响：征税方式改变后，个人可能通过改变赚钱或支出的方式，或通过参加集体决策，来改变自己所面临的单位公共商品的净税收

—价格。这种私人选择行为的变化在均等人头税条件下一般不存在，因为人头税负担同个人的经济活动和收入水平之间没有内在联系。公司所得税则不同，其税基同个人经济行为有着内在联系，经济行为愈有效，个人收入水平愈高，税收负担就愈重。这样，个人通过改变自己的行为，宁愿享受更多的闲暇，而少赚取或不赚取应税收入，从而降低自己的单位税收—价格，并相应增加其他社会成员获得公共商品的税收—价格。

税收制度及征税方式的变化，对于个人对单一公共商品需求行为的影响是比较大的，个人的选择范围也更加宽了。图 11－2 表明：不论税收制度如何，个人将赞成所有限于 OX 范围内的支出方案，反对所有超过 OX′的支出方案。在 OX—OX′，这一广阔领域内，个人可能赞成也可能反对扩大支出或紧缩支出的方案，具体情况要取决于特定的税收制度。所以，布坎南的分析结论是，税收制度对个人选择行为的影响在财政选择中尤为重要。

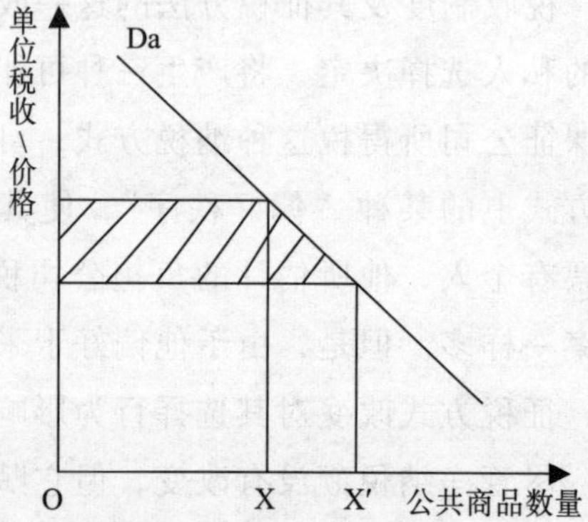

图 11－2

二、直接税与个人选择

直接税是目前一些西方国家的主体税种。布坎南首先考察直接税制度，以确定各税种在个人参与对公共商品要求的政治决策过程中所产生的影响。

（一）作为分析对象的税制模型

为了便于对税收制度（主要指直接税制）和个人选择行为之间关系的分析，布坎南首先假定税收制度应具备六大特征，并将其作为分析的起点。

第一，税种是新课征的。它表明，集体中的任何一个成员在可以得到征税的受益之前，必须由集体对该税是否应当征收进行选择。在集体选择过程中，个人可以有机会对这种新课征的税进行思考，确定偏好次序，以决定自己的行为。

第二，税收收入被明确指定用于一种单项公共商品服务。即新征税收是为一项特定的公共商品或劳务筹措资金。这个特征表明，纳税人选择纳税行为，是因为他知道社会提高某一税收的决定和向全体公民提供特定公共商品或劳务之间存在对应关系。换言之，“个人决不能肯定自己同意纳税会确保公共商品的增加。他充其量只是知道，如果他的偏好与足够多的其他居民一致的话，他支付税款将伴随有公共商品供给量的增加。”①

第三，纳税人—受益人可以现期享受公共商品和劳务的利益。私人市场选择过程虽然也具有这一特征，但它在政治选择十字路口的意义是，纳税人对政府的现期支付，可以购买在将来和现在都可“消费”的公共商品和劳务。

第四，对个人来讲，每个单位公共商品或服务的税收总量与他自己或其他人在集体选择中的行为无关。具体说，在集体选择过程中，个人自身的行为或其他人的行为，对他所面对的公共商品的单位税收—价格不会发生影响。这个特征符合完全竞争市场上的规则要求。在市场选择中，个人不能改变他获得私人商品的条件，因为他只是一个价格接受者，他的行为中的任何变化都不可能根本改变自己所面对的价格。布坎南认为公共选择也是如此。“个人不能通过‘投票’赞成或反对一项有

① 布坎南：《民主财政论》，商务印书馆，1993 年版，第 33 页。

关扩大或减少公共商品支出比率的提案，以便改变他所面对的单位商品的税收一价格。”[①] 集体选择之所以具有这个特征，是为了确保个人参与集体选择的行为对大局没有影响。同样，其他人的行为或有关公共商品供给量的集体决定，也不应当影响个人所面对的税收一价格。

第五，对个人来说，每个单位公共商品或劳务的税收总量与他自己或其他人在市场选择中的行为无关。这一特征将税收制度和个人选择之间的关系扩展到了市场选择行为。也就是说，私人市场经济中的个人行为，不仅不会改变他所面对的私人商品价格，也不可能对个人所面对的税收一价格产生影响。

第六，个人的纳税总额完全取决于社会决定要提供的公共商品和劳务的数量。在布坎南假定的模型中，单位税收价格是独立于个人的行为而确定的，个人的纳税量取决于集体选择决定的公共商品供给量。当然，由于个人是集体“投票”中的一员，个人对集体选择结果并非完全没有影响。布坎南认为，“只要个人能对这一集体结果施加某些影响（即使是微弱影响），他也就可以对自己的纳税义务产生某些影响”[②]。这种情形如同私人商品的市场选择，个人虽不能左右购买商品和劳务的条件，但他能够通过改变购买量来影响社会花费在某一种商品或劳务上的总支出。

综上六个方面的特征，布坎南实际上就建立起了作为分析对象的税收理论模型。这一“初始模型”的基本目的是，有利于各个投票人一纳税人一受益人更为直接地感受到个人纳税或个人成本与个人可预期获得的收益之间的直接联系。当然，在现代日趋复杂的税收制度下，个人充分了解被选税收制度有关信息的代价高昂。出于成本上的考虑，有必要对有关信息和其他不确定因素予以抽象，使个人税收选择中的不确定性极小化，以便对那些不同于“理想制度”的税制结构进行研究。

布坎南具体分析了财产税、个人所得税、支出税与个人选择的关系。

---

① 布坎南：《民主财政论》，商务印书馆，1993年版，第34页。

② 同上，第34页。

(二) 财产税

对净财富或资本价值课征的财产税，其税制特征同布坎南提出的税收“初始模型”的特征相比，前四个特征完全吻合，即 (1) 税是新课征的；(2) 税收收入明确指定用于为一种公共商品或劳务提供资金；(3) 得自这一商品或劳务的利益可以现期享受；(4) 个人所承担的单位公共商品或劳务的税收额，与集体选择中的本人或其他人的行为无关。根据财产税的性质，布坎南对“初始模型”的第五、第六两个特征作了重大修改，使之更加符合财产税的实际。修改后的财产税制第五、第六两个特征分别是：(5) 个人所承担的单位公共商品或劳务的纳税额，在一定程度上取决于其本人和其他人在市场选择中的行为。(6) 个人的纳税总额取决于社会决定提供的集体商品的数量，而且也取决于要求他支付的单位税收—价格。

财产税制的 (5)、(6) 两个特征所表明的基本含意是，个人在每个单位公共商品或劳务中所承担的财产税数量，不再与本人或其他人在市场选择中的行为无关，也不再仅仅是完全取决于社会决定所要提供的公共商品或劳务的数量。在财产税制下，人们可以通过改变自己在市场选择中的行为来改变自己的净财产或资产价值，进而达到改变其所面对的税收—价格的目的。个人做出上述反应的方式主要有两种：

一是缩小应税财产的税基。现代各国的财产税一般实行高额累进税制。如果累进税率为一定，如果个人能够测量社会的净财产总值，他就可以相当准确地测量出自己的应税财产将会面对的税收—价格。这样，只要个人愿意现期消费他的财产，他就可以较大幅度地缩减其财产税基，降低自己所面对的税收—价格。不过，布坎南指出，估计很少有人会对财产税做出如此强烈的反应。

二是改变占有财产的形式。如果财产税的征税对象仅仅为非人力财产，个人就很难用消费财产的办法来较大幅度地缩小税基。但是，他可以在不降低积累率的情况下，将投资从非人力资本转向人力资本，并以此降低自己的公共商品税收—价格。

所以，布坎南认为，在财产税制中，“我们不能再把个人视为像市场上私人商品的购买者那样，仅仅是对固定的税收—价格做出反应的观念上的数量调节者”，“如果个人的行为变化能够使其成为一个不同的人，个人就能够改变他所面对的税收—价格”①，或者是对他必须支付的税收—价格做出某些微弱的控制。

（三）个人所得税

个人所得税和财产税制相比，个人可以更为自由地改变所面对的税收—价格。布坎南分析了比例税和累进税两种情形。

在比例所得税制下，个人的纳税总额取决于两个因素：一是由集体决策将提供的公共商品量；二是个人应税收入额或税基的大小。如果已知这两个变量，就可以计算出个人的全部纳税义务量和单位公共商品的税收—价格。从总量上看，上述各项因素的相互关系式为：

应纳税额（公共商品量）=应税收入所得（税基）×税率（%）

在上式中，税基的潜在变动性，常常改变为任何量的公共商品提供资金所必需的所得税率；反过来说，税基的潜在变动性，常常改变由任一既定税率提供资金的公共商品量。

面对比例所得税制，个人行为将如何选择？如果假定对个人收入征收所得税税率的确定，与对公共商品供给量的集体决定无关，那么，个人行为选择将独立地做出两个决策：一是如何根据税收情况做出赚取收入的决策；二是关于以集体方式提供的公共商品总量何为适度的决策。布坎南分析认为，两个决策应当是同时进行的，即个人必须根据每一项公共支出水平占其收入的一定比例，努力估算他将要支付的税收—价格；然后，他便决定自己将要挣多少收入，并在政治选择过程中，他将同意多少公共开支。

当然，在这种选择过程中，个人也可能采取两类“策略”性行动：一是个人能够以不取得应税收入来改变他所面对的税收—价格。换言之，他通过减少作为税基的应税所得，将增加所有其他人承受的税收—价格。二是个人可以在不严重损失效用的情况下，用非纳税收入替代应

① 布坎南：《民主财政论》，商务印书馆 1993 年版，第 42 页。

税收入，其结果也可以使他在公共商品的柜台前获得“廉价商品”。

以上两种情形，实际上都属于“偷乘”行为，布坎南认为，凡有上述行为的个人和团体，大多数是赞成扩大公共支出计划的。

布坎南指出，对比例所得税制的分析可以推广到累进所得税制。但是，由于两种税率结构的差别，决定了累进税制在影响个人选择行为时又有自己的特点。首先，累进税制改变了“个人在估计自己的成本—收益状况时所面对的不确定性。而且，甚至在这一不确定的限度内，累进税也必将增加进行任何相当准确的税收—价格估计的成本”。[①] 其次，累进税制同比例税制相比，个人（主要是较高收入者）可以通过改变自己的税基，来更多地改变总的实际税基，进而改变其他人而非自己所适用的税率。这样，要么使得公共商品供给量的下降大于平均比率；要么使得其他公民的税收额增加，高于一般平均比率。

（四）支出税

所谓支出税，实际上是以个人消费支出为对象的一种税，其税基为个人收入总额扣除储蓄和投资后的余额。支出税的首倡者是英国剑桥学派著名经济学家尼古拉斯·卡尔多。在卡尔多的推动下，该税曾在印度等国进行过试验，效果不甚理想。但是，由于该税在理论上的许多优势，后来的人们又时常旧话重提。

布坎南就支出税可能对个人选择行为的影响进行了简要分析。他认为，如果支出税满足“初始模型”前三个特征的要求：即税是新开征的；税收收入明确指定用于一种单项公共商品或劳务，以及这一公共商品或劳务的收益可现期享受。那么，支出税的影响就表现在：由于在支出税制下，个人选择的可替代性较之于所得税制更大一些，他就能够对税基进行更大的控制。具体说，个人能够在很宽的范围内选择抵扣项目，改变自己的纳税义务。而且，由于团体中所有其他人都可以采取相似的行动，所以，任何一个人所面对的税收—价格，要比其他直接说更依赖于其他人的行为。这样，必然导致税收—价格不确定性的范围更加扩大。

① 布坎南：《民主财政论》，商务印书馆 1993 年版，第 48 页。

三、间接税与个人选择

（一）间接税制模型的特征

税收可以划分为直接税和间接税两大类。前述的直接税，其特征是承担纳税义务的个人就是集体所认定的最终负担者。而这里所要分析的间接税，则指那些税收最终归宿落在仅仅间接地受到财政影响的个人身上的税种。这类税收不仅受纳税人影响，而且还要受负税人行为的影响。所以，布坎南认为，间接税制模型除了具有同直接税相同的前四个特征之外，对于第五个特征必须修改为：

“对个人来讲，单位公共商品的税额直接取决于社会其他成员的市场选择行为，即使这种行为与他自己的市场选择行为无关，而且也与其他人的间接市场反应无关。”①

上述特征表明，间接税支付的间接性，会导致增加个人选择不确定性的范围。因为“作为由政府提供的商品和劳务的实际成本的承担者，个人并没有直接地或独自地被估定纳税额，他向国库直接缴付税金以‘换取’公共商品的意识是不存在的”。② 为了使间接税的负担者达到直接纳税人所具有的意识状态，布坎南提出需要完成以下“转换”：即要使个人在某种程度上意识到，他据以进行市场选择的条件因间接税转嫁而被税收改变了，因而有必要计算自己所承担的纳税义务。这种计算必须首先区分税前和税后的市场选择条件。然后，再将两者的差别转化为成本或税收—价格的等价物。当然，个人在这一过程中也会感到，自己依据对任何其他可选择对象的合理、准确地评估来采取行动，将是极为困难的事情。

根据上述分析，布坎南分别考察了公司所得税、一般销售税和特定

---

① 布坎南：《民主财政论》，商务印书馆 1993 年版，第 55 页。

② 同上。

消费税对个人选择的影响。

（二）公司所得税

在财政学的分类上，公司所得税一般划为直接税。但是，布坎南从公共选择理论的角度，认为公司不同于个人，它不参加投票，不直接参与财政选择过程，而且，可以假定公司所得税全部由股票所有者承担。因此，公司所得税与财产税、个人所得税和支出税不同，应当划入间接税。

布坎南对公司所得税的分析，是以拥有公司股票份额的个人为对象的。通过对作为公司"代表"的个人经济情况的分析，要解决"这样的人在'需求'公共商品方面怎样行动，以及他将如何估计自己能够获得这类商品的'价格'？"①

布坎南认为，在公司所得税制中，个人的选择和决策在一定程度上具有与个人所得税相类似的特征。在个人所得税制下，个人可以通过改变所挣得的应税收入数量，来调整自己的以税收—价格衡量的税收义务。他这样做就意味着自己所面对的税收—价格，间接地取决于能够做出类似反应的其他人的行为。公司所得税的情形也是如此，表现为两方面：一是在一定限度内，个人可以通过从公司投资中撤出资金，避免公司税负，来降低单位公共商品的税收—价格。另一方面，任何一个人的纳税义务数量也变得相互取决于进行这类资金调整的所有其他人的行为，即决定是否从公司投资中撤出资金。

但是，公司所得税和个人所得税对个人选择影响的主要区别是，前者在个人和国家之间加入了公司这一决策实体。负有公司税纳税义务的，是赚取应税收入的公司，而非个人。这样，个人不仅要考虑对公司投资的影响，还必须预测公司本身将对公司所得税做出何种反应。这一过程本身就包含了集团而非个人决策的绝大多数问题。例如，政府将利用税收扩大国家公共设施，公司所得税率将在社会对预算做出决定后确定。纳税人—投票人是应该支持还是反对这项扩大公共商品供给的议案？显然，他必须对此议案所包含的税收—成本做出某种估计。这种估

---

① 布坎南：《民主财政论》，商务印书馆 1993 年版，第 57 页。

计要求他预测其他人，即公司而非自己的行为。具体说，要预测公司对税收的反应，以及他对自己所拥有的公司的净收益额前景。

布坎南指出，公司净收益率的变化，直接影响着个人为公共商品实际支付的税收—价格。“如果他对公司所有权的投资是相对有利的，个人将发现自己为其可得到的单位公共商品所支付的税收—价格获得了由集体供给的商品”。[①] 上述道理也同样适用于作为非股东的个人对扩大公共商品供给的反应。由于公司所得税的最终负担大部分落在股东身上，那么只要非股东预期股东增加的收益为正数，非股东就会倾向于赞成所有扩大公共支出的计划。

（三）一般销售税

一般销售税是按比例税率对市场上的零售商品和劳务价值课征的税。布坎南认为，如果在税基中不包含投资物品，那么，一般销售税对个人行为的影响同个人所得税或个人消费支出课税的影响大致相同。但是，这两类税收还是存在某些差别。在个人所得税和支出税的场合，个人一般都能相当准确地估计出据以计算税款的税基，并能根据估算结果进行税基调整。但在一般销售税的情况下，由于负担的转嫁性，这种估计将变得极其复杂。

虽然，一般销售税只对销售者课征，个人不承担直接向国库纳税的义务，但个人必须努力估计征税前后他在市场机会方面的差别，预测销售税对自己的、以实际价值计算的收入所发生的影响。这种估计或预测涉及经济中除他自己以外的许多决策单位的行为反应，内容不仅包括如何赚取收入，还包括在分配资源、产品和劳务定价、购买最终产品，根据价格变化进行调节等方面的选择。在这些方面，其他人和厂商的行为必定同销售税对个人的影响有关。正因为如此，布坎南认为，当个人依据上述因素进行估计或预测，并进行最终财政决策时，他所面临的不确定性范围必然非常之大。

---

① 布坎南：《民主财政论》，商务印书馆 1993 年版，第 59 页。

（四）特定消费税

特定消费税是对某些产品或产品组合的销售、使用或消费所征的一种税。如果假定集体中的所有人都购买并消费将被征税的特定商品，如威士忌或烟草，那么，个人在面临仅仅通过对一种商品征税来为一种新的公共项目筹资时，他怎样估计集体供给的公共商品将使他承受的税收—价格？

在布坎南看来，个人必须为单位公共商品支付消费税的税收—价格，直接取决于非常复杂的经济依存链条中的其他人的行为。为了估计这一税收—价格，个人必须预测零售商的行为，以及资源供给者和产品需求者的总体反应。这种预测主要是通过应税商品的价格上涨实现的。如果市场是有相当竞争性的，如果资源并非高度专一，而且如果时间允许对供给进行调整，那么，作为消费税潜在纳税人的消费者、使用者个人所做的朴素预测，将是比较准确的。只要个人可以预测所有其他人的类似行为，他就能够以一定的准确性估计出税收—价格。显然，非消费者，以及自己能够最有效地对税收引起的价格上涨做出反应的消费者，总之是能够有效逃避消费税转嫁的个人，能够获得“廉价商品”。

最后，布坎南强调指出：“以消费税方式筹资的公共商品也被个人估计这一事实，对他的私人商品选择界限没有影响。个人无法通过自己的市场行为来调整公共商品的供应限度。只有当个人不是作为独立行动的购买者—消费者，而是作为投票人—纳税人—受益人来参与时，这种选择才会出现。”①

四、时间对税收决策的影响

（一）“旧税就是好税”

布坎南在前面所考察的，仅仅是一些新税。新税的目的在于为现期

① 布坎南：《民主财政论》，商务印书馆 1993 年版，第 64 页。

提供但还没有提供的公共商品筹资。他进一步提出，新税或旧税如何影响集体选择中的个体行为，并通过这一行为影响最终的集团决定，以及在什么程度上和按什么标准来衡量，“旧税就是好税”这一格言才能成立?

为了回答上述问题，布坎南首先界定了旧税和新税的含意。所谓“旧税”，是指过去已经批准并现存的为公共商品筹资的税收；“新税”则是指课征之前并不存在的为公共商品筹资的税收。现行税率的提高，也往往被视为一种“新税”。布坎南认为，“旧税就是好税”这一古时的格言是有道理的。运用公共选择理论深入研究这句格言，比较新税和旧税对个人行为将产生的不同影响，会得出一些有益的结论。

假定一国政府决定在 t_0（基期）时期开征一种新税，为提供新的公共商品筹集资金。同 t_{-1}（基期前）时期相比，政府的这一决定将会把资源从私人商品供给转向公共商品供给，因此，投票人—纳税人—受益人或多或少地能意识到新生产的公共商品的实际“成本”；到了 t_1 时期，再用旧税或现存的税收提供同样数量的公共商品。同 t_0 时期相比，现存的税收制度并未改变任何人的经济地位，并且所供给的公共商品在牺牲私人商品利益方面的代价一样。但从个人主观上看，由于新税的开征成本影响了个人选择，并由此影响了集体决策，所以，即使在同样的税收制度下，用新税筹资的公共商品的机会成本，要大大高于以旧税筹资的同样商品的机会成本。

布坎南进一步分析，课征新税增加个人选择的机会成本的可能性，存在于现时被利用的资源所带来的将来享受的预期牺牲之中，也就是说，“在选择供给新的商品时必须牺牲的心理收入，对进行选择的人来讲是可见的，明显的”，即“他必须减少他的私人商品消费，以获得靠税收筹资的额外公共商品”①。征收旧税则不同，它的“机会成本表现为从利用目前尚未购买的为每人购买的资源中得到了预期享受”，即“公共商品的机会成本表现为私人市场上额外资源潜在使用，而不是现

① 布坎南：《民主财政论》，商务印书馆 1993 年版，第 69 页。

有享受或现期享受的牺牲"[1]。这样，就公共商品的筹资决定和选择成本之间的联系看，旧税显然不如新税明显。

依据上述分析，如果准备提供同样数量的公共商品，在新税的情况下，对公共商品的边际需求必须超过的旧税情况下的边际需求。换言之，如果其他条件不变，个人在旧税筹资方案下，会比新税筹资方案下更倾向于"赞成"扩大公共支出的提案。

旧税之所以比新税好，布坎南还分析了其他原因：

1. 要在一段时间内实现税收决策成本最小化，就要求征税活动程序化，保持原有制度和规则，重复过去的行为。

2. 旧税同新税相比，纳税人的负担较轻。

3. 旧税比新税引起的社会反响要小。

4. 一种税收存在的时间愈长，纳税愈是成为例行公事，这种税就愈易被人们广泛接受，它持续存在下去的可能性就愈大。

一些国家的税制实践证明了上述判断。布坎南举例说，为满足战争或其他紧急财政需要而暂时提高的税率，在战后或紧急状态解决之后，仍然会保持在比以前高得多的水平上，这几乎成为一种普遍现象。究其原因有二：一是紧急状态改变了社会愿意接受的税收的可容忍限度。也就是说，就机会成本而言，扩大税收规模的额外实际成本在紧急状态下变得易于接受；二是在紧急状态时，由于人们没有经受用新税筹资所导致的实际资源的明显牺牲，这样在紧急状态结束之后。人们往往愿意维持高水平的公共活动，赞成提供更多的公共商品或劳务。

（二）税收收入弹性和财政选择

税收收入弹性和财政选择的关系，涉及随着国民收入总额的提高，而能自动使税收收入增加的税制结构对公共支出的影响问题。布坎南指出，由于目前世界主要国家的重要税种都直接或间接地以收入所得为税基，这类税收的收入弹性是比较大的。尤其是在税收弹性超过财政支出计划所要求的收入弹性的情况下，其影响就更大。主要表现是：从政治

---

① 布坎南：《民主财政论》，商务印书馆 1993 年版，第 70 页。

上看，较高的税收弹性有利于新的公共支出计划提案的通过。假定在国民收入增长时期，公共支出的增长仅仅只是税收增长的二分之一；另一方面，最初规定为这项公共开支筹资的税种，按现有税率征得的收入，其增长速度是国民收入增长速度的2倍。上述两方面的情况结合在一起，将会使集体财政决策发生有利于新支出计划的“偏倚”，使新的公共支出计划得到更多纳税人的支持。这种支持在经济稳定时期就要少一些。

从财政上看，具有最高收入弹性的税种，在国民收入迅速增长的时期，将倾向于产生最大量的公共支出。由于不同税种的收入弹性不同，政府的财政目标是瞄准获取财政收入的主要税种。布坎南认为，累进的个人所得税、公司所得税，以及对具有较高收入弹性的特定消费税，由于收入弹性较大，应当挑选出来作为主要的税收来源。

（三）多时期的选择和税收资本化

税收资本化（或称税收贴现）是西方税收理论中与税收转嫁相联系的一个范畴。它是指在某种情况下，应税商品或财产的买者将该商品或财产在未来应纳的有关税收，预先在买价中作一次性扣除，以降低买价的方式把全部或部分税收转给卖方负担。税收资本化多发生在财产课税场合。[①] 布坎南将税收资本化问题和个人在多时期的选择联系起来，试图用公共选择理论说明税收资本化对个人选择与决策的影响。

假定在一社会中，有人提出对房产价值征税，以便为职业教育筹集资金。一旦这种房产税预期继续存在，并成为个人经济的一个特征，就会出现税收资本化问题。其后果将是，应税财产的所有人在这种税生效时，将遭受一次性的资本损失。面对这一后果，应当研究作为潜在纳税人和职业教育项目潜在受益人的房产所有者的行为，他将怎样选择自己所偏好的税率以及公共商品量？这一选择的核心，涉及房产税的成本和“预期收益流量”问题权衡。后者是指，在集团做出征税决定的时刻，纳税人—产权所有人所感到的公共支出项目可能带给自己的意外利益。

---

① 参见本书第六章第五节“塞力格曼的税收思想”。

布坎南分析了两种不同征税方案及其纳税人的反应。

首先假定，决定征收的是一种特殊税，如房产税，其税基是房屋价值。作为征税对象的房屋或财产，每一部分都可以表现为现期市场价值。房屋所有者面对房产税，他做出的选择可能是按市场价值处理或卖掉一部分房屋，但税收资本化将使这部分房屋的市场价值降低到它被折成现值的程度。另一方面，预期收益流量尽管可以供房产所有人和其他人共同享受，并由他自己估价，但是，这种收益流量并没有提供一种可由他自己销售的资产，因而也就没有使他获得可随意支配的流动资金。所以，在这种税制下，个人往往倾向于高估税收成本，认为预期收益流量未能补偿纳税损失。布坎南认为，在上述场合，个人的财政选择将趋向于反对课征房产税为职业教育计划提供资金的提案，即反对政府在仅仅产生一般利益的长期项目上花钱。

相反的情形是：如果即将课征的是一种普遍征收的一般税，如比例所得税，而支出计划仅仅是向财产（如土地）所有者提供特定的、不可转让的利益，如免费的灌溉用水。在这种情形下，由于一般性的所得税不会在任何可以比较的程度上折成现值，即发生税收资本化问题，而预期收益（如土地的免费用水）则会直接折算为土地的现值。因此，布坎南的结论是，作为公民—纳税人—农场主，个人将倾向于赞成用这种征税方法来筹集长期工程的建设资金，支持政府以这种方式花钱。

五、改进税收宏观管理的政策主张

如前所述，作为公共选择学派研究对象的，是公众对由政府公共部门生产的公共物品的选择行为和选择规则，其中包括对各种征税方案的选择。公共选择学派认为，由于现代政府官员制度存在效率低下的弊端，如垄断公共物品的供给，缺乏竞争性；政府官员缺乏利润观念和行为监督机制等，从而使公共选择机制很难有效地动作起来，最大限度地增加社会和个人的福利。因此，他们主张改进政府官员制度和政府运作机制。其措施除了建议在公共部门内部建立竞争机制，发挥最高行政领导层的个人积极性等之外，在税收宏观管理方面，公共选择学派主张对政府的税收和支出进行约束。由于政府活动的支出主要依赖于税收，只有约束了政府的税收，才能从根本上建立起符合公共选择制度要求的政府行为框架。这种约束可以从政府建立预算的程序和数量两方面入手。

在程序约束方面，要求立法机关在预算批准程序上更好地保持税收收入与预算支出的平衡。并且，在批准支出项目之前，就要考虑用于支出项目的资金如何取得，尽量杜绝采用举债和增加货币的方式来增加收入的办法。

在数量约束方面，要求对政府税收和支出的增长，应当直接与国民生产总值增长的速度相适应。前者应随后者的增加而增加，但二者应保持一定比例，不得任意提高税收占国民生产总值的比重。

第四节 公共选择学派税收思想评析

一、将成本—效益分析法引入税收决策，拓宽了税收理论的研究领域

公共选择学派税收理论的最主要特点，也是他们对当代税收理论发展的突出贡献，是把市场经济分析方法运用于属于非市场抉择的税收领域，试图在国家征税决策和社会、个人选择之间建立起内在联系。

传统税收理论认为，税收制度和税收政策从来都体现政府的意志。政府决定着对什么征税、征多少税、如何征税，以及税款用于何处。个人的需求偏好仅仅只影响和受制于市场选择，个人意志对诸如税收之类的政治问题一般不起作用。然而，反映当代新自由主义经济思潮的公共选择理论，立足于“经济人”的分析，认为以成本—收益计算为基础

的追求个人利益最大化的原则，不仅通行于经济领域，也通行于包括课税在内的政治领域。他们将市场选择中的供给—需求分析法、成本—效益比较法等引入税收领域，力图探讨纳税人面对特定的公共商品项目及其征税方案，“他”是如何估算自己对特定公共商品的需求—收益状况，如何估价这类公共商品的税收—价格，进而纳税人又是怎样对这类方案进行选择、决策和投票，单位公共商品的税收价格又是怎样决定的，等等。在布坎南及公共选择学派看来，只有遵循“经济人”的自由主义原则，尊重纳税人—投票人—受益人的意愿，才能努力促成征税方案尽善尽美，实现帕累托最优。公共选择学派的这些观点，不论是在理论体系及内容，还是在方法论上，无疑又为西方税收理论研究的发展，开辟了一个新的领域。

二、运用经济学方法，深化了古典学派关于“税收利益说”的研究

公共选择学派在把自由主义原理运用于政治领域的过程中，一方面强调个人选择对于税收制度的意义，另一方面不赞成国家对经济的过多干预。亚当·斯密曾提出：个人对自身利益的追求能给社会带来巨大利益。布坎南则进一步指出，政治家们在追求自身利益的同时，却会导致政府对经济的有害干预。所以，公共选择理论反对凯恩斯主义的赤字财政和通货膨胀政策，主张采用公共选择规则和立法形式，约束政府的征税行为和预算规模，把税收规模限制在经济增长的范围内。公共选择学派的这种财政、税收政策主张虽然有其产生的经济背景，即国家干预经济政策的缺陷和凯恩斯主义政策的失灵。但是，按照公共选择规则，以及由之产生的税收制度和政策措施，能否治愈资本主义经济的某些重大瘤疾，促进社会福利最优化？看来问题不那么简单。

从形式上看，公共选择学派的税收理论是全新的。不过就其理论实质分析，它仍然是对古典学派税收理论的继承和发展。在古典学派看来，税收在本质上不过是政府和人民之间的利益交换关系。政府向人民

提供人身、财产安全保障，创造生产、经营的外部条件，人民向政府纳税则是享受上述利益的代价。公共选择学派对古典学派关于税收本质理论发展的贡献在于，他们提出了一整套公共选择规则、程序和方法，将特定公共项目的财政支出与特定税收收入对应起来，有利于各个投票人—纳税人—受益人更为直接、更加具体地感觉到个人纳税（或个人成本）与个人预期受益之间的直接联系，使每一个纳税人都能针对任何特定的公共商品项目及其相应的税收方案，权衡利弊得失，决定自己的选择意向，努力争取以最小的税收成本，换取最大的经济福利。

我们认为，不论是古典学派倡导的“税收利益说”，还是公共选择学派的税收选择理论，都是西方社会分配不公、税负不平矛盾的产物。这些理论对于限制资本主义国家滥用课税权和滥用税款，缓解社会分配矛盾，增进社会福利，有一定积极意义。

三、公共选择学派税收理论的缺陷

需要指出的是，公共选择学派的税收理论也有着十分明显的缺陷：

第一，税收成本和税收利益的对称性要以特定税种和特定支出项目的对称性为前提。但在西方国家的税制体系中，税款具有特定用途的特定税种毕竟是少数。这样，布坎南为税收制度假设的第（2）个前提，即税收收入被明确指定用于一种单项公共商品或劳务，就失去了普遍意义。所以，公共选择学派关于税收成本与预期利益分析的许多结论，也就失去了现实的基础。

第二，公共选择规则的实质是投票规则。任何一种税收方案，能否代表大多数人的利益，是否公正合理，关键在于投票规则是否公正合理。资本主义选票民主制度在形式上遵循多数票原则，但投票结果往往受政客、少数议员、各种院外集团的操纵，往往导致经立法程序通过的税收法无视低收入阶层的利益要求。

第三，即使投票规则程序是公正的，但是，作为政府有关部门如何保证自己拟定并提供表决的税收方案的公正性和全面性；纳税人—投票人因信息不灵所产生的“税收幻觉”问题又如何解决。总之，政府如何保证经过公共选择程序通过的征税方案能够真实地反映广大选民的利益要求，实现社会福利最大化？对此，公共选择学派在其理论中也触及了上述问题的解决办法。

第十二章

制度经济学派税收思想

制度经济学派是西方经济学中的一个重要流派，分为旧制度经济学派（The Institutional School）和新制度经济学派（New institutional economics School）。从历史沿革上看，制度经济学的产生发展大体经过了三个阶段：第一个阶段（19 世纪末到 20 世纪 20 年代），是制度经济学创立时期，其主要代表人物是凡勃伦、康芒斯、米切尔等人。第二个阶段（20 世纪 30 年代到 60 年代）是旧制度经济学发展中期，或者说是以凡勃伦为代表的旧制度经济学到战后新制度经济学的过渡时期，其主要代表人物是加尔布雷思、科尔姆、鲍尔丁、沃德等人。第三个阶段是 20 世纪 60 年代以后，以罗纳德·科斯、道格拉斯·诺斯为代表的新制度经济学派兴起的时期。

无论是旧制度学派，还是新制度学派，都承认资本主义制度存在缺陷，并需要改变，提出了许多“治病良方”，其中当然不可能没有国家的财政税收政策。尤其是新制度学派，主张采取国家干预手段，所以，他们对税收问题很重视。总的看，制度经济学派的税收思想与凯恩斯主义及其他学派的主张相比，有许多的不同，颇具特色。本章主要介绍康芒斯、加尔布雷思、科斯、莫里斯、斯蒂格利茨等制度经济学派主要代表人物的税收思想。

第一节
制度经济学派的经济理论

一、旧制度经济学派

旧制度经济学派产生于19世纪末20世纪初叶的美国。当时，美国的工业生产已跃居世界首位，同时，资本主义经济的固有矛盾随着进入垄断时期而越来越尖锐。凡勃伦等经济学家深感马歇尔、庞巴维克等人的庸俗经济学不能解决现实问题，因而主张承认矛盾，并用改良社会的办法来缓和矛盾。所以，他们提出了从社会历史着手研究"制度趋向"，寻找医治资本主义社会弊病的良方。20世纪30年代，制度经济学在美国经历了一次流行高潮期，作为制度经济学发展过程中的"承先启后"的人物，加尔布雷思等第二代制度经济学家着重从社会和企业结构的角度，分析资本主义经济矛盾，分析所有权和管理权的分离及其对资本主义权力结构的影响。特别是到了20世纪50—60年代，随着科学技术迅猛发展，促进经济迅速增长，但同时经济危机更加频繁，并开始出现"滞胀"局面，社会矛盾日益尖锐，改革呼声日趋高涨。另一方面，当时居于主流学派的凯恩斯学主义仍然忽视经济、社会、政治和文化等制度因素，已难以适应现实需要。所以，各学派纷纷发难，制度经济学派作为凯恩斯主义的反对派，正是在此时活跃起来，他们不仅反对凯恩斯主义，也抨击货币学派等其他学派的理论观点，提出了只有制度经济学才能解决资本主义社会现实问题，他们在继承凡勃伦等早期制度经济学的基础上，提出了一系列新的理论政策，形成了旧制度经济学派的完整体系。

制度经济学的核心是从研究"制度趋向"入手，分析资本主义社会的矛盾，以期用改良的办法解决问题。那么，什么是制度（Institution）？在传统的制度学派看来，制度不仅仅是泛指政治制度、经济制度，而是包括社会集团和组织、社会思想习惯、行为准则等。“制度实质上就是个人或社会，对有关的某些关系或某些作用的一般思想习惯；而生活方式所由构成的是，在某一时期或社会发展的某一阶段通行的制度的综合。因此，从心理学方面来说，可以概括地把它说成是一种流行的精神态度或一种流行的生活理论。”① 康芒斯认为，制度是包括家庭、工会、股份公司，以至于国家等在内的一种组织。

凡勃伦和康芒斯等人创立了比较系统的旧制度经济学体系。他们认为，人类社会有两种制度，一种是满足人类物质生活的技术制度；另一种是私有财产制度。这两种制度在资本主义社会表现为“现代工业体系”和“企业经营”，其中，前者的目的在于追求商品的最大量生产，后者的目的则是追求最大利润。资本主义社会的问题就在于这两种制度之间存在矛盾。根据这样的认识，凡勃伦提出了一个被后人称为“凡勃伦传统”的思想体系：一是批判正统的传统经济学观念，建立以研究制度演进为基本内容的经济理论；二是批评揭露资本主义社会弊端，从结构上改良社会。

第二代旧制度学派的经济学家们继承了“凡勃伦传统”，并发展了第一代学者关于所有权和管理权分离的思想；他们进一步阐述了“制度—结构分析法”，主张把所有的非经济因素，包括政治的、社会的、经济的结构、制度和态度全部纳入经济分析；他们比第一代制度学派更加注重资本主义社会的现实问题，并力求提出更为具体的改良方案。因此，他们对资本主义现实的揭露批判更加激烈，在理论和政策上涉及的范围更加广泛。所以，旧制度经济学派的许多理论和主张，被西方一些经济学家视为“异端”。

---

① 凡勃伦：《有闲阶级论》，商务印书馆 1961 年版，第 139 页。

二、新制度经济学派

（一）新制度经济学的特点

所谓新制度经济学，就是用主流经济学的方法，分析、研究制度的经济学。1937 年，科斯发表了他的著名论文《企业的性质》，标志着新制度经济学的诞生。到了 20 世纪 70 年代，随着凯恩斯经济学对经济现象丧失解释力之后，新制度经济学在世界范围内蓬勃兴起，其巨大影响一直持续至今。

总体上讲，新制度经济学与旧制度经济学既有“制度”的相通、更有“新旧”的不同。

新旧制度经济学的最大共同点是，他们研究的对象都是“制度”，正如诺思所说，“制度经济学的目标是研究制度演进背景下，人们如何在现实世界中做出决定和这些决定又如何改变世界。”虽然旧制度经济学强调的制度含义非常宽泛，并且认为这种“制度”是受本能决定的，只能演进，而不能改变其性质。但是，新旧制度学派都是采用一个共同的研究方法，或者说，“把制度主义者结合起来的，并不是他们各自为同一个理论做出了贡献，而是因为他们有一个共同的说明方法”，[①] 这个方法就是结构分析法，用历史的、演进的、整体的观点分析研究经济问题。也正是由于研究对象和研究方法这一点上，新制度经济学与旧制度经济学有着某些相似或相通之处，人们在讨论新制度经济学与制度运作的理论时，不能不提到在它以前的旧制度经济学。

尽管新、旧制度经济学存在某种理论的、历史的联系，然而，两者毕竟属于两个不同的理论体系。新制度经济学与旧制度经济学最明显的区别有以下三个方面：一是旧制度经济学几乎全盘否定正统经济理论，

---

① 米尔达加：“经济发展中的危机与循环”，载《现代国外经济学论文选》第一辑，商务印书馆 1987 年版，第 486 页。

而新制度经济学则是在肯定正统经济理论的三大支柱（天赋要素、技术、偏好）的基础上，对正统经济理论进行“扬弃”，如用交易费用补充了正统理论的不足，并将产权因素纳入了制度研究范畴，从而将制度立为经济理论的第四大支柱。二是旧制度学派反对正统经济学的抽象法，认为自李嘉图以来的抽象推理方法得不出什么有用的东西。新制度经济学家则不同，一方面强调经验分析和案例分析的重要性，另一方面又不反对由推理得出的理论。相反，在许多情况下，新制度经济学还运用了正统经济学提供的抽象推理方法。三是旧制度经济学的理论显得较为苍白，斯蒂格勒甚至认为，美国的旧制度经济学是失败的；相反，新制度经济学的理论则十分丰富，而且，这些理论随着时间的推移影响越来越大。

（二）新制度经济学派的基本理论

新制度经济学的理论体系是建立在关于人的行为的三个假定之上的。这三个假定是：（1）人类行为动机是双重的，一方面人们追求财富最大化，另一方面，人们又追求非财富最大化。（2）人的行为的有限理性。由于受环境、信息不充分，以及认识能力等的制约，导致人们不可能对稀缺的世界做出完全正确的反映。（3）人具有机会主义倾向，如随机应变、投机取巧、转嫁负担、损人利己等。

建立在上述假定基础上新制度经济学理论体系，主要由四大基本理论构成：

1. 交易费用理论

交易费用，是新制度经济学最基本的概念，也是新制度经济学的基石和理论生长点。早在科斯提出交易费用思想之前，旧制度经济学派的代表人物康芒斯就提出了“交易”的概念，将“交易”活动看做是人与人之间的交换关系，它与“生产”活动一起，共同构成人类的全部经济活动。康芒斯将“交易”分为三种类型：市场买卖交易、管理交易（如经理对工人的管理），以及限额交易，主要指政府对个人的关系，如政府对居民个人征税等。但是，关于“交易费用”的概念，最早是由科斯在《企业的性质》一文中提出来的。按照科斯的解释：“我觉察到利用价格机制是有费用的。必须去发现价格是什么。要进行谈判、起草合同、检查货物、作出安排解决争议等等。这些费用被称为交易费用。”交易费用分为两部分：一是事先的交易费用，即为签订契约、规定交易双方的权利、责任等所花费的费用；二是签订契约后，为解决契约本身所存在的问题，从改变条款到退出契约所花费的费用。

在企业经营和社会经济活动中，之所以存在交易费用，是因为决定交易费用的三个重要因素，如理性思考、机会主义和资产的专用性，不可能同时不存在；尤其是从深层次看，交易费用的存在，与人的恶的本性有关，如假钞、假药、假唱、假球、假文凭、假广告、假乞丐、假报表、假政绩，等等，要识别和防范上述弄虚作假行为，不仅需要交易费用，交易费用更不可能为零。交易费用理论的提出，对于新制度经济学具有重要意义。由于经济学是研究稀缺资源配置的，交易费用理论表明，交易活动是稀缺的，市场的不确定性导致交易也是冒风险的，因而交易也有代价，从而也就存在一个如何配置的问题。资源配置问题就是经济效率问题。所以，一定的制度必须提高经济效率，否则旧的制度将会被新的制度所取代。这样，制度分析才被认为真正纳入了经济学分析之中。

科斯详细地分析、阐述了交易费用对资源配置的影响，并形成了著名的“科斯三大定理”：（1）若交易费用为零，无论权利如何界定，都可以通过市场交易达到资源配置的最佳配置。（2）在交易费用为正的情况下，不同的权利界定，会带来不同效率的资源配置。（3）产权制度的供给是人们进行交易、优化资源配置的基础。

2. 产权理论

在新制度经济学派看来，所谓产权（包括所有权、使用权、收益权、处置权等），它既是一种权利，也是一种社会关系，是规定人们相互行为关系的一种规则，并且是社会的基础性规则。在鲁滨逊一个人的世界里，产权是不起作用的。只有在相互交往的人类社会中，人们才必须相互尊重产权。产权的一个基本功能是影响和激励行为，所以，在现实经济中，产权在实质上表现为一套激励与约束机制。新制度经济学认为，对于产权如何安排，直接影响着资源配置效率，一个社会的经济绩效如何，最终取决于产权安排对个人行为所提供的激励。

3. 企业理论

科斯运用交易费用分析工具，对企业性质，以及企业与市场并存于现实经济世界这一事实做出了解释，将新古典经济学的单一生产制度体系—市场机制，拓展为包括企业与市场之间存在替代关系的二重生产制度体系。在这种二重体系中，市场机制具有配置资源的功能，企业也是一种配置资源的手段，二者之间存在相互替代关系。由于市场机制的运行是有成本的，如果通过形成一个组织，并允许企业家来支配资源，就能节约某些市场运行成本。交易费用的节省是企业产生与存在，以及替代市场机制的唯一动力。

4. 制度变迁理论

制度变迁理论是新制度经济学的一个重要内容。诺斯认为，技术的革新固然为经济增长注入了活力，但人们如果没有制度创新和制度变迁的冲动，并通过一系列制度（包括产权制度、法律制度等）构建把技术创新的成果巩固下来，那么，人类社会的长期经济增长和社会发展是不可设想的。在决定一个国家经济增长和社会发展方面，制度具有决定性的作用。制度变迁的原因之一，就是相对节约交易费用，即降低制度成本，提高制度效益。所以，制度变迁可以理解为一种收益更高的制度对另一种收益较低的制度的替代过程。

第二节
康芒斯的税收思想

约翰·罗杰斯·康芒斯（John Rogers Commons，1862—1945 年）1862 年 10 月生于美国俄亥俄州霍兰斯堡，1888—1890 年在奥柏林学院和约翰·霍普金斯大学学习，1904—1932 年，先后在威斯康星等诸多院校任教，1917 年任美国经济协会会长。康芒斯积极参加州和联邦政府的顾问工作，在联邦和州产业委员会供职，是美国劳动法规联合会的创建人，1923—1935 年任美国消费者联合会主席。

作为旧制度学派的主要代表人物之一，康芒斯的《制度经济学》被认为是制度学派的经典著作，他的税收思想也主要集中在该书中。

一、集体行动中的课税权

康芒斯发展了资本主义进化和制度变化的理论，并将它们视为削弱资本主义弊端的缓和力量。他把发生在制度内的个人经济行为，称为在控制、解放和扩展个人行动方面的集体行动。他认为，传统的个人主义者把研究重点集中在个人买卖方面，是不可能突破支配经济体系结构特征的各种力量、工作规则和体制的。经济体系发展和运转的关键是政府，政府是采取集体行动和进行制度变革的首要工具。所以，康芒斯特别强调“集体行动”，认为社会的经济问题也是集体行动，需要某种类似于警察权力的权力约束。“警察权力就是统治权力，用来束缚或抑制有势力方面认为不利的事物，促进和奖励他们认为对共同财富有利的事物。”①

在康芒斯看来，征税权也是一种警察权力。“课税是警察权力的最普遍和最特殊的运用；由于战时捐税增多，以及捐税对利润边际的重大影响，课税成为警察权力最有效的运用。”② 不过，康芒斯在这里所说的课税的警察权力，不仅仅指一般的行政权，更多的是指国家运用税收手段对社会经济活动进行调节的权力。他指出，“即使在不是有意识地用来调节的时候，捐税还是起调节的作用，因为它们，像保护税则那样，决定人们不可用以致富的方向，从而决定人们可以用以致富的方向。捐税对企业家说：这里是利润，那里是损失。不可能避免捐税的这些影响，因此就不可能逃避课税的警察权力，因此就不可能把任何一种捐税看作仅仅是取得国家收入的手段，……。实际上，课税是调配谋取

① 康芒斯：《制度经济学》，商务印书馆 1983 年版，第 496—500 页。

② 同上。

利润的诱因；从而取得国家收入的程序。”①

康芒斯强调，课税的警察权力或税收调节权力要比取得收入的目的重要得多。他说，“实际上，我们认识到，捐税和免税像警察权力一样地发生作用，往往有意识地用来调节产业、道德或者福利，而不是为了取得国家的收入”。② 他以关税保护税则为例，说明课税警察权力的运用。“在我们法院的判决下，课税似乎是警察权力的一种特别运用，因为法院考虑到它是征收收入的主要手段，而收入是国家生命所系，所以，并不时刻注意追究捐税的附带的调节性效果。这一点从它们对保护税则的容许态度可以看出，保护税则显然不是一种目的在于收入的捐税，而是为了把价值从一种人转移到另一种人的手里。这是警察权力以控制对外贸易的名义，利用保护税则所达到的目的。”③

二、增进公共财富的税收负担原则

根据“集体行动”理论，康芒斯认为，课税原则不能只是一般地考虑纳税能力，还必须要考虑如何促进增加公共财富。“课税的原则不妨说是：捐税应该和一个人的纳税能力成正比例，和他为共同财富服务的能力成反比例。”康芒斯认为，从一般的“纳税能力”原则来看，只要是同样数目的投资或收入，就应当缴纳同样的税收。“这是普通所谓平等的概念，投资于地基价值的一块钱，和投资于基础、建筑、家具设备、固有的生产力，或者投资于增进的或保持的生产力的一块钱，完全一样。每一块钱和任何其他一块钱代表相等的未来的纳税能力。一个人投资十万元于一所没有改良的农场，另一个人投资十万元于所有改良的农场，对这两个人的课税为什么要有区别呢？”但是，按照增加公共财富的观点来看，却应该考虑到投资人增加私人财富的同时是否增加了公共财富，而不仅仅只是考虑投资的相同数目。“可是，如果一个人自己

① 康芒斯：《制度经济学》，商务印书馆 1983 年版，第 496—500 页。

② 同上。

③ 同上。

的财富增加完全由于土地的地基价值的增加，不开垦、不改良、不管生产力、森林、建筑，并且不改进它的交通条件，这种财富增加只是靠机会从共同财富中抽取，而不对共同财富做出比例的贡献。”①

以上分析可以看出，康芒斯主张人们在增加私人财富的同时，应该为共同财富做出贡献，而税收应该作为鼓励人们增加共同财富的手段。如果只考虑纳税能力，空地或不改良土地的所有者所负担的税收，肯定低于那些在土地上进行改良或建筑房屋的人。因为尽管他们投资数额是完全一样的，但前者的收入肯定少于后者，所以纳税能力也比后者低，缴纳税收当然就少些。而那些空地或不改良土地的所有者，很少或甚至不增加共同财富，康瓦斯认为，这样就实际上用税收限制人们去增加共同财富，而且也不公平。他说，“如果纳税能力是唯一的课税原则，那就是认为对空地所有人的捐税应该低于对生产的土地的所有人的捐税，……可是，如果有另一种课税原则可以适当地应用，就是根据对财富生产的影响，以有利于财富生产的公共目的为指导方针，那么，只靠地点价值增长而取得财富的人，就应该比那些靠工业或农业取得财富的人，缴纳较高的捐税。”②

所以，康芒斯关于增进公共财富的税收负担原则，要求税收负担与纳税能力成正比，与公共财富或公共服务的能力成反比；主张运用税收来调节私人投资行为，鼓励人们创造公共财富。

三、对不同来源所得实行不同的累进税率

康芒斯赞同征收累进税，但认为要区别不同所得分别征收。“从促使人们由于增加自己的财富因而增加共同财富的观点来说，累进所得税的合理分类需要像这样的分类：个人所得，按最低的但是累进的税率；投资所得，按中等的但是累进的税率；地基价值所得，按最高的税率，

① 康芒斯：《制度经济学》，商务印书馆 1983 年版，第 496—500 页。

② 同上。

并且对巨额的地产也是累进的。”①

康芒斯的这种分不同来源所得征收不同累进税率的思想，源于他提出的有利于增进公共财富的税收原则，即政府课税与纳税能力成正比，与提供公共财富能力成反比。以对个人所得征税为例，一方面应该课以累进税率，以体现税收公平；但另一方面，“个人能力比资本投资对国家提供较大的财富生产，资本投资只有在个人能力发明、控制和运用它们的时候，才能有用。因此，对个人能力的课税应该按一种较低的可是累进的税率。”② 对地基价值所得和巨额地产则不同，对它们应当课征高额累进税。因为“在一般财产税的制度下，被课税的不是土地或者财产，而是土地所有人，因为税是从所得中付出的。……土地不付税，而是所有人按他们的土地的价值比例地付税；捐税通常从所得中付出，不是从资本中付出。”③ 而且，由于地基价值所得提供共同财富的能力要低于个人所得和地产以外的投资所得，所以，应该课以高额的累进税。

四、税收转嫁的动态循环分析法

康芒斯依据制度经济学派的动态结构分析方法，将税收视为影响经济动态循环的一个重要的制度性因素，它会对经济活动产生一种动态影响。他指出，“在物价上涨和繁荣日增的时期，各项因素所起的作用与在停滞或者繁荣日减和物价下跌的时期不同。”因此，对于政府征税的经济效应要做循环动态分析。

康芒斯对税收效应的循环分析是从纳税人的偷逃、避税行为和税负转嫁行为着手的。纳税人用来避免税收负担的措施包括：偷漏、迁移、转嫁和抑制。其中，偷漏和迁移可以将增加的税收负担加在其他纳税人或负税人身上，但这样负担与政治或财政腐败的负担一样，在普通繁荣

---

① 康芒斯：《制度经济学》，商务印书馆 1983 年版，第 514 页。
② 同上，第 513 页。
③ 同上，第 507 页。

的时期是不引人注目的。转嫁和抑制则不同，转嫁是将税负转给别人负担，抑制是减少作为课税对象的生产数量。在涨价时，转嫁税负很容易，但在价格下降时，转嫁就难了，只有抑制生产和就业，才能减轻税负。正如康芒斯所说的："对税收转嫁和抑制的影响的静态分析，必须和一般物价涨落的循环结合起来。在一个时期，转嫁很容易办到。……在另一个时期，转嫁几乎是不可能的。"① 他认为，以上四种避免税收的办法，随着繁荣和萧条的变化而大不相同，人们往往会变更采用不同的方法，以适应经济情况的变化。

康芒斯提出的税收转嫁循环分析方法，是符合制度经济学派关于历史地、演进地分析经济问题的基本思路的，应该说，也是比较符合现实的。"静态的分析使我们能把复杂的课税因素分解为它们的基本成分，并且形成关于它们的容易变化的影响的一般法则。但是，繁荣和萧条的分析，使我们了解课税政策以及它对个人行动的影响这两方面实际的历史上的变化。"②

第三节 加尔布雷思的税收思想

约翰·肯尼思·加尔布雷思（John Kenneth Galbraith，1908—2006年）美国现代著名经济学家，制度经济学派的核心人物之一。加尔布雷思1936年获哲学博士学位后在哈佛大学任教，1937年到剑桥大学度过一年后，又先后在哈佛大学和普林斯顿大学执教；第二次世界大战爆发时，他中断学术生涯，就任美国物价管理局副局长、美国战略轰炸调查团团长，1949年又返回哈佛任经济学教授。加尔布雷思是肯尼迪总统的私人顾问，并于1961年至1963年出任美国驻印度大使。1972年被选

① 康芒斯：《制度经济学》，商务印书馆1983年版，第516页。

② 同上，第521页。

为美国经济学会会长。加尔布雷思还是畅销书作者，《纽约时报》撰稿人，他文笔犀利，语言幽默丰富，著作畅销。从20世纪50年代起，他撰写一系列阐述制度经济学理论的著作，主要有：《美国资本主义》、《丰裕社会》、《新工业国》、《经济学和公共目标》和《不确定的年代》等。

一、加尔布雷思的经济理论

制度经济学派起源于美国，也主要流行于美国，以加尔布雷思的理论最具代表性，故有人将制度经济学称之为"加尔布雷思主义"。加尔布雷思关于制度经济学的理论贡献主要是：

(一) 权力分配论

根据加尔布雷思的分析，现代资本主义"权力分配"已经或正在发生转化，这种转化导致社会经济发展失衡和现代经济社会的种种弊病。因此，只有进一步改变权力分配，才能改良和挽救资本主义。他提出的权力分配论，其主要内容包括：权力转移论、公司新目标论、生产者主权论、企业与外部关系转化论、阶级冲突变化论。加尔布雷思就是从"权力分配论"开始分析现代资本主义社会的。

所谓权力转移，是指公司权力由股东转移到"技术结构阶层"手中。任何社会，权力总是与"最难获得或最难替代的生产要素"[①] 联系在一起的。在现代社会，由于工业不断发展和科学技术的迅速进步，专门知识已成为企业成败的决定性生产要素，因而权力就必然会转移到由经理、科学家、工程师、经营管理人员组成的"技术结构阶层"。由于权力发生转移，公司的目标也就发生了变化，即由过去一味追求最大限度利润，转变为追求"稳定"、"增长"和"技术兴趣"。也由于公司改变为以追求"稳定"为首要目标，商品生产也就由过去的"消费者主

① 加尔布雷思：《新工业国》，上海人民出版社2012年版，第55页。

权”转变为“生产者主权”，即生产者自行设计生产并控制价格，然后用各种方法“劝说”消费者购买。

由于以上几种因素和结构发生变化，企业与外界关系发生重大转变，主要表现在五个方面：工业资本和金融资本不再融合；企业与工人的关系日益密切；企业与国家的关系变得越来越密切，而不再仅仅只是纳税关系；企业与科教界的关系变得更为紧密。最后，与这些变化了的关系相适应，人与人之间的关系也开始发生变化，即不再是穷人富人之间的对立，而是有知识者和无知者之间的对立。

（二）二元系统论

从“权力分配论”出发，加尔布雷思提出了现代资本主义经济的特征是“二元系统”，这是旧制度经济学的核心。所谓“二元系统”，是指一个“计划系统”和一个“市场系统”。前者由 1 000 家左右的大公司组成，后者由 1 200 万个分散的生产经营单位组成。两大系统划分的标准既不是资本规模，也不是销售额多少，而是依据权力的归属与大小。“计划系统”的权力归“技术结构阶层”掌握，“市场系统”的权力归个人拥有。

两个并存的系统并不是平等关系，而这种权力地位的不平等，就给社会经济造成严重后果。“经济发展不平衡，是计划系统内部权力和它与市场系统对照下的权力强弱有差别的结果。两个系统之间收入的不均等也是出于这个根源”。[①]

（三）结构改革论

由于“二元系统”的存在，造成现代资本主义社会的诸多弊端，所以要进行“结构改革”。加尔布雷思提出的“结构改革”，其目标是要实现权力和收入分配均等化。他认为，两个系统之间首先是要实现权力均等化，对工人实施收入均等化，并提出要运用政府的经济和法律措施，以保障权力均等化。他还认为，“信念解放是改革最艰巨的任务，

① 加尔布雷思：《经济学和公共目标》，商务印书馆 1980 年版，第 248 页。

其他各项改革都有赖于它的实现。”[①] 科学教育界在结构改革中负有较大的责任，需要通过他们实现“信念的解放”。

二、加尔布雷思的税收思想

（一）主张累进税调节收入分配

加尔布雷思依据他的“二元系统论”和“结构改革论”，认为资本主义社会存在的各种矛盾和问题，是由于存在着计划系统和市场系统这两个不平等的体系。因此，必须采取有效措施改革两个系统之间的关系，其中包括运用累进税制的手段进行调节。

在加尔布雷思看来，二元系统的主要问题是收入分配不平等，而收入不平等的根源，是权力的不平等。实行累进税制，就是限制或减少计划系统的权力，适当加强市场体系的权力，建立符合公共利益的公共目标。“改革不应从要求稳定着手，而应从要求全面改革着手。改革也需要一个巨大的和稳定的政府支出流量，这些支出所适应的不是计划系统的目标，而是公共目标。为了达到公平的收入分配，作为支出的来源，必须是一个高度累进性的税收结构，这个结构所反映的不是计划系统的利益，也不是有权而单图私利的专家组合的利益，而是公平合理的公共利益。这样的支出和这样的税制才完全符合稳定政策的要求。”[②]

加尔布雷思认为，实行累进税制，还有利于促进收入均等化。二元系统带来的严重后果是人们收入的不平等。“在把人送上月球的壮观的同时，有千百万公民生活在贫穷和卑贱之中。”政府通过实行累进所得税，限制高收入增长，可以在很大程度上促进社会的收入分配均等，显然，要想通过温和而非革命的手段在计划系统中达到较大程度的均等，累进税制是不可少的。他认为，实施累进税，受到打击最重的是最富裕

① 加尔布雷思：《经济学和公共目标》，商务印书馆1980年版，第223页。
② 同上，第301页。

的人。对个人所得税规定的累进性越大，对稳定和均衡所起的作用就越大；累进税率将高收入者的部分收入收归国家所有，既刺激需求增加，又调整了社会收入分配。所以，他主张，“应当极端严格地执行累进制所得税，以此作为促进均等化的一个手段。”①

（二）不赞成减税刺激有效需求

加尔布雷思主张运用税收政策调节经济周期波动，但是，他的税收政策主张与凯恩斯主义的一个显著不同是，他在增、减税政策的选择上是单向的，即在需求过大时实行增税，以配合政府的预算支出政策；当需求不足是，则不同意减税。他说，“如果需求过大，一般说来适当做法是增税。政府支出是在需要的基础上决定的，计划系统利用它的权力，取得了对它的产品做出私消费的优先地位，其中包括自身并不重要的一些公用产品的优先地位。增税所要取得的效应是削减次要的私消费，加强保卫比较重要的公消费。……如果需求不足，一般的正规做法是增加政府支出。”② 然而，在采用增加政府支出的办法刺激需求时，应当配合实施何种税收政策，加尔布雷思与凯恩斯的意见出现分歧。他不赞成辅之以减税的办法，认为减税刺激需求的效果不佳，而且，一旦今后出现需求过大时，还会给实施增税政策造成阻力。他批评说：“近十年间，当有必要增加需求时，通常所使用的手段是减低赋税，而不是增加政府支出。……赋税的这类减免助长了收入分配不均等现象。这对扩大需求说来，也是一个效率很差的办法。因为收入又回到了富裕的纳税人手里，其中很大的一个部分将被储蓄起来。最后，当有必要抑制或压缩需求时，要增加税收却不容易。”③

（三）反对给予高薪阶层税收优惠

加尔布雷思的“权力转移论”认为，现代资本主义社会中，公司的权力已由股东转移到“技术结构阶层”，这个阶层通常是由经理、企

① 加尔布雷思：《经济学和公共目标》，商务印书馆 1980 年版，第 303 页。

② 同上。

③ 同上，第 300 页。

业经营管理人员、律师等组成的高薪阶层。对于这部分人的收入，西方学者一般都将其归为勤劳所得之列，政府在课征个人所得税时，往往可以享受某些税收优惠。“税法对公司经理级人员的收入是在非常温和的态度下规定的。态度的温和，在很大程度上采用免税消费这一方式表示。……经理级人员还有很大部分的收入是所谓资本利得，这方面的最高税率是35%。此外，前已提到，薪金收入的最高税率定为50%，这是最近做出的一个重大优惠措施。”① 对这些优惠措施，加尔布雷思持反对意见。他认为，经理级人员的收入，不是根据市场评价，不是依据个人的劳力和智力，而是按照等级制度和官僚政治的力量确定的，所以“提高税率并不会发生使劳力或智力的投入量受到威胁的危险。降低税率也不会增加其供给额。时下论证的唯一后果，是使不均等现象永久存在或变本加厉。”②

加尔布雷思反对给予高薪收入阶层税收优惠的主张，与他关于实施累进所得税的思想是一致的，都是着眼于促使收入均等化，保证社会稳定。“公司和个人的所得税是最有利于收入均等化的。这种税可以随着收入和购买力的提高而超比例地提高，随着收入和购买的降低而超比例地降低。”③ 加尔布雷思认为，无论是个人所得税还是公司所得税，都不应当有“税则的额外让步——漏洞”，反对，给予高薪收入滥用勤劳所得这一美称而予以特别优惠待遇，提出“现代经济中一个正规的通则是对成因不同的一切富裕这一形态一视同仁，不管其形式是薪金、资本利得、财产收入、遗产或馈赠，还是——因为我们必须想得周到些——出于盗窃、欺诈或贪污，适用的是共同的税率。”④

（四）建议增加销售税和降低关税

加尔布雷思在《丰裕社会》一书中提到，在国家贫穷落后时，增加销售税会极大影响人民生活，一旦在“丰裕”的现代西方国家中，

---

① 加尔布雷思：《经济学和公共目标》，商务印书馆1980年版，第265—266页。

② 同上。

③ 同上，第302页。

④ 同上，第175页。

这种影响极小。他以盐税为例，在早年的印度，提高盐税税率阻力极大，因为增加盐税会严重影响的人们的日常生活；但在丰裕的美国，买盐的开支在家庭支出中微不足道，对人们影响极小，所以增加销售税不会有什么阻力。

关于关税，加尔布雷思则持相反的观点。他认为，在现代社会，跨国经济发展很快，关税已经成为国际经济交往的阻碍，失去了以往的作用，降低关税已是历史必然。他分析支出，"在国际贸易的早期环境中，关税和其他约束力量可以对一个国家的市场系统起保护作用，使它免受其他国家相对或绝对优势的侵凌。当时是没有别的方式可以替代的。适当的关税是保护国内市场价格，避免受到由此引起的不良后果或灾害性影响的唯一方式。"[①] 但是，在跨国制度兴起后，"商号会妥善处理它的业务"。这种情况下，就应该降低关税，甚至可以不需要关税了。

第四节 科斯的税收思想

罗纳德·科斯（Ronald Coase，1910—2013 年）作为新制度经济学的奠基人，《企业的性质》（1937）与《社会成本问题》（1960）是其最重要的两本著作，其杰出贡献是发现并阐明了交易成本和产权在经济组织和制度结构中的重要性及其在经济活动中的作用，开辟了经济学与法学的交叉应用研究。并基于此在理论和实践上对于经济外部性问题的两种解决机制——市场机制与政府干预机制——进行了详尽的探讨与比较研究。

科斯关于税收问题的研究不多，主要涉及的是外部经济与"庇古税"及产权界定之间的关系问题。

① 加尔布雷思：《经济学和公共目标》，商务印书馆 1980 年版，第 175 页。

一、外部性与“庇古税”

外部性是福利经济学研究的一个核心问题。当某个经济主体的福利（效用或利润）“直接”受经济中另一经济主体行为的影响（排除价格机制），那么就存在外部性。在福利经济学看来，外部性可以分为外部经济（或称正外部经济效应、正外部性）和外部不经济（或称负外部经济效应、负外部性）。外部经济就是一些人的生产或消费使另一些人受损而又无法向后者收费的现象；外部不经济就是一些人的生产或消费使另一些人受损而前者无法补偿后者的现象。环境污染、教育投资、公地悲剧等外部性问题越来越受到社会公众和决策者的关注。

关于外部性问题探讨最早最权威的著作是庇古（Arthur Pigou）的《福利经济学》，庇古在该书中论述当存在外部性的时候，经济人生产的私人成本与社会成本不一致，个人的最优并非是整个社会的最优配置，从而导致市场配置资源失效。如果要达到社会总福利的最大化，政府应该对带来外部成本的经济人征税，税额等于边际外部成本（或者对于带来外部收益的经济人来说，政府应该给予相应的补贴，补贴额等于边际外部收益）。这种纠正外在性的方法即为广泛应用和研究“庇古税”（Pigouvian Taxation）方案。将市场无效率看作是外部性产生的根源，庇古认为政府的干预（税收或补贴）是使市场重新回归效率的解决方案。

二、“庇古税”的缺陷与产权关系的重要性

在科斯看来，庇古的观点并非十全十美，还存在许多问题尚待解决。科斯在《社会成本问题》（1960）开篇即指出“庇古税”方案对外部性问题的解决有失公平和全面。按照庇古的外部性干预思路：如果 A 损害了 B，则应制止 A 伤害 B。科斯指出，“避免对 B 的损害必将会使

A 遭受损失”。因此，在解决问题前首先应明确“是允许 A 伤害 B，还是允许 B 伤害 A?”简单来说，科斯认为，不能单纯从现有侵害发生的情况来判断侵害的赔偿权利和义务，往往这种侵害行为在本质上存在交互性，只对造成外部经济的一方进行限制是不对的。其次，“庇古税”分析，隐含着一个重要的假设前提，即市场只存在单个代理人和一种外部性，只有在这种环境下，个性化定价完全反映了外部性的差异时，“庇古税”才是有效率的。而在现实情况下，市场存在多种外部性和多个代理人，受信息的限制，针对每个代理者的差异化税率也不能实施，那么，有效率的结果也就不能实现。

与福利经济学将市场失灵看作外部性根本原因的观点不同，科斯认为，外部性产生的根本原因是产权界定不明确或界定不当，解决外部性的关键是权利应赋予哪一方，即明确产权。所以，政府不必一定要用干预的方法来试图消除社会收益或成本与私人收益或成本之间的差异，政府只需界定并保护产权，而随后产生的市场交易就能达到帕累托最优。

科斯分析了在零交易成本和正交易成本两种模型下的外部性市场解决方案。在不考虑交易成本的情形下，科斯认为无论产权归谁，社会资源都将得到最佳配置，即私人之间的自由谈判可获得有效率的结果，因此，政府在进行外部性干预时，关键是明确产权，其他交给市场机制，这即是前述的“科斯定理”。而在现实世界中，正交易费用设计更符合现实状况，产权归属将影响资源配置的效果。因此，政府要比较不同产权归属下哪种方案可以避免带来更大的损失，只有在这种重新安排后的产值增长多于它所带来的成本时，权利的重新安排才能进行。如果没有这种经过法律制度确认的权利安排，试图通过转移和合并权利达到同样效果的市场费用将是如此之高，以至于最佳的权利安排以及由此带来的更高产值也许永远也不会实现。换言之，在考虑市场交易成本的时候，如果交易成本过高，单纯依靠市场是无法实现资源（权利）最优配置的，这时候，政府（法律）将成为次优的解决方案。

以上分析不难看出，科斯针对经济外部性提出的解决方案，将包括税收在内的政府作用限定在非常小的范围，认为外部性产生之后，市场主体双方或许可以通过某种方式自我纠正。当然，使这种纠正达到有效率的结果存在种种局限，例如，策略博弈行为、高昂的交易成本，以及信息不完全等，都会破坏最终的帕累托最优状态。

总的来说，科斯并非笼统的强调市场机制在解决外部性上比“庇古税”方案好；也不是强调当交易成本为正时，“庇古税”方案带来的结果就一定不比个体自由谈判得到的结果好。科斯认为，事实不可能通过研究想象中的政府得到，并不能认为当某种市场机制失效时，转向政府税收和管制就一定是对的，当然，科斯也承认在某些情况下，政府税收和管制会带来经济效率的提高，对于是采取市场或是政府“庇古税”的手段来解决外部性问题，科斯主张经济学家应当打开视角，就现实的正交易成本的世界进行研究。

第五节 诺斯的税收思想

道格拉斯·C. 诺斯（Douglass C. North，1920 年—）是当今新制度经济学的代表人物之一，他将标准的经济学研究方法引入对经济的研究中，力图揭示西方国家“制度”的演进历程并分析制度对经济增长和经济绩效的作用。国家理论与制度变迁理论是诺斯最主要的学术贡献，在《西方世界的兴起》（1973）、《制度、制度变迁与经济绩效》（1990）等著作中阐述了自己的税收思想。

一、税收本质上是一种以暴力潜能为基础的契约性制度安排

在诺斯之前，西方学者关于税收本质的讨论，大多从国家分配论、公共产品价格论、税收契约论等不同角度，阐述了税收存在的原因和意义，而诺斯则是从制度和交换的角度来论述税收本质的。他认为，统治

者通过为不同民众团体提供保护和法治，或减少内部不安和保护财产权，以换取税收。显然，政府的征税行为及其相关法律制度，不同于人们在日常与他人发生相互作用时所遵守的“行为规范、行为准则和习俗”，现代国家的税收一般是由国家暴力潜能保证具有法定效力的正式规则。简言之，税收实际上是公民交给国家保护其私有财产权和其他权利的一种费用。在诺斯看来，国家的权威和暴力潜能是保证产权在全社会普遍实现的基础，民间组织虽然能够提供小规模的产权保护，但是无法解决公众的搭便车问题，国家的权威不仅能够保证以较小的成本保障产权，而且国家的暴力潜能也能保障税收制度的运行及征收。

政府征税是一种制度。诺斯将制度分为制度环境和制度安排。制度环境是指“一系列用来建立生产、交换、分配基础的基本政治、社会和法律规则”，实际上是指整个制度，也可称之为广义上的制度。而制度安排，则是“支持经济单位之间可能合作与竞争方式的一种安排”，形式多种多样，其基本功能是“提供一种结构，使其成员的合作获得一些结构外不可能获得的追加收入，或提供一种能影响法律或产权变迁的机制，以改变个人或团体可以合法竞争的方式”。所以，所谓制度安排，也被称为狭义的制度。根据这种分类方法，税收实际上应该归属于制度安排的范畴。

现代国家的制度体系中，税收制度无疑是信用、效率最高的制度之一，但是，税收并非一开始就是有信用、有效率的制度安排，它是在西方国家漫长的兴衰发展历程中逐步确立起来的。制度变革是一国经济和社会长期持续发展的根本动力，也是国家繁荣衰退的决定性因素。在西方世界的兴起过程中，英国的成功与西班牙、法国的失败，其主要原因在于一个国家的政治制度能否有效地保护产权。“光荣革命”产生的议会权力体制，极大增强了国家对于选民产权保护的信用，这也使得国家税收作为正式规则具有了极高的承诺效力，使英国以一种前所未有的有效方式获取资源，并且促进了英格兰在国际关系中的强势地位。而英国税收制度的扩散示范和扩散效应，最终促进西方世界普遍建立起了具有法律效力的税收规则。

二、政府征税也应遵守产权规则

在诺斯的产权理论中，认为国家征税也是一种制度安排，也要遵循相应的规则。“在国家的财政需要与取信于商人以及公众的程度之间，两者的互动持续地进行着。特别是资本市场的演化受到国家政策的极大影响，因为只有当国家能信守承诺，不随意没收资产，不利用其强制性权力来增加交换中的不确定性时，金融制度的演化才有可能发生，也才有可能建立起一个更有效率的资本市场。”① 诺斯认为，从制度变迁角度来看，国家征税由于可能带来不确定性，也必然要受到相应的规范约束，“形成一种制度程序，使政府负债能够流通并成为正常资本市场的一部分”。②

诺斯与加尔布雷思等不同，不赞成国家过多干预经济活动，认为国家征税会在一定生产方式上影响着企业，更不主张实行过高税率，因为那会促成违法行为，从而产生更大的不确定性。“在高税率国家，这些地下部门增长得非常快，其增长的相对速度比公共部门还要大。……可以发现，纳税人的‘搭便车’现象不仅存在于有组织的特殊利益集团之中，因为利益集团能通过政治过程本身实现他们的目标；而且存在于每个人之中，因为无论个人是否是这种利益集团的一员，他都能通过地下交易实现他的目标。”③

三、税收最大化是国家的基本目标

诺斯继承了以往政治学、社会学以及经济学的国家理论成果，在分析制度变迁理论的过程中提出了全新的“国家理论”，对国家的起源、目标模型和概念特征进行了综合性的总结。

---

① 诺斯：《制度、制度变迁与经济绩效》，格致出版社 2014 年版，第 153 页。

② 同上。

③ 德姆塞茨：《竞争的经济、法律和政治维度》，上海三联书店 1992 年版，第 87—88 页。

契约论和掠夺论是西方理论界关于国家起源的两种重要解释，诺斯综合这两种理论的优点和缺陷，提出了有关国家“暴力潜能”的分配论。他认为，如果暴力潜能在公民之间平等分配，便产生契约型国家；若暴力潜能的分配不均，便容易产生掠夺型国家。诺斯将暴力潜能看作与资本、劳动力和技术等生产要素相类似的因素，认为国家是在暴力方面具有比较优势的组织机构，但国家在地理范围内受到选民对其征税权力的限制[①]。也就是说，国家与选民之间是一种契约关系，当国家所具有的暴力潜能能够在提供公共服务方面比其他的组织制度具有比较优势时，国家这种制度安排（包括税收制度）才会出现和被采用。

与企业相类似，作为国家代理人的统治者也是一个具有效用最大化的“经济人”，税收或租金的最大化是其最基本的追求目标。要实现这个目标，依赖于以下四种关系：统治者—选民关系；统治者—代理人关系；国家—其他国家关系；统治者—替代者关系。具体地，在一个社会中，可以细分选民团体，通过发明不同的产权来增加税收；国家与国家之间的竞争，会使选民的国际流动增强，降低国家在税收上的自由度；统治替代者的存在，也会增强选民在与国家博弈之间的政治资本。因此，诺斯提出，国家必须在最大化社会效应的框架内界定和实施一套产权，并尽可能降低交易费用，实现社会产出最大化，以保证自身租税最大化目标的实现。

第六节
莫里斯的税收思想

一、莫里斯的经济和税收理论贡献

詹姆斯·莫里斯（James A. Mirrlees，1936 年—）与亚当·斯密是

① 诺斯：《制度、制度变迁与经济绩效》，格致出版社 2014 年版，第 155 页。

同乡，1936年生于苏格兰的明尼加夫。1957年获得爱丁堡大学数学硕士学位，1963年获剑桥大学经济学博士学位。1963—1968年，莫里斯任剑桥大学经济学助理讲师、剑桥大学三一学院研究员，1969年，他被正式聘为牛津大学教授，一直从教于牛津，并担任该校埃奇沃思讲座经济学教授、纳菲尔德学院院士。1994年，由于夫人去世，莫里斯教授为换个环境于1995年5月转到剑桥大学任教。莫里斯曾任英国财政部政策最优化委员会委员，出任过皇家经济学会会长、国际经济计量学会会长，并当选为美国经济学会的外籍会员，是英国科学院院士，美国艺术与科学院院士。1998年莫里斯曾访问中国。

莫里斯自20世纪60年代起就活跃于西方经济学界，以经济激励理论的研究见长。70年代，他与斯蒂格里茨、罗斯等人共同创立了委托—代理理论。莫里斯发表的三篇著名论文，即《关于福利经济学、信息和不确定性的笔记》（1974）、《道德风险理论与不可观测行为》（1975）、《组织内激励和权威的最优结构》（1976），奠定了委托—代理的基本的模型框架。与之相关的其他论文还包括：《激励理论》、《论责任分配：行为人相同的情形》、《动态的不可替代性原理》、《社会收益—成本分析与收入分配》、《功利主义的经济学分析》、《道德风险对最优保险的意义》、《私人不变利润与公共影子价格》和《发明的福利经济学》等。莫里斯由于在信息经济学理论，尤其是不对称信息条件下的经济激励理论领域做出了重大贡献，1996年获得诺贝尔经济学奖，经济激励理论已经成为现代经济学的重要基石。

除对委托—代理理论的贡献外，莫里斯还在研究最优税制结构、非对称信息结构下的最优契约设计、公共财政理论，以及不确定性下的福利经济理论等方面造诣精深，成为这些领域的代表性人物。莫里斯对于现代税收理论最为重要的贡献是，他与英国剑桥大学福利经济学家拉姆齐（Frank Ramsey）和美国哥伦比亚大学教授威廉·维克里创立的"优化税收理论"（The Theory Of Optimal Taxation）。最优税收理论是指政府在信息不完全，即由于受到社会经济发展程度的影响，使得税务机关的征管能力有限，对纳税人的实际纳税能力和偏好等情况不完全清楚的前提下，将资源配置的效率与收入分配的公平性作为衡量税制结构优劣的共同标准，来研究最佳税收体系。莫里斯关于优化税收理论发表了一系列重要的研究论文，主要如：《最优税收理论》、《最优所得税理论探讨》、《论生产者税收》、《两阶级经济中的最优税收》、《税收理论与累进税制》、《劳动供给对最优税收的影响：最新理论思想指南》、《消费者不确定性与最优收入税》、《最优税制和公营生产：1. 生产效率和 2. 税收条例》、《人口政策和家庭规模的税制》、《税率的意义》、《随机经济中的最优税制》、《最优国外收入税制》、《对不确定收入的征税》、《市场不完全时对相同消费者的最优税收》和《最优税制与政府财政》，等等。

二、不对称信息与最优税收

瑞典皇家科学院在授予莫里斯和威廉·维克里"诺贝尔经济学奖"的颁奖词中，表彰他们"对不对称信息条件下激励经济理论做出的奠基性贡献"。

新古典经济学的基本假定之一：信息是充分、完全的，行为的结果是确定的，并在此基础上进行最优决策问题研究。然而，在现实生活中，决策者所能获得的信息通常是不充分、不完全的，信息不对称是一个十分普遍的现象。有两种表现形式：一种是外生信息不对称，如人寿保险公司不了解投保人的身体健康状；税务机关不能充分掌握纳税人的纳税能力情况；债权人不知道债务人还债的可能性有多大等。另一种是内生信息不对称，如经理不清楚雇员是否在努力工作等。由于信息不对称和私人信息的存在，往往会降低制度的效率，扭曲对人们的激励作用。

莫里斯和维克里所要研究的是，在不对称信息情况下，当事人之间如何制定合同，以及怎样对当事人的行为予以规范和激励，以便最大限度地降低扭曲效应的问题。具体地，在外生信息不对称的情况下，决策者所要解决的问题是设计怎样的机制，才能够获得真实、有用的信息，即诱使他人"讲真话"，然后达到一种最好的契约安排；在内生信息不对称的情况下，决策者应当采用什么样的激励机制，才能够诱使另一方当事人采取正确的行动，即“不偷懒”。

莫里斯和维克里将信息不对称理论首先运用于分析最优税收问题，因为信息不对称和私人信息的存在，影响着政府的税收决策。

所谓最优税收，是一种能够充分反映社会对效率与公平权衡的税收。但是，税收效率和税收公平目标能否实现，在很大程度上取决于为实现这一目标所能获取的信息。如果政府能够掌握征税对象或纳税人的全部信息，且获取信息的代价又是低廉的，那么，任何一种税收工具都可以达到理想的最优目标，即税收超额负担为零，不产生扭曲效应：同时，征税结果还能够符合税收公平准则的要求。例如，假如政府能够有效获得每一个人能力大小、收入水平和赡养负担等的真实、充分的信息，那么，按“人头”征收的总额税或人头税，无疑是一种最优税收手段。因为在政府掌握充分信息的条件下，政府可以公平的做到量能征税。更重要的是，按人征税不会产生替代效应，可以保证在不形成税收超额负担的情况下，征到所需的财政收入，并维持市场机制的刺激作用。在这种情况下，政府就可以不用征收那些会对经济造成扭曲的其他税收。然而，社会成员的实际纳税能力是难以准确衡量的。虽然在一般家庭里，父母通常拥有子女能力的充分信息，政府则不然。政府通常只能拥有那些可以观察到的变量，如社会成员的收入与支出等，并以此为依据进行征税。这样，政府课税所面临的选择只有两种：一是不论社会成员的纳税能力大小，开征划一的总额税；二是仅依据在有限条件（即不充分信息）下观察到的变量，征收差别税收。而后一种选择不可避免地会带来效率损失。现实的情况是，即使是在目前信息工具已经十分发达的条件下，政府所能获取的信息总是有限的、不充分的，因此，政府征收扭曲性税收不可避免。

再以所得税为例，征收所得税的一项基本原则是量能负担。如果政府能够了解各个人实际能力的差别，就可以按照量能负担原则分配所得税。这样既能筹集到预定的收入，又能体现公平，保证效率。问题在于，征税机关不可能完全掌握个人纳税能力的真实情况，而只能根据可观察到的个人收入水平，按照累进税率征税。当高收入阶层的税收负担增加到一定程度时，能力强的高收入者就会隐藏自己的能力，宁肯少工作，多闲暇，以增加自己的实际福利，致使政府在税收收入和经济效率两个方面受损。正如莫里斯在诺贝尔颁奖仪式上“信息与激励：萝卜和大棒的经济学”的演讲中所指出的，对社会中的高能者征税会使其产生隐藏知识的冲动，想少纳税多闲暇，从而使其效用最大；即对高收入者征高税会使社会的效率降低。

所以，莫里斯研究的一个重要目标是，在政府获取信息不充分的情况下，建立一种兼顾效率与公平，具有“激励相容”机制的最优税收制度，鼓励那些能力较强的人更加努力的工作，以便提高经济效率和增加政府收入，进而增进整个社会的福利。

莫里斯关于最优税收理论有两方面主要内容：最优所得税和最优商品税。

三、最优所得税理论

（一）问题的提出

最优所得税需要解决的主要问题是，累进税率定在什么程度最合适。在新古典主义经济学中，个人的效用不仅可以衡量，并能同其他人相比较。因此，社会效用是社会所有个人效用的总和，如果存在着收入边际效用递减的情况，那么，某个人的收入愈高，他来自收入增量部分的效用就愈低。如果政府采取累进税向高收入者征税，并通过社会保障计划转移给低收入者，就可以增加低收入者的效用，进而增加总的社会效用。

所以，19世纪的传统观点，如艾奇渥斯准则认为，符合公平准则的最优所得税，应当是累进程度非常高的税制结构，以便使税后收入相等。埃奇沃斯准则是建立在以下四个假定之上：（1）社会福利是个人效用函数的简单加总；（2）所有个人具有相同的效用函数；（3）效用是收入的增函数，且这一函数是严格凹的，这意味着收入的边际效用递减；(4) 社会总收入固定不变。根据这些假定，要实现社会福利（社会总效用）最大化，就需要有一种最优的收入分配模式，其目标就是人人收入相等。因为只有在每个人的收入相等的情况下，才能实现每个人的效用和社会总效用的最大化。所以，根据艾奇渥斯准则，最优所得税制一定是累进性的，即通过高额累进税率将富人收入转移给穷人，实现收入分配的均等化。

然而，当经济学界为已经找到累进所得税的理论根据而自我陶醉时，首先是维克里看到了这种理论论证所存在的某些根本缺陷。他指出，古典的论证忽略了达到公平分配格局的各类成本。一个简单的道理是，如果把收入和闲暇之间的替代关系考虑进来，累进程度较高的所得税会削弱工作、劳动的积极性，扭曲工作—闲暇的关系，带来额外负担，这就是通过高额累进税进行收入再分配的“成本”。而且，所得税的累进程度愈高，税后收入愈平等，其消极效应也愈大。

最优所得税的理论思路是维克里在 1946 年首先提出来的。与拉姆齐不同的是，维克里的研究是直接从不充分信息对税收制度的约束条件入手，在公平和效率并重的条件下，研究最优所得税对经济主体的刺激问题。维克里研究的基本问题是，如何使累进个人所得税的设置，既能促进收入再分配目标的实现，又不至于影响个人工作的积极性。在他看来，如果政府能够观察到各种不同类型的人的生产能力差别，知道各种纳税人的纳税能力差别，政府就可以对不同的人征收不同的税率。通过这种税收结构，一方面使各个人的消费边际效用均等化，从而实现社会福利最大化；另一方面，可以设法促使能力较强者进行较多的工作，实现资源的充分利用。

问题在于，现实中存在不对称信息，政府并不知道人们的真实生产能力和纳税能力，这种生产能力和纳税能力只有当事人自己清楚，面对以纳税能力为基础的累进税制，他们常常低估甚至隐瞒自己的生产能力和纳税能力。因此，在信息不对称的情况下，政府设计累进税制必须考虑私人信息的影响和激励相容问题，以便在彼此冲突的公平与效率这两个目标之间，找到一个最佳的严衡。从理论上讲，最佳的累进税结构必定要处于能实现收入均等化的所得（即再分配带来的社会效用最大）

与低效率损失（即累进税制削弱激励机制而带来的损失最小）相抵的边际点之上。而这一最佳点的求解，是由莫里斯完成的，关于最优所得税的主要观点，也是通过由莫里斯创立的最优所得税模型进行论证、提出的。

（二）最优所得税模型

20 世纪 70 年代以前，关于所得税在公平与效率两个目标之间的权衡，多数研究都是定性的表述，直至 1971 年，莫里斯创立了最优非线性所得税模型，才得以从数量上阐明如何在所得税中最适当地处理公平与效率的关系。西方经济学界普遍认为，这是莫里斯对所得税乃至整个税收学的杰出贡献。

在莫里斯的最优所得税模型中，假设消费者的效用取决于消费和闲暇，且所有消费者对休闲和消费有着相同的偏好，但是，每个消费者的技能水平不一样，且属于消费者的私人信息，政府能看到的只是每个人的产出水平。那些具有较高生产能力的个人发现，多生产是最优选择，因为多生产就可以在消费上以更大的增长作为报酬。在这种机制下，每个人都会报告自己的真实技能，便于探讨在个人技能为私人信息情况下的最优所得税的选择问题。这样，最优所得税问题的研究就简化成最优激励机制问题的研究。

如前所述，莫里斯的最优所得税模型虽然是在维克里的最优所得税思想启发下完成的，有关的分析逻辑和假设也类似于维克里，但是，莫里斯对于最优所得税结构问题，提供了一种更为精确的系统说明，并发展出分析和解决类似问题的一种标准方法：即一旦确定效用函数和技能分布函数，就可以对所得税率结构进行计算。由于最优税收理论涉及理性消费者与利润最大化，价格接受厂商的竞争均衡标准模型，其中心要素是信息；其次，最优税收理论研究的公共政策领域非常广泛，包括企业、个人、政府部门、外国政府与个人等之间交易的税收与补贴，以及数量管制、信息流的控制等，所以，其难度之大、问题之复杂，在税收研究领域都是前所未有的。莫里斯在进行假设、推导和最优化问题数学规划过程中，对税收理论和信息经济学都作出了巨大的贡献。在莫里斯最优税收模型中，最为突出的一点是，除了采用资源配置的可行性约束条件外，还提出了激励相容的原则，即加入“政府完全考虑人们出于自身利益对税收的反应”这一条件。通过严密的实证过程，莫里斯认为边际税率不会大于1，即超过100%的边际税率是没有效率的，不会达到社会福利最大化；由于消费与劳动供给随能力变动而连续变动，最优税收的方案随能力分布的变化而变化，其中的关系异常复杂，我们不能判断是否应该对高收入集团、低收入集团或者中等收入集团课以较高的税率①。

莫里斯通过最优所得税模型，分析了最优所得税的设计问题。他运用社会福利函数，采用数理推导的方法，得出了关于最优累进所得税的一般结构，即在政府目标是使社会福利函数最大化的前提下，以及政府在必须筹集一定数量的税收收入条件下，认为社会完全可以采用低累进的所得税来实现收入分配。相反，过高的边际税率不仅会导致效率损失，而且对于公平收入分配目标的实现也是无益的。莫里斯的模型有如下结论：

（1）边际税率应在0与1之间。考虑到所得税对劳动力供给的抑制效应，如果边际税率为1的话，那么，额外劳动所得将全部作为税款缴入国库。这种结果对于理性的个人而言，由于消费水平（税后所得）不变而放弃较多闲暇，其效用不但没有提高反而降低了，在这种情况下，个人将减少劳动力供给，增加对闲暇的消费，从而使整个社会福利降低。因此，边际税率应该小于1。

（2）最高所得的个人边际税率应该为零。可以考虑这样一种情况：假定存在某一最高收入者，对其低于某一收入点的收入，边际税率为正数；对超过该点以后的收入，边际税率为0。在这种税率安排下，这个人可能会选择多工作、少闲暇。其结果是，政府的税收收入没有减少，同时其他人的效用也没有降低，而这位最高收入者的效用却提高了。从帕累托效率角度看，整个社会福利得到提高，而没有任何其他人的福利

① 张维迎：《詹姆斯·莫里斯论文精选——非对称信息下的激励理论》，商务印书馆1998年版，第54页。

（效用）降低，所以，这是一种帕累托改进，符合效率原则。

（3）最低收入所得的个人边际税率亦应为零。出于公平因素考虑，对社会低收入者不但不应征税，而且应当通过社会保障转移支付的方式满足其基本生活需要。

（4）中等收入者边际税率应该较高。因为对中等收入者设计较高的边际税率，将促使他们更加努力地工作，以摆脱较重的税收负担，满足效率要求。

（三）“倒U型”所得税边际税率

莫里斯模型的进一步分析表明，假定以征税当局与纳税人之间存在信息不对称为前提，其研究结果就有可能颠覆过去将个人所得税的超额累计税率视为理所当然的“成见”，并导出最优所得税税率应该是“倒U型”的结论，即边际税率随收入先升而后降。具体说，从社会公平与效率的总体角度来衡量，非线性所得税的最优边际税率结构应当使高收入段的边际税率降为零，低收入段的初始税率接近于零，而中等收入者的边际税率可以适当提高，即边际税率曲线应呈“倒U型”[①]。

“倒U型”结论基于这样的判断：在同样的效率损失情况下，政府通过提高中等收入者的边际税率，从较为富裕者那里取得更多的收入；通过降低最高和最低收入者的边际税率，增加这一群体的福利（效用），从而既能实现帕累托改进，又能促进收入分配公平。在莫里斯看来，不一定要通过对高收入者征收高税才能实现社会福利最大化，其实，让高收入者承担过重的税负，反而可能使得低收入者的福利水平下降[②]。当然，莫里斯的这种理论分析，是基于完全竞争假定前提下进行的，因而在现实中不可能完全按照这种边际税率结构来设计非线性所得税税率。

---

① 加雷斯·迈尔斯：《公共经济学》，中国人民大学出版社2005年版，第23页。

② 陈青松：“西方最优税收理论对我国税收设计的启示”，载于《财经研究》2003年第1期。

（四）最优所得税理论的启示和意义

第一，将“激励性相容”原则引入优化税制设计。莫里斯发表于1971年的著名论文《最优所得税理论探讨》（*An Exploration in the Theory Of Optimum Income Taxation*），阐述的一个基本观点是，一个完善的税收体系必须是符合现代经济学中的“激励性相容”原则的体系。这种体系应当给予人们一种激励，通过使他们做出多大程度努力工作的选择，透露出其真实的生产率和纳税能力。基于这样的思想，莫里斯认为，过去一些工业化国家奉行的高额累进税制是与公平、效率目标和“激励性相容”原则相背离的。因为在劳动供给不受所得税影响的情况下，实现完全平等的最佳边际税率应等于1。但是，所得税不可能不影响劳动的积极性和供给，如果边际税率为1，谁都不愿去工作，税前所得也就为0。他认为，在可以自由选择边际税率的非线性所得税制下，对最高所得课征的最佳边际税率应当为0。因为在税率表既定的情况下，最高所得的个人在赚取Y美元之前，其适应的边际税率随所得的增加而提高，当他的所得超过Y美元后，如果增加的所得适用的边际税率为0，最高所得者就可能觉得多工作更划算。倘若如此，他的境况就更好，而政府的税收收入并未减少，因为Y美元所得的纳税额没有变。这样，最高所得者的效用增加了，其他人的效用也没有降低，因而符合帕累托最优条件。

第二，高额累进税率不是增进穷人福利的有效方法。莫里斯模型的研究表明，在一定条件下，无论社会福利函数的具体形式如何，只要收入分配数量存在一个已知的上限，则最高收入档次的边际税率应该为零。莫里斯关于最高收入者的边际税率可以为零的理论发现，首次告诫政府，并非一定要通过对高收入者征重税才能使低收入者的社会福利函数达到最大。事实上，让高收入者承担过重的税负，其结果也会使低收入者的福利水平下降。这一结论表明，即使社会把穷人的福利置于社会福利函数中的重要位置，社会福利函数的极大化也不必通过高边际税率的办法达到。简言之，所得税并不像我们通常所想象的那样，是一项缩小不平等程度的有效工具，改进穷人的福利不必要通过高额累进税率去实现。最优税率的设计应当是近似线性的，并附有特定的免税水平，对于收入低于免税水平的穷人，不仅不应当课税，而且纳税义务应为负值，即政府应给予穷人补贴。这就促使人们必须重新审视利用累进所得税制来实现收入再分配的观念，并不是一定要通过对高收入者课重税才能使关注低收入者的社会福利函数达到最大。事实上，让高收入者承担过重的税负，其结果可能使得总的社会福利水平下降①。

第三，高额累进税率所谋求的分配公平是以经济效率损失为代价的。采用什么样的税率征收所得税，主要取决于对社会公平和经济效率目标的权衡。在目标选择问题上，人们首先考虑的可能是社会收入公平问题。采用高额累进税率，虽然看似有利于调节收入分配的不平等，但由于工作与闲暇之间存在替代关系，所以，高额累进税率会影响人们的工作积极性，会带来效率损失问题。因为经济增长有赖于劳动力、储蓄和投资的增加，高所得税率会抑制高收入者增加劳动、储蓄和投资的积极性，不利于经济增长。所以在社会公平目标一定的情况下，所得税率的设计要考虑到税率高低对劳动、储蓄和投资的影响，使得社会保证适度的劳动投入，保持合理的储蓄和投资规模。另外，所得税过高的边际税率也会刺激纳税人偷逃税动机，反而降低了实际的平均税负，高税率并不一定就能带来高税收收入。

第四，近似线性所得税方案应当是一个具有行政管理可行性的次优选择。莫里斯提出的“倒 U 型”所得税税率模型，是一种近似线性所得税方案。根据兼顾效率与公平的原则，这一方案对处于两极的低收入阶层和高收入阶层，其边际税率则可适当降低。因为降低低收入阶层的边际税率，有利于增进穷人的福利，体现社会分配的公平；而降低高收入阶层的边际税率，则可以强化对经济主体的刺激，改善效率，增进总的社会福利。对中等收入阶层的边际税率可以适当提高，因为提高他们的税率能够比提高高收入阶层的税率带来更多的税收收入，并使得对这两个阶层征税的扭曲保持在同一水平上。莫里斯十分推崇这种具有行政管理可行性的近似线性所得税方案，他认为这一方案是合意的，除非高

① 黄剑雄：“西方最优税收理论的发展及其政策启示”，《财贸经济》，2004 年第 2 期。

技能劳动的供给比我们在效用函数中假设的还要缺乏弹性。

第五，最优所得税模型适用的局限性。莫里斯对所得税的看法是，“在一个经济技能不等程度较大的经济之中，所得税是一种主要的实行公共控制的武器；而对内在技能离中趋势较小的经济体而言，它就不那么重要了。其理由大概在于，后一种情况中，税收的妨碍劳动效应相对于其利益再分配而言，是更为重要的。”[①] 也就是说，如果家庭的技术水平相差不大，则税收会更妨碍其劳动产出，而对利润分配（即，公平）影响较小。站在效率的角度来看，对高收入者课征高边际税率，将会引起高收入者减少产出，而使社会福利达不到最大化。从设计与所得税互补的税收角度来看，如果所得税不是一个令人满意的替代选择，那么我们必须权衡，是否应该找到某种更有效的方法，以抵消我们中的某些人从基因和家庭背景中得到的先天优势。

第六，最优所得税理论对信息经济学发展的贡献。莫里斯的最优所得税综合考虑了公平、效率、财政（或税收收入）等因素，得出的结论不仅对税收理论的发展有重大意义，对信息经济学的发展也做出了巨大的贡献。一是明确假定效用函数依赖于消费和闲暇，这就为最优所得税问题得以有解迈出了第一步；二是关于无差异曲线的分析，成为激励相容机制学说有利的分析工具；三是政府谋求社会福利最大化的过程，不但包含了消费者自身效用最大化，还涉及税收的最大化，即政府在希望社会福利最大化而选择最优税率的时候，必须考虑到消费对于接受这个税率最大化效用后的后果，这种激励相容的分析方法为委托—代理理论的分析奠定了基础。因为政府对纳税能力分布不了解，使得税收有可能对工作时间征税，因为信息不对称，使人们对所得税工具运用的有效性产生疑问，在这种情况下，莫里斯将最优所得税理论以信息经济学的语言予以表述，就转换成了委托人在代理人隐藏知识的条件下如何设计激励机制的问题。所以，最优所得税理论集中表现了非对称信息下最优税收的一系列特点。在最优所得税模型中，政府是委托人，公众（即

---

① 张维迎：《詹姆斯·莫里斯论文精选——非对称信息下的激励理论》，商务印书馆 1998 年版，第 54 页。

纳税人）是拥有信息的代理人，委托人对代理人的能力分布并不清楚，而代理人可以有意隐藏信息来达到自身效用最大化。在这种情况下，所谓设计激励相容机制，也就是政府如何设计出最优的税制结构，以实现社会福利的最大化。

四、最优商品税理论

第七章在介绍拉姆齐的税收思想时曾说道，“拉姆齐法则”是建立在一系列假设前提基础上的，其中的一个假设是只有“一个家庭”。据萨缪尔逊分析，“一个家庭”假设只有在下列两种情况下才是合理的，即（1）如果征税项目对于全体公民的效应方向相同，这时，不同的家庭实质上会相当于同一家庭来对税收做出反应；（2）它必须以现存的收入分配已经达到了某种合理状态，即它实际上假定个人之间的公平问题在征税以前就已按某一社会规则实现了最佳，因而可以不考虑税收在个人之间的公平问题。只有在这种状态下，整个社会才能相当于一个家庭或一个联合体。从萨缪尔逊的分析中不难看出，拉姆齐法则实质上是把公平视为一个既存的事实或一个给定的外生变量，从而无须在模型中进行分析和考虑。显然，抽象掉分配问题是“鸵鸟”思维。

莫里斯关于最优商品税理论的贡献在于，他们不仅考虑效率标准，而且还将公平标准，以及信息不对称理论引入分析商品税优化问题，从而发展了最优商品税理论。在他们看来，商品税的纳税人是不同质的，其收入高低不等，需求弹性大小不同：即便是收入水平相同的人，对某些商品的需求弹性也存在较大差异。根据兼顾效率和公平的优化标准，政府课征差别性商品税时，就必须考虑不同个人的收入水平和需求弹性的差异，而这一决策过程在很大程度上依赖于对个人信息的掌握情况。

（一）将收入分配因素引入拉姆齐法则

在《最优税制和公营生产：（1）生产效率；（2）税收规则》一文中，莫里斯和戴蒙德提出了“拉姆齐—戴蒙德—莫里斯税收法则”。该法则对最优商品税理论所设的基本假定为：(1) 消费者是价格接受者；(2) 市场经济中只有两种商品；(3) 政府控制所有的生产，没有公共消费，政府仅通过市场、雇佣工人和出售消费品来控制消费者；(4) 政府的税收工具只有商品税；(5) 完全竞争条件下私人生产部门规模报酬不变；(6) 只有消费者均衡纳入福利函数；(7) 部门间仅发生市场交易，政府有权利以任何税率来对内部交易征税。莫里斯和戴蒙德在上述假定的前提下，利用数学公式推导，将收入分配因素引入拉姆齐法则。

莫里斯认为，公平与效率既是一致的又是有矛盾的，公共政策应该让贫困家庭消费的消费品的商品税有所降低，并且对奢侈品征重税。为了获得有关最优税收结构的更为详尽的结果，莫里斯对拉姆齐公式进行了一般化的扩展，这种扩展允许个人在偏好和禀赋方面有所差别，并对个人差异的性质和效用函数形式做了更为特殊的假定，即假定个人具有相同的效用函数，此时，最优公式不再仅仅是拉姆齐法则表明的商品税率与需求的价格弹性成反比，还应当扩展为商品税率与需求的收入弹性成反比。有两层含义：(1) 税率的高低与需求的价格、收入交叉弹性成反比，需求的交叉弹性越低的商品，应当对应更高的税率。反之，需求的交叉弹性越高的商品，则应当征收较低的税。这里需要特别强调的是，在莫里斯看来，即使在政府收入规模没有确定，一次性总付税不可行的情况下，政府也可以运用商品税的理论来改善收入分配，即通过对不同商品征税，再辅之以政府补贴来改变个人真实收入。基于这样的考虑，莫里斯认为，一种商品如果是原需求的价格弹性低且收入弹性也低于奢侈品的生活必需品，但如果得到了政府补贴，就成为有更高需求交叉弹性的商品。所以，对于这一类具有较高交叉弹性的生活必需品，按照反比例原则，应当征低税。(2) 对主要由穷人消费的商品课税，应当以较平均水平低的比例减少，减少的程度取决于社会对穷人的关注程度，也取决于穷人和富人在消费方式土的差异程度。(3) 根据收入的社会边际效用来选择税率。在购买者家庭中，如果某种商品的收入社会边际效用相对低，该商品就应当相对被征重税。换言之，如果社会福利函数对每个人都均衡，收入的社会边际效用递减，那么应当对富人多消费的商品征收重税。

（二）将再分配因素引入最优商品税

莫里斯认为，最优再分配是在多征税的效率损失和收入增加之间实现平衡的。通过再分配的方法，实现最优商品税的设计，需要解决以下四个方面的问题。（1）如果政府能够不受约束地制订出最优商品税方案（其中要求能清楚地区分哪些是供生产过程使用的，哪些是供最终消费者使用的），并且征税能力不受限制，从而能对所有企业征收100%的纯利润税，则生产效率可以唯一地通过拉姆齐商品税得到保证，因此，政府就不需要对厂商征收有扭曲作用的税收。（2）如果政府因征税能力受限制而无法对厂商征收100%的纯利润税，那么，最好的办法是直接对最终消费者（使用者）征税，因为这将保证经济仍处在生产可能性曲线上。（3）如果政府能够获得完全信息且征税能力很强，则该国不仅有生产效率且可以通过征收商品税来保证。否则，政府就只能通过对最终消费者征税来确保该国经济仍处在原来的生产可能性曲线上。（4）如果政府没有能力区分中间产品与最终产品，或者说其征税能力有所限制，在这种情况下，政府所能采取的最优处理路径是，直接对最终消费者或者最终使用者征税。这样才可以保证经济生产仍处在生产可能性曲线上。

（三）关于中间产品和国际贸易商品的征税问题

一是不赞成对企业间交易的中间商品征税。莫里斯分析说，如果经济中仅有一个消费者部门和两个规模报酬不变的私人生产部门时，在没有利润情况下，中间品的税收必然反映在最终产品价格上，税收收入来源于最终产品不会对最终产品的价格产生更大的影响。因此，最优税收结构不包括中间产品税收，否则就会阻碍效率。二是当存在国际贸易时，莫里斯主张对直接销售给消费者的商品征收关税，并对国内外消费者差别征税。

总的来说，莫里斯最优商品税理论是在拉姆齐法则的基础上发展起来的。其最大特色在于，通过假定多人不同的效用函数，并将其分为富人的效用函数和穷人的效用函数，这就使最优商品税在一贯注重效率的基础上加入了公平的目标，突出了税收纵向公平对于最优税收理论的意义。显然，莫里斯的研究成果是对拉姆齐法则的一个重大发展，并从真正意义上开创了对最优商品税新的研究领域。

第七节 制度经济学派税收思想评析

旧制度学派的经济理论和税收思想，属于比较激进的西方资产阶级学说，因而被许多西方经济学家视为“异端邪说”。新制度学派则采用主流经济学的方法，分析、研究经济制度和西方国家的税收问题，在当代西方经济诸流派中是独树一帜的，其影响不断扩大。不论是旧制度学派还是新制度学派的许多税收理论和政策主张，对于处在制度变革中的转型国家来说，都是有着借鉴价值的。

一、正视社会现实的理论勇气

制度学派和其他某些一味颂扬资本主义制度的经济学派不同，比较能够正视当今资本主义社会矛盾的客观现实，对西方社会做出比较符合实际的分析。

制度学派的经济学家，主要加尔布雷思等人，运用“二元系统论”揭示了垄断组织与国家机构之间的内在关联性，认为国家是从属于垄断组织的；他们对西方社会大量存在的小企业和小生产者作了比较客观的分析，这是其他许多经济学家忽视的；他们解剖了资本主义经济发展过程中出现的一系列问题，认为它既是一个经济高度发达的社会，又是一个病态的社会，存在通胀、失业、环境污染、收入分配不均等社会矛盾；他们正确地强调了科技、知识、教育等在经济发展中的重要地位和作用，对现代化大生产发展的一般趋势做出了某些前瞻性研判。

在税收思想方面，旧制度学派的经济学家主张加强国家干预，运用税收调节收入分配。认为税收不仅仅是筹集收入的手段，而且是“有意识地调节产业、道德、福利”，是经济循环中的重要因素。他们主张实行累进税制，调节社会财富和收入分配，鼓励人们“在增加私人财富的同时创造公共财富”，将累进税视为“促进收入均等化的一个手段”；他们反对给高薪收入阶层以税收优惠，主张对不同来源所得实行不同的累进税率，以调节“两个系统之间的不平等”和“计划系统内部的收入不均”。所有这些，都是为着资本主义社会经济矛盾而提出的政策主张，应当说在实践上是有效的，对于整个社会也是具有积极、进步意义的。

二、税收理论上的重要贡献

公平和效率的关系问题，一直是税收理论研究的核心问题之一。从重商主义、古典学派，到福利经济学，大师们围绕着什么是税收公平，何为税收效率，以及如何处理好两者的关系，进行了哲学、法学、经济学、社会学，乃至宗教学的深度思考，提出了一系列的税收原则。关于公平与效率两个目标之间的权衡，多数研究都是定性的表述。新制度学派的代表学者莫里斯在继承和发展前人研究成果的基础上，将制度经济学及其信息不对称理论首先运用于分析税收问题，创立了最优非线性所得税模型，才得以从数量上阐明如何在所得税中最适当地处理公平与效率的关系，进而形成了对现代税收研究影响较大的最优税收理论体系。

莫里斯所要研究的最优税收，是一种能够充分反映社会对效率与公平权衡的税收制度。他认为，税收效率和税收公平目标能否实现，在很大程度上取决于为实现这一目标所能获取的信息。如果政府能够掌握征税对象或纳税人的全部信息，且获取信息的代价又是低廉的，那么，任何一种税收工具都可以达到理想的最优目标，即税收超额负担为零，不产生扭曲效应：同时，征税结果还能够符合税收公平准则的要求。所以，最优税收问题在税收理论上的意义在于，它一方面克服了“艾奇沃斯准则”忽视税收效率的问题，另一方面又弥补了拉姆齐法则存在忽视税收公平的缺陷，进而从理论上解决了税收制度设计中存在的公平与效率不相容的矛盾，同时也为现代税收理论发展开辟出新的前景。

三、税收理论和政策主张的局限性

这种局限性首先表现在旧制度学派改革设想的改良主义特点。具体在税收方面，他们一方面主张用累进税来限制富人的收入，但同时又提出增加销售税的办法，结果仍然是穷人多缴税、重负担。他们一方面承认富人可以利用转嫁的办法，将税负转移给他人，但又找不到有效的解决办法，从而使旧制度学派的改革思路和政策主张成为一种无法超越现实的改良设想，甚至是难以实现的空想。

在新制度学派那里，其税收理论和政策主张也并非完美无缺。譬如，莫里斯的最优税收理论假设：市场是完全竞争的，税收征管成本为零。显然，这样的假设前提不符合现实的经济和税收情况。同时，在莫里斯的“倒 U 型”所得税模型中，对最高收入者的边际税率设计为零，这也难免遭人诟病，似有“劫贫济富”之嫌。这样的政策主张只能是在理论模型中看起来很美，而在社会分配矛盾尖锐的现实中是难以推行的。

附录：

西方经济学流派图

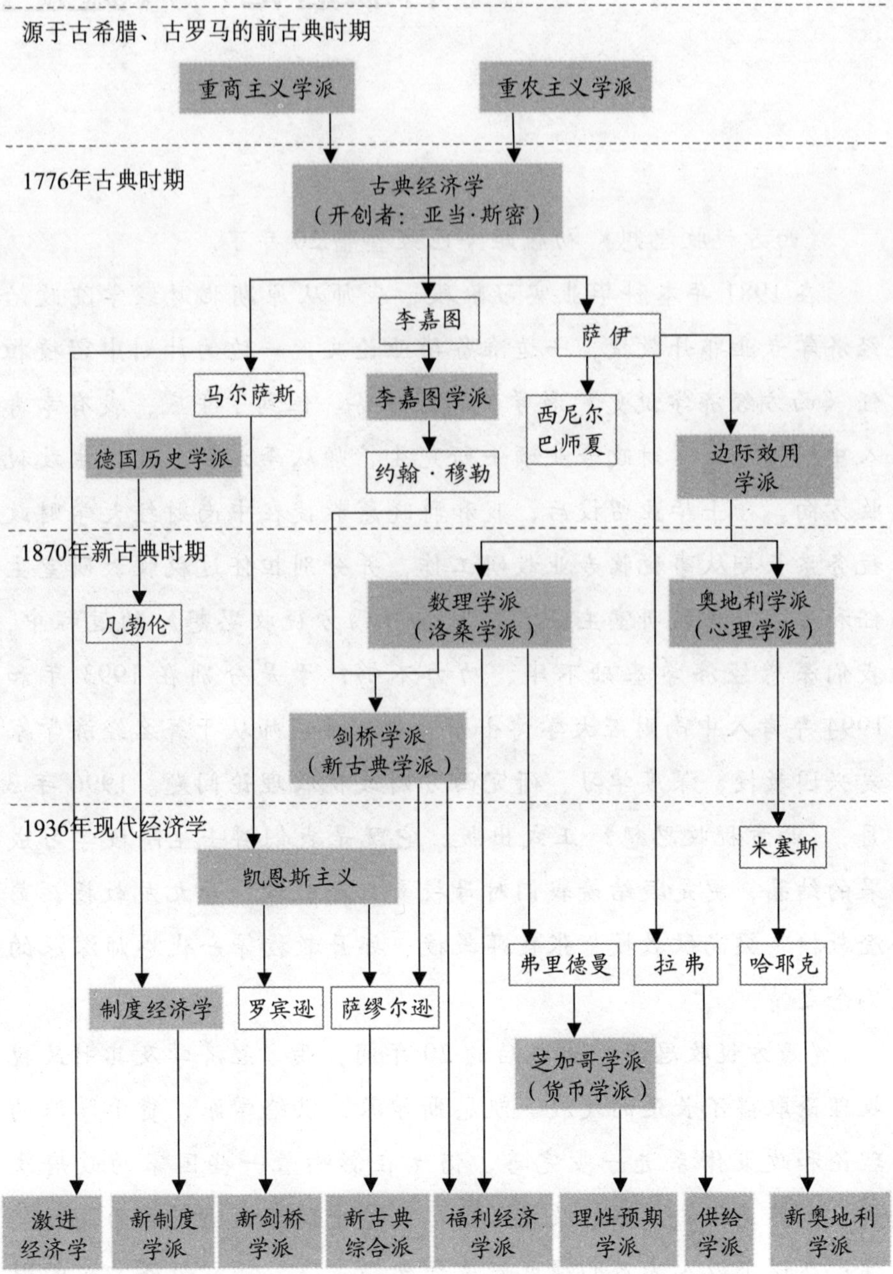
源于古希腊、古罗马的前古典时期
重商主义学派
重农主义学派
1776年古典时期
古典经济学
（开创者：亚当·斯密）
李嘉图
萨伊
马尔萨斯
李嘉图学派
西尼尔
巴师夏
德国历史学派
约翰·穆勒
边际效用
学派
1870年新古典时期
凡勃伦
数理学派
（洛桑学派）
奥地利学派
（心理学派）
剑桥学派
（新古典学派）
1936年现代经济学
米塞斯
凯恩斯主义
弗里德曼
拉弗
哈耶克
制度经济学
罗宾逊
萨缪尔逊
芝加哥学派
（货币学派）
激进
经济学
新制度
学派
新剑桥
学派
新古典
综合派
福利经济
学派
理性预期
学派
供给
学派
新奥地利
学派

再版后记

《西方税收思想》初版距今已经整整20年了。

在1981年本科毕业实习阶段，我师从原湖北财经学院政治经济学专业邱丹教授，一边准备毕业论文，一边为计划中留校担任《西方经济学说史》教学工作做准备。但到了年底，我有幸考入中南财经大学财政专业硕士研究生，师从李九龙教授，主攻税收方向。硕士毕业留校后，我和蒋晓蕙教授在中南财经大学财政税务系长期从事税收专业教研工作，并分别担任过税收教研室主任和外国财税教研室主任。在写作《西方税收思想》的过程中，我们深感经济学基础不牢、功力不够，于是分别在1993年和1994年考入中南财经大学博士研究生，共同师从于著名经济学家夏兴园教授，深度学习、研究西方财政税收理论问题。1996年3月，《西方税收思想》正式出版，它既是我们博士生阶段学习成果的结晶，更是凝结着我们对母校夏兴园教授、李九龙教授、彭澄教授、梁尚敏教授、张良萍教授、邱丹教授等一代恩师深深的感念之情。

《西方税收思想》出版后的20年间，西方经济学及其财政税收理论取得了长足的发展。凯恩斯学派、供给学派、货币学派的理论和政策体系进一步完善，仍然在影响着一些国家的政府决策，尤其是供给学派的政策思路，更是受到我国决策层的高度关注；在谋求以人为本的绿色发展理念指导下，福利经济学派的财政税收政策备受包括中国在内的各国政府的青睐；在世界性政治、经济结构转轨的进程中，新制度学派及其产权经济学、信息经济学的理论和政策，得到愈来愈多的政治家、经济学家和企业家的重视与追捧。显然，对于这些发展变化中出现的有关税收问题的新思想、新理论、新政策、新方法，是需要补充到《西方税收思想》之中的。

《西方税收思想》出版后的20年间，我们经历和见证了改革开放带给中国经济与社会史诗般的巨变。在这一伟大历史进程中，《西方税收思想》不仅填补了国内税收专业课程体系建设的空白，也初步实现了我们写作的初衷，即“系统引进和借鉴西方税收理论中的合理内核，为建立中国社会主义市场经济体制，推进中国的税收制度创新，提供更为开放的选择思路”。可以预见的是，这本书中介绍和评价的许多现代税收理念和政策思路，其对中国税收改革与创新的借鉴作用将会越来越大。

本书修订的工作量是比较大的，主要涉及部分章节结构的调整，以及部分章节内容的补充与完善。在修订过程中，湖北经济学院蔡红英教授应邀承担了第七章“第三节　拉姆齐的税收思想”、“第五节　霍特林的税收思想”，以及第十二章“第六节　莫里斯税收思想”等新增内容的编写工作；武汉大学财政专业的张楠博士和李雪飞博士，应邀参与了第八章“第七节　斯蒂格利茨的税收思想”内容充实，以及第十二章关于新制度学派税收思想部分内容的资料收集和编写工作。

《西方税收思想》得以修订再版，首先要感谢中南财政经济政法大学财政税务学院院长陈志勇教授的关心和支持；感谢中央财经大学汤贡亮等学界教授、专家对修订再版之事多次给予的热情鼓励；感谢中国财政经济出版社总编赵力、编辑杜剑的敬业与奉献精神。最后，还是引用初版序言中的一句话来结束这篇后记："由于学习、研究深度和资料来源所限，书中缺陷难免，遗憾不少，敬请读者批评、指正。"

许建国

2016年2月于武汉光谷